元老院的生与死

罗马共和国权力博弈启示录

THE RISE AND FALL OF THE SENATE

陆纪鸿 / 著

上海三联书店

自序

加里·纳什等编著的《美国人民：创建一个国家和一种社会》作为一部美国通史，被美国各大学作为通用教科书。其开卷前言第一句话即引用了西非约鲁巴人的古老的格言："无论溪流淌多远，永远不忘其起源。"可见一个民族的源流对于一个国家的重要意义。

其实，一个民族的源流有两种，一种是形式源流，如民族迁徙、民族融合等等；另一种则是意识源流。如将这两种源流进行简单的比较，形式源流只是一种表象，而真正推动一个民族进步与发展的，则是一个民族的意识。从这一点上讲，意识源流才称得上是一个民族的真正源流。因此，若想要了解一个民族，却不从意识上着手探源，而只是一味地从外在形式和外在行为上去理解或解析，并想以此来获得正确的结论，那只能说是缘木求鱼。

美国是当今世界唯一的超级大国，无论其盟友、中立国还是对手，都希望更多地了解美国，尤其是美国人的思维形态，以便于与之对话或与之斡旋。

但现行的研究，更多的是对其行为逻辑作全面的比较、分析与判断。或许，人们有意无意地认为，在西方发达国家中，美国的历史是最短的，美国人缺乏厚重的历史文化积淀，因此也就谈不上什么古老的意识源流。

可是美国人并不认为自己历史短就表明其缺少历史文化底蕴，相反，他们认为自己既汲取了罗马共和国的精华，也汲取了罗马共和国的经验与教训，他们才是两千五百年前建立那个罗马共和国的真正传人。

此说显然有些夸张,但美国在创立过程中,美国的开国元勋们将罗马共和国作为一个研究考察、模仿学习的重点对象,这是事实。

在美国的开国文献中,与此相关的记载随处可见。

公元 1775 年 4 月,北美十三个州相继宣布独立,今后应以什么样的政体建国? 是建立一个强大而稳固的联邦政府,还是建立一个权力有限的邦联政府?

在当时,观点对立的双方在报刊上展开争论,其激烈程度一点也不亚于硝烟弥漫的前方战场。

然而有趣的是,无论是主张邦联的一方还是主张联邦的一方,他们在报刊上论战的笔名,大多不约而同地采用了罗马共和国时代的名人姓氏,或是采用了与那个时代密切相关的名词,诸如布鲁图、辛辛纳图斯、平民等等。而在那些笔名中,对当时以及后世产生极大影响的是普布里乌斯。

普布里乌斯是罗马共和国第一任执政官,但采用这一笔名却不是一人,而是当时最负盛名的三位联邦制推崇者,此三人以汉密尔顿为首,另外两位则是麦迪逊和杰伊,他们自称是联邦党人。

汉密尔顿等人采用普布里乌斯作为他们的笔名,决不是为了增加玄奥色彩,而是对其立场、观点的突出与强化,他们声称:"历史是智慧之母";"真理来自于经验的启示";"法律的生命在于经验,而不在于逻辑"。他们希望建立一个以罗马共和国为蓝本、又能超越罗马共和国的新罗马。十三个州独立后组建的新政府应该像普布里乌斯所开创的罗马共和国一样,在很短的时间内即由弱而强,由强而霸。

他们反复比较罗马共和国的得与失,并由此推出他们的治国理念。

他们成功了。

1781 年正式生效的《邦联条例》,亦即美利坚合众国成立后的第一部宪法,仅仅运行八年,就被体现联邦党人思想的新宪法所替代。

1789 年,华盛顿成为联邦制政府的第一任总统。而以普布里乌斯为

笔名的论战文章则被合并成集,并被冠以《联邦党人文集》的书名正式
出版。

此后,汉密尔顿和麦迪逊两人均被美国人尊为国父,而杰伊则被华盛
顿委任为开国后首任最高法院首席法官。

差不多与此同步,罗马共和国的印迹也完全融入进美利坚合众国之
中,其中最为典型的是美国参众两院。如单从名词上推敲,众议院纯粹是
借用罗马公民大会的称呼,而参议院则是对罗马元老院的直接套用。罗
马元老院的具体文字表达是 Senatus,与此相对应的美国参议院的文字表
达是 Senate(见下图)。

此外美国参议院图标下方有两束交叉
的法西斯,这原本是罗马共和国执政官权力
的标志,它的原型是用红带捆绑的榆木或桦
木棍棒,上面插着斧头。

而美国国会山取名为 Capitol Hill,同样
源于古罗马政治中心——罗马七丘之一卡
皮托林山。

通过对美国早期历史的大致还原,我们不难得出这样的结论:罗马共
和国的历史完全可以作为美国历史的入门导读。而全面理解罗马共和国
的行为逻辑,则应是透视美国人思维逻辑的不二法门。

然而,现实中的困难是,呈现在人们面前的早期罗马共和国史实,不
仅是碎片化的,而且还包含着大量虚假信息。对于此类史实,学界更多的
是进行考证,辨析史实真伪。

但见仁见智,论战不休。

如就历史研究本身而言,这样的论战固然不可或缺。可这样一来,对
于那些不熟悉西方历史文化的中国普通读者而言,对于罗马共和国的理
解就难免云里雾里,更遑论通过罗马共和国来理解当今美国人的思维
逻辑。

兴趣是一切阅读的基础。

如何让一个非专业读者对罗马共和国历史产生兴趣，产生感悟，并进而有助于对当今美国人思维逻辑的深层次理解？

在上个世纪，苏联人类学家格拉西莫夫写了一本《从颅骨复原面貌的原理》学术专著，该书出版后，世界各国的人类学家，包括警方的法医，均开始根据这一原理对颅骨进行复原，那些原本无法辨认，甚至阴森恐怖的颅骨仿佛一夜之间被注入了生命，我们不仅看到了一个已经消失的当代人，而且还看到了几千年甚至几万年之前的人类原貌。

历史学可否像人类学一样对历史的残存"颅骨"进行复原？

同样是在上个世纪，一些新锐历史学家已开始在这方面试水。

对此，谁也不能保证说这些新锐历史学家对历史的复原是绝对精准的，毕竟对历史的复原比对颅骨的复原要复杂得多。对人类颅骨的复原，至少不存在假象的干扰，一个特定的人只有一个特定的颅骨，不存在真假。

而所谓历史，其实就是一个时代的各类信息存留，但只要是信息，就必然有真假，这如同同样一句话，不同的语调，不同的神态，所表达的意思也可能截然相反，但这样一句话，一旦成为几百年乃至几千年前的存留信息，后人由于缺少现场背景，解读出错也就在所难免，更何况，很多所谓的历史信息存留，本身就是后人为了各种原因而编造的。若以这样的信息作为立论的依据，错得离谱不也是很正常的事？

但不管怎么说，有一点是可以肯定的，经过复原的历史，比起原有的那些残存的信息，可读性大幅上升是无疑的，更何况，他们通过逻辑判断，已将那些碎片化的信息粘连到了一起。这起码能让一个非专业人士看到事件的全貌，而不是一个面目可憎、了无生气的"颅骨"。这甚至可以让一个对历史毫无兴趣的人对一段特定的历史产生特别的兴趣，或许，这也是历史复原的另类收获。

　　那么,对于罗马共和国的历史,能否像那些新锐历史学家那样,通过逻辑判断,将碎片化的信息粘连到一起,并形成一个较为完整的、合乎逻辑的历史形态呢? 在我看来,这同样是可行的,自然,这会存在种种不足,但我以为,如果这能引起非专业读者对这段特定历史的兴趣,甚至进一步的思考,这就足够了。

　　这正是我写作本书的初衷。

2018 年 9 月 10 日

目 录

在意大利半岛的拉丁姆地区,拉丁部落的一些长老和酋长在联席会议中选举罗慕路斯为王,罗慕路斯则将这些长老和酋长的联席会议定义为元老院,长老和酋长则成了元老。

此后,罗慕路斯认为王是绝对的权威,而元老们认为,元老院的集体意志才是至高无上的。

两者的认知矛盾无法协调,最终,元老院通过暗杀王来解决这一矛盾。

两任王先后被暗杀,第五任王为了自保,利用人数众多的外来移民来对付元老院。

王赢得了胜利。

王政越来越巩固。元老院绝地反击,彻底推翻了王政。

第一部分/元老院的崛起

推翻王政,只需要一天的时间。

如何建设和巩固一个新的共和国,这是元老院必须直面的难题。

树欲静而风不止,被推翻的末代罗马王的阴谋和阳谋,接二连三。

敌我双方,你中有我,我中有你。新上任的执政官必须见招拆招,容不得半点出错。

既要抗击入侵,又要稳定民心,更要建立符合新政权的新制度。

可一个制度性漏洞给新生的共和国带来难以估量的灾难。

第2章
移民的报复
69

古罗马社会的最大特点是农业以原住民为主,工商业则以外来移民为主,两类群体泾渭分明,当原住民推翻王政,建立共和国之后,当初被王利用的外来移民则成了元老院的报复对象。

移民精英商业资本家不甘心地位下降,与元老院展开权力博弈,不择手段。

元老院昏招迭出,同意移民设立保民官。

如此一来,两大群体的矛盾不仅没有得到缓和,相反,冲突愈演愈烈。

第3章
希腊的启示
94

为摆脱困境,元老院派三名元老赴希腊学习,寻求解决之道。

三元老取经归来,元老院根据希腊经验,制定法律,改变管理模式,并以改革之名废除保民官一职。

商业资本家以静制动,在国家遭到外敌入侵的关键时刻,掀起滔天巨浪,给元老院致命一击。

改革成果,除移民要求制定的法律之外,全部清零。

无奈之下,元老院用对外战争来转移国内矛盾的视线。

对外战争,一路凯歌,共和国领土扩张一倍。

但巨大的胜利引发的灾难远多于喜悦。移民借机制造分裂,高卢人因罗马人自负而入侵,罗马城沦陷。

好在高卢人因内乱而自动撤离。

罗马人刚刚死里逃生,保民官则又造谣生事。

社会再次大乱。

元老院痛定思痛,同意向商业资本家出让权力。

由此,商业资本家形成了平民党,而贵族则形成了贵族党。

第二部分/罗马帝国主义

**第 1 章
背信弃义**

145

平民党得到了权力,罗马内乱暂告结束。

元老院的目光转向外面世界,但战争不仅需要理由,也要讲基本道义,这是元老院的传统。

平民党没有传统,只有获利的渴望。获利才是硬道理。

平民党的战争法则就是获利法则。

元老院察觉到这种战争可能带来极大的麻烦。

但元老院又十分无奈,它已被好战的平民党绑架,成了没有刹车的战车。

**第 2 章
汉尼拔**

186

罗马赢得了战争,却种下了仇恨。

因仇恨而引发的战争是恐怖的、难以妥协的。偏偏这个难以妥协者是战神汉尼拔。

罗马人屡战屡败,贵族党认为,继续直接对抗是愚蠢之举,而平民党则认为这是贵族党畏战的借口。在平民党的严责之下,元老院举全国之力,一战而败。

罗马城已空,元老院已无兵守城。

但元老院巧施空城记,成了最后赢家。

罗马人笑到了最后,贵族却成为最大输家。

战争中,贵族死亡人数远高于平民,在元老院,贵族党虽说还能控制一切,但已成少数党。

与迦太基的战争结束后,在是否要与马其顿开战问题上,两党态度一致,目的却迥异,贵族党希望通过拯救希腊来提升罗马文明,平民党则想要控制一切。

野心是不择手段之母。

利用希腊问题,平民党打倒了贵族党,荡平了希腊,毁灭了迦太基。

第三部分/罗马之殇

第1章
格拉古兄弟
263

平民党的残忍和贪婪,这是格拉古随军赴西班牙后的最大感受,他想改变罗马形象,但他对西班牙人的承诺,却被元老院撕得粉碎。

格拉古试图反抗,压缩元老们的贪婪空间,却被指认觊觎王位而死无葬身之地。

弟为兄复仇,卧薪尝胆十年。

设计种种陷阱,挑动元老与骑士互斗。元老院权力被大量剥夺。

被逼到墙角的元老院,以其人之道还治其人之身。

弟重蹈其兄覆辙。

第2章
礼崩乐坏
310

努米底亚王朱古达暗杀了与其同时为王的弟弟。

元老院介入协调,却完全偏袒行贿的朱古达。

朱古达明显感到,受贿后的元老可以出卖罗马的一切。

朱古达杀害了帮助其弟的意大利商人。

平民借机为格拉古兄弟复仇,通过了审判受贿者,惩处朱古达的决议。

贵族梅特鲁斯奉命远征朱古达,眼看就要凯旋,却被他一手提拔的平民副将马略恶意中伤,并取而代之。

第3章
病入膏肓
359

马略夺权,第一次对象是他的恩人,第二次则是原部下苏拉。

夺权对象不同,方式却是一样,都以平民的名义。

但苏拉不是梅特鲁斯。

苏拉以武力将属于自己的权力夺了回来。

一个来回,只是小试锋芒。

夺回权力的苏拉离开罗马去履职了。

马略再回罗马,可他回来是报复,是杀戮。

报复永远是双向的,苏拉再次杀回罗马,以血还血,但也由此引出了苏拉改革。

第四部分/苏拉悖论

苏拉是个共和主义者,共和的特点是众志成城,但苏拉最缺少的是志同道合者。

苏拉的门徒最有发展前途的有三人。

在苏拉看来,卢库鲁斯是圣人,但独木难成林;庞培是年少英才,却贪慕虚荣,迷恋权力;而克拉苏则是个财迷,为了财物可以不择手段。

这样一种权力基础,苏拉如何去维护共和?

独裁可以维护共和,但独裁不是共和,这就是苏拉悖论。

苏拉走了,悖论却留了下来。

凯撒为了有朝一日能独裁,特立独行,广泛结交。

西塞罗为了确保共和体制正常运行,更为

了自身荣誉，不惜制造阴谋。

以阴谋方式来维护共和，伤害最大的恰恰是共和国本身。

而阴谋本身只会制造更大的阴谋，或许这是西塞罗阴谋的副产品。

凯撒秘密牵手庞培和克拉苏，建立三头政治，元老院被彻底架空。

三巨头能战胜元老院，却无法战胜内心的贪婪。

通过秘密合作，凯撒得到了他想要的权力，但为了得到更大的权力，他放纵他的部下伤害庞培。

庞培的自卫是营救凯撒的对手西塞罗，西塞罗制造阴谋，却又伤于自己的阴谋。

得到营救后的西塞罗想拆散三头政治，却促成了三巨头的再次合作。

西塞罗心灰意冷，他想求太平，却又让三头政治彻底毁灭。

三头政治灰飞烟灭　　　　　515

**第4章
战争与和平**

522

三头政治毁灭的后果是凯撒与庞培的对抗,元老院的选择是捧庞培而贬凯撒。

凯撒有独裁野心,更有直面现实的理性,他力争和平。

庞培迷恋权力,在众人的拥护声中,逐渐丧失自我,以为自己无所不能。

元老院则盲目乐观,以为有庞培便战无不胜。

内战开始,元老院不再信任庞培了,一个没有自由意志的将领战败是在所难免的。

凯撒赢了,他认为苏拉得到权力再放弃是愚蠢的,但他不知,对人性,苏拉远比他了解。

最终,凯撒死于最信任部将的集体暗杀。

序幕/**王政时代**

　　在意大利半岛的拉丁姆地区，拉丁部落的一些长老和酋长在联席会议中选举罗慕路斯为王，罗慕路斯则将这些长老和酋长的联席会议定义为元老院，长老和酋长则成了元老。

　　此后，罗慕路斯认为王是绝对的权威，而元老们认为，元老院的集体意志才是至高无上的。

　　两者的认知矛盾无法协调，最终，元老院通过暗杀王来解决这一矛盾。

　　两任王先后被暗杀，第五任王为了自保，利用人数众多的外来移民来对付元老院。

　　王赢得了胜利。

　　王政越来越巩固。元老院绝地反击，彻底推翻了王政。

一

　　罗慕路斯的心情有点糟，本来计划在伏尔康神庙外向臣民作长篇演讲，不少臣民也早早就在庙外集结。突然天色转黑，狂风大作，几个元老连拉带劝，将罗慕路斯引进了神庙。

　　不知为什么，罗慕路斯总感到有些什么不妥，但又讲不清。

　　庙内，不少元老已在那里，神色也不如往常自然。

　　罗慕路斯以为，或许元老们的心情也像自己一样，有些说不清的感觉。但当他走近他们，正准备打招呼，突然感到有人在拉他的衣袍，接着又感到一阵剧烈的刺痛，眼前，几个元老面无表情，几乎同时拔出藏在衣内的刀,直刺过来。

罗慕路斯的脑子一片空白,还来不及作出任何反应,就失去了感觉。

这次刺杀行动,元老们事先显然已作了明确的分工,有人负责暗杀,有人负责望风,也有人负责处理尸体。

一切配合相当默契,敏捷而有序,庙内除了刀砍骨头产生的咚咚声,以及衣服被撕裂时产生的滋滋声外,没有一个元老多说一句话。

几个元老直接将罗慕路斯的尸体分解成一小块一小块,包扎好,并分配给每一个元老,另一些元老则将地上的血液洗擦干净,撒上一些不知从哪里搞来的陈年老灰,几番处理,直到看不出任何痕迹。

一切收拾妥当,元老们快速整理好各自的衣服。

此时,神庙外的天气也已好转。

庙门口望风的那个元老,看到广场上刚才为躲暴风雨而离开的平民又开始集结,他立即向元老们做了一个手势,示意他们赶快离开。

全体元老鱼贯而出,回到广场,一切都如同往日,神情自若而不苟言笑,看似散乱而实则有序地聚集在广场主席台前。

没过多久,平民们都集结到场,大家都等待开创罗马的王——罗慕路斯的出现,听他演讲罗马的现状与未来。

罗慕路斯直接面对民众演讲,已是多年来形成的一个惯例。或许是为了拉近与民众的关系,或许是为了更方便直接控制民众,他总喜欢将自己的想法当面告诉民众,而不是在元老院的议事厅里滔滔不绝,然后再听元老们评头论足。

这一次,折腾了大半天的民众惊讶地发现,出现在大家面前的不是罗慕路斯本人,而是首席元老。

首席元老用极为平静的语言告诉大家,就在刚才暴风雨来临之际,国王罗慕路斯已随神升腾而去,这实在是国之幸事,希望全体国民,为王高兴,为王祈祷。

听了首席元老的说词,不少民众确实很高兴。尽管从此之后,再也看不到王,听不到王的声音了,但毕竟王是随神升天而去,是件好事,未来他定能更好地护佑罗马民众。

但也有部分民众并不认可首席元老的说法。这怎么可能?这其中有没有什么阴谋?刚刚还看到罗慕路斯,现在居然说是随着狂风升天而去,罗慕路斯王是不是被人害了?

他们四下寻找。活要见人,死要见尸,但他们找了很久,任何可疑的迹象都没发现。

罗慕路斯失踪后,罗马城内倒也一直相安无事。相信王已升天的百姓,自然不会多想什么。而那些怀疑者,也因拿不出任何证据,一些人只是在背后讲些上不了台面的怪话。

但也有少数人开始苦思冥想,这究竟是怎么回事?他们总希望从过去发生过的各种蛛丝马迹中,能够整理出一些头绪来。

二

公元前八世纪上半叶,罗慕路斯与他的部落民众一起迁徙到意大利中部的台伯河边,一个被称为拉丁姆的地方。具体安顿下来的地方也不大,周围有七个小山丘,被称为七丘之地。

大约在公元前753年,罗慕路斯被部落内部各家族族长或酋长选举为王,也就在当年,罗慕路斯建城开国,同时建立了元老院,并亲自任命元老。

元老院(senatus)是从老人(senex)一词衍化而来。元老由部落中各大氏族中的长老担任。

在建国之前,凡涉及部落的任何重大决策,均由部落内部各家族族长或酋长组成的联席会议决定,正是由于这种习惯性制度,每一个元老从内心深处决不会认同罗慕路斯对他们的所谓任命。

元老们认为，元老院无非是酋长联合会议的一种改良或者说翻版，他们所有的权力均来自传统，从古至今概莫例外。

无论是族长还是酋长，从来没有听说过是被任命的。

相反，是元老们根据社会管理的需要将罗慕路斯捧上了王位。主要是让国王有更多的精力去管理和统率由氏族成员组建的军队，让军队更加专业化，并具有更高的战斗力。

因此，国王是国家的军事指挥员，他的首要职责是指挥军队，其次才是国家的常规事务，如审判等等。但这不能脱离元老院的控制，更不能凌驾于元老院之上。

但在实际的操作中，元老们的感受是一切都与他们想象的截然相反。

罗慕路斯上任后，他不仅将元老院视作一个下属部门，而且还想方设法虚化元老院的决策权。

罗慕路斯独立处理一切，方式方法特别简单粗暴，各种矛盾由此越积越深。

罗马建城后不久，罗慕路斯发现城内男女比例严重失调，大龄青年男子的人数远多于可嫁的青年女子。

这一问题如处理不当，或听之任之，将成为罗马社会的一个重大隐患。

作为王，想办法解决这一问题，也是职责所在。

但罗慕路斯设计了一个阴招，他对外宣称：罗马人在某地发现了一个智慧之神的神坛，某日将在麦克西姆斯赛车场举行最为隆重的庆祝祭典。庆典内容除了将对外揭示神坛的真貌之外，还将进行赛车比赛、各类表演等等，届时罗慕路斯王也将亲自参加，与民同乐。

在古罗马时代，对于拉丁姆地区的人来说，发现一个古老的神坛，绝对是个重大新闻，人人都想先睹为快，并靠得越近越好，这样可多沾一些神气。

这一天，作为邻邦的萨宾人，纷纷走出家门，像过节一样涌入罗马城。

然而他们怎么也没想到,他们正在迈入一个巨大的陷阱。

而此时此刻,大批罗马青年,正在各个角落密切关注着他们,并对他们进行选择分类。他们个个身藏利刃,只等罗慕路斯一个手势,就像老鹰捕鸡一样,向他们选定的对象猛扑过去。

时至中午,还在打情骂俏中等待的萨宾青年男女,突然被一大群人强力冲散,此后只听到女子的尖叫声、哭泣声四起,等到萨宾男人们回过神来,什么都晚了,伴随他们前来的那些青年女子大都已被罗马人绑架了。

罗马人抢夺萨宾女人

他们试图反抗,但理智告诉他们,赤手空拳对利刃,毫无胜算。好汉不吃眼前亏,走为上策。他们只能迅速退出罗马城。

回到住地,萨宾人清点人数,整整少了五百二十七位青年女子。

这一天成了萨宾人最痛苦的一天,也是所有萨宾人记忆中最黑暗的一天。此后,为了复仇,萨宾人接二连三地袭击罗马。

但在一次冲突中,那被掳的五百二十七名萨宾女子全部冲了出来,用她们的身体将冲突双方隔离开来。她们再也无法忍受这样的冲突,一方是她们现在的丈夫,而另一方则是她们的父亲或兄弟,无论哪一方死伤,最直接受到伤害的都是她们自己。

阻止战争的萨宾女人

此后,罗马的拉丁部落与萨宾部落讲和了。罗慕路斯领导的拉丁部落随即与塔久斯领导的萨宾部落合并。

从此,罗马形成了皆大欢喜的双王管理体制,即罗慕路斯与塔久斯同时为王。但这种祥和的日子并没有维持多久。

仅仅过了五年,罗慕路斯就与塔久斯彻底翻脸了。

翻脸的起因是塔久斯的亲戚与朋友在城外抢劫,并杀死了对方中的一名成员。然而令抢劫者大吃一惊的是:死者竟是邻邦劳伦屯出访罗马的使者。

他们自知惹了大麻烦,但已无路可退。

对于如何处理凶手,罗慕路斯与塔久斯的观点完全相反。

罗慕路斯认为杀人者抵命,凶手必须死。塔久斯则认为,在当时的社会里,类似的抢劫杀人行为极其普通,但从未听说过哪个部落为这样的事杀死自己的同胞。这些所谓凶手的主要问题是杀了使者,但这不是故意的行为,不能仅仅因为他们错杀了前往罗马的使者,就判他们死刑,而同样的行为,如果杀死的是无辜的过路外乡人,则完全无罪,这是毫无道理的,作为国王,做任何事必须一视同仁。

罗慕路斯语塞,最终只能以赔偿方式了结此事。

此后不久,罗慕路斯邀请塔久斯共赴拉维尼姆祭祀。仪式进行到一半,劳伦屯使者的亲属突然出现,拔刀冲向塔久斯。而此时,塔久斯身旁的罗慕路斯以及卫兵不是上前护卫干预,而是立即撤向两旁,听任袭击者杀死塔久斯。

凶手们在刺杀塔久斯后,一面高呼罗慕路斯英明伟大,为他们主持了公道,一面簇拥着罗慕路斯,一路嬉笑,堂而皇之地返回了住地。

事后,不明真相的劳伦屯长老生怕节外生枝,他们声称要将谋杀者判罪伏法,毕竟他们杀死的是罗马的王。

但罗慕路斯立即加以驳回,理由是不能冤冤相报,否则永无宁日。

罗慕路斯如此处置此案,令萨宾人愤愤不平但又十分无奈。

这明显是罗慕路斯设局除掉他们的王塔久斯,以便于独裁统治。

罗慕路斯讲什么不能冤冤相报,纯粹是堵人口舌而已。

这一令人心堵的事难免又使萨宾人回想起早年罗慕路斯对他们的愚弄和欺骗。然而现在,群龙无首的萨宾人,除了生闷气又能怎样。

罗慕路斯再次独掌大权。罗慕路斯初登王位时,尚能平易近人,那时,他也时常声称,自己最痛恨的就是为人傲慢无礼。

然而在罗慕路斯重新独掌大权,并接二连三地打了几场胜仗之后,他开始变得专横跋扈,整天穿着象征王权的镶着紫色宽边的绯红色长袍进进出出。

此外,令人尤其无法接受的是:他居然躺在卧床上接待所有来客。

罗马的卧床并非指睡觉的床铺,而是指宴会餐厅里的座位。古罗马人吃饭和当代人完全不同,他们是躺着吃饭,左手撑着头,右手进食。这种躺椅被古罗马人称为卧床。但按古罗马人的习惯,此类卧床只是餐厅内的陈设。在古罗马人看来,即便是会客厅里放置卧床也是一种失礼,更何况是躺在卧床上接待客人,这绝对是无礼至极。

罗慕路斯的会客厅布局,既不是为了要弄人,也不是漫不经心。他是以一种另类做法来震慑对方。

他在卧床四周及室内外布满了被称为"捕快"的年轻人。这些捕快人数居然多达三百位。这些人身上带着牛皮绳索,手持棍棒。只要罗慕路斯一句话或一个眼神,他们即会上前将来人暴打一顿,或立即捆绑起来另加惩处。罗慕路斯让那原本十分温馨的接待处,变得令人不寒而栗,不敢接近。

对于元老院,罗慕路斯则以同样的方式逐步剥夺元老们的权力。随着时间的推移,元老们明显感到,元老院的会议越来越少,即便偶尔召开一次会议,也完全是象征意义的。

元老们在议会大厅里集会,与其说是发表意见,还不如说是出于一种惯例,他们到了会议室,默默无言地听完国王的指令,然后走开,回家。这个国家所发生的一切,似乎已与他们没多大的关系。

如果说以上这一切,元老们还能以国王的自由裁量权来自圆其说、自我欺骗、自我麻醉的话,那么此后罗慕路斯的行为,则使元老们的思想彻底崩溃。

按照传统惯例,在战争中得以扩张的土地和抓获的俘虏如何处置,均属元老院的职权范围,王是无权过问的。但罗慕路斯在与邻国维爱城邦的最后一场战争之后,竟连招呼都不打一声,就直接将人质放回,并将土地无条件地分发给士兵,这样的做法,在元老们看来,无疑是对他们的当面羞辱。

元老们被罗慕路斯逼到了墙角,他们只能联手反击,并采用从肉体上将王消灭的极端做法。

元老们清楚,如果逞一时之快,在处死王之后,立即公布罗慕路斯的诸多罪状,那么一系列问题必将随之而来。

首先,如何定罗慕路斯的罪,比如与萨宾人的王塔久斯的关系,恐怕怎样讲都不妥当。处理不好,更有可能重新引发两个部落的矛盾与冲突。其次,如何处理与罗慕路斯关系密切的人,毕竟罗慕路斯是掌握实权的王,他的关系圈不可能很小,包括亲属关系、朋友关系、部属关系。只要公布王的罪状,这些人必然会被推向对立面,对于这些人,无论是否处理,社会必将陷入没完没了的循环对抗与冲突中。第三,如果宣称王的行为非法,从罗慕路斯手中获得土地的士兵,则必须被收回土地,这也是没事找事,逼士兵造反。

元老院认为,如果宣称王成为神了,并明确要求民众为罗慕路斯祈祷。那么,等于宣称过去的一切都是合法的,所有人都不必为此担心。

此外,元老院无论今后做什么决定,都与过去毫无关联。

如再作进一步的思考,即使元老院有意识地处理那些与罗慕路斯有关的人员,那些人其实已很难将自己与罗慕路斯扯在一起,更无法再以罗慕路斯的名义造反。

三

罗慕路斯死了,王位空缺。选择新王是元老院的头等大事,但一朝被蛇咬,十年怕井绳。元老院最怕的就是重蹈覆辙,因此,元老们表面不露声色,内部却加紧选人考察。可这种既要人品好又要能力强,既要能服众又绝无野心的圣人,到哪里去找呢?

时间一天天过去,整个罗马城内,但凡有一些可能的对象,几乎都筛选了一遍,但每个考察对象总是存在这样或那样的问题,最后无一例外都被否决了。

而城里的百姓由于不明就里,竟纷纷起哄质疑。罗慕路斯王升天成神已这么多时间,新王却始终不见被选出来,元老院是何居心? 是否存在其他什么阴谋?

元老们哭笑不得,但又解释不清,他们只能轮流上阵执政,并规定每个临时执政的元老,每次执政时间为白天六小时,晚上六小时,以此来消除民众的各种猜疑。

就这样,又过了相当一段时间后,有人传话说,城外有一个叫努马的萨宾人,是萨宾王塔久斯的女婿,他喜欢哲学,爱独处,因不愿卷入城内贵族之间的各种矛盾与纠纷,多年前就放弃了城内的豪宅,搬到城外去住了。

传话人的结论是,此人无论道德品行还是学问修养都堪称典范。

元老们将信将疑。

在过去近两年时间里,有很多被吹得神乎其神的人,一经调查核实,得到的都是类似的结论:名不副实。

对这样的调查,元老院的兴趣越来越少,但又不得不派人去调查。渐渐地,此类调查成了例行公事,没人会对此寄予特别的希望。

此次也一样,元老院随随便便地派了几个人出去调查。

在元老们心里,这纯粹是死马当成活马医,走过场而已,谁也没有把这次调查真当回事,事情过后也就忘了。

但此次调查的结果出乎元老们的意料,调查人员收集到的各方评价居然与传言基本吻合。

元老们于是心中大喜。身累、心累,折腾了将近两年,终于有了下文。

于是,元老院一方面选派全权代表前往城外努马家,邀请努马前来就职。另一方面则全面动员,争取在努马到来前,做好就职典礼的一切准备工作。

然而两天过去了,城外居然没有任何反馈,元老们感到有些莫名其妙,按他们事先对努马的推测,全权代表到马努家,将元老院的意图向努马交待清楚,努马无非是礼节性地推脱一下,第二天就该上路了,可现在音讯全无,这中间究竟发生了什么?

第三天,正式信息传来了,但内容使元老们差一点昏厥过去。

努马坚决不干,理由很简单,第一,他已四十多岁了,年纪大,精力不够。当时人的平均年龄远比现代人要小,四十多岁可称进入老年了。第二,他已习惯乡村平静而有序的生活,不想再折腾,也适应不了新的折腾。第三,也是最重要的一点,当年他之所以要离开城市而到这个偏僻无人的乡下居住,原因很简单,就是不想看到城里贵族们的勾心斗角。

现在国家政权所面临的困境,明眼人都清楚究竟其原因所在,他岳父萨宾王塔久斯进城五年就被刺杀,对此,罗慕路斯脱不了嫌疑。一年前,罗慕路斯又失踪了,公开说法是随神升天,但人们私下的说法是死于元老们的谋杀。

当然,罗慕路斯的结局显然要比塔久斯好。罗慕路斯被认定为升天成神,他的子女也成了神的后代。

努马说自己只是一个凡夫俗子,不适宜担任统治者的职务。他只想平平静静地读自己喜欢读的书,过自已喜欢过的日子。元老们无言以对。努马讲的全都是事实,并且也非常委婉地表达了自己不想卷入是非圈的意思。

这样一来,元老院再次陷入困境,好不容易找到一个理想的人选,可本人又不愿干,这种事是没法强迫的。

但如果就此放弃,目前的困境也是明摆着的,民情如此不稳,久拖则易生变,谁又能解决这些问题?元老院的元老们面面相觑,一筹莫展。

此时,又有人献计说,努马的父亲比较通情达理,或可请其出面劝说。

努马的父亲倒也不负众望,据说他和儿子谈了整整一天。努马好不容易松了口,却又提了一个附加的要求。

很明显,如果他这个要求无法满足,那么元老院从此免开尊口。

努马认为,罗马的民风过于剽悍,且胆大妄为,这样的性格特征对于抵御外敌入侵,固然不错,但对国家的社会稳定是个极大的麻烦。

要让冷酷和刚强性格的罗马人变得温厚和公正,唯一的途径就是建立国家宗教,建构国家发展的新秩序。

努马的这些话,如果说得更直白一些,无非就是,当时的罗马人杀人放火,无恶不作,胆大妄为已到了极点,他们能够抵御外敌,但同样也会引发国家内乱。要解决这一问题,唯一的途径就是利用宗教来进行国民性的改造。

他希望元老院能够认同他的想法,并在这一方面赋予他全部的权力。元老们当然清楚,努马讲得的确有道理。

但元老们看到了问题的另一面。这种所谓的建构国家宗教新秩序的权力,决非某一单项权力。对罗马人而言,宗教是至高无上的,而影响也同样是全方位的,如果处理不当,完全有可能引发新的动荡。

当时的罗马人,尽管是由拉丁人和萨宾人组合而成,但每家每户的信仰方式基本相似,他们主要信仰灶神,也称维斯塔神,或者说是火神。每一个家庭的室内都有一个祭坛,祭坛上昼夜燃烧着少许煤块或炭块。

罗马人认为,祭坛上燃着的火是家火,即属于家庭的圣火。任何一个家庭,家火如若熄灭,则家人必遭不幸。家火彻底熄灭,则意味着一家人的死绝。这与中国人断绝香火的意思相类似。

在古罗马人的语言中,一个家族的断绝与家火的熄灭,意义是相同的。因此,每个家庭的头等大事就是确保祭坛上的火昼夜燃烧。

在罗马的家庭中,家庭的秩序是围绕着这种信仰确定的。父亲是家庭祭祀的大祭司,只有父亲才有资格主持家庭宗教的所有仪式。祭祀时,父亲亲自宰杀牺牲,所谓牺牲是特指那些专供祭祀时使用,并按相关宗教习俗的规定步骤进行宰杀的纯色牲畜。

在祭台前,父亲按照礼仪,供上牺牲,口诵保佑全家的祷词,父亲的家庭大祭司一职是终身的,儿子年龄再大,也只能作为父亲的助手,而不能替代父亲。按照传统,家火是不能分的,因此,只要父亲在世,儿子不论多大,有多少子女,在社会上的地位多高,都不能分家,另立家火,他必须接受父亲的管理。

久而久之,父亲成了权威的代名词,如现今罗马教皇的另一名词叫"爸爸",同样来源于此。

因此,在古罗马的家庭中,由家庭宗教而进一步引申出家庭权力系统——父权制,即父亲对家庭所有一切具有绝对控制权,这种控制权甚至包括子女的地位与生命,如女儿必须无条件地服从父亲指定的婚姻,如果丈夫去世了,父亲仍然有权再次指定婚姻。

与此类似,无论儿子通过什么方式,是经商还是劳动所得,所得均归父亲,因为在罗马人眼里,子女也是父亲的财产之一。

罗马的这种由信仰过渡为权力的模式让元老们感到恐怖。

对于元老们而言,如单纯是宗教信仰,努马当王后想如何革新都无所谓,但问题是,宗教信仰一旦与权力挂钩,它必然会发生变异,这就如本身很单纯的家庭宗教信仰,结果却演变出一个具有至高无上权力的父权制。

元老们极为担忧,他们担心努马所谓的宗教改革,结果是出现一个新的罗慕路斯。这岂不成了搬起石头砸自己的脚?

元老们心中实在没底。是答应还是拒绝? 元老们不知所措。于是他们传话给努马,希望他能较为详细地介绍自己的设想,而不是简单提出一个空洞的理念。

元老们之所以向努马传递这个要求,他们的如意算盘是:与其在努马登基后再为宗教问题与努马闹翻,还不如现在就把问题彻底搞清楚,可行就上,不可行,即使困难再多,也只能另起炉灶。

对于元老院的疑问,努马倒也并不介意,或许他早已将他的改革方案在心中反复盘算过。如元老们能支持,皆大欢喜。如反对,强扭的瓜也不甜,与其上任后与元老院磕磕碰碰,还不如在农村继续种自己的一亩三分地。他本来也没打算要去改造这个世界。

于是,他很快将他的改革方案大致向元老院作了沟通。

第一,在家庭宗教的基础上,建立国家宗教,即建造国家级的神庙,在神庙内设置圣坛,以及永不熄灭的圣火。这种类似于家火的国家圣火,在形式上,它永久燃烧,象征着国家的生生不息,更主要的是,它能让国民对神产生一种敬畏感,进而对国家产生一种归属感。

第二,为了强化罗马在处理对外事务中的神圣性与形式上的合法性,应该建立国家级的祭司团,让祭司代表国家与其他所有国家进行交涉。

在古罗马,祭司并非专业的神职人员,用现代话来说,他们是国家公职人员,他们的职责不只是处理宗教事务,也处理一切与宗教无关的事务。

对于努马如此明确的答复,元老院极为满意,毕竟罗马国民的劣根性,每个元老都有目共睹,心知肚明。

于是元老们希望努马尽快上任,着手开始一切改革。

但努马似乎总是不愿遂元老们的心愿。

努马进城后,全城的百姓也像元老们一样,反应极为热烈。在元老院的主持下,很快通过了投票表决,全体人员高呼拥戴努马为新的罗马国王,并向他献上象征王的法器与王袍。

面对如此热烈的场面,努马并不领情,他声称现在还不能接受这象征王的法器与王袍,因为他并不清楚神意究竟如何,如果神意认可他为罗马的王,他必定会全力以赴,反之,他只能回家继续种地。

会场的空气一下子凝固了。元老们更是啼笑皆非,他们很清楚,如果按努马所讲的要看神意,那么一切都成了未知数,弄不好前面所有的努力都要付诸东流。

所谓看神意,就是要通过占卜来最后决定努马是否可以登基。事实上,这样的做法是违反当时常规的。

按照当时传统做法,占卜的功能不是推测未来,而主要是针对当前难以决定的事作出做与不做的判断,如战争前或航海前等等,都要以占卜的结果来决定是否战争或出航。

同样,如要以占卜来决定王位,其前提是对王的候选人无法确定或判断。如若人选已经确定,就不可能再去进行这样的占卜。毕竟占卜不是魔术,是无法操纵的,更不能作假。

这如同向空中抛一个钱币,谁也无法保证它落地后一定是正面向上,还是反面向上。

古罗马在公元前八世纪那个年代,占卜的形式还是相当单一的,大部分是通过专业的占卜师观看天空中野鸟飞行的方向来判断凶与吉。比如占卜师事先认定,此次占卜,野鸟的飞行方向在右为吉,那么反方向则为凶。

努马要求进行这样的占卜,元老们自然不能说占卜风险太大,不确定因素太多,不能这样做。元老们只能听天由命,但心里已经骂上无数遍:这个倔老头,实在是多事,搞不好前功尽弃。

根据古罗马史学家李维记载,第二天,占卜师让努马坐在一块石头上,面朝南,占卜师罩着头,坐在他左手边,手握一根弯曲但没有任何枝节的"卜杖",在祈求神明后,他用"卜杖"由东向西划出空域,并大声说,右手边为南,左手边为北。然后,他又用右手轻轻按在努马的头上,并祈求道:"尤皮特啊,如果我按着头的这位努马在罗马为王符合天意,那就请你在我所划的范围内显示明确的征兆。"

此时全体元老以及大批民众都聚集在市民广场,大家几乎都屏着呼吸,睁大双眼,盯着占卜师所指的方向,期待鸟群出现。整个广场静得出奇。

尤其是那些元老们,在最近这段日子里,他们不断研究、不断争论,一会儿情绪高涨,一会儿失望至极,如同现代人上了过山车,两个圈子下来,早已身心俱疲。

此时此刻,他们如同打了最后一针强心剂,全神贯注盯着前方,他们真不知道,万一鸟群出现在相反方向或者在规定的时间段里根本没有鸟群出现,他们又将如何收场?这岂不成了一场闹剧?

时间一点点过去,或许是太过紧张,毕竟谁都不知道,他们等待的是一出喜剧还是悲剧。或许是时间等得过久了,天上什么都没有,人群开始出现一些骚动,元老院急忙派人制止,但整个广场已无法再保持原有的安静。

又过了一段时间,忽然有人尖叫,发现了几个移动的黑点,整个广场一下子变得如此寂静,决定所有人命运的时刻到了,这几个黑点是进入指定区域还是远离指定区域?

好在一切有惊无险,没过多少时间,广场上忽然爆发出一阵震天的欢呼声。而此时,元老们已再无欢呼的力气,只是喃喃自语:"好了,好了,一切总算过去了。"

努马总算上任了。

努马一上任即按自己事先的设想,着手建造供奉灶神维斯塔的神庙。造神庙的理由上任前已告知元老院了,他希望对腐败透顶的罗马国民性进行彻底改造。

维斯塔神庙

维斯塔贞女

在努马看来,神庙是家庙的放大形式,国家、国家,国家也是家,是众人之家,如果一个人,一个群体在国家里,感受不到家的感觉,那么这个家一定是脆弱的,人们相聚在一起,只是同林鸟,大难临头必定各自飞。无论是一个人还是一个群体,只有当他有了归属感,当他认同了国家也是自己的家时,他才会发自内心地去维护这个家,服从家法,甚至为这个家去搏命。

建立神庙,用现代的语言说就是利用宗教来统一民众的意识形态,努马设计的基本思路是,将家庙与国家神庙巧妙地联系起来。

如前文所提到过的,罗马人最看重的就是家火,家火熄灭,则意味着这个家庭要败落。要让国民团结起来,必须建立一座能代表整个国家的神庙,并且明确国家神庙中的圣火是家火的合成和延伸,因此,神庙中供奉的圣火自然也就代表着每家每户,神庙的安危,同样也是家家户户的安危。

为了进一步强化这种功能,努马亲自出马,大张旗鼓地从贵族世家中挑选四名年龄在六至十岁之间、父母双全的女童作为维护灶神维斯塔的贞女。人们称她们为"维斯塔贞女"。

努马同时规定:一个女孩,一旦成为贞女,就必须守贞,三十年后方可出嫁。贞女们的主要职责就是看守祭坛中的圣火,确保圣火永久燃烧。

如果努马建造神庙的相关做法仅限于此,那么这个神庙与世界上其他无数的神庙也不会有多大的差异,更谈不上成为国家凝聚力的象征。

但努马的聪明之处在于,他声称:这些贞女守卫的是象征国家的圣火,因此,这些圣女也是国家的象征,她们理应享有无与伦比的荣誉与地位。

努马进而规定,维斯塔贞女外出时,必须有专门的护卫为她们开道,这是罗马王才有的待遇。她们在行走途中,如果碰巧遇上被押送的罪犯,无论这个罪犯所犯的是什么罪,都应立即免罪释放,这可是连罗马王也没有的待遇。尽管这种巧合存在的可能性几乎为零,但它却象征着至高无上。

这样一来,这些维斯塔贞女就成了神庙的活动广告,与此同时,维斯塔神庙的影响力也与日俱增。

当然，如果这些贞女玩忽职守，致使祭坛上的圣火熄灭了，或者说她们不守贞洁，那么，对她们的处罚也同样是最严厉的。

据记载，如果维斯塔贞女犯的过失较小，犯者要受到鞭笞，施刑者必须是大祭司。

如果这些贞女违背了守贞誓言，她们则会被活埋，但这种活埋与一般所讲的活埋是完全不同的。

维斯塔贞女的活埋地点是固定的，它实际上是一个地下室，在该地下室内还放有一张床、一盏灯以及一些食物，诸如面包、饮水、一桶牛奶和一些橄榄油，放这些东西，主要象征这个侍奉国家圣火的神职人员，不是因饥饿而死。

执行死刑的人员首先将违规的贞女全身严密地包裹起来，并用绳索捆缚结实，使人无法听到她发出的声音，然后再将她放到担架上抬到市民广场示众。

示众的步骤结束后随即将她抬到地下室的入口处，之后由执法的官员将违规的贞女松绑，并让犯人自己沿阶梯走进地下室，而在场的所有人都必须背对着犯人。当犯人进入地下室，在执法者看不到犯人之后，执法者即将阶梯的洞口彻底封死。

努马对违规的维斯塔贞女采用如此重罚，或许也是想凸显维斯塔贞女对国家的重要意义。

努马上任后所做的第二件大事就是组建国家祭司团，国家祭司团包括三个部分，一是娱乐祭司团，也称萨里意祭司团，设立这个祭司团的目的是要引导娱乐。

在努马看来，任何一个国家的民众，一旦放纵娱乐，最终都会娱乐至死。罗马民众之所以如此无法无天，关键在于把一切都当成了娱乐，杀人是娱乐，放火是娱乐，抢劫同样是娱乐，似乎除此之外，人生没有任何意义。

如何才能改变这样的民风？

努马很清楚，任何一厢情愿、自以为是的改革，结果往往是竹篮打水一场空。

要有效地改变民风，必须采用民众喜闻乐见的方式，这样的引导才可能是有效的。努马指定了二十四名祭司组成娱乐祭司团，他们被分为两组，一组称为马尔斯"跳跃"祭司，别一组则称为"舞蹈"祭司。每逢不同的节日，他们便在游行中载歌载舞，从而使这些原本形式乏味的游行变得趣味十足，耐人寻味。

努马的思路是庄严的仪式与高雅和深具教化作用的娱乐相结合，它能赢得罗马人的好感，逐渐缓和罗马人暴烈和慓悍的脾气。

努马建立的第二个祭司团叫诸神祭司团，诸神祭司团由十五名祭司组成，这十五名祭司都是为一些著名的神明服务的，在这些祭司中，以服务朱庇特、马尔斯、奎林努斯三大专职祭司最为重要，他们的主要工作就是向民众宣传朱庇特等神，并引导民众对这些神祇的崇拜。

努马认为，如果民众内心深处能保持一种对神的敬意，这样的民众自然而然会对自己的行为有所约束，有所规范。或许这就是努马强化诸神祭司团的真正目的。

第三个祭司团则被努马定名为外事祭司团，外事祭司团有点类似现在的外交部，努马要求外事祭司团制定外事祭司法。所谓外事祭司法，即无论是对外战争、议和、签订条约等重大事项，还是比较一般的解决外事争端、接待外交使团、引渡战俘等各类情况，都由祭司团制定成相应固定的文字格式，并通过一定的宗教仪式加以实施。

如元老院一旦决定战争，外事祭司则立即举行公开祭祀仪式，并在仪式中大声朗读："尊敬的朱庇特神、奎林努斯神和所有的众神，请听我说，我请你们作见证人，这是一个践踏公正、没有道义的民族，我们的长老将考虑用合适的手段来捍卫我们的利益。"

此后，外事祭司手持铁索和烧成血红色的山茱萸木的长矛来到对方的边界，对方的在场人数，只要不少于三人，他就会大声说：由于你们部落与罗马人民作对，罗马人民决定与你们部落开战。现经罗马元老院讨论，最后一致决定与你们部落开战。在此,我和罗马人民郑重地向你们部落正式宣战。说完后,外事祭司立即将长矛掷进对方地界。

努马之所以要求外事祭司团制作如此烦琐的公文,关键在于,在早期罗马或者其他部落、其他城邦国家,但凡遇到问题,只凭武力说话,无所谓是否有公理可言。

努马的精明之处在于,他早就悟出了名正与言顺之间的关系,也即中国人所谓的名不正则言不顺,言不顺则事不成。

努马通过外事祭司团将罗马的对外战争变得神圣化和正义化。即便没有道理,也必须说成有道理。

尽管这些外事祭司的行为如同表演,但努马在意的是一种意向表达,或者说是一种震慑对方的外交手段,它以简单明了的形式向对方传递一种明确的信息,即经过如此神圣庄严的宗教仪式后的行为是一种不带私利的正义行为,不存在任何可以变通的空间。

努马登基后,开创了一个新时代,他与元老院的关系维持在一种正常的状态,相安无事。

努马去世后,又有两任王,一个称托里斯,另一个称安库斯。据记载,此二人好战,其他也没有什么引人注目的特点,当然好战并不会引起元老院的特别反感。然而到了第五任王,元老院再次面临无法掌控的颠覆性改变。

四

第四任王安库斯去世时,安库斯的一位外国朋友塔克文成了他的遗嘱执行人。让一个外国人成为罗马王的遗嘱执行人,这已让元老院非常不满,但此后的事就更离谱了,塔克文居然得寸进尺,他向元老院正式提出,他要成为新一任的王。

元老院感到十分可笑,安库斯让一个外国人做遗嘱执行人已是十分荒唐,罗马作为一个自主的国家,怎么可能让这样一个不知根底的外国人来控制?

元老院对塔克文的了解确实很少,如写到卡片上,最多也就几行字。

塔克文是一个混血儿,父亲是一名流亡罗马邻国伊特鲁里亚的希腊科林斯人,母亲则是伊特鲁里亚的一名位高权重人物的女儿。塔克文成年后经商,盈利不菲。但在伊特鲁里亚,塔克文如想再进一步拓展自己的空间,如从政、谋取一官半职等,因其混血儿背景,可能性几乎为零。

于是,充满着理想与抱负的塔克文,带着妻儿老小以及全部家产来到罗马,寻找机会。经过将近十年的苦心经营,塔克文成了罗马王安库斯的朋友。

上述这些材料,内容少也就罢了,更糟的是,这些材料还都是塔克文的自述,用现代的话来讲就是,并未经过调查核实,是真是假一概不知。

然而不管怎样,在元老院看来,塔克文是个背景复杂的人物,对于这样的人物,不要说做王,即使是在罗马做官,元老院都得仔细斟酌一番。

元老们把塔克文的要求当成了一个工作之余的笑话,无非是让大家放松开心一下。

但没过多久,元老们就开心不起来了。

几天之后,邻国伊特鲁里亚派来了特使,那个特使清清楚楚地告诉元老们,伊特鲁里亚希望塔克文成为下一任罗马王。至于今后伊特鲁里亚与罗马的关系,伊特鲁里亚的特使也明确告诉元老院,塔克文成为王之后,罗马与伊特鲁里亚的关系不变,成为一个兄弟城邦国。

这或许与伊特鲁里亚的文化习俗有关,伊特鲁里亚并不是一个单一的国家,它与古希腊一样,是个城邦国家的联合体。古希腊城邦对外殖民扩张的过程是:对外殖民,建立新的城邦国。但新的城邦国与母国之间,并不是相互隶属的关系,而是平等的兄弟关系。

伊特鲁里亚对外殖民的过程与希腊类似。一旦新的城邦建立,新城邦与母邦立即成了兄弟友邦,互帮互助。

此外，这位特使也暗示罗马元老院，他不是在与罗马元老院商量，而是命令。如果元老院按伊特鲁里亚的要求去做，那么一切都不变，反之，伊特鲁里亚则可能采取强硬的方式来让罗马同意。

到了此时，元老们才恍然大悟，塔克文所谓举家前来罗马是因在伊特鲁里亚没有发展空间等等说辞，全都是幌子。他是伊特鲁里亚的一枚棋子，他潜伏在罗马近十年，就为了等待今天这样的日子。

现在放在元老院面前的只有两条路，一是遵命，一切按伊特鲁里亚的要求办理，但原有的体制恐怕会因此遭到彻底破坏。二是拒绝，但拒绝就意味着与伊特鲁里亚开战，对此，那位特使的暗示已近乎直白相告。

可如若让罗马的军队去与伊特鲁里亚厮杀，这无疑是拿鸡蛋去砸石头。

伊特鲁里亚是意大利半岛中部的城邦国家，位于台伯河和阿诺河之间，它的体量至少相当于罗马的七到八倍。

据现代考古推论：大概在公元前1000年的时候，伊特鲁里亚人迁徙到了意大利半岛，并在那里繁衍生息。

到公元前700年左右，伊特鲁里亚已进入鼎盛时期，根据考古的挖掘发现，那一时期的伊特鲁里亚人，极其擅长修筑公路、建筑桥梁以及构筑宏伟的水利工程。从那些挖掘出的遗址看，伊特鲁里亚人修建的城市布局整齐，街道、公共建筑、神庙、市场、住宅等功能设施一应俱全，甚至还有完备的排水和排污系统。可以说他们拥有那个时代欧洲最优秀的工程师和建筑师，不仅如此，伊特鲁里亚人为了能与该地区最为强大的希腊相抗衡，他们还拥有强大的海军和陆军。

在公元前8世纪，罗马建城以后，也有了相当程度的发展，但在伊特鲁里亚看来，罗马仍然谈不上是一个国家，它最多也就是一个小的城邦。

到了安库斯时代，或许伊特鲁里亚人感到，罗马的发展已有了一定的起色，已值得伊特鲁里亚插手管理了，因此，先派塔克文一家前来做卧底，熟悉和了解罗马的一切，等罗马王死后再进行和平交接。

伊特鲁里亚派特使与罗马元老院谈判，希望罗马能接受伊特鲁里亚人塔文克为下一任王,实际上就是伊特鲁里亚对罗马城进行和平接管。

　　元老们进行了反复权衡比较之后感到,罗马与伊特鲁里亚之间的实力如此不对等,反抗是毫无意义的,与其撕破脸面后交权还不如恭敬礼让更加有利。

　　元老院同意塔克文为下一任罗马王,但唯一的要求是,塔克文不得破坏罗马的行为规则,他必须按照罗马的惯例行事。也即他先向民众介绍自己,宣传自己,再经由人民大会和元老院批准后,才可登基为王。

　　对于元老院这方面的要求,伊特鲁里亚方面自然不会反对。

　　于是,塔克文在罗马四处巡回演讲,劝说民众投票让他当选新的王,最后经元老院批准及人民大会通过。

　　就这样,伊特鲁里亚人塔克文不显山露水地当上了新一任的罗马王。

　　塔克文一当上王,第一件事就是将元老院的人数从原来的二百人增加至三百人,而新增人选则是清一色的伊特鲁里亚人。此后又从伊特鲁里亚引进了大量的普通居民。

　　此外,塔克文还将伊特鲁里亚象征国王权威的侍从人员制度也引入进来。该制度的特征是:为王专门配置十二位侍从人员,他们每人肩扛一束打人的笞棒,笞棒中间插一把斧头,这种笞棒加斧头的组合体,被称为法西斯。法西斯象征着法律与权威,倘若有人犯了严重罪行,王一旦宣判对方死刑,侍从人员立即会从肩上解开笞棒束狠狠地抽打罪人,直到把他打得皮开肉绽时,再拉他跪在地上,从"法西斯"中抽出斧头,当场砍下他的头颅。

手持法西斯的侍从

对于塔克文的一系列改革举措，元老们心里极不高兴，但又无可奈何。

好在塔克文推行了这些大的改革措施后，其他方面倒也小心翼翼，他从伊特鲁里亚引进了各种管理制度以及大量的技术人才，修路筑桥，开疆扩土，罗马的面貌焕然一新。

在塔克文管理的年月里，应该说一切都比较顺利，无论是民众还是元老院的元老，对塔克文的评价，总体还是相当正面的。

但塔克文当了三十多年王之后，大概是感到自己离大限之期越来越近，一种将王位在自己后代中传承下去的念头日益强烈。

塔克文有一个女儿和一个儿子，儿子婚后没过几年就因病去世了，留下了两个未成年的小孙子。另外，在早年的一次战争后，塔克文曾收养了一个名叫塞尔维乌斯的男孩，据说还是奴隶出身。

塞尔维乌斯聪明能干，深得塔克文的信赖，成年后，塔克文立即将自己的女儿嫁给了塞尔维乌斯。这样一来，塞尔维乌斯两种身份兼有，既是养子又是女婿。

有人认为，将女儿嫁给塞尔维乌斯，让其成为女婿是为了进一步提高他的地位。其实这根本无关大局，按罗马的父权制习俗，确认子女身份的权力在于父亲，即便是合法妻子所生的子女，血统不存在问题，但如果得不到父亲认可和祝福，这样的子女就进不了这个家庭。相反，即使与父亲毫无血缘关系，只要父亲认可，他同样可进入这一家庭，成为家庭的一员。

显然，塞尔维乌斯得到了塔克文的双重认可，并希望他能接替王位。至于另外两个孙子，尽管是血亲，但因年龄尚幼，根本无法考虑。

为了让塞尔维乌斯能顺利接班，塔克文作了两手准备，一方面对塞尔维乌斯进行全面培养，提升其威望。而另一方面则反复暗示元老院，塞尔维乌斯将成为其唯一的合法继承者。

但出乎塔克文意料的是，他的反复暗示不仅没有获得元老们的认同与支持，相反却引发了元老院强烈的不安。

根据罗马的政治制度设计，罗马王是终身制，但不是世袭制。一旦王去世，从老王去世到新王产生之前，这段时间被称为空位，在空位期间，由元老院的首席元老主政，直到选出新一任的王。

如果听任塔克文将罗马王位选任制改为世袭制，这不仅仅是对罗马政治制度的重大更改，而且元老院的前景也将无比暗淡。这也是元老院当年与伊特鲁里亚使者谈判中提出的唯一条件，并且得到伊特鲁里亚方面的承诺。

显然，塔克文想要违约。

从历史的一般规律看，世袭后的王，一旦权力得到了巩固，第一步是压缩元老院的权力空间；第二步是彻底虚化元老院，或者直接取消元老院。

因此，对于元老院的每一个元老来说，无论他属于哪个部落，罗马王转制世袭一事，绝不是什么福音，而是一个挑战心理极限的重大事件。

也正因如此，平时意见很难统一的元老院，此次却显示出了空前的团结。

然而，公开反对一个具有如此强大背景的王，极有可能遭到王的清洗。在元老们看来，要终止王的行动，唯一可行的办法，就是从肉体上消灭他。

或许这也是著名人类学家莫尔根感叹"世袭继承制的最早出现，与其说是由于人民的自由许可，毋宁说是用暴力所树立"的原因所在。

但要刺杀王，谁来动手？怎么干？并且成功后又不至于引起伊特鲁里亚的强烈反弹，这些都是亟需解决的问题，必须将这一系列的问题思考清楚，否则毫无意义。

元老院一片沉寂。

或许先王安库斯的两个儿子感到：他们作为先王的儿子，为了国家，也为了家族的荣誉，应该有所作为。他们打破了沉默，表示由他们兄弟俩来处理此事是最合适的。

众元老感到此事有点离谱，他们兄弟俩的岁数也太大了点，他们甚至怀疑这兄弟俩是在玩激将法。

我们不知道安库斯兄弟的岁数究竟多大，但若推算，岁数确实应该不小。先王安库斯去世后，塔克文执政也已有三十七年，即使安库斯去世时，兄弟俩还仅仅是二十岁出头的小青年，现在也应是个六十岁左右的老人了。

在古罗马时代，人的平均年龄很低，上了六十岁就属于高龄了。

安库斯兄弟认为刺杀塔克文一事，无论成功还是不成功，刺杀者都难免一死，不成功，必被塔克文所杀，而成功了，则元老院也必将他俩绳之以法，以塞伊特鲁里亚人之口。

他们告诉大家，他俩的年龄已够大，死不足惜。其次，他们是安库斯之子，刺杀塔克文的目的是为了篡位，这样的理由至少合乎逻辑，这是其他任何元老所不具备的优势。

其他元老则认为，这样做太对不起先王，可谁也想不出更好的替代办法。最后，也只能默认安库斯兄弟的计划。

可再严密的计划，也难免百密一疏，元老院的刺杀焦点集中到塔克文一人身上，以为只要塔克文一死，即可大功告成。

元老们在信心满满的计划过程中，偏偏遗忘了塔克文背后的一个重要人物，即塔克文的妻子。

塔克文的妻子本是伊特鲁里亚极有权势的大臣的女儿，从小耳濡目染宫廷的尔虞我诈，心思极为缜密。她一听说塔克文被刺，第一反应即是抢权。

她一方面立即召回在外的塞尔维乌斯，要其做好登基的一切准备，另一方面则立即带领塔克文的卫队，直奔元老院。

她对元老们软硬兼施，劝说中暗带恐吓。她声称，塔克文不明不白地被暗杀，伊特鲁里亚将如何看待此事？他们是否会将此事看作对伊特鲁里亚的挑衅？

她希望尽快平息此事，而最简捷的方式就是让塞尔维乌斯接班，这既是先王塔克文生前的心愿,也是平息伊特鲁里亚猜疑的最好方式。

对于塔克文妻子的突然出现,以及连珠炮式的发问和不容置疑的要求,元老们目瞪口呆,毫无招架之力。

他们竟似木偶一样,按照塔克文妻子的旨意,通过了让塞尔维乌斯接班的决议,此外,就连让市民大会通过的走过场形式也没进行,塞尔维乌斯就登基了。

五

塞尔维乌斯登基了,但塞尔维乌斯并没有任何的喜悦感。

开国第一任王罗慕路斯被杀,公开的说法却是罗慕路斯升天成神了。仅仅过了若干年,第五任王塔克文又死了,公开的说法是第四任王安库斯的两个高龄儿子为了篡位而故意谋杀,如此不靠谱的谋杀目的,背后的真实意图究竟何在?他隐隐约约地感到,这是场全体元老共同参与的阴谋。

他唯一感到庆幸的是,他的养母以迅雷不及掩耳之势击溃了这场集体阴谋,但问题并未得到根本的解决。

他的养父塔克文上任后,为防止被元老院这张无形的手卡住脖子,上任后的第一件事,就是对元老院进行掺沙子,他将整整一百名伊特鲁里亚人塞进了元老院。他以为这样一来,手中有了一百名伊特鲁里亚元老这张王牌,从此可以高枕无忧了。

但社会群体是现实的,新掺进去的沙子,短期或许有效,时间一长,原有的群体感情色彩就淡化了,取而代之的是个体的利益。

而所谓的元老院本身就是一个利益共同体,一旦王权威胁到了这一共同体,这一利益共同体抱团对抗也是自然而然的事了。

塔克文追求世袭,明显违反了元老院推荐国王的权力游戏规则,元老院所寻找和推荐的只是一名可控的国王,而不是权力无限延伸,甚至能够世袭王位。塔克文踩踢了红线,那就必死无疑。

塔克文登基三十七年后,被元老们联手杀了,没有一个伊特鲁里亚元老站出来阻止这一阴谋,或者揭发这一阴谋,这本身就说明了一切。

此次,表面上塞尔维乌斯顺利坐上了王位,但他却是世袭的产物,元老院同意的决议是被迫作出的,甚至连正常的市民大会都未召开。

塞尔维乌斯当然清楚,如此众多的不正常必然隐含着无穷的风险,但他又能怎样?在他看来,无论哪个地点,哪个时间,哪个人,都有可能突然之间拔出一把刀将他杀死。

塞尔维乌斯每每细想至此,都会有种不寒而栗的感觉。他寝食难安,惶惶不可终日。他似乎看到了王座上正悬挂着那把达摩克里斯剑,可他却没有能力将其摘除。

如何才能确保自身安全?

如何才能真正有效地制约元老院?

如果无法形成一个有利于国王的管理机制,那么可以说,塞尔维乌斯每时每刻都处在危险之中。塞尔维乌斯首先想到的是市民大会,所谓市民大会也称库里亚大会。

在罗马,元老院提出的重要决议必须经过市民大会的通过才能执行。如果市民大会控制在国王手中,国王就能间接控制元老院。然而,塞尔维乌斯仔细一想,又只能叹气了,市民大会是不可能摆脱元老院左右的。

自从罗慕路斯建城之后,在罗马居住的人逐步形成了两个阵营,一个是主流阵营,这一阵营由三个部落组成,从时间上看,这三个部落联合体是逐步形成的。

最初建城的基本上都是拉丁人,即拉丁人部落;此后罗慕路斯导演了一出抢婚戏,又融入了一批萨宾人,也即萨宾人部落;此后在伊特鲁里亚的重压之下,塔克文出任国王,紧接着,又有大批伊特鲁里亚人加入,这就形成了第三个部落,即伊特鲁里亚部落。

当时自称为罗马人的,实际上就是这三个部落的人。

三个部落定期就一些重大问题召开全体民众出席的库里亚大会,或者简称为市民大会,然而,元老院所有的元老都是各大氏族的长老,他们在族群里都享有很高的威望,因此,他们的意见本身也就代表了各个族群的意见,召开库里亚大会,让全体民众投票,无非是种民主的形式罢了,基本上不会与元老院的决议发生严重的对立与冲突。

因此塞尔维乌斯想通过市民大会来反制元老院,就等同于想让左手来控制右手,绝无可能。

罗马的另一个阵营就是来自四面八方的移民,这批人来罗马的目的就是淘金,他们主要从事工商业,但无论他们经商成功还是失败,他们中的大多数人并不愿意融入三大部落的文化,他们感觉自己始终只是一名罗马定居者而不是罗马人。

这种情况久而久之,罗马城里出现了一个奇特的现象,街面上,穿着五花八门、奇形怪状服饰的外国移民越来越多。

不同服饰的移民与原住民

或许苦闷不已的塞尔维乌斯在大街上散心时,看到那些外国移民后,忽然来了灵感,找到了对付元老院的办法。

塞尔维乌斯向元老院提出,他希望进行一次全罗马的人口普查。他的理由很简单,罗马自建城以来,尚未进行过一次人口和财务普查。

现在外来移民日趋增多,不少经商的外来移民已成了巨富,但税却交得很少,必须摸清家底,将该收的税都收上来。

元老院一听,认为这是好事。于是全罗马立即开始了人口与财务大普查。没过多久,普查结果出来了,那些体制外的富人移民人数居然极多且远远超过想象。

塞尔维乌斯立即与元老院再次商量,这些富人移民,即使他们不愿融入三大部落,但既然他们已在罗马发了财,自然应为保卫罗马效力。应将他们纳入正规军编制,并明确告诉他们,这样做的目的不仅仅是为了保护罗马,同样也是为了保护他们自己的财产。

塞尔维乌斯建议:不分体制内外,一律按家庭财富划分等级,这样既有利于扩充兵源,统一武器装备,也有利于军事管理。

元老院为此专门讨论了一次,认为这也是好事。

塞尔维乌斯迅速将所有符合条件的人全部武装起来,并将他们分成六个等级,等级越高表明家庭财富越多,装备自然也越精良。第一等级是最富有者,该等级共设置十八个骑兵百人队和八十个步兵百人队,此外的五个等级,随着财富递减而逐级下降,百人团的数目也少,但后五个等级合起来也没能超过第一等级的数目,总共才九十五个百人队。

步兵百人队

元老院对塞尔维乌斯的等级安排有点不明白,为什么富人百人队反比中产阶级的百人队多,这中间又有什么玄机?

当这些部队正式编队列装后,塞尔维乌斯第三次向元老院提议,今后国家的重大方针政策,应召开百人队大会(也称森都利亚大会)投票表决,每个百人队为一票,少数服从多数。

元老们一听,什么都明白了。这一次,他们算是被塞尔维乌斯国王彻底算计了。什么人口普查,什么增加税收,全部都是烟幕弹,醉翁之意不在酒。

此次军队改制,成立了一百九十三个百人队,其中第一等级占了九十八个,其余五个等级加起来是九十五个。

如果元老院同意塞尔维乌斯的这一提议,实际上等于同意第一等级的富人决定罗马的一切。

富人决定一切就等于移民决定一切。

当时的罗马,移民主要从事工商业,而三大部落的成员则主要从事农业。据记载,三大部落中,即便富有的家庭,他们所拥有的土地最多也就二十犹格(相当于八十亩地),在共和国进入中晚期后,一次性无偿发给无地农民的土地量也往往要超过此数。

因此,以农业为主的部落居民的财富是根本无法与工商业的富有移民相抗衡的。也正因如此,在属于最高等极的十八个骑士百人队和八十个步兵百人队中,移民的人数自然占了大多数。第一等级实际上也就成了移民等级。

这样一来,元老院实际上丧失了控制百人队大会的一切可能,元老院的作用也一下子变得可有可无。

今后,如果元老的提议符合国王的心意,国王可以元老院的名义办事,反之,则可直接越过元老院,寻求百人队大会的支持。而原有的市民大会也同样变得可有可无。

但此时,元老院再要反对已为时过晚,塞尔维乌斯的武装已经到位。

并且,这样的百人队大会制度,最为获利的是那些原本毫无政治发言权的体制外商人。元老院如公开反对这一提议,无疑就是与这些富裕的商人移民全面对抗。

元老们无奈之下,只能像当初接受塞尔维乌斯当国王一样,再次吞下这颗苦果。有的元老甚至认为,此次元老院吞下的不只是一颗苦果,而且还接受了一张元老院病危通知书。

塞尔维乌斯转危为安了。

塞尔维乌斯的这一招确实高明,他改革的基本手段是神龙见首不见尾,在改革的过程中,每走一步,决不让对方知道下一步将做什么。更关键的是,塞尔维乌斯的改革武器是授予移民表决权,打破原有的权力平衡,形成新的权力机制。

而获利最多的富裕移民,他们自然成了国王的坚定支持者,成了罗马的统治阶层。

塞尔维乌斯成功改革后,彻底解除了元老院对他的羁绊,于是塞尔维乌斯放开手脚做他想做的事,他建造城墙,即今日尚存的塞尔维乌斯城墙。改变战术,提高部队作战的效能。扩充税源,即将税收与个人形成一一对应的关系。

塞尔维乌斯城墙

塞尔维乌斯如此执政了四十多年,一路顺风顺水。

但与此形成强烈反差的是,塞尔维乌斯处理家务事则似乎特别不顺,他有两个女儿,他将她们分别嫁给先王塔克文的两个孙子。塞尔维乌斯总感到,没有养父塔克文的精心培育,他不可能变得如此精明,没有养母的奋力一搏,他更不可能登上王位。

滴水之恩当涌泉相报。塞尔维乌斯将自己的两个女儿嫁给他们兄弟俩,似乎是希望他们兄弟俩能永久分享王室的荣耀。

但希望与现实之间的差距永远是如此巨大。

没过几年,塔克文的一个孙子与塞尔维乌斯的一个女儿相继去世。而剩下的一个孙子和一个女儿恰好不是一对,于是,剩下的两人,又自动结为夫妻。

据记载:男方名为塔克文·苏佩布,后人将其称为小塔克文,女方则名为图利亚,这两人性格极其相似。在他们眼里,无所谓亲情、爱情与友情,更无所谓正义与道德。他们所有的行为逻辑是:凡有利于自己的,就是正义,就是道德。

然而,令人费解的是,塞尔维乌斯作为一个必须洞察一切社会阴谋的国王,对女儿、女婿这种近乎邪恶的性格,居然熟视无睹,如果仅仅是视而不见、放任自流,这也罢了,毕竟作为父母是无法替代子女生活,哪怕贵为国王,也是一样。

但荒唐的是,塞尔维乌斯竟撇开一切常识,任命女婿小塔克文为近卫军司令,这无疑是将自己的身家性命全部托付给了小塔克文。

有人说,再聪明、再能干的父母,在子女面前,智商就会直线下降,塞尔维乌斯或许就是这样的父亲。正是这种让任何人都无法理解的托付,最终让塞尔维乌斯付出了难以想象的代价。

小塔克文一当上近卫军司令,立即开始散布流言,说国王塞尔维乌斯是个奴隶的儿子,来路不明,他任罗马国王,是对罗马国家的羞辱。

最初，小塔克文只是通过他的那些亲信散布此类流言，一段时间过后，他竟全副武装，在元老院的会议大厅里公开演讲，指责塞尔维乌斯担任国王实属非法，而自己则是先王塔克文的正宗传人，言下之意是元老们应该立即行动起来，废除塞尔维乌斯而立他为王。

元老们面面相觑，面对这场家庭内讧，实在是不知所措。塞尔维乌斯闻讯后，立即赶往会场，他还天真地以为，以国王和岳父的双重身份，足以阻止小塔克文的谋反。但他一到会场，尚未等他开口，小塔克文即将他拦腰抱住，抛出窗外。

塞尔维乌斯的一条腿被摔坏了，他努力支撑着站了起来，拖着受伤的腿，好不容易回到王宫，但小塔克文的手下早已手持利剑，在那里恭候他了。此时此刻的塞尔维乌斯，真不知有何感想，他只想尽自己所能来回报养父母之恩，他竭尽所能地包容女儿与女婿的一切恶行，还自以是善良与高尚，以为这样才是一个父辈的样子，收获的却是一场悲剧。

事到如今，再多的想法都没有意义了。他回过头，只见女儿驾着马车，向他直撞过来。

塞尔维乌斯就这样死于非命。

六

小塔克文上台后，打破了自罗慕路斯建国以来的一切常规，开创了通过暴力登上王位的先河。他不需要任何人为他签发通往国王宝座的通行证，也不需要百人队大会的同意，更不需要元老院的认可。

在小塔克文眼里，元老院无非是一具行尸走肉，但他又感到，哪怕只是一具行尸走肉，毕竟横在那里，有碍观瞻，因此必须出手干预。

小塔克文针对的对象主要集中在塞尔维乌斯直接任命的那些元老身上。这些可怜的元老，早上出门，事先没有任何预警，还没闻到午餐的飘香，就已横尸街头了。

小塔克文大开杀戒，不知是否因为有些后怕，从此之后，他决不轻易走出王宫一步,如果万不得已必须出门,他也必令全副武装的士兵前呼后拥。

不过,小塔克文也明白,这终究不是解决问题的办法。他不怕元老院的元老,但他怕元老背后的民众,一旦元老们将罗马的民众全部煽动起来,他必将死无葬身之地。

因此,小塔克文认为,他必须抢在元老们与民众联手之前,打消他们奋起反抗的所有意念。

小塔克文非常清楚,当年,他的祖父塔克文之所以能在罗马当国王,并不是因为罗马人欢迎他,而是因为罗马人惧怕站在老塔克文背后强大的伊特鲁里亚军队。而老塔克文被杀,元老院再次被迫接受塞尔维乌斯这样一个奴隶出身的人当国王,也是出于同样的原因。

由此,小塔克文得出了这样一个结论,通过暴力可以坐上王位,但坐上王位与坐稳王位毕竟是两码事。能否坐稳罗马的王位,这既不在于元老们的想法,也不在于民众的情绪,一切的关键在于他能否得到伊特鲁里亚的支持。

好在他是塔克文的嫡亲孙儿,与伊特鲁里亚有着一种天然的关系。于是,小塔克文上台后没多久,就带着大量珍贵礼品,亲自出访伊特鲁里亚的一些重要城邦国,他大把撒钱,大讲传统与友谊,并与一些城邦国签订了军事互助协定。

然而,在出访过程中,小塔克文无意中发现了一件让他心惊肉跳的事。

在他祖父老塔克文眼中,伊特鲁里亚极为强盛,部队军纪严明,军事实力雄厚,市场繁华,科技发达。但小塔克文在那些城邦国,参观军营,看到的却是军纪不正的士兵;走访市场,看到的更是一片萧条。

小塔克文暗中叫苦不迭,如果这些情况均被元老院探悉,元老院还会如此顺从? 如此小心翼翼?

更何况,自老塔克文当政以来,已将伊特鲁里亚所有的先进理念、先进科技以及先进军事思想,悉数引入了罗马,罗马早已今非昔比,而伊特鲁里亚自身却成了纸老虎。

大把的钱已撒了出去,回去后该如何向元老院交待?

或许是因小塔克文从小在政治圈内长大,看惯了宫廷的勾心斗角,尔虞我诈。小塔克文一回到罗马,立即召集元老院的全体元老,声称要向他们汇报他的出访成果。他闭口不谈伊特鲁里亚的衰落,而是以极其兴奋的口吻,绘声绘色地大讲伊特鲁里亚的强盛,军队士兵的勇武,以及此次他与这些城邦又签订了新的军事同盟条约,结成了牢不可破的友谊。

元老们很快就听出了小塔克文的弦外之音,他无非是在警告元老们,不要有任何非分之想,他的后台很硬。但不管怎样,小塔克文的这些话,确实把元老们吓得不轻。

此后,小塔克文又表示,罗马要强盛,必须强军,特别是对周边那些经常惹事生非的部落,必须给予军事反击。

小塔克文回到王宫后,极度兴奋,他发现自己居然还有如此长袖善舞的本领,一顿胡诌,即将整个元老院吓住了。他的身心一下子放松了下来,从此再也不把元老院放在眼里,也不再去理会什么民众的舆论。

此后,小塔克文将全部精力放在强军之上,他倒也真是个军事能人,东征西伐,胜多败少,打得周边部落叫苦连天。

这让小塔克文更自信了,他自信能搞定一切,同时他也变得更加狂妄,目空一切,民众私下称他为"傲慢的塔克文"。

这一称呼很快传到小塔克文的耳朵里,他的反应仅仅是用鼻子哼了一声,似乎说,我高兴,你们又能拿我怎么样。

小塔克文确实有得意和自信的资本,但他却不知,任何事物,一旦过头即会走向反面。

小塔克文在元老院的信口胡诌,确实让不少元老惊恐不已,但也有少数几个元老,尽管震惊,但心中却不服,更不甘心。

罗马元老院就这样无声无息地慢慢死亡？罗马就此成了国王一人的天下？元老院是否还有一线翻身的机会？

这些元老悄悄派人前往伊特鲁里亚的那些城邦国，他们的初衷无非是想更多了解一点对手的信息，以便找到对付小塔克文的相应对策。

然而传回的信息却令他们大吃一惊，现在的伊特鲁里亚与老塔克文时代的伊特鲁里亚早已不可同日而语，方方面面都已透露出一种衰败的迹象。

听到这样的信息，整个元老院一下子亢奋起来，个别元老甚至异想天开，要立即与国王进行正面对抗。但严峻的现实很快让元老们冷静下来。

小塔克文极善征战，这是谁也无法否认的事实。而且，小塔克文手中有支训练有素的常规部队，那些临时拼凑的武装根本无法与之对抗，更不要说他还有伊特鲁里亚军队的支持。此外，也根本不存在搞暗杀的机会，他的贴身卫队人员都是从伊特鲁里亚专门选拔出来的，与罗马的伊特鲁里亚人几乎不存在任何亲属关系。

元老们经过反复讨论决定，首先，元老院维持现有的一切活动形式，切忌与小塔克文形成公开的冲突，根据目前的情况，元老院示弱就是最好的对应策略。只有示弱，才能赢得自强的时间。忍为第一要务。其次，应以时间换空间，并通过各种途径毁坏小塔克文在民众中的形象，达到釜底抽薪的目的。第三，想方设法提高民众的军事素养，一旦反击，定要有能够抵抗小塔克文和伊特鲁里亚双重打击的能力。第四，等待有利的时机，争取一击成功。

皇天不负有心人，元老院的元老们等待了几年，也扎扎实实地准备了几年，尤其通过巧妙的舆论引导，社会各阶层不仅对小塔克文，而且对国王这一职位都已反感到了极点。

也就在此时，一个意想不到的机会送上门来了。

公元前509年，在一次征战结束后的酒宴上，小塔克文的三个儿子与他的侄子克拉提努斯都夸耀自己的妻子最能干、最贤惠。于是他们打赌，并决定四人当场骑马到各家考察验证。

考察结果发现，小塔克文的三个儿媳都在寻欢作乐，唯独克拉提努斯的妻子琉克蕾西娅正坐在女仆中间纺织羊毛。

克拉提努斯极为高兴，但他怎么也想不到，他赢得了赌局，却输掉了妻子。

小塔克文的长子塞克斯图斯是个色魔，当他一进入克拉提努斯家，发现克拉提努斯的妻子异常美丽时，早已灵魂出窍。他嘴里与他兄弟们一样，异口同声赞美克拉提努斯妻子的贤惠，心里却盘算着怎样才可将眼前的美人搞到手。

几天后，塞克斯图斯趁着克拉提努斯返回军营之际，悄悄潜入了克拉提努斯的家，在利诱琉克蕾西娅无效后，竟然强暴了她。

当晚，在军营中的克拉提努斯被妻子紧急召回。坐在床边的琉克蕾西娅脸色苍白，她只是极其简单地向丈夫叙述了自己白天的遭遇，之后，还没等克拉提努斯完全反应过来，她已拔出尖刀，刺进了自己的胸膛。断气前，她仅仅留下这样一句话：要为她报仇。

克拉提努斯欲哭无泪。

消息很快传到了元老院。元老们连夜召开紧急会议，并很快达成共识。此次事件，乃千载难逢的机遇。

目前，小塔克文和他的两个儿子正在国外作战，如第二天趁热打铁，召开全民会议，全面声讨小塔克文，并动员民众起义，就不至于当场引发流血冲突。

如消息封锁得当，还可进一步拖延小塔克文率军回师的时间，从而赢得全面接管国家各管理部门的时间。

此外，元老们感到，做好当事人克拉提努斯的工作，让克拉提努斯全面配合是此次起义成败的关键。

元老院研究后决定由德高望重的元老布鲁图担负这一使命,而全体元老则立即分头通知各部落,明天一早全民集中前往市民广场,召开市民大会。

第二天一早,在元老院成员的协助下,琉克蕾西娅的尸体被安放在市民广场的演讲台上,布鲁图和其他几个元老陪伴着克拉提努斯,站在尸体的旁边,静静等待着人们的到来。

在太阳尚未升起前,大批市民已从罗马的各个角落赶到了市民广场,一些市民已提前获悉了相关信息,他们走出家门时,已是全副武装。

面对着血淋淋的美丽尸体,以及站在一旁,两眼布满血丝、极度憔悴的克拉提努斯,那些隐隐约约已知道一些内情的民众,心情已是抑郁到极点。

他们交头接耳,议论纷纷。但无论是克拉提努斯还是布鲁图等元老,他们只是站在那里,一言不发。或许,他们是在寻找一个最佳时间点,故意让那些已经愤闷不已的民众情绪进一步积聚,直到有人大声宣布,人已到齐,可以告诉大家真相了。

只见布鲁图向克拉提努斯使了个眼色,克拉提努斯便开始将昨天在他家所发生的一切向众人讲述了一遍,当讲到要为她复仇时,便已泣不成声了。

刹那间,整个广场,郁闷已久的民众情绪被完全调动起来,他们大喊大叫:"要复仇! 一定要复仇!"而此时,站在一旁的布鲁图向前一步,双手用力向大家摆了摆,示意大家安静。

他希望大家认清这样一个事实,塔克文家族是如何让一个贞洁的、行为端庄的女子成为牺牲品的,但这绝不是偶发性事件,这是塔克文家族统治的必然结果。

二十五年前,小塔克文以最血腥、最卑劣的方式,谋杀了对他无比信任的岳父,并以武力强行登上王位,之后,又大肆屠杀元老,其罪恶罄竹难书。

这是塔克文家族的罪恶,也是国王体制的一种必然结果。要防止这样的悲剧再一次发生,就必须彻底废除王政制度,并将小塔克文及其家人全部驱逐出境。

他号召民众在元老院的领导下,立即组建新的军队,全力捍卫自己的国家。整个市民广场沸腾了,民众们高呼,"打倒塔克文,废除国王制。"

也就在布鲁图召开市民大会的同时,全体元老则以最快的速度,分头行动,组建军队,接管政府部门,接管城防。

一个崭新的政权形式就这样诞生了。

此后不久,小塔克文即获悉罗马元老院率民众起义,废除了王政。他立即率军杀回罗马,但一到罗马城墙前,当他看到紧闭的城门,以及城墙上戒备森严的军队时,小塔克文什么都明白了,权力游戏已经结束。如若冒然举兵攻城,自己所率军队也有全面倒戈的可能。他命令部队向后转,迅速前往伊特鲁里亚。至于如何报复,一切待与伊特鲁里亚各城邦国王们商量后再说。

小塔克文此次无功而返的回马枪,无意中竟成了塔克文王朝的谢幕仪式,同样,这也意味着罗马王政时代的彻底结束以及一个新时代的真正开始。

第一部分

元老院的崛起

第1章/共和国的诞生

推翻王政，只需要一天的时间。

如何建设和巩固一个新的共和国，这是元老院必须直面的难题。

树欲静而风不止，被推翻的末代罗马王的阴谋和阳谋，接二连三。

敌我双方，你中有我，我中有你。新上任的执政官必须见招拆招，容不得半点出错。既要抗击入侵，又要稳定民心，更要建立符合新政权的新制度。

可一个制度性漏洞给新生的共和国带来难以估量的灾难。

亲情与阴谋

元老们乘塔克文外出打仗之机，利用琉克蕾西娅事件一举颠覆了塔克文政权。这一令人兴奋、令人激动的事来得太过突然，任何人都没有丝毫的思想准备。

但这就是历史，真实的历史不可能按照一个所谓套路去运行，它往往由一系列巧合组成，后人常将此类事称之为机缘巧合。

但这样巧合带来的最大问题是无序性和无逻辑性。

元老院所面临的就是这样一个问题，向往已久的权力突然又回到了自己的手上，但怎样把握这一权力，并且不让煮熟的鸭子再次飞了，这对元老们来说实在是个重大的考验。

此次推翻小塔克文政权，尽管在战略层面上，元老院的目标已完全达成。但如从战术上讲，元老院又是输的，而且还输得挺离谱。

在此次推翻小塔克文政权的整个过程中,给民众留下极深印象的无疑是布鲁图。在民众看来,琉克蕾西娅自杀身亡后,布鲁图纯粹出于义愤,振臂一呼,而民众则群起响应,揭竿而起,这才有了新生的共和国。

布鲁图自然是共和国的最大功臣。

可罗马民众完全不知,或许也根本不可能想到,如果没有元老院的幕后操纵,仅凭布鲁图一人之力,怎么可能在一夜之间,整个社会都被动员起来。

此外,布鲁图又凭什么去创造一种新的政体,以及一种全新的社会构架。

作为普通的平民百姓,事实上他们根本无法对这一系列的问题进行细细的品味与思考。或许他们还以为,这一切的一切,都是小塔克文作孽太深的报应,都是水到渠成的事,没有那么多复杂的内幕情节。

可事实真相却是,布鲁图只是元老院的一个特使,他所做的一切都是在执行元老院的指令。

琉克蕾西娅事件发生后,布鲁图根据元老院的指令,立即前往琉克蕾西娅的家中,预先做好她丈夫克拉提努斯的工作,使克拉提努斯第二天能完全配合元老院的造势。

这些幕后花絮,民众自然无从知晓,更何况,元老院也不想让民众有所知晓。

但如此操作带来的后遗症是,共和国成立后,民众将所有的功劳全部记到了布鲁图一人头上,更令元老院始料未及的是,在选举执政官的过程中,民众又进一步想当然地将大多数选票都送给了克拉提努斯。结果选举暴出一个大冷门,克拉提努斯与布鲁图共同成为罗马共和国的首任执政官。

如此一来,不仅彻底打乱了元老院的全部计划,甚至还带来了灾难性的后果。

按元老院原有计划,在推翻小塔克文政权之后,元老院即以最快速度组织选举新领导,形成新政权,同时全面接管小塔克文的各行政管理部门。

　　元老们很清楚,新政权决不能只是旧政权的翻版,也就是说,不能再选举一个新的王来代替小塔克文。

选举执政官

　　元老们感到,罗马自实行王政以来,王的终身制引发了太多的问题。新政权首先要解决的就是国家领导人的终身制问题。

　　元老院讨论的最终结果是,在罗马这块土地上,必须永久废除王的头衔,并以执政官这一新的职位来替代王,但这决不是简单的改名,或者说换汤不换药。

　　在元老们看来,他们独辟蹊径所创造的执政官管理制度,实际上是一种全新的管理模式。该制度规定,每一任执政官经选举当选后,执政时间仅为一年,并且不得连选连任。

而与此措施相配套的是,选举执政官方案规定,每年选举两名执政官同时执政。这样能相互牵制,防止独裁。

此外,对于执政官的权力形式问题,元老们认为,在执政官的权力设计上既要严防独裁,但也决不能因为这样的设防而影响执政官的权威。

一个没有权威的管理者,是不可能进行有效管理的。

因此,为确保执政官的管理权威,有必要保留王政时期从伊特鲁里亚传入的象征王权威的侍从制度,即为每一个执政官专门配置十二位肩扛法西斯的侍从人员。

至于由谁来出任首任执政官,已经抛头露面、深得民心的布鲁图自然是首选,而让谁成为布鲁图的同僚执政官,元老院原本内定人选是首席元老普布里乌斯。

实际上,普布里乌斯不仅是此次推翻小塔克文的幕后总设计师,而且也是真正的总指挥。

普布里乌斯家族在罗马一直具有相当大的影响力。据说,在罗马建城以后,罗马人和萨宾人因抢婚而产生重大矛盾,最终就是由普布里乌斯的先祖出面协调,并成功说服两个独立的部落国王同意和平相处,并建立了一个联合政体。

普布里乌斯家族很富有,却决不吝啬。对穷人慷慨解囊,也可说是他们的家族传统。

小塔克文上台后,曾想先拿普布里乌斯开刀,以此敲山震虎,恐吓元老院,但又惧怕强大的舆论压力。因此他只能先从元老院其他相对较弱的人士入手。短短几年功夫,元老院内元老的人数即从原有的三百人降到了一百六十多人。

普布里乌斯和元老们自然明白小塔克文的这些动作,他们愤怒到了极点,却又毫无办法,因为他们手中没有兵权,根本无法与小塔克文相抗衡。他们唯一能做的就是密切关注小塔克文的一举一动,寻找恰当的造反机会。

琉克蕾西娅之死给了元老院一个千载难逢的机会。普布里乌斯与元老们迅速协调方方面面的力量,以迅雷不及掩耳之势,推翻了小塔克文政权。

在推翻小塔克文政权之前,普布里乌斯一直在想,如果有那么一天能够推翻小塔克文的政权,新政权将以什么形式运行,对于罗马这样一个国家来说,究竟哪一种社会结构更加合理一些? 他想到了执政官的管理模式,但他又感到,他的这些思考与做梦也无多大的差异,推翻一个政权哪有这么容易。然而,突如其来的琉克蕾西娅事件让他的梦想成真。

普布里乌斯在惊喜之余,唯一的希望就是与布鲁图共同出任共和国第一任执政官,只有这样,他的所思所想才能真正成为现实。元老院自然也极力推荐普布里乌斯作为共和国第一任执政官。

但普布里乌斯和元老们都失望了。

在选举第一任执政官的过程中,民众们认为,最痛恨小塔克文家族的理应是琉克蕾西娅的丈夫克拉提努斯。带有这样仇恨背景的人不会开历史倒车,更不会与小塔克文家族妥协。这样的人当领导是最为可靠的。

在选举会上,布鲁图和克拉提努斯双双高票当选。而普布里乌斯则出局了。

普布里乌斯感到极其痛苦,他亲自设计了共和国的基本制度,指挥了此次大起义,但他本人却被民众视为与共和国无关,他有一种被整个社会抛弃的感觉。

他感到很悲哀,由于无法亲自执政,自己原先的很多设想都可能成为空想。他认为,在共和国初建时期,如果行政权力只是随心所欲,并以仇恨大小来论英雄,推荐执政官,这样的共和国很容易被小塔克文所利用、所颠覆。

国家管理决不是一种形式，如若管理不当，共和国的倾覆恐怕也会像小塔克文政权一样，只在倾刻之间。

普布里乌斯在极度担忧共和国未来的同时，担心自己因情绪失控而做出不利于共和国的事情，于是辞去元老院的所有工作，并淡出了公众的视野。

普布里乌斯退出了政治舞台，这对小塔克文来说是个绝好的喜讯。

小塔克文登上王位之初，他就开始琢磨元老院以及元老院中的每一个元老，他太清楚元老院中每个元老的能量了。元老院中缺少了像普布里乌斯这样的核心人物，也就等于失去灵魂，少了主心骨。

小塔克文感到，他必须赶在普布里乌斯重返政坛之前夺回政权。

但当务之急却是，先要从罗马那里骗取一笔资金。

小塔克文自从被赶下台之后，尽管他也率兵几次攻打罗马，但都无功而返。他只能寄居在伊特鲁里亚的城邦国之内，可寄居他人之下的日子毕竟不好过，什么都得靠钱来搞定，而最要命的是他还要养一支军队。

伊特鲁利亚的国王们确实很同情他，也给他一定的资助，但终究是入不敷出，巨大的开销让小塔克文越来越难以承受。他一直想从罗马骗取一些钱，可他知道，只要普布里乌斯在那里，他的这些想法都是做梦，他也根本不敢往深里去想，想也没用。

但当他听说，当上执政官的是他的侄子，而普布里乌斯没被选上，且在一气之下退出了元老院，小塔克文一下子感到机会再次降临，一切都有了希望。他立即派了两名说客前往罗马和谈。

普布里乌斯离开政治舞台，对小塔克文来说是个喜讯的同时，对元老院来说却是个噩梦。

尽管他们对克拉提努斯并无恶感，也很同情他的遭遇，但同情与任职管理毕竟是两码事。他们现在的处境是他们所熟悉的、所信赖的普布里乌斯走了,来了一个让他们心中完全没底的人。

克拉提努斯究竟是一个怎么样的人?他们除了在今后的交往中观察之外,毫无其他的办法。

好在克拉提努斯不是出任国王,此外,还有一个同僚执政官,至少,他们对布鲁图还是放心的。

布鲁图确实没有让元老院的元老们失望。

布鲁图上台后,立即召集全体市民,要他们起誓:从今以后,无论是谁都不得登基为王,也都不得侵犯市民的权益。同时,他还宣布,凡有敢觊觎王位者,将以国家公敌视之。任何个人,如企图实行个人专制,即为叛国,须受死刑处罚。

布鲁图这些雷霆般的动作得到了元老院的赞许,却也引起了一些市民的窃窃私语:布鲁图是否有点走火入魔了,王政已经结束,罗马百废待兴,有必要将民众都搞得如此紧张吗?

而一些小塔克文的余党则乘机煽风点火,他们称布鲁图以废王一事而获利,得到了执政官一职,现在无非是想借小塔克文一事进一步沽名钓誉,打击他所不喜欢的人。

对于民众中广泛流传的各种言论,布鲁图一概不予回应。他只是简单地表示,无论是谁,只要涉及试图恢复王位之类的事,他决不手软,说到做到。

第一任执政官布鲁图

然而出乎所有人意料的是，没过多少时间，这样的事还真的发生了，尤其令布鲁图头痛的是，这种事件连续两次出现，而且后一次比前一次更复杂、更难处理。

第一次是小塔克文派他的特使前来谈判。

小塔克文的特使明确向两位执政官表示，小塔克文愿意签署正式退位文件，从此放下武器，不再与罗马兵戎相见。

但前提条件是，罗马新政权要归还他的家族、他的朋友以及盟邦伊特鲁里亚的钱财和产业。他将用这些钱财来维持被放逐的生活。

对于这样的大事，按照正常逻辑，两位执政官在摸清对方的真实意图以及听取元老院的政策建议之前，谁也无权代表共和国进行正式表态。

更何况，以小塔克文的性格与为人，很难让人相信他是真心停战而不是缓兵之计，先从罗马那里获得充分的资金补充，然后再进一步扩大战争。

但不知克拉提努斯是真糊涂还是出于故意，他连礼节性地询问一下布鲁图都没有，即当场表态赞同。

尽管克拉提努斯的表态并不等于新政府的最后决定，但布鲁图对克拉提努斯这种无视正常谈判规则的做法还是忍无可忍。他立即来到市民广场，对在那里等消息的市民们说，克拉提努斯的这些言论，无异于叛国，同样也是对他死去的妻子的背叛。他声称，他为自己竟有这样的同僚感到羞耻。

此事虽然经过了相当一段时间的内部争论以及与两名特使的反复谈判沟通，最后不了了之，但是布鲁图与克拉提努斯之间的关系却就此完结。

如果说第一件事仅仅涉及到了克拉提努斯，布鲁图还比较容易处理的话，那么第二件事则是直接涉及到布鲁图的两个儿子。

就在小塔克文派遣和谈使者事件之后不久，罗马又爆出一个更大的新闻。罗马城内有人与小塔克文里应外合，计划杀死这两名执政官，并开城门引进小塔克文的部队。而该传闻最令人惊异的是，涉事者当中居然有布鲁图的两个儿子。

人们的第一反应是,此事怎么可能?是不是小塔克文阴谋设置的陷阱?但真相竟使所有人大跌眼镜。证据确凿,一切真实无误。

几天前,小塔克文派其亲信携带重金,潜入罗马城内,寻找里应外合的对象。他们成功地收买了阿奎利安和维提利安两大贵族以及布鲁图的两个儿子。

小塔克文书面承诺,事成之后,他们都将获取更大的利益。

据说,他们之所以选中布鲁图的两个儿子,一方面因他们极其贪财,而另一方面,布鲁图的家教极严,方法简单粗暴,动辄打罚,此二子对其父怨恨已久。在他们看来,此次机会既能使他们报复父亲,又能发财,一举两得。

有意思的是,另外两名贵族阿奎利安和维提利安,竟也是执政官克拉提努斯的亲戚。他们商定,在起事之日分别杀死两名执政官。

为确保此事万无一失,他们残忍地杀死了一名市民祭神,并取其内脏来占卜吉凶。

起事的前一天晚上,他们相约在阿奎利安家中一间少有人进出的屋内签约,同时拟定向小塔克文密报起事方案的信件。

当他们来到这个房间时,阿奎利安家的一名奴隶温迪修斯恰巧在屋内寻找东西,见阿奎利安等人突然出现,一时无法回避,只能躲进了房间的大柜子内。

自然,他听到了有关阴谋的所有细节,待主人离开后,浑身颤抖的温迪修斯,悄然爬出柜子。他清楚此事太过重大,必将涉及无数罗马人的性命。但他又不敢直接向两名执政官中的任何一人报案,毕竟两人的亲属都是涉事人员,一旦处理不当,自己的性命就莫名奇妙地搭进去了。

他想到了竞选执政官时的落选元老普布里乌斯,普布里乌斯在竞选时的演讲给他留下了极深的印象。

普布里乌斯在竞选中反复强调,目标不明确的改革会使政权摇摇欲坠,他也曾第一个在市民广场上宣誓,决不会对小塔克文势力屈服或退让。

这些明确的言语和行为使温迪修斯感到,普布里乌斯决无可能出卖自己。他悄悄来到普布里乌斯的家,讲述了自己的所见所闻。

普布里乌斯听后大吃一惊,为防止意外,他立即将温迪修斯锁在屋内,并嘱妻子严加看管。同时,他派几个随从前去保护两名执政官,而自己则带上大批门客,包围了阿奎利安家。

阿奎利安听到外面喧哗,刚踏出家门,普布里乌斯的门客一拥而上,将他捆翻在地。

普布里乌斯即令强行搜查每一个房间,好在给小塔克文的信件尚未送走,证据一应俱全。

于是,普布里乌斯令人以最快速度,将其余相关人等一一扣押。

奇怪的审判

第二天一早,大批民众闻讯赶到了市民广场。

布鲁图和克拉提努斯在接到普布里乌斯报案后,根据普布里乌斯的建议,他们二人也在一大早就出现在市民广场。

布鲁图此时的心情极其复杂,这倒不只是因为涉及到他的两个儿子。

昨晚,普布里乌斯已将审讯情况向他作了简单的通报,该案本身并不复杂,但听了之后却令人感到后怕。

原来,前些日子,小塔克文派来两个使者,表面上是来进行和平谈判的,但他们最主要的使命并不是和谈,而是利用谈判作掩护,在谈判的空档时间寻找合适的人选,进行有针对性的策反。

当然,他们进行的谈判也不完全是虚假的,或者说仅仅只是为策反而赢得一些时间。前些日子,有人携带重金潜入罗马,主要目的就是落实两位特使策反的成果,即支付现金,签订协议,落实行动方案。

显然,小塔克文已作了两手准备,如果策反成功自然最好,即可一举夺回政权。如果不成功,则最好通过谈判,骗取一些钱财,然后再进一步招兵买马,并以最快速度来扩大战争的规模。

结果与小塔克文的设想顺序正好相反,谈判失败,策反却成功了。

此次事件,如果不是被阿奎利安的家奴告发,小塔克文复辟的成功概率极高。共和国恐怕也就此倾覆。

布鲁图想到这一点就心有余悸,自己在与小塔克文特使谈判时,唯一质疑的就是小塔克文谈判的真实意图,而根本没想到小塔克文居然还有这一手。

现在,面对如此清晰明了的案情,确凿无疑的证据,对该案作进一步审查已毫无意义,最多也就是走走过场而已。

也就在此时,广场上的民众似乎不约而同地想起布鲁图对此类案件的表态:"凡试图推翻共和制,恢复王政者,须受到死刑处罚。"

但现在的问题是,此次涉案者中,两人为布鲁图的儿子,而另外两人则为克拉提努斯的亲戚。布鲁图将会如何处置? 克拉提努斯又将会有些什么样的举措?

大多数的民众站在那里一言不发,拭目以待。少数人或许是看到了克拉提努斯眼睛里滚动着眼泪,心中有些不忍,竟提议对涉案者给予放逐处分。

布鲁图对这类提议根本不予理睬。

前段时间的那次和谈事件,克拉提努斯的表现已让布鲁图感到心寒之极,愤怒之极。布鲁图实在不想与克拉提努斯再有任何瓜葛。他当场表态:既然此次案件涉及到我的家人以及克拉提努斯的亲属,那么,我们就各自处理各自的案件。

他也不等克拉提努斯作出表态,接着又说,我先来处理我的儿子。他直截了当问他那两个儿子:

控告者所呈证据是否确切?

是否还有什么要为自己辩护的?

他连问了三次。两个儿子无言以对。

布鲁图随即高声对侍卫们说:"你们还等什么?"

几个侍卫立即按程序,扒掉罪犯的衣服,再用法西斯暴打,然后用斧头直接砍下罪犯的头颅。整个过程如此连贯,场景又如此血腥,但布鲁图两眼直视着整个过程,一待行刑结束,即一言不发地离开了。

布鲁图走了,他知道自己再不走,也有可能失态。毕竟,他也像所有的平常人一样,是个父亲。他下令所杀的终究是他的亲生儿子,他仅有的两个儿子。虎毒不食子,子不肖,但父亲却很难做到绝对的无情与冷酷。他不可能对待他们就像对待两个陌生罪犯一样。

可他又是个执政官,而且是罗马共和国的首任执政官,他的任何言行都将影响到罗马共和国的未来。当然,他可以极其理性地处置他那两个不肖逆子,他也可以目不斜视地观看整个行刑的过程。不过,这一切都已到了他的极限,再往前一步,他就有可能崩溃。

布鲁图走了,在十二名侍卫的簇拥下离开了市民广场。

在场的所有人都惊讶极了。

毕竟这两个被处决的是布鲁图的亲生儿子。

有人指责布鲁图过于残忍,但更多的人则是称赞布鲁图公正无私。之后,人们很快就将目光转移到了克拉提努斯的身上,人们似乎是在说,轮到你了,你又该如何出牌。

或许是刚才这幕场景对于克拉提努斯心灵的震撼过于强烈,他竟沉默良久。

布鲁图对他两个儿子的处决实际上给克拉提努斯出了一个相当大的难题。他是否也应像布鲁图一样,三次提问过后,立即砍掉他那些亲戚们的头颅。他眼中的眼泪已告诉大家,他根本做不到。

在布鲁图审问他的儿子时,克拉提努斯的思想其实已飞离了现场。

从他妻子自杀到现在,尽管时间并未过多久,但克拉提努斯却有一种恍若隔世的感觉。他的身份,他周围的一切,变化都如此之大,大到令他难以想象的地步。

在他妻子自杀身亡时,他确实伤心欲绝,也确实痛恨奸污他妻子的那堂兄,他答应妻子要进行报复。这一答应是真心诚意的,他确实希望亲手将他的堂兄杀死。这样的仇恨,这样的希望,到现在为止,他依然没有丝毫的改变。

然而,他也清楚,他并未因为痛恨他的堂兄而进一步痛恨国王小塔克文,甚至将这种仇恨转嫁到整个塔克文家族的成员身上。他不是那种感情用事的人。

说到底,他也是这个家族中的一员,他同样也是小塔克文时代的既得利益者,他从来没想过要小塔克文下台,或者说让小塔克文及其家人无家可归。但恰恰是因为他妻子的自杀事件,引发了小塔克文的垮台。

他妻子的自杀事件确实使他博得广泛的同情,他也因此而当上了执政官。不过,这对他而言,却丝毫没有成就感或者说幸福感。相反,随着时间的推移,他却有了一种被人利用的感觉。

尤其是布鲁图。最初,他对布鲁图还充满感激,他感到,是布鲁图在他最困难的时候帮了他一把。但现在,他再也找不到这样一种温情的感觉。他现在唯一的感受是被逼上了梁山,无奈、痛苦、欲罢而不能。

前一天晚上,当普布里乌斯来到他家,告诉他小塔克文的整个阴谋计划时,他最初的反应是难以置信,他怎么都不相信他那些亲属会对他下如此的毒手,但想多了,甚至将心比心,他似乎也就理解了一切。他感到他们确实有理由恨他,也有理由杀他。是他自己冷酷在前,他仅因个人的因素而毁了整个家族,如果他们不恨他,那才是一件怪事。他越来越感到有愧于他的家族。

现在,他面前所捆绑的都是他的家族成员。他对其中每一张脸都如此熟悉。他真的不知该如何去面对这些人。

布鲁图两个儿子的头已被砍,现在轮到他作抉择,他根本无法想象自己按布鲁图的套路再来一次。

当他回过神来,抬头看着那几个同龄的亲戚被绑在那里,那副可怜兮兮的样子,他情绪失控了,他完全忘记了自己的执政官身份,忘记了就是这几个人,要谋杀他和布鲁图。他狠不下心来,他无法像布鲁图那样绝决。他感到自己陷入一种极其尴尬的境地,前面有布鲁图的榜样,下面有无数双民众的眼睛。他感到自己距离崩溃也就在一念之间。

克拉提努斯犹豫和忧伤的眼神早已被阿奎利安看在眼里,他太了解克拉提努斯了。小时候,他们曾经是玩伴,成年后也常在一起谈天说地,他知道克拉提努斯不是个刚烈性格的人,他做事优柔寡断,而且极其看重亲情。

现在克拉提努斯的这种犹豫和忧伤的眼神让阿奎利安看到了希望。他立即提出,希望给他们几天时间,好好想想整个事件的来龙去脉,这样才能正确无误地回复所有指控。

同时,阿奎利安声称:温迪修斯只是他的奴隶,不够作证人的资格,希望克拉提努斯允许他将其带回。

这句话似乎也是有理的,按当时的罗马法律规定,家奴检举自己主人的证词是不具备法律效用的。

克拉提努斯只是稍微犹豫了一下,随即表示同意,并当场宣布取消市民大会原定的所有议程。

克拉提努斯的话音未落,整个广场都乱了。民众们无法想象,克拉提努斯居然会作出这样的决定。

同样的罪,布鲁图将他两个亲生儿子杀了,血迹未干,尸体尚未被运走,克拉提努斯竟轻轻松松地将他的亲戚释放了。如此巨大的反差,顿时让在场的民众情绪失控。

而此时，一直在旁处于观察状态的普布里乌斯似乎感受到了克拉提努斯内心世界的变化。

从克拉提努斯一进场，普布里乌斯就开始琢磨克拉提努斯的想法，他没法不想。

近段时间以来，尽管普布里乌斯已退出政坛，但他并没有放弃对罗马政坛各种事务的关心，或许这是长期从政所形成的职业习惯。普布里乌斯早已听说了克拉提努斯的种种离谱的故事，他越来越担心，克拉提努斯在之后那段执政期内还会做出一些怎样荒唐的事来。

在布鲁图审判他儿子的过程中，他几乎没有关心布鲁图与他儿子的对白，也根本没有在意那些布鲁图的侍卫们是如何暴打那两个儿子，并将他们的头颅砍下的。他一直注视着克拉提努斯，当他发现克拉提努斯的眼睛里滚动着眼泪、一脸忧伤时，他就感到情况不对，但他还是尽量从常理去思考，这或许只是克拉提努斯无法直面自己那些熟悉的亲戚。

但当普布里乌斯听到克拉提努斯竟要将那几个他拼着命抓来的罪犯释放，而且还同意将证人交付阿奎利安处理时，普布里乌斯实在忍无可忍了。

这等于彻底否定了这一案件。

他大声斥责克拉提努斯无视法律，行为极其卑劣。之后，他一方面令他的门客团团围住证人及罪犯。他必须保护证人，并防范罪犯被抢走。另一方面，他立即派人火速找到布鲁图，并将他请回来主持公道。

而此时的克拉提努斯，似乎也被激怒了。

此前，布鲁图责骂他，给他脸色看，他没有办法，毕竟布鲁图执政官的排名以及布鲁图的社会影响都在他的前面，他只能忍气吞声。

但普布里乌斯算何许人啊，在与他对垒竞选中也只是个败将。现在自己是执政官，而普布里乌斯只是个隐退的元老，如今的身份无异于一个村夫。

昨晚，他来自己的家里说三道四，自己照办了，这是自己的修养。可现在他居然在此口出狂言，也不想想自己的身份。

于是克拉提努斯立即命令自己的侍卫上前强行抢人，完全不必对普布里乌斯有所顾忌，这些侍卫用法西斯开道，逢阻拦便打。

相比克拉提努斯的侍卫，尽管普布里乌斯的门客人数较多，但毕竟那些侍卫是受过专业训练的，渐渐地，普布里乌斯的门客有些抵挡不住那些侍卫的冲击与殴打，普布里乌斯急得不知所措。

好在布鲁图及时赶到了。

或许是由于布鲁图的威严，冲突的双方一下子都安静下来。克拉提努斯也像被什么镇住似的，不敢再发话助威，只能耐着性子听布鲁图的新建议。

布鲁图讲得很简单。他说，根据罗马的习惯法，他作为父亲，有权处决自己的儿子。但眼前的这些罪犯，怎么处置，则应该听取民众的意见，他相信执政官克拉提努斯是不会反对的。最后他建议以投票方式表决。

对于这样的提议，克拉提努斯自然难以反对。

接下来的投票过程是简单的。刚才混乱的一幕，已让在场的民众愤怒到极点，民众也对克拉提努斯行为方式产生了极大的怀疑。有人甚至公开叫嚷，克拉提努斯是塔克文家族的成员，他也姓塔克文，他包庇他们的家族成员是必然的事。

大会迅速通过了对所有罪犯处以斩首的决议，克拉提努斯也从民众怨恨的眼神中明白了他现在在民众心目中的地位。于是，他当即表示辞去执政官一职。

当晚，克拉提努斯即匆匆离开了罗马，从此罗马人再也没有听到有关克拉提努斯的任何音讯。

克拉提努斯从被民众选举为执政官到辞职，仅短短的几个月，犹如一场闹剧，这场闹剧给元老院的全体元老们留下了太多的教训，太深的影响。

这也等于向元老们提出一连串的问题,为什么克拉提努斯会如此反常?是他个人的性格问题还是他的家族背景造成的问题?在共和国,是否随便什么人,不管他具有什么样的出身背景,都可以出任执政官?

此次小塔克文的阴谋事件,对于布鲁图的影响更是难以估量。

最让布鲁图感到痛心疾首的是,普布里乌斯在离开元老院时,曾私下提醒过他,要他千万当心小塔克文要阴谋。可他最终还是上了当,连他的两个儿子也因此搭上了性命。如果没有温迪修斯的检举,不仅自己会稀里糊涂地丧失性命,最关键的是共和国也将就此彻底终结。

共和国下一步该怎么走?他开始有点怀疑自己是否能斗得过小塔克文。

制度的形成

克拉提努斯辞去执政官后,元老院立即动员普布里乌斯重新出山,再次竞选克拉提努斯留下的空缺。普布里乌斯本来就无意离开政坛,既然有元老院的邀请,这等于给了他一个下台阶的机会,他自然乐意再次一试。

此次普布里乌斯竞选是轻松愉快的。他破获小塔克文阴谋集团让他成为众望所归的人选。

在此次事件中,普布里乌斯行事果断,敢作敢当,这一切都给民众留下极深刻的印象。

因此,此次所谓竞选,实际上根本无人有能力与他同台竞争,他唱了一回真正的独角戏,唱票结果是高票当选。

普布里乌斯终于成了执政官,他首先想到的是如何兑现他对民众的承诺。在上次失败的竞选中,他就曾向民众表示,如果他能成功当选执政官,他的管理将从制度建设入手。新成立的罗马共和国需要一整套新制度与它相匹配。

普布里乌斯始终认为,如果改革的目标不明确,那么共和国将是脆弱的,甚至是摇摇欲坠的。他现在还是坚持这样的观点,只不过他对当前形势的分析有了些许的变化。

普布里乌斯对小塔克文的判断是,小塔克文此次既赔了金钱又折了人员,在短时间内应该不会再来挑战。元老院应乘此时机,抓紧进行相关制度建设,一切以制度建设为中心。

普布里乌斯趁战争空隙,抓制度建设并没有错,但他过于走极端,所谓物极必反,当他下令一切以制度建设为中心,这就意味着放松了战争的警惕,哪怕只是暂时的。

普布里乌斯向元老院提出了两项亟需讨论的制度建议。第一项建议是,在小塔克文阴谋事件中,告发阿奎利安等人阴谋的奴隶温迪修斯为共和国的安全作出了重大贡献,应予以释放,并应允许他自由选择加入三大部落中的任何一个,且可享有部落居民的同等权利。此外元老院应将这样一种释放奴隶的方式作为一项正式的制度,用以鼓励那些有益于国家安全或作出其他贡献的奴隶。

元老院欣然接受了这一建议,这是罗马自建城以来由奴隶直接转为公民的第一例,也为此后罗马将奴隶直接转为公民提供了依据。

自从温迪修斯成为公民后,为了表彰这样的人士,此后每年同一日子,罗马都将释放一名奴隶,并让其直接成为公民。这自然是后话。

普布里乌斯的第二项建议是,元老院应对罗马共和国的概念作出明确定性,这也是普布里乌斯长期思考的一个问题。

罗马共和国不是一个抽象的名词,它的含义究竟是什么?

共和国标志

在推翻小塔克文政权后不久,元老院就对外公布,新政权所建立的国家名称是罗马共和国,而罗马共和国的含义就是"元老和罗马人民",它的拉丁文缩写即"SPQR"。元老的概念是一目了然的。但谁是"人民"?"人民"是不是等同于所有居住在罗马、除奴隶身份之外的所有居住者?

普布里乌斯感到,如果这一身份问题含混不清,民众必将在不断的自我审视中迷失自我。这关系到罗马共和国的未来。

前文中已提到过,罗马的三大部落成员与外来移民始终是泾渭分明的两大部分。尽管在王政时代,塞尔维乌斯改革时,所有的外来移民都纳入了统一的范畴。但三大部落成员与移民在文化与宗教等诸多方面始终难以合拍,三大部落成员崇尚务农,并且从心底里瞧不起经商行为。他们认为在田间耕作是最高尚的事,而经商则是不劳而获,是靠投机而获利。尽管经商很容易致富,但他们对这样的致富不屑一顾。

这也许就是罗马商人基本都是外来移民的根本原因。

如何看待这些移民?这些移民在罗马已占有相当的比例,据说,三大部落的居民与外来移民已达到了一比一的规模。完全漠视外来移民是不现实的。但是将所有的外来移民一视同仁地看作为人民,还是仅仅将三大部落的成员视作人民?

这实际上就是普布里乌斯思考的关键。

普布里乌斯的问题在元老院一经提出,立即引起了激烈的讨论,讨论中,大部分元老的观点倾向于认为,人民只能限于三大部落的成员,决不能将外来移民也等同于人民。

自古以来,罗马一直欢迎外来移民,凡来罗马经商或从事其他职业的移民,国家都予以一样的保护,但他们无权成为罗马的官吏,也就是说他们没有选举权和被选举权。这也是长期以来罗马公共事务管理的行为准则。

只是到了塞尔维乌斯王时,他出于个人的目的,这一行为准则才被打破。当初,塞尔维乌斯本人即非本土人士,他进行的所谓改革,并不是追求社会的公平与合理,其真正的目的是让那些有钱移民形成一股能与元老院相对抗的新势力,以此来排挤和打压元老院。

但外来移民是靠不住的。

外来移民来罗马就是为了获得比本土更高的利益,他们中的相当一部分人投机经商,成功了即成为暴发户,失败了则变成赤贫,只能为人做零活。

他们的很多想法与罗马的传统观念格格不入,他们对那些与获利无关的事毫无兴趣,对他们来说获利是第一位的。

他们的行为准则是,经济利益、家族利益高于一切,为了利益,他们可以抛弃一切,包括抛弃他们的母国,他们很难与国家同心同德。

当年塞尔维乌斯改革的目的就是利用移民暴发户的这一特点,拉拢他们与元老院分庭抗礼。

一些元老更是认为,克拉提努斯行为模式实际上也间接证明了这一点,他尽管与小塔克文儿子有杀妻之仇,也尽管当上了罗马共和国的首任执政官,但他仍然无法遵从国家大义,切断与小塔克文家族的关系。

元老们最终达成的共识是,罗马的移民缺乏对国家的认同感和归属感,这不是一个对与错的问题,这是人的一种天然属性。

而罗马需要忠诚。

元老院最后决定:只有三大部落的成员才能算作"人民"。所有的外来移民,不论是暴发户还是赤贫,一概被定义为"平民"。

用现代语言来解释就是,"人民"就是享有国籍的公民,平民则是持有绿卡的长期定居者。

如果平民想要改变身份,想要成为"人民"的一员,则必须加入三大部落中的任何一个部落。就这样,元老院确实将"人民"的概念,通过简洁明了的方式梳理清楚了。元老们感到这样的区分很痛快,快刀斩乱麻,干净利落。

　　然而正是他们的这一刀,切出了罗马的内乱,而且这种内乱陪伴着共和国的始终。

　　可所有这一切,恐怕是普布里乌斯以及元老们怎么也不会想到的,当然这一切都要在十多年之后才见分晓。

　　而对于目前来说,同样出乎普布里乌斯意料的是,小塔克文并未因他所设计的阴谋被粉碎而在伊特鲁里亚进行心理疗伤,且暂时放弃战争的想法。

　　相反,小塔克文在得知他的计划已被曝光,相关人员也尽被处死后,他即刻决定,既然里应外合这条路已被堵死,那也只有硬攻这条唯一的路了。

　　小塔克文人品很差,却善于打仗,懂得捕捉战机。他很清楚,罗马共和国刚刚建立,方方面面都处于磨合阶段,漏洞自然不会少,至少目前还很难形成合力,但这样的状况不可能长期持续。一旦罗马元老院完成了这种整合,征服罗马的难度必将成倍上升,在罗马复辟王权也可能就此成了一种梦想。

　　兵贵神速。

　　小塔克文即与他的盟友托斯坎人商定,以最快速度集结部队,袭击罗马。

　　小塔克文与托斯坎人的联军毫无预警地出现在罗马城外,这不仅出乎普布里乌斯的预料,也彻底打乱了元老院的所有计划,整个元老院立即陷于一片慌乱之中。

　　虽说兵来将挡,水来土掩,让执政官率兵前去抗敌就可以了。但问题是,此次小塔克文的联军来得太快、太突然。当元老院得知确切消息时,对方的部队也已差不多要到家门口了。

　　这和过去的战争风格完全不同。

　　罗马自建城以来,长期形成的战争游戏规则是,每当战事来临之时,国王或元老院才开始进行招兵动员,组成临时的军团,或出征或防守。然而战事一旦结束,这样的一支临时部队也立即解散。原来从事什么职业的,依然去从事旧业。

在整个罗马,可以随时应战的常备军人数很少,最多也只能应付一些小规模的战事。现在,如若再按步就班行事,肯定来不及了。

布鲁图与普布里乌斯两人草草碰了个面,他们决定先由布鲁图率领现有部队再加上一些就近赶来的农民出城迎战,拦截小塔克文与托斯坎人的联军,而普布里乌斯则与元老院一起继续征兵,完成大部队的集结之后再前去增援,以形成一种前后夹击的态势。

但普布里乌斯万万没有想到,这竟是他与布鲁图的最后一次见面,最后一次沟通。

布鲁图率兵出城后不久就遇到了小塔克文的儿子阿努斯率领的一支部队。

仇人相见,分外眼红。在布鲁图的眼里,小塔克文与他的儿子就是暴虐的象征,是罗马一切灾祸的根源,这当然也包括了他自己两个儿子的死。

而在阿努斯看来,布鲁图则是让他们家族无家可归的灾星。仇人此刻相见,他们没有任何常规的对话,他俩就都像发了疯似的直接冲向对方,一接触便互砍了起来。

而后,士兵们也是一拥而上,没有任何的阵形,也没有任何的战术,两支部队便开始了一场混战。

这样的混战直到突然下了一场不期而至的暴雨才得以终止,双方都撤出了战场。大家都有一些垂头丧气,谁也说不清这样一次战斗,到底算是赢还是输。

而此时,罗马方面的士兵突然发现他们的总指挥布鲁图不见了。他们开始回忆,可谁也无法记得什么时候开始失去了布鲁图的音讯。

几个百夫长立即主动承担起了总指挥的职责,他们开始分头寻找布鲁图,并派人立即回城向普布里乌斯通报情况。

在城内，普布里乌斯感到一切都不顺，他刚刚将大部队集结完毕，正准备前去接应布鲁图，一场倾盆大雨临空而降。等大雨稍停，却又接到布鲁图失踪的消息。

普布里乌斯已有一种不祥的感觉，这是他上任后的第一仗，尚未出征，主帅却已失踪，并且凶多吉少。他马上下令再多派一些人出去寻找，活要见人，死要见尸，务必要有个准信儿，否则将无法向罗马的民众交待。

又过了一段时间，普布里乌斯总算得到了有关布鲁图的确切信息，布鲁图的尸体已被找到，据说是被砍了多刀之后才气绝身亡的。

普布里乌斯欲哭无泪。他与布鲁图交往已久，他欣赏布鲁图的豪爽与仗义。他们俩早先私下约好，定要一起出任执政官，共同努力建设一个全新的共和国。但没想到，他第一次竞选就失败出局了，克拉提努斯成了布鲁图的同僚。

所幸的是，不久之后，克拉提努斯主动辞职，两人好不容易实现了共同执政的梦想，然而，这一切才开始，却又结束了。

第二天，普布里乌斯再次率领大军与小塔克文的联军正面对抗。普布里乌斯的部队，无论是人数还是作战技能，显然都无法与小塔克文的联军相比较，联军人数众多，训练有素。

或许是罗马方面的主帅刚刚阵亡，全体将士在一种极度悲伤的情绪支配下，生发出一种殊死搏斗的精神。

他们突然出现在小塔克文联军的面前，且不管不顾地猛冲猛砍猛杀。

小塔克文大惊失色，他面对的是一群将生死置之度外的哀兵。此次对抗极其惨烈，双方死者众多。

据史料记载，最终的统计数字显示，小塔克文方面比罗马方面多死了一名士兵。但无论如何，小塔克文撤退了，返回了伊特鲁里亚。

小塔克文走了，这就是罗马的胜利。

然而，此次胜利，充其量也只能说是惨胜，罗马元老院所付出的代价极其沉重,士兵伤亡不计其数,尤其是失去了布鲁图这样一位杰出的执政官。

罗马胜利了,但罗马城内看不到一丝一毫的喜悦,到处都可看到穿着丧服的人们,整个罗马城沉浸在悲伤的情绪之中。此外,人们对共和国能否持久的怀疑也越来越多。

普布里乌斯非常清楚,在这样的时刻,如果有人再进一步煽动悲情,整个罗马有可能就此不战而垮。现在罗马最需要的是鼓舞士气。

他决定以一种全新的方式来处理两件事。

第一件是以最隆重的方式为布鲁图举办葬礼。罗马通常的葬礼,就是在举行一些宗教仪式之后,在众多亲友的围观下,对死者进行土葬或火葬。

但此次,普布里乌斯却别出心裁,他命人将布鲁图的遗体安放在市民广场的讲坛上,然后,当市民纷纷涌入广场后,普布里乌斯站在布鲁图的遗体边发表了演讲。普布里乌斯用一种激动人心的语言,略带夸张的语调,讲述了布鲁图伟大的一生。特别是讲到此次战争中布鲁图在被敌人砍了无数刀之后才倒地身亡,整个市民广场已泣声一片。

普布里乌斯讲得太精彩、太感人了。

普布里乌斯的这一做法,在罗马史上还是第一次,此后罗马元老院即按这一模式,对那些为国家作出重大贡献的人,均以这样一种方式进行悼念。

现代人开追悼会,在遗体前歌颂死者,或许就是从普布里乌斯的演讲模式演变而来。

普布里乌斯主持的此次追悼会应该说是极其成功,他大大地提振了罗马市民的爱国热情,但普布里乌斯怎么也想不到,他的这一战功竟成了他的麻烦。当然,这是后话。

普布里乌斯完成了第一件大事之后,立即按他的计划,开始着手第二个更大的动作,这一动作同样也是别出心裁。

普布里乌斯告诉元老院,尽管从理论上讲,惨胜如败。但对这个新生的罗马共和国来说,太需要用胜利来鼓舞士气了。

对于此次惨胜,今后必须内外统一口径,此次胜利,不是惨胜,而是以少胜多，以弱抗强，这是一次具有划时代意义的胜利，必须大张旗鼓地进行宣传。

元老们被普布里乌斯的热情感染了，他们感到普布里乌斯讲得太有道理了。但他们以为普布里乌斯只是想搞一次凯旋仪式。

这种凯旋仪式在王政时代就有了，它是国王打了胜仗之后，大张旗鼓地宣传自己胜利的一种做法。这种凯旋仪式通常是以游行方式进行，在游行队伍最前面是战利品，之后是俘虏，再后面是作为胜利者的国王，而国王背后则是全副武装的部队。

按规定，战神广场是游行的起始点，游行队伍沿着罗马城的街道前进，而沿路的市民则尽情地欢呼。游行的终点是卡皮托林山顶的朱庇特神庙，这即表示一切的功劳归于神。最后，国王将一头白色公牛作为祭品供奉给朱庇特神，以此感谢朱庇特神对罗马人赢得胜利的保佑。

但普布里乌斯却表示，这是王政时代的做法，现在是共和国，决不能照搬王政时代的旧习，否则就不是在宣传共和国的胜利，而是让人缅怀王政时代。

普布里乌斯认为，在游行的队伍中，凯旋将军应乘四匹白色马拉的战车，这样就显示出共和时代超越了王政时代。共和时代的将军也比王政时代的王更为荣耀，更为伟大。

元老院同意普布里乌斯的意见。

之后的凯旋仪式获得了同样的成功，它事实上也成了共和国凯旋仪式的样板。

普布里乌斯开始有一些洋洋得意，可他完全没有意识到，正是这两次别出心裁的活动，让他陷入了无穷无尽的麻烦当中。

在对布鲁图的追悼仪式上，他用最美的语言来赞美布鲁图，但他始料未及的是，罗马的市民在越来越爱戴布鲁图的同时，却开始用他所创造和美化布鲁图行为的标准来衡量普布里乌斯。他们越来越感到普布里乌斯与布鲁图之间的差距太大了，他们越来越看不惯普布里乌斯。

在布鲁图去世后，元老院并未及时安排竞选新的执政官来替代布鲁图的空缺。民众们马上认为，如果布鲁图依然在世，这种情况绝无可能发生。他们由此推定，没有竞选新的执政官是因为普布里乌斯想当僭主，尤其是当他们看到普布里乌斯外出时，那十二个侍卫威凛凛凛地站在他的前面时，这同样也被视作普布里乌斯在向王学习，效法王的做法。

而更糟糕的是，普布里乌斯对这些舆论似乎并不敏感，正是在这样的时候，他在一块很显眼的地方建造了一幢豪宅。如此一来，反对者更是有了强有力的借口，他们把这幢豪宅描述为王宫，他们称这幢豪宅就是普布里乌斯想要当王的铁证。

事情发展到这一地步是普布里乌斯始料未及的。

普布里乌斯感到，在这样的时刻，任何语言的解释都是苍白无力的，民众的思维很容易走极端，并进入一种想象的空间。在这样的时候，解释就是狡辩，就是掩饰，越解释越麻烦，解决这一问题的唯一办法就是以同样极端的方式打断民众想象的思维链。

于是普布里乌斯下令将他的豪宅在一夜之间全部拆毁。普布里乌斯在拆掉豪宅的同时，实际上也拆除了罗马民众对他的所有不信任。

此后，罗马民众对普布里乌斯的认可度迅速提升，他先后出任了四次执政官，有一次普布里乌斯本人甚至都不在场，他同样也被选举上了执政官。

普布里乌斯去世之后，罗马人为了表彰他的功绩，将他的遗体埋葬在城内一个叫维利亚的地方，此后，除了他的后裔，任何人都不准埋在城内。

罗马人认为，普布里乌斯对罗马的贡献，后人很难超越，但无论是普布里乌斯本人还是元老院中所有的元老，他们根本不会料到，普布里乌斯当年推动的有关"人民"的定义范畴，不仅将移民排除在"人民"之外，也将罗马共和国的内部和谐彻底打破了。

罗马共和国仅仅建立了十多年，即开始暴发内乱。

第2章/移民的报复

　　古罗马社会的最大特点是农业以原住民为主,工商业则以外来移民为主,两类群体泾渭分明。当原住民推翻王政,建立共和国之后,当初被王利用的外来移民则成为元老院的报复对象。

　　移民精英商业资本家不甘心地位下降,与元老院展开权力博弈,不择手段。

　　元老院昏招迭出,同意移民设立保民官。

　　如此一来,两大群体的矛盾不仅没有得到缓和,相反,冲突愈演愈烈。

可疑的申冤

　　公元前495年,伏尔西人入侵罗马。

　　自从王政被推翻,新政权建立之后,罗马的国境线从此开始变得极不太平。除了西方,因面朝第勒尼安海而显得较为平静外,其余方向均不太平。北方是伊特鲁里亚。小塔克文被切断了回归罗马的退路之后,一直以伊特鲁里亚中最接近罗马的维爱城邦国为据点,一有机会就袭击罗马。

　　而在东南方向,伏尔西和埃魁等山地部落,在小塔克文还是罗马王的时代,他们就时常遭受小塔克文部队的袭击侵扰。近年来,他们突然发现,罗马共和国现在有些自顾不暇。或许是出于报复心态,他们时而大兵压境,抢领土,夺盐场,时而小股骚扰,没完没了。

　　此次伏尔西人入侵,在元老院看来,应该和以往不会有多大的区别。

　　元老院也一如往常,兵来将挡,水来土掩。

元老院立即发出了征兵令,但此次征兵却出现意外,元老们发现,前来报到入伍的人员,竟是清一色三大部落子弟,而平民子弟,也即外来移民子弟,竟无一人出现。元老们立即明白了这是怎么回事。

两天前,市民广场上曾发生了一桩特别奇怪的事。

那天上午,广场上突然出现了一个衣衫褴褛、蓬头垢面的老人,他扯着嘶哑的嗓音,不断地向过路的人大声哭诉他的遭遇。他自称曾在军队中担任百夫长,屡建战功。但打仗回来,他的房舍、田产都已毁于敌手,家财牲畜也被抢劫一空,他为了生存只好借债。但当年年景不好,他无力偿还欠债。于是,债主不仅霸占了他的田地,还将他抓起来,关在地牢中。他求生不能,求死不得,便设法逃了出来。

他边说边脱下破旧的上衣,袒露出胸前背后的累累伤痕。他称,"这些伤痕,除了为国家打仗留下的,就是债主用鞭子抽打的。"

一些围观的平民,或许想到自己同样的身世,他们也变得愤怒异常。过不多久,平民越集越多,最后竟演变成了一次声势浩大的平民集会。

此时两个元老正巧路过,他们立即被一些平民揪住。

广场上,指责声、叫骂声连成一片,眼看两位元老就要被打,幸亏执政官塞维鲁和克洛狄乌斯闻讯及时赶到,这才避免了一场平民暴乱。

平民们将他们团团围住,要求他们立即召开元老会议,改善平民待遇。

由于事情紧急,全体元老打破了议事常规,以最快速度赶到了会场。

执政官克洛狄乌斯还未等大家坐稳,就急于表明自己的态度。他认为,对这样的事,必须快刀斩乱麻,任何犹豫或妥协,只会将事情搞得更为复杂。他的结论是必须立即抓人。

克洛狄乌斯之所以敢如此表态,原因在于,克洛狄乌斯认为,广场上所发生的一切,看似偶然,实则是一场经过导演的阴谋。

他分析认为,引发事件的老人,从体态上看,年龄至少已近六十岁,那个老人自称曾是个百夫长,但却因战争导致破产,借债后又因无法归还,他的地产不仅被债主夺走,他本人还遭债主毒打和关押。

这位老人的叙述确实很能打动人,但疑点却很多。

第一个疑点,或许这位老人真的当过百夫长,但他现在穷困潦倒,真的是战争引起的吗?罗马兵役制度规定,当兵的年龄在十六至四十五岁之间,他现在看上去的年龄至少要六十岁了,无论怎么算,他当兵也应是在十五年之前。然而十五年前,罗马还处于王政时代,小塔克文为人很成问题,却擅长领兵打仗。在他那个时代,是罗马入侵周边部落,而不是其他部落民族入侵罗马。

第二个疑点,共和国建立之后,尤其是近些年来,罗马确实常遭受外敌入侵,但他们所到之处,全部都是在城外。自塞尔维乌斯建造了罗马城墙之后,至今还没有一个侵略者进入过罗马城内。这位老人说:他打仗回来,家已被毁,他哪里的家被毁了?按罗马的规定,没有财产的人是不能当兵的,而能当上百夫长的平民则肯定是个有钱人。

罗马平民的特点是穷苦者大都住在城外,他们替人打工,基本上没有自己的财产,这些平民根本不够当兵资格。而富裕的平民则住在城内,他们的职业主要是经商而不是当地主。因此,这个老人说他在城外的财产被毁了同样是个谎言。

第三个疑点,市民广场既不是娱乐广场,也不是商业广场,平日很少有人去那里走动。那些底层平民,他们绝大多数居住在城外,如没什么特殊的事情,一般不会进城,更不会到没人去的市民广场闲逛。

今天并不是什么节日,这位老人来了之后,突然出现了这么多人,尤其是那些情绪激动、言词激烈的人,无论从他们的服饰还是从他们的言语,完全不像穷困潦倒的平民,但他们所讲的,似乎每个人都是债务累累。他们这样做显然是经过预演,是故意来挑事的。

但为什么这些平民会集中前来挑事,这其中的真正原因又是什么?

自从元老院将外来移民作为一个整体被排除在"人民"圈子之后,元老院对这一整体不再关心,以为作了这样的处理之后,外来移民就不可能再对罗马共和国产生破坏性的影响。

可事实上，外来移民不是一个简单的整体，前面已谈到过，那些移民来到罗马后，逐渐分化成两大部分，一部分是投机成功的商业资本家，这部分人中有的已家财万贯，他们雄心勃勃，希望有更多的用武之地，有的则属于生活富裕的中产阶级。他们最大的共同点是，大多数人都住在罗马城内。

另一部分则是移民中的多数，他们中有经商投机失败破产者，也有各种技术工人以及其他各种原因来到罗马打工的。他们的特点是，基本没有资产，除去工匠外，他们绝大多数居住在城外。他们是社会的底层人群，也是最易遭人欺压的群体。

因此，如对平民进行确切分类，平民实际上是两类人，一类是商业资本家，属上层平民，另一类则是底层平民。

元老院公布人民的定义之后，底层移民反应并不大，而备感受伤的是那些商业资本家。

事实上，这些商业资本家在塞尔维乌斯时代就已晋为第一等级，而那些稍差一点的也被划入第二与第三等级。

在共和国成立后，商业资本家最大的感受是，他们被贬到了与赤贫移民同等的地位。最初，由于这一定义只涉及一些政治权益，还尚未涉及到具体经济利益，那些只看重经济利益的商人确实感到不舒服，但尚能忍受。毕竟，他们对出任执政官之类的官职，兴趣本来也不大，对他们来说，出任这些官职纯属义务劳动，一点好处也没有。

根据罗马的法律规定，罗马的高级官职是没有薪酬的。

新的法律明确之后，他们对自己的新身份也只是冷嘲热讽一番。元老院认为所有的外来移民都是平民，因此也都是贫民，而三大部落的成员则全是贵族，全是有钱人。

而时间一久，或许是虚荣性作祟，三大部落的成员感到贵族这一名词也挺受用的，在不知不觉当中竟接受了这一概念。

若干年之后,元老院的一些分配制度开始明显偏向贵族,如土地分配、战利品分配等等。这种分配模式超越了单纯的政治权益,政治权力已开始与经济利益相结合。这样一来,那些商业资本家的心理开始失衡,他们借各种机会闹事,声称贵族歧视平民、剥削平民。

此次广场事件,只是过去各种闹事的升级版,或许是那些商业资本家感到,以往的那类闹事请愿并未达到他们想要的结果。于是他们改变了以往的策略,开始利用人数众多的底层平民。他们煽动民意,尽可能让那些不知就里的底层平民打头阵,而他们自己则躲到了幕后。

显然,这些商业资本家已想明白,仅仅依靠少数富裕移民是很难有所作为的。而底层平民人多势众,只要他们全面行动起来,并提出一些政治诉求,元老院必将被迫就范。

此次事件中,商业资本家的切入点明显是底层平民的债务问题,他们清楚,债务问题一直是底层平民内心的痛点。

近年来,战争不断,而受伤害最深的则是那些居住在城外的底层平民,他们没有城墙的保护,一旦战争来袭,他们只能听天由命,而最恶劣的是,那些高利贷者则趁机引诱他们借高利贷,然后再将他们变为债务奴隶。

此次事件的幕后策划者设计得确实很巧妙,他们首先将债务问题与为国作战结合了起来,他们的逻辑是,平民的债务是由于从军的结果,因此国家有责任解决这一债务问题。其次是,他们将高利贷者与贵族等同起来,似乎只有贵族才会成为高利贷者。而商业资本家则不会做这样伤天害理的事,这样一来又形成了贵族与平民的对立,似乎打击了贵族也就等于打击了高利贷者。

克洛狄乌斯的观点很明确,对这样的阴谋决不能纵容。只有果断处置,彻底打掉那些幕后策划者的非分之想,国家才能太平。

然而,他的同僚执政官塞维鲁虽然认同克洛狄乌斯的分析,可他的结论却截然相反。

塞维鲁的思维确实比克洛狄乌斯更缜密一些。

他的观点是，既然这是有钱移民精心策划的，他们显然是有备而来。

债务问题只是他们作为向元老院发难的一个突破口，因为这一问题涉及面广、影响大，他们的目的就是要将事情闹大，他们的方式显然是将数量上不占优势的商业资本家与数量庞大的底层平民捆绑在一起。

在整个罗马，尽管外来移民的人数与罗马人民的人数不相上下，但大多数毕竟是底层平民。如就目前的局势来观察，显然，底层平民的情绪已被鼓动起来，并且变得越来越非理性。

塞维鲁认为，如果简单粗暴地处理此事，弄不好会引发罗马人民与全体外来移民的整体性对抗，一旦发生这样的情况，罗马共和国也就完了。

对于塞维鲁的意见，一些元老也感到颇有道理。于是元老们分成了两派，争论了整整两天。

然而，屋漏偏逢连天雨，讨论尚无结论，伏尔西人又入侵了，在这关键的时刻，该服兵役的平民竟然集体罢工，拒服兵役。

新情况与新问题似乎都印证了克洛狄乌斯的分析。

这些该服兵役的平民，全部拒服兵役，可他们中间并没有底层平民。前面已谈到过，无论是王政时代还是共和国时期，其兵役条例从来就不允许赤贫的底层平民服兵役。凡够资格服兵役的一定是有资产的农民和商人，但此次平民均以债务问题为由，以不服兵役来向元老院施压，这显然是醉翁之意不在酒。

克洛狄乌斯再三强调，闹事者的目的在于权力。煽动闹事的核心人物只是居住在城内的少数商业资本家，不能对这些暴发户一味纵容，当断不断，必受其乱。如此下去，后果不堪设想。

塞维鲁则同样继续坚持自己的观点，大敌当前，切不可以意气用事。如从策略上考虑，也应先向平民妥协，以便一致对外，事后再想办法妥善处置。

面对伏尔西人入侵的紧急情形,元老们意识到已没时间再拉锯扯皮了,不管怎样,他们总得做出一个选择。

最终,采纳塞维鲁意见的人占了上风。

于是塞维鲁立即向平民宣称:元老院经反复讨论决定,禁止任何罗马人民非法拘禁其他平民,当平民在军中服役时,任何人也不得扣压和出售他的财产及儿女。

对于元老院的回复,平民们立即声称:斗争取得了胜利,该抗敌去了。于是平民纷纷应征入伍。

在与伏尔西人的战斗中,平民士兵表现得极为勇敢,战争胜利了。

元老们极其高兴。元老感到,他们没付出什么却赢得了两场战争的胜利,既赢得了与伏尔西人的战争,又化解了商业资本家的阴谋。

塞维鲁也确实够圆滑的,他向平民所作的庄严承诺,仔细一想,等于空的,第一条,"禁止任何罗马人民非法拘禁其他平民"。罗马自建城以来,从来没有允许过罗马人民可以非法拘禁外来移民。此条等于白说。第二条,当平民在军中服役时,任何人不得扣压和出售他的财产及儿女。前面说过,债务问题与家庭富裕的军人本不相干,即便在战争的过程中会发生这样的特例,但战争一过,军人退役回家,这一条同样也失效了。因此,整个社会,该怎样还是怎样。

是不是平民真的被元老们愚弄了?此次,元老们还真高估了自己。

在塞维鲁向平民们宣布上述两条所谓的法令时,那些幕后策划的商业资本家也立即评估了这两条所谓法令的内在含义。他们完全清楚塞维鲁所宣布的这两条所谓法令,其实等于什么都没说。

但他们还是装出一副兴高采烈的样子,接受了立即出征的条件。

实际上,他们还真未想过与元老院彻底闹翻。

商人的最大特点是敢于赌,善于赌。这些商业资本家之所以经商成功,从某种程度上讲,也是他们赌的成功。

此次,他们赌的是元老们的朴实,如果元老院的元老们,也像他们那样赌一下,对他们的行为根本不予理采,他们将不知如何是好,他们同样不敢对这样的战争作壁上观。塞维鲁的空头承诺至少给了他们可以下来的一个台阶。

这些商业资本家很清楚,如果将富裕平民与贫困平民加在一起,总数确实不少,但居住在城内的平民只是少数。他们根本无法与城内占大多数的贵族相抗衡。更不要说通过武力反抗贵族,如若进行这样的反抗,可以说没有任何胜算。也正因为如此,消极反抗,在关键时候可以制衡一下贵族,成了他们唯一的选项。

但他们更清楚的是,如果这种反抗过了头,让伊特鲁里亚或伏尔西等山地部落的人攻进了罗马城,那他们不是在选择权力,而是在选择毁灭,这决不是那些商人的赌博目的。

赌博的精髓在于把握火候。让他们由衷高兴的是,他们赌成功了。

元老院至今尚未摸清他们的底牌,可他们却已摸到了元老院的软肋。元老院唯独担心的是他们集体不服兵役。从此以后,这将成为他们对付元老院的一张王牌。

而对于元老院来说,由于判断失误,他们只能去面对一场更大的赌局。

商人的赌局

赶走了伏尔西人,平息了平民罢工事件,元老院的元老们感到警报已解除了,他们想让自己放松一下。

但他们错了。平民再次开始发难。

这一次,那些商业资本家没有重复先闹事再谈判的做法。一切虚张声势对他们来讲已经没有了意义。他们直截了当派代表向元老院提出:元老院必须全面解决平民的债务问题,废除债主处置债务人的权力。

否则,平民将从此不再与元老院合作。从平民代表的口气看,那些外来移民已经形成完备的组织体系,一切都是有备而来,他们已无需先装模作样地闹事,然后再引发冲突。

事态在进一步恶化,这一次,元老们感到了真正的压力。

元老院再次召开紧急会议。

但此次会议,克洛狄乌斯不再孤立,塞维留也不再固执己见。

他们对平民提出的"全面废除债主处置债务人的权力"的要求嗤之以鼻,认为这根本不合常理。

如果元老院批准实施这一政策,实际上意味着借债有权不还,整个社会秩序也将由此大乱。任何正常的社会,都不可能因为高利贷害人就将取消一切放贷行为。这是一个常识。

那些商业资本家不是不懂。他们也借债给底层平民,他们不可能认为借债与馈赠是一回事,但他们却偏偏提出这种要求,这种有悖常识、常理的做法本身就说明,它隐含着巨大的政治陷阱。

这一回,元老们的意见极为统一。

元老们感到,决不能再受这些商业暴发户的愚弄。他们敢以如此方式提出这种无理要求,明摆着是对元老院和贵族进行公然讹诈。

如仔细品味一下,这种做法其实极其类似当代的两个对立国家,其中一方强势,另一方弱势,处于强势地位的一方突然向弱势方提出最后交易条件,这一条件往往极其苛刻,令对方难以承受。如果对方忍痛接受,那么新的苛刻条件又会接踵而至。如果对方不接受,那么立即开始攻打。现代人将这一方式称之为最后通牒策略。

元老们已明显感受到了,这是平民在向他们发最后通牒,同时,他们也意识到,这是个无底陷阱,但他们却无法搞清,这究竟是一个什么样的陷阱,如何才能有效地避开这一陷阱?

元老院可以反复猜测、研究、商量，但平民不会无限期地等待下去。

最后通牒就是最后通牒，真正的最后通牒从来不会在文本上写最后通牒这四个字，一切都得让对方自己去领悟，这个过程本身就是一种震慑。

平民领袖西奇尼乌斯看到元老院几天都没明确答复，于是亮出了第一张底牌：适合服兵役的所有男子，带上粮食和武器，立即离开罗马城，前往距离罗马大约四五公里的阿芬丁山。西奇尼乌斯是个大商人，在平民中享有极高的威望，在此次行动中，他被众人推荐为总负责。

他派人到处放风说，既然元老们对他们的提议毫无诚意，也根本不把他们当成罗马人，那么他们只能选择离开罗马，在阿芬丁山建立一个新的国家。

当时，罗马元老大都很纯朴，但并不愚笨，尤其是经过了前一轮与平民们的交锋，他们已完全清楚，这明显是商业资本家利用底层平民的单纯，将他们作为手中的棋子与元老院斗法，在阿芬丁山建立新的国家，纯属无稽之谈！

因为这些商业资本家，他们的土地和财产全在罗马，不可能放弃一切到阿芬丁山建国。在这样一个一无所有的山上建城，底层平民或许还能生存，但对于过惯了享受生活的富人来说则肯定不现实。

根据这一判断，元老们对于平民的群体出走，没表达任何意见。似乎是在说，要走就走吧，我们决不拦着，有本领别再回来。

平民撤到山上后，几天过去了，作为平民领袖的西奇尼乌斯见元老院没有什么动静，于是接二连三地派人进城刺探消息，但探子返回后报告说，元老院这些天连大门都没开，更不要说召开会议了，甚至还有人看到，有的元老还在悠闲地种地。

这样一来，西奇尼乌斯也有点不知所措，元老们的反应完全超出了他们的预料。他们事先曾判断，元老院接到他们如此强硬的最后通牒后，必然要召开紧急会议，经过反复讨论，最后，元老院再派人上山与他们谈判。

到了此时,他们再将自己的底牌逐一亮出。可现在,元老院竟然悄无声息。

显然,元老院已铁了心要和他们斗法了。

元老院不开会,西奇尼乌斯只能自己开会,但他所召开的会同样没有什么结论,大家更多的是长吁短叹,甚至有些人开始埋怨。这一次上山过于草率,实在是弄巧成拙。如此下去,不知该怎么收场。

这些人在山上风餐露宿,时间越久越难以忍受,不知该怎么办。但如果就此主动下山,那就是主动认输,从此以后平民只能听凭元老院摆布,再无出头之日。

西奇尼乌斯已经没有选择,他只能咬咬牙加大赌注,将戏演得更加逼真一些,他进一步动员一些妇女儿童上山。他要让元老们相信,平民已破釜沉舟。

可西奇尼乌斯怎么都没想到,任他怎么表演,元老们都显得无动于衷。

在元老院,元老们的言行看上去确实挺悠闲的。

但这一切也同样是元老院演给平民领袖派出的探子们看的。元老们与平民领袖一样,内心深处的焦虑,随着时间的流逝也在不断地增加。

白天,他们确实不开会,即便开会,也会躲到某个元老的家中。元老们也确实不担心那帮平民上山,尤其是这一次,他们吃准了这些人是在演戏给他们看。于是他们决定同样也演一出戏。然而,这样的戏只可演而不可过于当真。时间一长,元老们内心的焦虑也越来越严重。

此时,元老们不怕平民上山,却怕节外生枝。

元老们可以不把平民上山当回事,他们也可以像平民一样演戏,但他们却无法漠视周边的敌对部落或者伊特鲁里亚的各城邦国的觊觎。他们只能天天祈祷:罗马内乱的信息千万不要传到他们那里去。万一这个时候他们趁人之危横插一杠,罗马的麻烦就大了。

其实,时间一长,元老们也真的开始赌了,赌平民们坚持不下去,赌他们先服软认输。

十多天过去了,阿芬丁山上确实开始有点骚乱。

无论是那些随大流的底层平民,还是头脑灵活的商业资本家,他们都有点沉不住气了。

他们原先以为,只要这样一闹,元老们定会很快妥协,因此,他们带上山的粮食很有限,毕竟在没有现代运输工具的前提下,将大批粮食运上山也不是件十分容易的事。

也就在这时,有人不知从哪里得到消息:据说一些元老们的耐心已耗尽,盛怒之下,要求元老院立即下令封山。听到这则消息,西奇尼乌斯真的有点骑虎难下,欲哭无泪了。

但老天似乎更同情平民一方,不知是伏尔西人已获悉罗马内乱,还是仅仅只是一种巧合。始终监视伏尔西人动向的罗马探子发现伏尔西人正在大规模集结,他们即将出动全部兵力攻打罗马城。

元老院连夜召开紧急会议。在外力的重压之下,元老们开始趋向理性。

他们认为,那些商业资本家,那些可恶的暴发户,他们为了自己的利益,不顾一切地煽动平民进行非理性造反。他们的行为确实很卑劣,尤其是他们屡屡在外敌入侵的前夕,以撤兵进行要挟,完全不顾国家的整体利益,无耻到了极点。

但作为元老院元老,决不能也像他们一样,以非理性对付无耻,这种只图一时痛快的做法,只会将罗马推向毁灭。更何况不少底层平民被那些贪婪的高利贷者害得确实很惨。因此一些元老提出,应该派人上山与平民谈判,谈总比不谈好。

元老院很快通过了这一提议,并指定思维敏捷、能说会道的阿格里巴上山与平民领袖谈判。

任何谈判,双方必然都有自己的谈判底牌,元老院认为,那些有钱平民多次以平民的债务问题为砝码,于是决定在这个问题上找到突破口。

阿格里巴的突然出现，让已近乎绝望的平民领袖西奇尼乌斯喜出望外。

西奇尼乌斯最怕元老院不理不睬。他知道，山上的人已经坚持不下去了，一些人已开始吵嚷，要立即返回罗马城。尽管这些都被他拦截了下来。他要他们再坚持几天，他心里清楚，一切都已到了极限。

超过了这一极限，山上的人很可能会一哄而下。所谓的平民运动也将就此划上一个句号。他向大家承诺，再坚持几天，如果元老院仍然不予理会，他一定会找一个体面的理由，和大家一起下山。现在元老院派人上山了，那一切都好办了。

阿格里巴确实很善于说话，他给西奇尼乌斯打了一个比方："有一个人身体的各部分器官闹起了别扭，各部分看到自己用劲气力得来的东西都跑到了肚子里，而肚子却只管安享现成果实，于是愤愤然地约好，手不再往嘴里送吃的，嘴不再咀嚼，一起用饥饿来难倒肚子。结果，所有的器官都饿坏了，全身虚脱，差点丢了性命。大家这才明白，肚子并非无功受禄，它接受的营养并不比输出的多。从此，各器官彼此团结，这个人才得到了生命和健康。平民和贵族就像身体的各个部分，我们都是罗马人，有着共同的命运，出了问题好好商量才对。"

阿格里巴讲得头头是道，估计他自己也为自己的巧妙比喻而得意。

西奇尼乌斯见阿格里巴从情感入手，他便顺着阿格里巴的话题大谈在罗马生活的平民是如何的痛苦与不幸。平民由于地位低下，极易遭受不公正的待遇，而又没人能替他们说一句公道话，因此提议在平民中，推选两名公正无私、专职保护平民的保民官。这样的保民官不是公职人员，他们也不需要享有任何特权。

但保民官必须要有三方面的权力：一是他们具有自我保护权，如果他们连自己都不能保护，他们又怎么能够保护平民。因此，元老院必须明文规定，保民官神圣不可侵犯。二是他们具有"帮助权"，保民官必须帮助每一位因受到官员侵害并向其寻求帮助的平民。三是他们具有否决权,对于元老院制定的那些明显不利于平民的法案,保民官可以一票否决。

平民代表西奇尼乌斯完全撇开主题债务问题不谈,却突然提出要设立保民官。这使能说善道的阿格里巴完全失去了方向,原先设计好的有关债务问题的谈判思路,元老院给他的债务问题的底牌,全都成了废牌。

西奇尼乌斯究竟想干什么?设立保民官的真实意图又是什么?

阿格里巴是肯定无法答复平民代表的提议的,尽管阿格里巴是一个宽厚的人,他却隐隐约约感受到,如按这三条标准实行,今后元老院如何对这些外来移民进行有效的管理?如果保民官可以自由召集召开外来移民会议,以及保民官有权代表受侵害的平民,那么保民官不就自然而然地成了平民的领袖?这样岂不促成外来移民形成一个可以和罗马人民对抗的重要团体?外来移民团体岂不成了国中之国?

阿格里巴表示:对此要求,自己无权作出任何承诺,必须与元老们商量后再作回复。

阿格里巴匆匆下山,连夜向全体元老报告谈判情况。

元老们听完汇报即恍然大悟,这才是那些商业资本家闹事的真正目的。当初,元老院通过新的法案将他们踢出了政治圈,而现在他们要通过设立保民官一职来制衡元老院。

但若不同意,伏尔西大军即将到来,在内忧与外患双重夹击下,罗马共和国可能就此毁灭。如果元老院无条件同意设立平民保民官的三条意见,元老院将来的麻烦必将无穷无尽。

如何理性处理这一提议?有没有在总体上同意平民们的条款,而又能将负面作用降到最小的处理方案?

元老们讨论研究了整整一夜,一些元老总算从不同的角度提出了两条补充条款。这两条补充条款的主要内容是:

一、保民官应与执政官一样,由选举产生,任期一年。

二、保民官的权力范围应仅限于罗马城内以及离罗马城墙一千步的范围之内,保民官不得离开罗马城。

从表面上看,这两条补充条款针对性极强,它似乎给保民官戴上了一个紧箍咒,尽可能预先防范保民官权力的无限扩张。第一条功能类似于执政官的制度设计,目的是防止权力固化。第二条则是防止权力过大,绝大多数的底层平民都居住在城外,而城内的平民,相当一部分是有钱人。将保民官的权力限制在城内,就是防止保民官一职的权力延伸到全体平民。

对于元老院来说,近段时间以来,那些商业资本家在暗中操纵,各种针对贵族的事件层出不穷。但对元老院构成最大威胁的还是城内的那些商业资本家,他们利用债务问题,煽动城外那些底层平民进城造反。

如果允许保民官的权力合法地延伸到城外,或者说他的权力是对全体平民,这实际上意味着保民官可自由联络平民,并召集平民会议,那些有钱、有闲又有智慧的平民一旦与人数众多的底层平民联手,这种联合的力量必将摧毁一切。

多年之后,保民官必将演变成平民国王,罗马共和国必然会重蹈王政时代的覆辙,共和国也将就此终结。元老们以为,有了这两条补充条款,既便设立保民官这样一个另类的职位,这一职位的权力也是被关在笼子里的,不足为惧。

在元老院的授意下,阿格里巴再次上山。在传达了元老院的两点意见后,阿格里巴表示,这是元老院示出的最大善意,如果平民仍然感到不满意,那么元老院也只能尊重平民们的意愿,让平民在阿芬丁山上自行立国。

然而,无论是元老们还是阿格里巴,他们根本没想到,这样的答复已经远远超过了西奇尼乌斯的预期,如第一条附加条款,那些商业资本家的底线是同意设立保民官,至于一任保民官任职多少时间,这并不重要,更何况执政官的任期也是一年。而第二条意见"元老院规定保民官不能出城,权力仅限于城内",这同样也是可以接受的。

那些商业资本家在设计保民官一职时,压根儿没想过要真替那些底层平民伸张正义,底层平民只是他们对付贵族的一枚棋子。

与底层平民联手,以债务名义闹事,从根本上讲只是为了扩大造反声势,增加元老院的压力而已。他们要保的对象本身也是城内的有钱平民,只要允许他们合法地联络城内的平民,就已足够形成一股强大的对抗势力,即使城内没有一个平民身负重债,只要城外的平民存在债务问题,他们不仅可以以债务的名义闹事,也可以设法将城外的底层平民引到城里来闹事。

保民官的定义是平民的代言人,而不仅仅是城内平民的代言人。

所有的平民是一家,无论是城内平民还是城外平民,都是平民,无法分离,无法切断。元老院仅仅只增加这两款附加要求,商业资本家们当然不会不满意,显然,这对元老院来说,是个天大的漏洞。

西奇尼乌斯当场拍板同意。

一场内斗就这样结束了。

赌桌上的赢家显然是罗马城内的有钱平民。而作为输家的元老院,它的麻烦则刚刚开始。

致命的纰漏

罗马元老院在平民撤离罗马而伏尔西人又即将入侵的双重压力下,选择了与平民讲和,并同意设立保民官一职。

但在伏尔西人被赶走,一切重归平静之后,元老们开始反悔了。

他们感到,此次谈判犯了严重的战略性错误。尤其让元老们感到痛心疾首、耿耿于怀的是,他们明明知道那些移民暴发户动机不纯,解决底层平民债务问题只是他们的幌子,底层平民只是他们索取权力的一种工具。

他们是明修栈道,暗渡陈仓。可元老院为求一时太平,不管不顾地跳进了那些商业资本家专门为他们所挖的坑。

而更让元老们无法接受的是，此次谈判结果带来的后遗症远比他们最初想象的更多。

原本元老院希望在对平民作出重大让步之后，贵族与平民这两大社会群体的关系能够有所缓和。但实际情况却是，这两大群体的矛盾不仅没有因保民官的设立而有所减缓，相反，二者之间的对立变得更为明显、更为激烈。保民官的设立不仅为反对派提供了具有合法身份的领导人，而且为反对派的任何对抗打开了方便之门。

但元老院已无法挽回。

同意设立保民官的做法已是生米煮成熟饭，哪怕元老们有再多的悔恨，最多也只能成为元老院会议中的牢骚，这些牢骚再也不可能成为影响社会的决议。

然而，这种没完没了、针对同一问题的牢骚，同样也不可能像空中的尘埃一样，一阵风过后就无影无踪，不留下丝毫的痕迹。

这些牢骚在每一个元老的心里扎下了根，从此之后，元老院在处理类似问题时，变得特别敏感，甚至出现了明显过激的行为。他们开始对任何公开讨好平民的行为一概予以无情的打击，以达到杀一儆百的效果。

据史料记载，公元前 486 年，也即时隔平民撤离事件仅仅八年，当年度的执政官卡西乌斯提出一项土地法，决定把从赫尔尼其人那里夺来的大片土地，一半分给贵族，一半分给平民，与此同时，他还想把一些已被贵族私人占用的公有土地收回，并将其分配给无地的平民。

这一做法立即遭到元老们的强烈反对。元老们对于涉及平民的问题，已到了一朝被蛇咬十年怕井绳的地步。当然，元老们不会赤裸裸指责卡西乌斯将土地分配给平民，他们给卡西乌斯套上了一顶想当国王的帽子，称卡西乌斯如此分配土地的动机不良，他试图以土地为诱饵来拉拢平民，并为他称王打下基础。

第二年，在新一任执政官法比乌斯的主持下，卡西乌斯被人民大会判处死刑。

公元前 439 年，又有人以类似方式行事，结果也同样难逃死亡命运。那一年，农业逢灾欠收，富人米留斯将麦子以极低价格或完全免费的形式赈济贫民。事后，他立即遭受觊觎王权的指控，因其拒绝传讯，当场被骑兵长官阿哈拉杀死于广场。

元老院一而再地采用极刑方式对付那些所谓讨好平民的贵族或富人，这种毫无理性可言的过激行为，确实让元老们心中的怨气得到了一定的发泄。

可捕风捉影的发泄容易，现实中存在的问题却不会由此而得到真正解决。那些成了保民官的富裕平民，更不会因元老院杀鸡儆猴的做法而变得温和或者无所作为，相反，元老院的这种旁敲侧击反而刺激他们变得更加极端、更加对立。

据相关记载，公元前 462 年，伏尔西人和萨宾人分头入侵罗马，两名执政官分别率兵抗击。

此时，按正常逻辑，国民本应团结一致，抵御外敌，但该年度保民官哈尔萨却趁执政官在前线作战的机会，到处游说，并呼吁平民发起限制执政官权力的运动。

在市民广场上，他大声疾呼：执政官名义上不像过去的国王那样令人厌恨，但事实上他们比国王更加横暴，更加欺压人民，过去国王只是一个，现在却是以两个暴君来代替过去的一个。他建议成立一个五人委员会，负责制定有关限制执政官权力的法律。

保民官哈尔萨的做法确实相当歹毒，即便这两个执政官存在着很大的问题，但大敌当前，至少也应等对外战争结束后，再对他们的问题进行弹劾。在战争过程中散布这些言论，并制定明显会影响指挥官行为的法律，这无疑会动摇军心，甚至会带来颠覆性的后果，这是在帮敌对方而不是在帮自己的国家。

当时，代表执政官留守罗马城的都城总管法比乌斯气得直骂：哈尔萨助敌为虐！

法比乌斯站在市民广场的讲坛前说：去年罗马城瘟疫盛行，当时的执政官也死于瘟疫，在那个时候，即使年年入侵的伏尔西人和埃魁人也没有乘机进攻，而是停止入侵。现在国家整体形势如此危急，保民官却在此时煽动剥夺执政官权力。这明显是在拆毁国家的根基。

哈尔萨立即指挥一大帮平民将法比乌斯团团围住。他们称法比乌斯的指责太过分了，哈尔萨讲的都是保民官职责范围内的事，更何况罗马还是个言论自由的城市，凭什么不容许哈尔萨说话，他们逼着法比乌斯向哈尔萨道歉。

然而，这样一种言论自由的争论尚未结束，几天之后，城内又发生了一场意外，保民官们的做法不仅让法比乌斯吃惊，也让元老院所有的元老们感到恐怖万分。

那是一个夜晚，大约两千多名奴隶突然占领了喀必多神庙和卫城，凡不与他们合作者，全部遇害了。

当时的执政官瓦雷虑斯听说保民官在后方制造混乱，便急忙返回城内。但由于事发当时正处夜深人静之时，根本无法摸清对方底细，对方究竟是些什么人，有多少人，一概不知。

由于情况十分危急，执政官将国家武器库中的武器全部发了出去，以便全体民众分头站岗，封锁街面等等。

第二天天一亮，虽然占领者的情况被大致摸清了，可情况却比想象的更为危险，因是奴隶起义。罗马城内富裕的家庭里，或多或少都有奴隶。奴隶集体起义意味着所有的富人都搞不清自己家里的奴隶是不是自己的致命敌人。

可就在这极度危险的时刻，所有保民官均上街要求站岗放哨的平民，立即扔掉他们手中的武器。他们声称，这是元老院故意设置的阴谋。

他们说：元老院事先在喀必多神庙安排了这些人，好像真的发生了战争一样，目的无非是要转移人民的视线，分散人民对立法问题的注意力，一旦法律通过，这些装腔作势的敌人都会主动离开。

平民们听了保民官的这些言论，立即纷纷扔掉了手中的武器。

元老们大为恐惧，但又十分无奈。

元老们感到，保民官的这些行为简直比黑夜中的敌人更为危险。他们只能大骂当年同意设立保民官一职的那批元老愚蠢、短视和无知，现在的一切都是他们造的孽。

然而，无论这些元老怎样愤怒、怎样怒骂，这终究只是元老们私下的窃窃私语。在公开的场合，在直面保民官的时候，那些元老还是竭尽所能地保持一种儒雅，一种贵族的修养。但这样一来，元老们对保民官的威慑力也越来越小。但执政官则不同，他们的执政期总共也就一年，如果也像元老们一样只是在背后发发牢骚，那么，他们也不用执政了，或许这也是保民官特别憎恨执政官的原因。

该年度的执政官瓦雷虑斯对保民官的行事风格早已不满，当他听到保民官又在闹事，执政官瓦雷虑斯则直接找到那些保民官，并对他们进行当面的斥责：

"难道你们认为敌人还在我们前面的时候，大家应该放下武器来讨论法律吗？你们如果继续阻拦平民抗敌，还不如直接号召平民拿起武器暴动。"

瓦雷虑斯厉声警告这些保民官，他的家族，过去敢于直接对抗国王，现在如果哪个保民官胆敢再进一步胡作非为，他将毫不犹豫地以同样的方式来对付他们。

保民官们愣住了，执政官敢对他们用这样的语气说话，他们还是第一次遇到。在这之前，执政官对保民官最多也就是恶狠狠的咒骂几句，但公然要对保民官动武之类的话，没人敢说。

这关键在于保民官身上有一张特殊的护身符，而这张护身符恰恰又是元老院特制的，元老院专门制定法律规定，保民官神圣不可侵犯，凡触犯保民官者，死罪。

这大概也是元老院最后悔的制度设计。

当初,平民们提出保民官神圣不可侵犯的提议时,反复强调,这一提议纯粹是为了保护保民官的人身安全,以防一些思想极端的贵族,行为过激伤害保民官。

元老院经过审慎的考虑,感到确实有些道理,因此毫不犹豫地批准了这一条款。不知是元老院的疏忽,还是为了向平民表示诚意,元老院竟让这一条款变成了无前提条款。

如此一来,无论保民官做了什么,说了什么,执政官如要对他们进行处置,无论是否有法可依,只要涉及他们的人身安全,按法律就是违法,就是死罪。

有了这样的保护伞,保民官们还有什么可怕的,还有什么不敢做的。

保民官们最典型的行为就是大闹元老院。

按元老院章程规定,元老院会议,出席对象仅限于执政官和元老,但保民官说,他们必须了解元老们在开会时讲了些什么,以避免他们作出伤害平民的决议。于是他们不管元老院同意还是不同意,便拿了一把长椅,在元老院会议室门口一放,只要元老院开会,他们就坐在会议室门口旁听,只要听到他们认为不妥的发言,他们就大声嚷嚷反对。

过了一段时间,他们发觉,没有一个元老胆敢上前驱逐他们。于是他们就直接进了会议室,并堂而皇之地坐到了元老的坐席上,元老们在发言中,只要稍不如他们的意,他们就直接打断,直接否决。

直到此时,元老们算是彻底明白了,体制的致命漏洞已铸就,无限的权力带来的必然是无限的灾难。

也正因如此,这些保民官才胆敢无法无天,他们早已不知,在罗马城内还有什么保民官不可说的话,保民官不可做的事。

此次,突然来了个如此强硬的执政官,甚至公开威胁要对他们动武,这些保民官被一下子震慑住了。

毕竟,他们不愿意用自己的脑袋去试一试,执政官瓦雷虑斯是来真的，还只是恐吓他们。更何况，他们想做的，也只是想向元老院和执政官施压，迫使他们修改法律，而不是真的要造反，更不是要将共和国毁了。他们很清楚，共和国毁了，无论是贵族还是平民，结局都是一样的。

现在，执政官瓦雷虑斯把话讲到了这一份上，他们还能说什么，只能站在一旁，他们大声抗议执政官用武力对付手无寸铁的保民官，恫吓保民官，这是对神圣不可侵犯的保民官一职的羞辱。

而与此同时，元老们则全体出动，分别到各个平民群体那里，以最严厉的语言警告他们，如果罗马城由此陷落，所有罗马人的下场都是一样的，敌人在杀人时是不会区分是平民还是贵族的。

此次事件，好在保民官们不敢再次插手，平民们在元老们和执政官瓦雷虑斯软硬兼施的呼吁下，总算拿起武器，跟着执政官一起攻打神庙。

奴隶起义被镇压了，但执政官瓦雷虑斯却因想要证明敌人并非虚假，也为了激起平民的斗志，他竟独自冲杀在最前面，结果遭敌砍杀身亡。

执政官瓦雷虑斯死了，死得极其壮烈，这出乎所有平民的意料。他们心中不知是感到羞愧还是受到感动。

据说，当平民们得知瓦雷虑斯家财不多，竟连举办一个稍微体面一些的葬礼的钱都没有时，一些有良知的平民开始失态痛哭。为了让瓦雷虑斯的葬礼能够隆重一些，平民们自发地将大量铜币扔进了瓦雷虑斯家的院子。

而与广大平民的同情心形成强烈反差的是，对瓦雷虑斯之死，保民官们完全无动于衷，瓦雷虑斯葬礼尚未结束，他们又开始逼迫元老院尽快修改法律。

保民官的无所顾忌和咄咄逼人，将元老们逼进了墙角。

在选举新执政官的过程中，元老院开始放手支持另一位强硬派钦钦纳图斯作为瓦雷虑斯的接班人。元老院向来不喜欢钦钦纳图斯，他做事不仅风格强硬，而且不讲情面。但元老院现在已别无选择。

钦钦纳图斯一上任果然丝毫不顾及元老院的面子,他在上任演讲中先是公开指责元老院,他称:

> 由于元老院的失职,保民官之流才敢如此肆无忌惮,他们无论在谈话中还是在控诉时,流露出的完全是一副国王的模样。

> 这些保民官好像不是生活在罗马共和国之中,而是生活在一个毫无法纪的家庭中似的。他们依靠煽动民众不和而从中牟利,并仗着为非作歹得来的收入,过着帝王般的荒淫生活,难道这种情况是正常的?

他转而又责问保民官:

> 你们所谓的保卫平民,就是让平民扔掉手中的武器去听任敌人肆意屠杀。你们让平民与其余的人民彻底分了家,形成一个独立王国。当神庙已被奴隶和亡命之徒包围时,这难道不应得到所有人的救援?在你们的眼里,恐怕连神本身也同样是既不神圣,也并非不可侵犯,但你们居然以为自己的身体是神圣不可侵犯的。

> 你们这伙罪孽深重、神人共愤的人,竟然还敢宣称要完成你们的法律。如果有这样的一天,那么我当选执政官的这一天,对国家来说,就将成为比瓦雷虑斯殉国那一天更为不幸。

对于执政官钦钦纳图斯的公开指责,元老们确实有些不痛快。此次,元老院的元老全部出动,全力以赴将钦钦纳图斯捧上了台,结果他一上台,不但没有半点感激,还对元老院公开指责。

然而元老们转而一想,钦钦纳图斯的指责并没有错,如果当时元老院对保民官这一职位再敏感一些,对保民官的权力与义务规定得再细一些,保民官怎么可能演变到今天这样的地步。

当然,元老们对钦钦纳图斯这次演讲的评价还是正面的,毕竟钦钦纳图斯讲的都是事实。更重要的是,他讲了元老们很多想讲而不敢讲的话。

不过,元老们也清楚,作为罗马真正掌舵者的元老院,不能像执政官那样感情用事。执政官做一年即可离任,而元老院不可能一年后立即关门。

对于保民官,元老们难以理解的是,近年来,他们反复强调的是要修改法律,而最早引发人民与平民对抗的债务问题,尽管也没有多大的变化,反而很少有人提起了。

为什么保民官们如此强调法律问题?法律问题与平民和贵族的冲突,究竟又有多大的内在联系?那些商业资本家的葫芦里到底卖的是什么药?

一些元老在冷静思考后感到,法律问题确实是横在贵族与平民中间一道难以逾越的坎。

在罗马,法律与宗教是密切相连的。

罗马第二任王努马登基后,他为罗马确定了宗教形式与宗教礼仪。从家庭宗教到国家宗教,浑然一体,罗马市民的行为规范则完全是根据这一特定的宗教要求设定的,由此也派生出了凡违反宗教礼仪即为违法的规定。

在罗马,宗教与法律实际上已是一个联体儿,你中有我,我中有你。专门研究古希腊罗马的法国学者库朗日曾对那个时代的宗教与法律的关系作了一个相当简明的概括:“法律是宗教的命令,司法手续则是宗教的礼仪。”

那些外来移民在自己的故乡也有他们各自的习俗与宗教信仰,他们到罗马的目的只是为了淘金,而不是为了接受宗教熏陶。

因此,对罗马的那些宗教礼仪,他们既不理解,也不认同,甚至感到莫名奇妙。当然对那些由宗教而派生出的法律以及司法手续,他们自然也就更不以为然了。如果这样的法律与他们的行为无关,他们就无所谓,也不关心。可一旦影响到他们的具体行为时,他们又会感到无比委屈,他们认为罗马人在自说自话,是将那些说不明、道不白的东西强加到他们的头上,甚至是对他们的迫害。而平民则声称:法官对平民的判决莫名奇妙,是强人所难。

也正因如此,在罗马的贵族眼里,这些外来移民是一些既无宗教信仰也无祖先的异类。

其实,这纯粹是罗马法官或罗马人民与罗马平民从两种完全不同的视角去分析与思考的同一问题,得出的结论自然也可能完全不同。

如何才能弥合罗马人民与平民之间的这一思维鸿沟?

元老们感到,对罗马人民与平民的思维对立,继续采用视而不见、我行我素的方式,只会让事情变得越来越复杂。

如按平民的建议从法律入手,超越宗教理念,或许确实能从根本上解开罗马人民与平民之间的死结。

但如何制定新的法律?新的法律又该是什么样的?什么样的法律才是真正公正公平的?

没人能回答这些问题。元老们一筹莫展。

为了这一超越宗教的法律问题,元老院的元老们讨论了很多次。最后,元老们决定前往当时远比罗马先进的希腊学习、取经,看看希腊有什么好的管理办法和好的法律可供借鉴。

第3章／希腊的启示

为摆脱困境，元老院派三名元老赴希腊学习，寻求解决之道。

三名元老取经归来，元老院根据希腊经验，制定法律，改变管理模式，并以改革之名废除保民官一职。

商业资本家以静制动，在国家遭到外敌入侵的关键时刻，掀起滔天巨浪，给元老院致命一击。

改革成果，除移民要求制定的法律之外，全部清零。

无奈之下，元老院用对外战争来转移国内矛盾的视线。

无处不在的陷阱

元老院经过反复商量，最后决定派三名元老专程前往希腊考察。考察时间大约在两年左右。

三名元老去希腊的首要任务，就是了解希腊是如何制定相关法律以及其他一些对罗马有益的管理经验。

元老院希望三名元老能从希腊学到一些实实在在的东西，而最关键的是能够帮助罗马元老院切实有效地化解外来移民的种种问题。

三位元老在希腊考察了整整两年。两年后，三位元老如期返回。

一到罗马，三位元老即向元老院提出了两项政策建议，一项是有关内政的政策建议，另一项则属于对外政策建议。

在三名元老看来，这两项建议中，对内政策建议远比对外政策建议重要，针对性也更强。

三名元老建议，该两项政策可分两步走，第一步落实对内政策，当对内政策落实妥当之后,再走第二步,即落实对外政策。

在三名元老的对内政策建议中,最核心内容就是建议元老院成立十人委员会。十人委员会是对雅典十将军管理模式的典型模仿,只不过名字作了修改而已。

雅典的十将军管理模式是,十将军中分为首席将军和一般将军,每年改选一次首席将军,首席将军可连选连任,但普通将军只能选任一次。罗马十人委员会也采用了相同的模式,委员会主席可连选连任,其余委员则不可重复当选。

罗马共和国十人委员会除草拟相关法律外,同时接管两名执政官的一切管理权限。经选举,出任罗马十人委员会的首任主席为当年的执政官克洛狄乌斯。

此次当选的克洛狄乌斯是克洛狄乌斯家族的另一名成员,在古罗马,同一家族的姓氏一样,每个家族成员的名字不同,但由于每个人的名字太长,因此习惯上将他们的姓作为称呼,这样一来,最大的问题是同姓的人太多了,对于后人来说,很难搞清楚他们之间的区别,甚至可能将上一代人的事迹放到下一代人的身上。这种情况在著名的大家族成员身上尤为明显,克洛狄乌斯家族就是这样一个大家族。

新设立的十人委员会中,除克洛狄乌斯被选为首席之外,三名赴希腊考察的元老以及当时执政的另一名执政官,无一例外地都被选入了新的十人委员会。

十人委员会上任后,第一件事就是取消保民官一职。

两年前,元老院派遣三名元老赴希腊考察,公开的说法是向希腊学习有关立法的问题,但不可告人的目的则是要寻找一种合适的途径来处置保民官这一职务。

自保民官一职确立后,元老院就一直想拿保民官开刀,但又一直找不到合适的理由。元老们十分清楚,保民官一职已成了平民运动的法宝,也是那些商业资本家对付元老院的杀手锏。如元老院草率下令取消保民官,结果很可能是,保民官一职未取消,社会就已经大乱了。

三名元老建议设立十人委员会管理体系,并以此取代了执政官以及其他一些重要职位,这无疑向外界表明,罗马所有官职都将根据新制定的法律重新洗牌,一切都将推倒重来。这自然包括保民官的设置。

事实上,这也是三名元老建议实行十人委员制的最重要理由。

就这样保民官一职就在这样一种改革的名义下,被强行取消了。

但在命令正式下达之前,十人委员会以及元老院的所有元老们还是做好了最坏的打算,诸如平民抗议、骚乱、暴动以及再次撤离罗马。

然而出乎所有人意料的是,城内的平民对此竟毫无反应,既不抗议也不闹事。

作为十人委员会主席的克洛狄乌斯自然极为高兴。

克洛狄乌斯以为:良好的开端,是成功的一半。

此后,十人委员会即可将主要精力放在制定新的法律上面。

如何制定新的法律?尽管三名元老在希腊看到了不少新奇事物,也颇受启发,但照搬照抄肯定不行。

在罗马,头号问题肯定是债务问题,对于这一问题如果继续含混不清,没有一个清晰明了的说法是绝对过不了关的,那些有钱的平民屡次将债务问题作为引发平民运动的由头,无非也是因为政府没有明确的说法。

十人委员会的共识是,决不能搞因噎废食的那一套,不能因高利贷者惹事生非,就下令禁止任何人借贷。

十人委员会根据当时罗马人民与平民双方可以接受的所有做法,制定了相应的债务条例,条例首先规定,利息上限为月息百分之一,凡超过此数额即为违法。这一条款明显是针对高利贷者的。当时,高利贷者的月息要远高于此。但是,如果债权人借债并未违法,而债务人无法如期归还,债权人则有权对债务人进行严惩。

十人委员会认为,借债不还,既是失信,也是对社会正常秩序的破坏,与欺诈并无本质区别。因此,惩罚借债不还的行为,是维护社会公共秩序的必要手段。

最有意思的是,比起公元前494年那位百夫长在市民广场所自述的遭遇,这些新规定的措施明显更加严厉和残忍。

十人委员会商定的法律文本这样规定:"如债务人经法庭判决三十天后,仍不能归还所有债务,债权人有权将其逮入私宅,并给他们戴上足枷或手铐。这样连续拘禁六十天内,债务人如若仍无法还清债务,债务人应连续三次被带到集市,并对集市的最高长官宣布他们所欠的债务。到了第三个集市日,这些债务人既可被以肢解的方式处死,也可将他们卖到国外。"

除了债务条例外,十人委员会根据罗马的实际情况,还在保护公民自由、确保司法公正以及保障立法公正和国家安全等诸多方面加以立法。

立法初步完成后,十人委员会将这些形成具体条款的文字刻在十块木板上,并将其称为十表法。然后将刻有表法的十块木板一同放置在市民广场上,供民众预览并充分讨论。

一段时间过后,十人委员会再将十表法提交公民大会表决,一切都进行得出乎意料的顺利。无论是罗马人民还是平民,都极其平静地接受了这十表法,平静得甚至有些异样。

十表法通过后不久,十人委员会按例换届,委员会主席克洛狄乌斯连选连任。克洛狄乌斯以为自己是罗马最幸运的人。

委员会中的其余九人全部是新人选,最为引人注目的是,这九名新委员中包括了五名平民,这是罗马建城以来破天荒的事。

按理说,这是一个极好的开端,罗马最高管理层第一次打破了贵族对权力的垄断。元老院希望此举能从根本上解决平民与贵族之间的对立与冲突。

然而此后不久即发生了一件令人费解的事。

新的十人委员会上任后,声称十表法不够全面,还需进行补充,于是又新增了两张表法。

如就事论事,在十表法的基础上再增加几张表法加以进一步完善,也没有什么奇特的。

然而令人诧异的是,第十一表法中,竟然增加了禁止平民与贵族通婚的条款。这一条款虽然勉强通过,却也引起了平民的强烈不满,认为这是对平民赤裸裸的歧视。

如果说这是第一届十人委员会的思路,不管这种提法是多么荒唐、多么极端,这都可理解。毕竟第一届的十人委员会中,所有成员都是贵族,在撰写新的法律时,夹带一些个人对平民的敌意,或者一些其他带有情绪色彩的内容也在所难免。

但新一届十人委员会的情况则完全不同,这一届委员中,平民人数多达五人,整整占了委员会总人数的一半。在这种体制格局下,如正常情况,要通过这一条带有歧视性的条款,几乎没有可能。

可这样的条款竟匪夷所思地通过了。这五位平民委员居然也没有提出任何抗议。五位平民委员在此事中间究竟扮演了什么角色?对此,元老们也没细想,既然已经通过,一切也就过去了。

这也就形成了闻名后世的十二铜表法。

然而就在克洛狄乌斯心满意足、一切看似顺风顺水的同时,另一件更离奇的事又紧接着发生了。

罗马城的大街小巷突然传出一条惊人的消息:十人委员会主席克洛狄乌斯看中了年轻美貌、尚在就读的平民姑娘维吉尼亚。

当时,维吉尼亚的母亲已死,维吉尼亚也已许配给前保民官卢西乌斯,其父是百夫长,正在前线与埃魁人作战。

据传说称,克洛狄乌斯最初想用金钱来引诱这位姑娘,但姑娘不为所动。于是他想到了族人马库斯,此人鲁莽大胆,敢作敢为,并且对他的任何事都乐于帮忙。

克洛狄乌斯让马库斯出面指认维吉尼亚是其女奴的女儿,按当时的罗马法规定,奴隶是主人的财产,奴隶的女儿则是这种特殊财产的衍生物,因此也是主人的财产。

第二天,马库斯和几个无赖一起来到学校,当众抓住维吉尼亚,并称自己是她的主人,准备将其带回家。如此鲁莽的行为,立即引起了路人的围观与阻拦。于是马库斯将维吉尼亚带到克洛狄乌斯所主持的法庭,声称自己是维吉尼亚的合法主人。马库斯向克洛狄乌斯以及在场的所有人解释,他之所以现在才认领维吉尼亚,原因是他家有名女奴,与维吉尼亚的养母是朋友。

多年前,维吉尼亚的养母看到女奴怀孕,于是告诉她,自己不能生育,希望女奴能将生出的孩子送给她。女奴答应了朋友的请求,并信守了诺言。事后女奴却对他谎称生下来的是死胎。马库斯称,他直到前不久才得知事情真相。

同时,马库斯又强调说,对于此事,他有很多可靠的证人。

此时,闻讯赶来的维吉尼亚的舅舅表示,姑娘的父亲不在场,应在当事人都到场之后才能审理。

但克洛狄乌斯则表示,根据法律规定,在案件开审之前,禁止对奴隶提出所有权要求的一方为其监护人。现有两个反诉人,一个是舅舅,一个是父亲。如果两人都在场,案件开审之前,对姑娘的监护权理所当然属于父亲。然而,既然父亲不在场,因此他裁定,姑娘事实上的占有者可将她带走,但应保证,当姑娘的父亲回来时,一定带她出庭。

对于这一明显存在问题的判决,在场的所有民众都被激怒了。克洛狄乌斯生怕民变,只能改判同意由维吉尼亚的舅舅先将其带回,等维吉尼亚的父亲从军营返回后再开庭审理。

几天之后,维吉尼亚的父亲带着维吉尼亚为其合法婚后所生的证明,请求克洛狄乌斯作出公正判决。但克洛狄乌斯却肯定地说,他早就知道这姑娘是私生的,但因忙于工作,无暇追究此事。他命令马库斯在十二名手持法西斯的侍从护送下将维吉尼亚带走。

克洛狄乌斯如此判决,民众只能无奈地散了,而马库斯则立即上前去牵维吉尼亚。可维吉尼亚却紧紧抱住父亲不放,亲吻他,拥抱他,呼喊着亲爹。

此时,维吉尼亚的父亲向克洛狄乌斯提出了一个请求,在女儿被带离集市之前,允许他最后拥抱她一次,并单独与她说几句话。

在获得克洛狄乌斯同意后,维吉尼亚的父亲将女儿搂在怀里,呼唤着女儿的名字,一面擦去她脸上的泪水,亲吻她,一面慢慢离开人群,当他们走近一家肉店时,他突然从屠宰台上夺过一把屠刀,直接插进了女儿的心窝,口中说道:"孩子啊,我送你到祖先的那个世界去吧,还你自由,保你童贞;因为你活着的话,那个暴虐无道的人不仅会使你失去自由,还会使你失去贞操!"

这则消息显然是骇人听闻的。

消息传播的速度超出了任何的想象,在极短时间内,传遍了罗马的大街小巷以及正在对外作战的部队。而所有平民的反应则出奇地一致,撤出罗马、撤离前线、撤离军队,占领阿芬丁山,同时选举自己的保民官。

当元老院派人向他们交涉时,平民提出回城的前提条件:必须恢复保民官一职,没有任何商量余地。面对如此突然、如此大规模的平民运动,元老院已没有选择。

整个罗马全面混乱,近乎瘫痪。

在前线,平民士兵突然撤离,战争布局被全部打乱,罗马军队面临崩溃,阻止埃魁人进攻的防线面临全线失守。而在城内,城门大开,平民拖儿带女,陆陆续续地离开罗马。显然,罗马的外围防线一旦失守,进攻的埃魁人即可长驱直入。

罗马岌岌可危。

元老院已没有时间讨论,更没有时间分析此次事件的真相与各种细节。

稳定就是一切,稳定就是最大的道理。

但放在元老们面前的只有两种选择,而且必须立即作出决策:要么同意恢复保民官制度,要么拒绝。选择拒绝,也等于选择毁灭。

元老院只能采取紧急措施,不问是非曲折,立即逮捕克洛狄乌斯;解散十人委员会;恢复原有体制;重新选举执政官。据说克洛狄乌斯在被捕当晚就在监狱自杀身亡了。

事情变化得如此之快,令人眼花缭乱。

元老院派员赴希腊考察两年,而后制定十二铜表法又用了两年,如今在罗马,除了新增的十二铜表法之外,一切似乎又退回到四年前。

当然,还有那条令平民感到厌恶的"禁止平民与贵族通婚"条款。如果说这四年以来,还有什么是对平民不利的,恐怕这就是唯一的一条了。然而,没过多久,保民官又提出,应废除此条法案,尽管贵族中有人提出抗议,但已显得如此不合时宜。

废除"禁止平民与贵族通婚"条款的新法案很快就通过了。

到了此时,平民想要的,全都得到了,要保留的,也全都保留了下来。

迷雾中的真相

对于保民官一职,元老院机关算尽,但忙碌了两年,最终还是一场空。

元老们感到精疲力尽,却又无可奈何。当一切又重新回归沉寂之后,元老们感到近年来所发生的那些事简直匪夷所思,一切都显得那么诡异与蹊跷。

究竟哪个地方出了错?元老们情不自禁地对近几年来所发生的事件作了一一梳理。

十人委员会成立以后,开张的第一件事即取消保民官一职,但平民毫无反应,平静得离奇,没有任何的反对声,就好像罗马从来就没有保民官一职那样。

之后,第二届十人委员会又颁布了两块表法。在这两块表法中,又莫名奇妙地加进了含有污辱性的禁止平民与贵族通婚的内容,对此,五名平民委员居然毫无作为。

再之后,等到十二表法全面完成以后,在埃魁人大举进攻罗马,并在战争刚刚打响的节骨眼上,突然之间又冒出了克洛狄乌斯丑闻,而此时,平民行动速度之快,步调之一致,都超出了人们的想象。

难道所有这一切,全都只是巧合?克洛狄乌斯难道真像平民所描述的那样,是一个无视法律,罔顾社会一般伦理的十足小人?维吉尼亚事件是真的,还是平民早就设计好的阴谋?

元老们越对此案进行推敲,越感到此事存在太多的荒谬,毫无逻辑性可言。

传言中,克洛狄乌斯请其族人马库斯帮忙,将百夫长的女儿维吉尼亚说成是马库斯女奴的女儿,并通过法律程序将其合法占有。

在古罗马,无论是人民还是平民都有出生证,它不仅能证明一个新生儿的血缘关系,同时也能证明新生儿的社会合法地位。可以说,古罗马的出生证,对任何人都是一件极其重要的法律文本。

然而在传言中,当维吉尼亚的父亲向克洛狄乌斯出示女儿的出生证明时,却被克洛狄乌斯断然否决。这只能是戏说,如果在现实中一个法官可以凭空否决一个法律证明文件,那么,任何法律证明文件都是无意义的,任何一个法官都可以随心所欲地否决他认为不妥的法律文书。

此外,根据克洛狄乌斯自己主持制定的十二表法中第九表第三条同样也规定,一个审判官受命审讯案件,如他被揭露在这一案件中受贿,将被处以死刑。而克洛狄乌斯的行为比受贿更为严重、更为恶劣。另外,根据十二表法第八表第二十三条规定:伪证被揭穿者,应被从塔尔贝斯山崖上抛下。

如果传说确有其事,则马库斯及其同伙明显是一起作伪证,而且,这样的伪证是很容易被证明的。第一,按罗马共和国早期的社会风俗,婚后女子由丈夫监管,妻子在没有得到丈夫允许的情况下,是不可外出的。同时,法律也严格限制女性对社会活动的参与。正因为罗马妇女极少外出,罗马元老院下令在罗马城内建造专供女性使用的道路,防止她们在偶尔外出观看表演时遭到调戏和骚扰。

在罗马共和国早期,作为妻子,家中庭院就是她的活动场所,古罗马人的住所有一个很重要的部分即中庭,此处就是妻子参与家庭事务的主要场所。作为妻子的职责就是尊父敬夫,勤劳持家,恪守本分,不能抛头露面。

因此,极少有家庭妇女到其他人家去串门聊天的现象,更不要说去和一个身份完全不对等的其他家庭的女奴结交成为朋友。

在当时的文化背景下,不同身份群体之间的隔阂是相当严重的。

第二,奴隶分娩只能是在主人的家里。奴隶的子女,是主人的私有物,奴隶生育即是为主人增加财产,奴隶根本不存在将自己的子女偷送出去的机会。退一万步而言,如果维吉尼亚确系奴隶的女儿,维吉尼亚的父母就不只是领养女儿那样简单的问题了,而是串通偷窃女婴的问题。这在古罗马是重罪,更是死罪。任何一个稍有理性的人都不可能为领养一个婴儿去犯这等同于自杀的低级错误。

相反,克洛狄乌斯一旦判决维吉尼亚是领养的,如按正常逻辑,维吉尼亚父亲串通女奴偷窃女婴罪也应同步成立,而不只是一个简单归还的问题。这就像偷窃他人财物一样,一旦被判定为偷窃,法官决不可能说,偷窃者只要将所偷窃的财物归还原主就无罪了。

元老们推理的结论很明显,所谓的克洛狄乌斯案是那些商业资本家精心策划的阴谋,但为什么要将这个阴谋套到克洛狄乌斯的头上? 元老们的判断是,克洛狄乌斯是十人委员会主席,并已连任了一届,无论在元老院还是在社会上,都享有极高的声誉。

此外,克洛狄乌斯能力强,反应快,如果将这个阴谋套到任何其他人头上,阴谋很可能在极短时间内即被克洛狄乌斯识破。克洛狄乌斯极有可能在第一时间即将所有涉案人员全部逮捕归案,并以最快的速度查明事实,然后再向民众公布真相。

而所有这一切,如行动迅速,并不需要花很长的时间。

如果真是如此,那些策划事件的商业资本家将会极为被动,最终是偷鸡不着反蚀了一把米。

但将此阴谋直接安到克洛狄乌斯本人的头上,所有情况就完全不一样了。

事发之后,克洛狄乌斯成了当事人,他立即失去了主事的权力,而十人委员会则群龙无首,谁也作不了主。至于元老院,人数虽多,但处事反应往往慢一拍,而这样火烧眉毛的事是决不容慢半拍的。也正因如此,克洛狄乌斯成了商业资本家阴谋的首选人物。

克洛狄乌斯为共和国制定了十二表法,却成了阴谋的牺牲品。这恐怕是所有的元老都难以料想的。

当元老们想清楚所谓的克洛狄乌斯案只是那些平民领袖精心设计的一个阴谋时,元老们再联想到近些年来先后所发生的一切,经过重新梳理,所有的离奇和诡异也就不难得到解释。

公元前450年,平民大规模运动的目标是要求制定一部与罗马宗教无关的新法律。元老院被迫答应,并派出三名元老出访希腊,考察如何制定法律。

当他们回来后,元老院却声称,将根据新法律,重新设置所有官职,保民官被取消了。

此时,放在商业资本家前面的是一个两难选择:一是立即反抗,再次发动大规模抗争,如果局势朝这一方向发展,社会的矛盾焦点必将重新转移到是否恢复设置保民官一职上。而这一做法的后果是,元老院很可能顺水推舟,既不撤销保民官一职,也不修订法律。

同时,元老院还可将无法修订法律的责任全部推到那些商业资本家的头上。这样一来,平民争取多年的法律修订也可能就此搁置。这对平民而言是绝对得不偿失的。

二是不作反抗，听之任之，修订法律的目的确实达到了，但保民官的职位却也由此丢失了。从此，平民将失去与贵族斗争的合法领导人。

因此，对于平民而言，这两个选项，无论哪个都是有问题的。

当初元老们的判断是，那些商业资本家将无法跳出这个两难选择，他们无法做到什么都想要，天下没有这样的好事。

但出乎所有元老的意料，那些商业资本家还真的跳出了这个两难选择。

在前后两届十人委员会制定法律期间，商业资本家默认了十委员所做的一切。元老们也曾乐观地认为，最困难的时刻已经过去。但在十人委员会彻底完成了法律制定以后，商业资本家却立即制造了一个通天大案。

此案设定的主角又是一个百夫长，这与第一次平民集会闹事的情景类似，当时平民设定的主角同样是个百夫长，只不过那个百夫长是个负债累累、深受债主虐待的形象，而此次则是一名受害者的父亲。

但无论哪一种形象，都是为了刺激所有士兵的神经。这样的形象实际上是在向所有士兵暗示，连百夫长都是这样的下场，更何况一个普普通通的士兵。

然而，由于此案是经不起任何认真推敲的，时间一久即会露馅，而避免露馅的唯一办法就是让元老院根本没有推敲的时间。于是，这些商业资本家就让此案的暴发时间放在战争期间。

这样一来，无论是十人委员会还是元老院，根本没有时间去判断真伪，只能被那些平民牵着鼻子走。

就这样，元老院完败，而平民完胜。

但商业资本家的行动并未到此结束。

在第二届十人委员会制定补充的二张表法时，一条看似极其无理的"禁止平民与贵族通婚"条款被悄悄地加了进去。而当时的五名平民代表则不露声色，一致同意了该条款，这种行为看似荒唐，实则充满了玄机。

在当时，不仅克洛狄乌斯忽视了这一问题的严重性，而且元老们也没对此事加以关注，一些元老甚至还天真地以为这是一件好事。

一般而言，在一件匪夷所思的事件背后，大多隐藏着不可告人的秘密。

长期以来，商业资本家最大的愿望就是通过与有权有势的贵族联姻，以取得政治上的优势。

这些商业资本家有足够多的财富，他们远比那些所谓的贵族有钱。

前文已介绍过三大部落的成员虽然号称贵族，但事实上却是贵而不富。早期贵族不仅崇尚务农，认为亲自下地耕作是一种美德，而且他们还认为简朴是一种修养。据说，元老院议事厅里的陈列也十分简单，元老们的座椅也只是一些木板凳子。

据记载，有一次萨莫奈人来看望罗马的传奇人物——获得三次凯旋仪式，四次担任执政官的库流斯，他们看到库流斯的小木屋内烟囱的角落正在煮芜菁（中国俗称大头菜）。他们拿出数量可观的黄金作为礼品送给他。

库流斯说："一个吃得下这种晚餐的人，黄金对他来说已经没有什么意义，何况他认为征服拥有黄金的人相比拥有黄金本身，能使人获得更大的荣誉。"

也正因为早期罗马贵族对财富的这种态度，在当时，即便是罗马的一些大家族，他们所拥有的财富也根本无法与大商人家庭相匹敌。

商业资本家有雄厚的财力，但他们没有政治资本，这是他们最大的弱点，也是最大的痛点。尽管他们可以利用底层平民的债务问题说事，并通过这样的抗争，也已得到了保民官一职。但这终究离实际控制国家的大权还有相当的距离，他们真正所希望的是直接问鼎国家的最高治权。

如何问鼎罗马？

在权衡了各种办法后,那些商业资本家感到,最简便、最有效的办法就是与有权势的贵族联姻。

他们清楚,尽管贵族文化崇尚简朴、廉洁,也崇尚农耕,但任何事情都不是绝对的,总有一部分有权势的贵族向往富裕平民的那种生活。

贵族同样希望通过与那些财大气粗的平民联姻而改善生活,但却忌惮舆论压力而不敢轻易造次。

这样,在无形中就形成了一个僵局。

有钱平民想挂靠上那些有权势的贵族家庭,以进一步增加政治资本,却苦于无门。一些贵族想与大商人联姻,却又不敢违反传统民意。

商业资本家最大的希望就是打破这种僵局。显然,如果没有一种外来压力,这种僵局很难被打破。

而"禁止平民与贵族通婚"恰恰是打破这一僵局的最佳途径。这一途径的精妙之处就在于"禁止"二字。

"禁止平民与贵族通婚"条款,看似是条禁止令,但有了这条禁令,就有了公共话题,即可进一步将其演变成一个法律事件。

经过了这样的转换门,保民官再通过新的法律将"禁止平民与贵族通婚"条款加以否定,这就形成了一种否定之否定的格局。否定之否定就是肯定。商业资本家要的就是这样一种法律意义上的肯定。

显然,没有法律的否定也就不存在法律意义上的肯定,这样,有了法律的明确规定,任何反对也就成了非法。

只有到了那个时候,那些希望与商业资本家联姻的贵族才敢理直气壮地打破这一僵局。

但那些商业资本家坚信,只要这一僵局被打破,只要能与那些有权势的贵族联姻,就一定会从他们那获得政治上的帮助。

在第二届十人委员会中,那些平民委员巧妙地在十二表法上明确写上"禁止平民与贵族通婚",这看似莫名奇妙、带有污辱性的条文,实则为打破这一僵局埋下了伏笔。

等到元老们想明白了一切，却已为时太晚，成了事后诸葛亮。事到如今，再去揭穿这一切，除证明元老院愚蠢以及进一步加剧平民与贵族的对立之外，什么问题也解决不了。

沉默是金。

然而对于平民而言，一切正好相反，"禁止平民与贵族通婚"条款被废除后不久，一切就如同那些商业资本家所设计的那样，平民与贵族之间的婚姻僵局不仅被彻底打破了，而且与之联姻的贵族开始为他们的亲家谋取政治利益。

但谁也没想到，此事最终的演变与发展最终竟出乎所有人的意料，这当然又是后话。

进攻是最好的防御

元老院不断与商业资本家暗斗，但屡斗屡败，尤其是克洛狄乌斯一案，令元老院元气大伤。

很多问题虽说想明白了，但与当下并无多大裨益，元老们尽管很气愤，可一切还得回到现实处境中去。

当初三名元老从希腊取经回来后，曾向元老院提供了对内与对外两套政策建议，并建议先内后外，先易后难。

结果折腾了整整两年，除了制定一部平民所渴望的十二铜表法之外，其他全部失败了，而且还搭上了极具号召力的克洛狄乌斯的老命。因此，在元老们看来，这两年时间，元老院等于是在服务平民。

如今，元老院已无法再按步就班，先内后外，先将内部事务处理妥当，等基础打扎实之后再开始全力以赴对外。既然对内政策已一败涂地，元老院也就顾不了很多，只能硬着头皮推行三名元老的对外政策建议。

三名元老的对外政策建议同样分为两大块内容，但归纳起来却只有两句话,第一句,进攻是最好的防御;第二句,建立同盟是国家强大的基础。

这两句话事实上都是对希腊地区的最强城邦国雅典成长史的高度概括。三名元老曾用两个雅典的典型事例来作这两句话的说明。

第一个事例是:

雅典在公元前六世纪初梭伦改革以前,还只是一个产粮的农业城邦国,它虽有优良的海港,但它的海外贸易还不及一个现在无人所知的小岛埃吉纳,而工商业始终没有什么重大的发展。

而三名元老来到雅典的那一年,雅典在首席将军伯里克利的领导之下,正处于鼎盛时期。三名元老在街区随意与民众的聊天中就可以感觉得到民众的那种自信与自足,他们在言行中如此直白和不加掩饰。

对于雅典人民之所以有这样一种自信,伯里克利在演讲中的归纳与总结可说是直截了当、直言不讳:"我们勇敢无畏地攻入每一片海洋,进入每一片陆地;我们在各地所造成的不幸,或所布施的恩德,都为后世留下了不朽的纪念。这就是雅典。"

一个国家,最好的防御是进攻。这就是雅典的经验。

第二个事例:

当时,希腊与其近邻波斯的第三次战争已基本结束。此次战争,最具戏剧性的一幕是,作为希腊联盟的盟主斯巴达在总体战争临近尾声时,感到战争目标已达到,于是在公元前478年,主动放弃盟主地位,打道回府了。

而与此相反,雅典则从此事中看到了机会,立即将剩余的一些小城邦组织起来。

公元前477年,雅典在提洛岛建立了新的同盟,也称提洛同盟。提洛同盟初建时的游戏规则,一是城邦国自愿参加;二是互帮互助;三是要交纳同盟费,也即我们现在所称的互助经费;四是遇到战事,出兵会战;五是自由加入与退出。

对此,一些小的城邦国很赞同,有棵大树好乘凉,付出一些金钱,但能换来安全还是值得的,因此纷纷加入。然而出乎这些小城邦意料的是,加入同盟之后,原本存放在提洛岛金库的互助经费,被雅典运回国内,成了上交雅典的保护费,而且还要根据雅典的指令没完没了地出兵打仗。而这些战争,除了对雅典有利之外,与整个同盟的关系并不大。一些小盟国明显感到上当了,这纯粹是自己倒贴钱做雅典的帮凶。

公元前 465 年盟邦塔索斯表示坚决退出联盟,对此,雅典的反应强烈,立即派兵包围塔索斯,塔索斯战败投降。但雅典仍不依不饶,进一步要求塔索斯拆毁城墙,交出舰队,并赔付巨额赔偿款。此后,克索斯、萨克斯等其他一些盟国也相继试图强行脱离同盟,但都难逃塔索斯的命运。在雅典如此淫威之下,提洛同盟中的其他一些城邦,自知无力反抗,对于雅典提出的任何要求,唯有惟命是从。而雅典这个被三次希波战争折腾得几近崩溃的小小城邦国,通过建立这样的所谓同盟而迅速崛起。它仅用十多年的时间,即取得了爱琴海上的霸权。

而与此相对应的是,原本军事实力远远强于雅典的希腊同盟盟主斯巴达,却因忽视同盟的力量,在此后几十年内,几乎没有什么大的发展。

这就是雅典成功的第二条经验,通过结盟来迅速强大自己。

榜样的力量是无穷的。

雅典这两个活生生的案例让全体元老看到了罗马与雅典之间的明显差距。

罗马自推翻王政之后,共和国的对外政策,很少采取主动进攻,基本上属于守势,尤其在对待外敌入侵的问题上,采用的做法大多都是兵来将挡,水来土掩。

罗马每次闻讯敌人入侵,便立即征兵组成临时部队防守,而待入侵一方撤兵,临时部队也就立即解散了,所有的官兵,原来是做什么的,回去还是做什么。

更可悲的是,这样的对外战略,并不因战争局势的紧张而有丝毫的改变,其中最明显的事例是,十多年前,也就是公元前 458 年,埃魁人入侵,执政官率军阻击,结果反被包围,形势极其危急。

元老院在走投无路的情况下,立即委任前任执政官钦钦纳图斯为独裁官。独裁官是罗马共和国建立以后,规定在特殊形势下才可委任,独裁官一旦被任命,任何人都必须服从,但独裁官执政时间仅为半年。

当使者找到钦钦纳图斯时,他正在农田里耕种,接到命令后,他立即率兵,直奔战场,十六天后,战争结束,钦钦纳图斯立即卸甲归田,又当农民去了。

这样一种只要入侵者停止进攻,战争即告结束的做法,久而久之,竟成了元老院处置对外事务的习惯做法。哪怕是反复被对方袭击,元老院也不愿意主动出击。

而恰恰是这样的保守思维方式,最终又导致了法比乌斯家族全员覆没的惨剧。

自小塔克文政权被推翻后,作为塔克文王朝靠山的伊特鲁里亚从此成了罗马的死敌,他们不断入侵和骚扰罗马边境。或许是当时元老院认为自身实力不足,所以始终抱着以防为主,安全第一的对外政策,绝不主动发起进攻。

公元前 477 年,战功赫赫的元老法比乌斯感到如此被动防御,总不是长久之计,于是主动请缨攻打伊特鲁里亚城邦国维爱。

维爱是伊特鲁里亚城邦国中最靠近罗马的一个,离罗马只有十二英里。但这不是问题的关键,最主要的是,伊特鲁里亚各城邦国都袭击过罗马,但最多的袭击则来自维爱。然而,法比乌斯的请求被元老院一口拒绝了,理由是,外敌太多,自身太弱,时机尚不成熟等等。

法比乌斯实在不甘心罗马始终处于这种被动挨打的困境,于是他率领家族全体人员,共计三百零六人,组成一支微型部队,主动出击维爱。

维爱是一个较大的城邦国,无论它的军备还是兵力,都与整个罗马共和国不相上下，以区区三百零六人去攻打这样一个国家，这无疑是以卵击石。

对于法比乌斯的做法，元老院只是高度赞扬，反复宣称法比乌斯的行为是崇高的爱国主义精神的体现。可在法比乌斯与维爱的整个战争过程中，元老院就是不派一兵一卒加以支援。在经历了几场战斗之后，法比乌斯家族部队因遭伏击，全军覆没。整个家族仅剩一个未成年的男孩延续该族的后嗣。

此后，元老院与维爱签订了一个为期四十年的和平协议。

元老院如此被动保守的对外政策给罗马带来了诸多问题。

周边的国家与部落越来越轻视罗马，他们把罗马当成可以随时入侵的围猎场。

也正是由于这样的被动，被动的征兵，被动的防守，被动的出击，所以每次战争爆发，总会成为一些保民官煽动民意的最佳时机。无意中，这竟形成了一种元老院根本无法破解的恶性循环。

此外，罗马同样曾与周边的拉丁部落结盟。

在罗马城的周边，有很多拉丁部落，这些拉丁部落与罗马三大部落中的拉丁部落属于同源，他们的宗教信仰以及风俗习惯也完全一致。罗马与这些拉丁部落早在公元前493年即已签订结盟条约，该条约是平等互利的，并不带一点功利色彩。

这些条约规定，双方提供同等数量的军队共同对敌，平分战利品，双方互相授予公民权，并可以互相之间通商和通婚等等。条约中的共同敌人是指伊特鲁里亚人和各山地部族。但由于罗马对外的被动作战方略，罗马与拉丁部落结盟的效果同样不如雅典那样明显。

雅典因结盟而强大，而结盟后的罗马最多也就是自我保全。

有比较才有区别，罗马与雅典之间的差距是明显的。

元老们在反复对比后意识到，需要进行军事思想改革，改被动防御为主动出击，这或许才是罗马解决目前困境的唯一出路，或许还可连带解决一些保民官的问题。至少,保民官将难以利用外敌入侵来煽动民意,制造社会混乱。

元老院不再犹豫,决心全面调整对外作战方略。这一改变,竟彻底改变了罗马的国运。

此后几年,罗马元老院联络拉丁同盟部落,共同出击伏尔西、拉宾、魁埃等敌对的山地部落。

在此过程中,也确如元老院的意料,保民官仍然想方设法煽动民意,加以阻挠,但都被元老院一一化解。

罗马与拉丁部落联手后,经过几年激战,公元前431年,在阿吉杜斯山隘,罗马联军赢得了关键性的战役,埃魁人被彻底击败,伏尔西人也从海岸平原被赶回了山区。

公元前428年,罗马与维爱签订的四十年和平条约刚一到期,该年度的执政官柯苏斯立即率领罗马大军直攻维爱。维爱城位于险峻陡峭的高原之上,三面环河,易守难攻。

经过了整整两年的战斗,维爱被打败,维爱国王被杀,国王身上的甲胄也被柯苏斯剥下,作为祭品,奉献给朱庇特神殿。虽然罗马取得了暂时胜利,但以它当时的实力,根本不可能攻占防御坚固,财力和人力充足的维爱城。

此后,为了给下一步全面进攻作准备,罗马部队需要得到及时的修整。于是在公元前426年,罗马与维爱再次签订了停战协定,为期二十年。罗马元老院认为,经过二十年的养精蓄锐,罗马将足够强大,并能一举拿下维爱城。

公元前405年,二十年的停战协定期刚过,罗马便迫不及待地发起了对维爱的全面战争。

然而,此次战争的惨烈却远远超出了元老院最初的设想,战争连续打了十年,罗马联军死亡无数却毫无成效。

元老们意识到,如果维爱继续久攻不下,后果将不堪设想,保民官已蠢蠢欲动,他们在等待再次引发事端的时机。

元老院当机立断,任命卡米卢斯为独裁官,调动罗马的一切力量,全力攻打维爱。

卡米卢斯从未担任过执政官,但他却是一位赫赫有名的战将,由于他作战英勇,元老院曾破格任命他为监察官。

卡米卢斯来到维爱城外,仔细考察了维爱城的地形,他发现维爱城墙高大坚固,如继续正面进攻,再用十年时间恐怕也难见成效。

卡米卢斯极其沮丧,他认为这样的战争,继续下去是毫无意义的。但卡米卢斯也清楚,如果他现在放弃攻打维爱将意味着什么。

元老院在任命他为独裁官之前,已相当明确地告诉了他,元老院目前处于两难困境,实在无力继续这场长达十年的战争,已有不少元老开始主张放弃。但如若放弃,保民官必将以此为借口聚众闹事,而如要坚持下去,则又实在看不到战争胜利的希望。

元老院毅然决然地任命卡米卢斯为独裁官,无非是希望卡米卢斯快速、有效地解决问题,而不是让卡米卢斯作战争调研后告知一声,这场战役无法继续。

此后的一些日子,卡米卢斯天天围着维爱的城墙转,但越转越灰心,越转越提不起攻城的勇气。他不想让他的士兵去作无谓的牺牲。

有一天,卡米卢斯穷极无聊,拿了根棍子在地上乱划乱戳时,无意间突然发现,维爱城的土质极其松软。卡米卢斯一下子来了灵感,他感到,如以挖地道的方式进入维爱,则可达到奇袭目的。

卡米卢斯立即下达了两条命令,第一条命令是,全面进攻维爱城,他要求将攻城声势造大,但要控制伤亡人数。第二条命令则是,组织一队士兵,昼夜施工,挖掘通往维爱城内的地道。

几天之后,地道完成。

据记载,此地道正好挖到了维爱城内朱诺神庙的下方。

在罗马士兵即将冲出地道时,地面上正在进行献祭活动。祭司在献上祭牲时高声宣布,神明将胜利赐给享用这些祭品的人。罗马士兵听到这些话后,立即冲杀了出去。这些祭品成了卡米卢斯的战利品。

很快,卡米卢斯就全面占领了维爱城。

维爱是伊特鲁里亚各城邦国中最富有的,它的国土面积与罗马类似。此战使罗马国土整整扩大了一倍。维爱的财富也尽归罗马,而大量维爱的民众则成了罗马的奴隶。据说朱诺神象也被卡米卢斯运往了罗马。

卡米卢斯载誉而归,元老院也为卡米卢斯举办了规模盛大的凯旋仪式。卡米卢斯极其兴奋,他对罗马的贡献非同一般。在凯旋庆祝仪式中,卡米卢斯直立在四匹白马拉曳的战车上,威武地向两旁的市民致意。他的这种游行做法,是罗马史上的第一次,过去,凯旋的将军是清一色坐在马车上游行的。

元老们也为卡米卢斯高兴,但他们更为自己的果断决策而欣喜,他们感到,如果没有他们果敢的任命,就没有卡米卢斯的胜利。

没有这场胜利,现在的罗马,恐怕早已陷入保民官引发的新一轮混乱中了。如今,罗马已取得如此辉煌的战绩,保民官还能怎样?

然而,卡米卢斯和元老们都高兴得太早了。

自从元老院对外战略改变之后,保民官再利用战争的紧要关头搞撤离运动,确实已很难,但这不等于保民官就没办法从其他方面来给元老院制造麻烦。

胜利过后没多久,保民官就立即提出应把市民大会和元老院一分为二,一部分留在罗马,另外一部分搬迁到维爱城去的,则由抽签决定。

这些保民官声称,这样一来,罗马人就有了两个平等的城市,发展的空间更为广阔,也更为安全。

大多数底层平民在听了保民官的宣传之后,立即聚集在市民广场,要求召开市民大会进行表决。

元老们感到，这是一个极其危险的建议，绝不是简单地将一部分人和一部分权力划分出去的问题。

这些保民官是在以人民的名义，以法制的名义公然分裂罗马，是在将罗马引向一条自我毁灭的不归路。

元老院立即请独裁官卡米卢斯设法阻止。卡米卢斯知道此事事关重大，丝毫不敢懈怠，他利用自己刚刚赢得的巨大威望，与平民进行反复协商，最终阻止了这一提案成为正式法案。

但卡米卢斯怎么也想不到，他的这一动作竟彻底得罪了保民官。

保民官们发誓，要让卡米卢斯付出难以想象的代价。

几个月之后，保民官卢基乌斯突然控告卡米卢斯在维爱的战争中将维爱的战利品据为己有。平民们迅速行动了起来，他们聚集在法庭门口，坚持表示，必须从严处理，绝不能宽恕。

卡米卢斯立即将他的朋友和战友召集起来，请求他们不要坐视不管，任凭他被莫须有的罪名击倒，他希望他们能够声张正义。

他的那些朋友和战友们，尽管集合起来的人数还真不少，他们也确实想支持卡米卢斯，但他们却不懂得如何在法庭上为卡米卢斯申辩。他们进而表示，如果法庭要经济处罚，他们愿意帮他支付。然而，申辩之类的事，他们实在无力胜任。卡米卢斯感到哭笑不得，这岂不等于自动认罪。

卡米卢斯宁愿自我流放。卡米卢斯走了。

元老院失去了一个好帮手，而罗马则失去了一个好将军。

而更重要的是，在当时，恐怕没有人知道，他们不仅赶走了卡米卢斯，也赶走了罗马的好运。

第4章/脱胎换骨

对外战争,一路凯歌,共和国领土扩张一倍。

但巨大的胜利引发的灾难远多于喜悦。移民借机制造分裂,高卢人因罗马人自负而入侵,罗马城沦陷。

好在高卢人因内乱而自动撤离。

罗马人刚刚死里逃生,保民官则又造谣生事。

社会再次大乱。

元老院痛定思痛,同意向商业资本家出让权力。

由此,商业资本家形成了平民党,而贵族则形成了贵族党。

毁灭与新生

罗马自从攻取维爱城以后,元老们的自我感觉越来越良好,他们从心底里感激三名元老的对外政策建议。没有这些建议,他们恐怕还在保守的思路里打转,还在时常受到平民撤离罗马的威胁。

但自从元老院改变对外战略以后,尽管保民官并未停止捣乱,可保民官却再也没有一次煽动平民撤离罗马。这并不是说保民官不想煽动,而是这样的煽动已完全失去了意义,罗马的局势已发生了根本性的变化。

现在已不是罗马害怕那些部落入境侵犯,而是那些部落害怕罗马对他们发起突然的攻击。在这样的大背景下,即便那些保民官再煽动士兵撤离,这种做法已根本不可能伤及罗马。撤离罗马自然成了一件意义不大的事了。

相反,元老院根据三名元老的建议,在近几十年内,强化了与拉丁部落的联盟,从而一举打败了伏尔西、埃魁等山地部落。此后,又进一步吞并了维爱。

一次又一次的成功,使罗马元老院不仅放弃了过去的那种谨慎,而且变得十分骄横。或许,这也与学习雅典的经验有关,元老们也开始对那些曾帮助它取得胜利的拉丁部落颐指气使,完全是一副老大的嘴脸。

那些拉丁同盟国对罗马的感受同样也越来越差,尤其是维爱战争结束后,罗马元老院的做法让拉丁同盟国对它的反感到了无以复加的地步。在赢得维爱战争之后,罗马元老院公然拒绝执行同盟条约中明确规定的战后平分战利品条款。

对于此次维爱战争,同盟国帮助罗马打了整整十年,死伤无数,但到最后,无论财富还是土地,罗马一概独吞。罗马的所作所为使昔日的盟友感到极度愤怒,他们纷纷与罗马疏远,甚至断交。

但罗马元老院对此毫不在意。

而恰恰在此时,又发生了一件完全出乎罗马意料的事。此事让一切都发生了颠覆性的变化。

公元前390年,大批高卢人南下,直逼伊特鲁里亚重镇克鲁西乌姆。克鲁西乌姆虽是伊特鲁里亚的一个城邦国,过去对罗马虽没有好感,但也没有帮维爱打过罗马。因此,在存亡危难之机,他们立即派遣使团前往罗马,希望罗马能帮他们一把,共同抵御高卢人的入侵。

罗马元老院尽管未答应提供武力支持,但也承诺派特使与高卢人交涉。随即,元老院专门派了三个特使以罗马人民的名义与高卢人沟通,但交涉无果,高卢人还是按原定计划向克鲁西乌姆进攻。而这三名年轻的罗马特使见交涉无效,竟完全不顾作为协调的第三方不可加入任何一方进行作战的外交准则。他们立即加入了克鲁西乌姆的作战部队,并与克鲁西乌姆人并肩抵抗高卢人。

自从攻取维爱城之后,这些罗马的年轻将领开始觉得,在这个世上,没有什么是罗马人办不到的事,一切事在人为,盟友、礼仪都不重要,实力决定一切。因此,他们根本不在乎得罪昔日的盟友,也不在乎破坏外交礼仪。

当他们说出,我们代表全体罗马人民与高卢交涉时,在他们眼里,对方要么接受他们的要求,否则就是与罗马为敌,或许他们也想到了罗马外事祭司法中的固定语言,确实,这些固定语言本身就等同于最后通牒,只要对方拒绝,战争立即就开始了,这是很自然的事。

但他们完全不清楚,这与他们的使命根本是两码事,他们现在的使命只是做中间人,而不是去下战书。既然要做中间人,就不可参与任何一方的战斗。

在一次战斗中,这三个罗马特使冲杀在前,竟用标枪刺伤了对方的将领,也就在这一刹那,那个高卢将领认出了他的对手,他发现刺伤他的竟是前来调解的罗马人。

高卢人感到,他们被罗马人耍了。

于是高卢人立即中止战斗,并直接向罗马提出抗议,他们要求罗马对此违规行为作出解释,并立即交出这三名违规的特使。

对于高卢的要求,罗马元老院自知理亏,但却不可能交出三位特使,即便元老院有此类想法,罗马人民也不可能答应。此时罗马人的整体心态其实与三位特使也差不了多少,已处于集体亢奋状态,他们才不管什么外交礼仪。

高卢人见罗马方面迟迟没有回应,他们一怒之下,竟放弃了进攻克鲁西乌姆,直接移兵罗马。过去,罗马但凡遇到此类情况,必与众多同盟部落共同抵御外敌。这也是罗马虽然屡次三番遭受入侵,却能始终保持寸土未失记录的根本原因。

但此次情况完全不同,大多盟友已先后分手。这些过去的盟友,现在即便不是敌人也早成了路人，甚至成了带路党。

此次抵抗高卢入侵，罗马除了招呼到少数几个弱小的盟友外，几乎成了光杆司令。而更糟糕的是，自从卡米卢斯自动流放后，罗马元老院能起用的将领大多极其平庸，这三名赴克鲁西乌姆的年轻将领已是其中的佼佼者了。或许，这也是元老院根本不敢将这三名年轻将领交付高卢人的原因之一。

面对高卢人的入侵，人民大会很快通过表决，任命这三名年轻将领负责抵抗高卢。然而，这三名年轻人，除了狂妄自负、孔武有力、目空一切之外，并不擅长领兵打仗。对于即将到来的高卢大军，他们甚至没有作任何必要的准备，好像高卢人过来只是与他们进行一场比武大赛。

而高卢方面，最初也并不知罗马的虚实。他们奔袭罗马，只是为了赌一口气。他们恨罗马欺人太甚，只是想报复一下罗马。但从内心来讲，他们还真有些担心，与罗马对打，是否能赢。毕竟近些年来罗马军团的战斗力已小有名气。

然而令高卢人吃惊的是，罗马军团在高卢骑兵的冲击下，竟瞬间全线溃败。而当他们一路杀到罗马城时，罗马居然城门大开。于是高卢人一路横扫，在很短的时间内，即将罗马洗劫一空，然后一把火烧掉了城内大部分的建筑。

据说在整个事件中，不愿撤离的大批罗马元老均被杀害，而十二铜表法也在此次大火中被毁。

此时，逃到卡匹托尔山上的元老们真是欲哭无泪，尽管卡匹托尔山易守难攻，但由于上山极为仓促，他们带上山的粮食以及其他的物品相当有限，整天风餐露宿，提心吊胆。他们很清楚，高卢人在封锁住整座山之后，根本无须进攻，只要耐心等待，用不了多久，罗马人不投降也得饿死。

到了如此生死存亡的关头，所有人又想到了卡米卢斯。元老院向人民大会提出，应立即取消原先放逐卡米卢斯的命令，并再次任命他为独裁官。此时,保民官也不敢再为一己之私,妄加阻拦此项任命。

卡米卢斯的新任命很快通过了,他再一次成了独裁官,但任命是一回事,而穿越封锁线,送达任命,以及卡米卢斯回归后重新组织力量,并能有效地打击高卢人则又是一回事,这一切都需要时间。

然而,对于元老们来说,任命卡米卢斯更多的是一种心理上的安慰。元老们也清楚,远水不救近火,很有可能,卡米卢斯还未组织起有效的打击力量,卡匹托尔山上的人已支撑不下去了。

好在山上只要还有粮食,安全还是有保证的,这也是元老院稍能自我安慰的地方。他们感到除了固守等待卡米卢斯救援之外,一切也只能听天由命了。

但这些元老们把高卢人还是想得太简单了。

高卢人杀死了留在城内未撤走的那些元老以及部分民众,并烧毁大半个罗马城之后,他们发现罗马的残余势力全部躲在卡匹托尔山上。

高卢人立即包围了此山,但他们又发现,此山极为险峻,防守容易而攻取极难。可高卢人在仔细的勘察过程中突然发现,卡匹托尔山一边的悬崖,看似无法攀援,其中间却隐藏着一条仅可供一人攀爬的小道。就在那天半夜,高卢人开始沿着那条小道,悄悄地向上攀爬,当第一人到达山顶时,竟发现没有一个罗马哨兵,四周一片死寂。如此状态,只要再保持几分钟,高卢人再上来一些,罗马的历史就要改写了。

此时,据说高卢人的行动惊动了几只原本供养在神庙里的鹅。在寂静的夜晚,鹅的鸣叫声和扑打声显得特别刺耳。一个叫马尔库斯的人,此人曾出任过执政官,他对异常的动静格外敏感,他被鹅的鸣叫声惊醒后,发现情况不对,于是下意识地拿起身边的盾牌冲了过去,直接砸向了那个刚刚爬上来的人。那个高卢人猝不及防,不仅自己翻身落了下去,还把尾随上来的其他几个人也带了下去。

这一砸,为罗马人赢得了时间,而高卢人则失去了一举歼灭罗马大本营的机会。罗马元老院再次逃过一劫。

但元老们就此成了惊弓之鸟，他们望着一天比一天少的粮食，不知如何安慰那些越来越恐惧、绝望的民众。

罗马人的历史真的很有意思，往往在最紧要关头，好运总会突然降临，犹如神助。就在这一关键时刻，高卢人忽然得到消息，他们在波河平原上的据点遭到其他部落的袭击，于是他们匆忙中提出向罗马索要一千磅黄金就同意撤兵。

据说，在秤那一千磅黄金时，罗马人感到高卢人带来的秤不准确，他们提出了抗议，但高卢人却将一把剑放在秤上，并以一种藐视一切的口吻说：强者决定一切。所有在场的元老都被这一句话刺痛了，他们也永远记住了这句话：强者决定一切。

或许，也是从这个时候开始，罗马的元老们开始下定决心要做决定一切的强者。

高卢急速撤离了，罗马幸运地躲过了灭顶之灾。罗马元老院回归了。罗马的民众也回归了。但罗马元老院在平民中好不容易建立起来的崇高威望却难以同时回归。

此次罗马城的沦陷，对元老院和元老们的刺激强度是前所未有的。

面对城内的一片废墟，元老们感到，现在的元老院比以往任何时候都需要总结。

自罗马共和国建立以来，元老院从内忧外患的困境中，一步一步地向前，走过的路，虽说艰难，但罗马城从未失守，罗马军队也曾打过无数次败仗，但还从未有过一次败仗像此次那样惨烈。

罗马究竟出了什么问题？元老院的检讨主要有两点：

一是用错人，即用错了将领。

此次与高卢作战，那三位年轻将领哪怕略通一些战术，也不至于输得如此狼狈。

此前，高卢人攻打克鲁西乌姆，克鲁西乌姆远比罗马要弱，但他们在与高卢人的战争中并未一触即溃,一溃千里。相反,实力远较克鲁西乌姆强大的罗马,却一战而败,一败涂地。此后,又仅凭侥幸,罗马才得以保全。

二是错误的同盟国策略。这也是此次战败最重要的一个因素。

当年,三位元老建议罗马强化与拉丁同盟的关系,元老院按照此方略,连连胜利。但胜利之后,元老院不再看重与拉丁同盟的关系。对于罗马而言,失去了同盟国,也就等于失去了保护层。共和国内部的一切,无论是好的还是不好的,一切都裸露在外,岂能不败。

可元老们清楚,元老院现在即便想回到最原始的条约上去,也已不再现实。罗马的现状是,得到了一个维爱,却失去了几乎所有的盟友。

虽说现在的罗马元老院比以往任何时候都更希望有盟友,但罗马现在又比任何时候都难以得到盟友,哪怕罗马元老院现在放低姿态,以最真诚的态度来与原先的拉丁同盟国交往。那些拉丁同盟国现在已把罗马看穿,甚至看扁。

过去,他们感受到了罗马的不可一世,现在他们同样感受到了罗马的凄惨与落寞。但所有这一切,在那些拉丁部落看来,这都是罗马咎由自取,自作孽不可活。他们不仅再也不愿与罗马有任何的交往,而且更高兴在罗马倒下的躯体上再踩上一脚,让罗马永世不得翻身。一些拉丁部落甚至不惜去与他们过去的共同敌人联手,如与伏尔西、埃魁等山地部落以及伊特鲁里亚结盟,反过来入侵罗马。

罗马的元老们开始感到,如果不能对这些过去的盟友,现在的敌人,作出及时而有效的反击,如果这种盟友变敌人的行为变成了一种时尚风潮,那么,罗马注定灭亡。

元老院只能咬紧牙关,选准一个目标,并彻底将其打服,从中杀出一条血路。

罗马已没有任何的退路。

好在卡米卢斯回归了,元老院不仅要求卡米卢斯继续担任独裁官,并且不受独裁官只能担任半年的时间限制,直到一切太平为止。

卡米卢斯又创造了一项纪录。

在卡米卢斯的指挥下,罗马军队打败那些拉丁同盟小国似乎并不难,但关键是战后怎么办。

罗马元老院新的结盟策略是,对那些反叛的同盟国,以武力惩戒为主,但又不能太过分,以防积怨太深。同时,强迫其重新签订新的条约。

在当时,罗马完全可以像对付维爱那样,将这些背叛的同盟国彻底打垮,占领对方的领土,将对方的公私财产一概占为己有,并将对方的国民全部出卖为奴。

但罗马元老院并没有这样做,而是在进攻的过程中,适可而止,哪怕是过去的死敌,只要服输了,便允许对方继续自治,并且不索要对方任何的罚金或像雅典那样要对方每年上交保护费。罗马只要求对方提供军事援助,甚至明确表示在战后还可共享战利品。

为什么元老院的元老们突然之间变得仁慈了?这是不是仅仅因为元老院在高卢人的入侵,以及对同盟国反叛行为反思之后,痛定思痛的决策?这固然是一种因素,但绝不是主因。

罗马攻打下维爱城之后,最直接的效应是,平民产生了分裂罗马的想法,尽管这种想法最后被勉强压制下去,但它的代价是卡米卢斯被流放,共和国也差一点因此而毁灭。

如果元老院继续让执政官攻城略地,那么胜利之后,元老院又该如何处置这些占领区,尤其是那些拉丁地区?元老院根本不可能将这些新占领区内的所有人全部出卖为奴,既然做不到全部出卖,那么剩余的只能让他们加入到平民队伍中去。这样的做法,无疑是迅速地扩大了平民阵营,也相对应地进一步缩小了贵族自身的实力。更何况,这些国破家亡的新平民,他们对罗马只有怨与仇,而不会存有任何好感。

这样的新平民一旦与同样心怀不满的老平民结合在一起,罗马共和国分裂的速度可能更快。如果元老院这样做,岂不是在自掘坟墓。

相反，罗马强迫那些战败者与自己签订条约，看上去是强迫，但在失败者眼里却是施恩，是高抬贵手。因此，一些受到重创的同盟国，经此一役，反而成了罗马的死党。

此外，罗马这种看似仁慈的做法，实际上却使这些同盟国军队成了罗马元老院的免费雇佣军，不管死伤，不管军费，一切自理。更重要的是，罗马元老院手中有了这样一支庞大的雇佣军力量，他就完全不必再担心平民的起义造反。

据记载，在罗马后期的战争中，罗马的公民军与同盟国的辅助军之间的比率始终保持在一比一之间。因此，罗马与同盟国签订这样一种看似不平等的条约，实则是罗马从一个蕞尔小国走向世界大国的最为重要的策略，也可以说是一石二鸟的成功策略，是被保民官和平民逼出来的战略决策工程。

元老院构建了这样一个系统工程，元老们自然安心了不少，甚至以为元老院从此可以高枕无忧了，再也不怕保民官煽动平民搞一些运动。

但事情远非如此简单。

保民官之死

公元前 387 年，当罗马人都在全力以赴重建罗马城时，保民官曼利乌斯突然对外宣称，一些元老以支付高卢赎金为由，大量侵吞国库中以及民众捐助的黄金。如将这笔黄金拿出来，那么所有平民的债务问题都可得到解决。此次，保民官不仅以债务问题作为引发平民与贵族冲突的导火索，而且还加上了一个重磅信息，元老们私下大规模贪污。

如此重大信息一经曼利乌斯公开披露，罗马的局势骤然紧张起来，平民极为愤慨。

长期以来，平民一直怀疑贵族通过各种方式将属于国家的财富挪为己有，但一直苦无证据，曼利乌斯的控告，无形中证实了他们的怀疑。大批平民迅速涌向元老院，火药味十足地要求元老们给出一个明确的说法。

卡米卢斯闻讯后，感到情况十分危急，必须果断处理。但卡米卢斯对此事又感到心中没底，他无法确定保民官的控告究竟是真还是假。

如果控告属实，他自然不可能对这样一些国家蛀虫加以包庇，他将毫不犹豫地将他们绳之以法。但如果纯属虚构，这倒让他极为头痛。

在过去，无论是执政官还是独裁官，对待保民官的过错，最多也就是严厉的申斥，实质性的处罚还真没有没发生过。

卡米卢斯清楚，如果对这些制造社会混乱的保民官绳之以法，他的麻烦恐怕不会少，在维爱战争之后，他已被保民官们暗算过一次，如果没有高卢人入侵，他恐怕现在还在流放中。但如若因为害怕而对保民官造谣滋事置之不理、视而不见，那么国家的麻烦将越来越大，他又将如何面对这个国家。

卡米卢斯最后决定，不管涉及到谁，他都将一概秉公处理，决不枉法。

卡米卢斯立即派人将曼利乌斯叫来，要他当面指认，究竟是哪些元老贪污了国家与人民的黄金。卡米卢斯称，只要证据确凿，无论涉及到谁，一概严惩，决不偏袒。但如果指控纯属虚构，他同样会依法处置，决不会让造谣者逍遥法外，继续肆无忌惮地蛊惑民众。

曼利乌斯当然不会按独裁官的套路进行对话，如果证据确凿，他早就不会以这种方式去鼓动平民了。因此，曼利乌斯回避了这一话题，他只是反复强调国家选举独裁官不是为了反对平民。同时，他一再叫嚣，独裁官已经宣布庇护贵族，反对平民。正因为他曼利乌斯得到了民众的拥护，所以独裁官企图加害于他。

曼利乌斯的虚张声势，让卡米卢斯心中反而有了底。

如果曼利乌斯有证据，拿出证据就是了，完全没必要这样大叫大嚷，这恰恰证明了他没有证据，这是典型的心虚表现。

卡米卢斯断定，曼利乌斯是在造谣。卡米卢斯立即命令曼利乌斯不要信口雌黄，要么证明自己的控告是真实的，要么承认自己是在诬陷。

此时,曼利乌斯自然不清楚卡米卢斯的心里已发生了微妙变化。他满脑子还以为,一个独裁官又能把他怎么样,保民官神圣不可侵犯,犯者死罪。这可是法律明文规定的。

更何况,像他这样信口开河、胡说八道的,他过去的同仁中不乏先例,可从来没事。如果真像卡米卢斯所要求的那样,句句话都能落实,那保民官还有什么事可做,什么话可讲。曼利乌斯继续抗议,他表示,他决不会按敌人的要求去做任何事。

但出乎曼利乌斯意料的是,此次独裁官打破了常规,立即命令公差将他戴上镣铐,直接拖进监狱。

独裁官的这一强硬做法,令在场的所有平民惊讶得说不出一句话,他们还从未见过这样的场面。在平民们看来,保民官不仅是他们权益的代表,更是平民的群体象征。独裁官迫害保民官就是迫害平民,他们无法接受独裁官的这一做法。

此后,大批平民穿着丧服,留着长发和胡须在监狱门外徘徊抗议。他们试图通过穿丧服、留长发和胡须来向元老院表达一个十分明确的信息,独裁官逮捕了保民官,破坏了游戏规则,这也等于侵犯了平民的一切权利,既然生活中的一切都已失去,他们也就变得无所谓了。

他们已做好了死的准备,如果元老院不释放曼利乌斯,他们将这样一直抗争下去,直到死为止。他们甚至公开威胁,他们会不计后果地劫狱。

或许元老院感到卡米卢斯的做法过于粗暴了,这极易引起民变。也或许是因为元老院刚刚经历了高卢人的洗劫,惊魂未定,心有余悸。因此,元老院下令释放曼利乌斯。

但元老们太天真了。曼利乌斯的出狱,不仅未让紧张的局势有丝毫的缓和,反而使形势变得更为复杂。

曼利乌斯一出狱,即将一些平民骨干召集到自己家里,他们连续开会,制定对策。曼利乌斯号召所有平民要以前所未有的激烈方式来对抗元老院。他提出,只有废除执政官和独裁官,平民才有出头之日。在曼利乌斯的煽动下,平民与元老院的对抗情绪越来越严重,整个社会近乎瘫痪。

而此时,元老们也在整日整夜的开会。甚至为了避开保民官与平民的干扰,元老们只能躲进私人住宅里讨论。

这场冲突演变到此,火药味已越来越浓,似乎除了暴力和杀戮之外,已别无他法可以破解。

这种情况是前所未有的。

在攻取下维爱城之前的罗马,尽管平民与贵族的冲突时有发生,有些冲突也极为严重,但仍然很难形成武力相向的局面。无论平民还是贵族毕竟都清楚,如此小的罗马共和国,你中有我,我中有你,并且外敌始终虎视眈眈。一旦内部上演武戏,那么罗马的结局将不是共生而是同死。

在共和国早期,平民几次三番地上山撤离罗马城,其实与儿童与家长赌气、离家出走并无大的差别。但自从攻取维爱城之后,平民不仅实力大增,底气十足,而且维爱大片空旷土地也为罗马的分离提供了足够的空间。这也是元老们真正感到担忧的。

元老院开始分头做除曼利乌斯之外的那些保民官工作,只要其余的保民官反对曼利乌斯,曼利乌斯就孤掌难鸣。

如从制度上讲,这被称作同僚否决制。这也是自保民官制度确立后,元老院对付保民官最常用的策略。这是一个极其无奈的办法,却相当有效。

因此,保民官制度确立后,保民官的人数不断增多,最多的时候竟多达十人。

元老们找到那些保民官,直截了当对他们讲,如果他们不改变思路,继续不顾客观事实,一意孤行,元老院将被迫采用最强硬的措施,元老院已做好了一切的准备。

一些保民官好像也意识到了这一点。对于那些保民官来说，罗马分裂、自己能独立，自然是件好事，但他们也清楚，若与元老院武力相向，平民决无胜算。

在前文中已谈过如单就人数而言，或许平民的人数比贵族还多一些，但平民大多数处于社会底层，他们连入伍参军的资格都没有。因此，从总量上讲，平民正在部队服役或曾经入过伍的人数远比贵族少，此外，在罗马的部队中，重装部队也主要由贵族所组成，平民根本无法与贵族相抗衡。

于是他们顺水推舟道：我们为什么要把国家反对一个有害市民的事情转换为元老与平民之间的斗争？

有了几个保民官的支持，一切都容易办了。

元老院马上召开公审大会。

到了这种地步，元老院自然不会心慈手软，他们对曼利乌斯的控告不仅涉及散布虚假信息，而且将其与僭夺王政联系起来。

如此一来，曼利乌斯无计可施了，他因危害国家罪而被判处死刑。

此外，为了让此案成为铁案，元老院不仅让那些保民官作为原告，而且还让保民官成为执法官，也即保民官必须亲自动手将曼利乌斯从塔尔佩伊悬崖扔下去。

保民官曼利乌斯死了，这不是一个个人问题，事实上它开了一个先例。恐怕当时的元老院怎么都不会想到，将王政与保民官的言行联系起来，这会成为200多年后元老院对付保民官的最重要手段。

罗马元老院胜利了。这是元老院在对付保民官的事件上前所未有的胜利。但面对这样的胜利，元老们一点都高兴不起来。

从表面上看，元老院彻底粉碎了曼利乌斯的阴谋，然而，在这次事件中暴露出来的问题并未得到真正的解决，或者说根本没有解决。

元老们非常清楚,此次事件与其说是部分保民官理性思考的结果,还不如说是元老院武力威胁的结果。如果元老院没有以武力相威胁,那些所谓理性的保民官怎肯如此善罢甘休,他们不会心甘情愿地指认曼利乌斯的罪行。

事实上,在平民大规模的闹事过程中,无论是保民官还是平民,他们都将自己完全放在社会的对立面,与元老院对立,与贵族对立,而无所谓是非真相,也无所谓情感纠葛,他们的一切行为均以群体身份来划线。

所有这一切都让元老们感到,他们之前的所有努力都是无用功。

原本元老们只是以为,只要解决了平民的土地问题与债务问题,并逐步解决其他的遗留问题,一切都会好起来,平民与贵族之间的裂痕会随着时间的推移而逐步消弭,因此,无论是在吞并维爱的过程中,还是在吞并维爱之后,元老院改变了过去完全倾向贵族的做法,而是想方设法出台一些有利于平民的政策。

在与维爱战争进行了一年之后,也即公元前 405 年,元老院考虑到平民长期在外打仗可能导致家里的农田荒芜或无法经商,从而使平民家庭入不敷出,最后只能依靠借债来维持生计,元老院决定为平民士兵提供工资,以便让他们养家糊口。

当时平民的反应,据史料记载,人们汇集到了元老院的会议厅前,当元老们走出会议厅时,平民们争相上前,紧紧握住元老们的手,称呼元老们是真正的父亲,国家如此慷慨,他们保证今后将为国家不惜流血和献身。

公元前 396 年,罗马吞并维爱之后,元老院又进一步颁布法令,给所有的平民赠送七犹格土地,并且是赠送给平民家庭中的每一个成员,而不是仅指家长。

元老院将赠送数量定为七犹格的依据是,这是罗马共和国建立之后,首次分配给每个罗马人民的标准土地份额。古罗马的政治家库里乌斯有句名言:"任何一个不满足于七犹格土地的人,都应该被视作危险公民。"

当时罗马的一犹格土地，相当于现在的四亩地，七犹格也即人均可获赠土地二十八亩，也就是说，哪怕是一个最小的三口之家，一次得到的土地也有将近百亩。在如此大规模地赠送土地之外，元老院还向每家每户赠送大量的战利品。这实际上也是对平民的大规模补偿措施，这样一来，每一个平民从国家那里获得的土地与贵族已经持平。

按理说，经过这样大规模的馈赠，每个家庭的债务，且不管是由什么样的原因所造成的，理应都能得到合理的解决。之后再产生任何新的问题，都是应该个人自己去面对的问题。

但现实告诉元老们的是，他们的想法过于天真了。

无论是给平民发军饷，还是分配足够多的土地，平民们的满意也仅仅在得到薪饷或者得到土地的那一刻。一段时间过后，一切又都恢复到了原来的样子，原有的那些问题一个都没有减少。曼利乌斯煽动平民造反的理由还是那一个，解决平民的债务问题。

这是一个永远成立的政治正确命题。除非元老院下令，借债属于非法。

在这种舆论影响下，所有的平民，不管通过这场战争自己得到了多少好处，只要存在问题，就都是国家造成的。

元老院印象最深的，也是最让元老们焦头烂额的是，在攻取维爱以后，卡米卢斯一时心情激动，竟把所有的战利品全部平分给了平民和人民。

可分配完毕之后，卡米卢斯才想起，战前他曾在阿波罗神庙作过承诺，如果阿波罗神能帮他战胜维爱，胜利之后，他定会将十分之一的战利品献给阿波罗神。

这是一件相当尴尬的事，但卡米卢斯已别无选择，他只能向所有人承认自己犯了错，他忘记了对阿波罗神立下的誓言，希望大家能予以谅解，返回十分之一的战利品。

但让卡米卢斯大失所望的是，平民们一口咬定，他们都是穷苦的人，过去十年的战争，他们忍受着巨大的艰辛与劳累，他们在得到这些战利品之后不久，为了让自己放松一下，他们已把战利品全部挥霍了，有些地方甚至因为无法返还这十分之一的战利品而出现了严重的骚乱。

卡米卢斯真是无话可说了，每个平民都得到了如此巨大的一笔财富，而在这么短的时间内，他们居然说全都花完了，这其中当然有不实，不过他也知道，平民当中确实有相当一部分人就是这样生活的，手中有多少钱，就用掉多少钱。

至此，卡米卢斯已被逼得走投无路。对阿波罗神的承诺是不可能不认账的，但已发放的战利品，显然也不可能再收得回来，哪怕仅仅是十分之一。

卡米卢斯只能请元老院想办法帮忙解决。可元老院同样无计可施，即便动用国库资金，也凑不够这十分之一的战利品金额。

好在罗马贵族妇女得知这一消息之后商量决定，全罗马的贵族妇女捐献出她们的金饰品以解决卡米卢斯和元老院的这一难题。

元老院大为感动，为了表彰妇女的此次义举，元老院颁布法律明确规定，妇女去世后，可以采用与男子完全同样的丧葬仪式，以及可以公开宣讲去世妇女的生平事迹。

在此之前，罗马妇女的地位是极低的，妇女去世后不可采用与男子同样的丧葬仪式，更不要说宣讲生平事迹了。

然而，罗马的贵族妇女可以帮元老院和卡米卢斯渡过了这次难关，却不可能帮助元老院跳出平民债务问题的怪圈。这是个死结。

通过这一系列事件，元老们感到，再多的钱投下去也填不满所有平民的债务窟窿,这如同任何一个人都没法解决赌债问题一样,这是一个永远无解的难题。

但问题在于,每一次的大风波,都是以债务问题开始,而真正要求解决的却是其他的问题。平民与贵族的关系就这样一次又一次恶性循环,没完没了。

面对如此残酷的现实,元老们感到,必须另辟蹊径,从根本上去真正解决这些难题。

可元老院根本想不到,多年前,那些平民领袖在修订法律过程中埋下的伏笔,竟戏剧性地成了元老院解决问题的重要环节。

跳出恶性循环

就在元老院挖空心思,思考着如何从根本上解决平民问题之际,一些看似无足轻重的事开始影响了罗马的历史进程。

公元前445年,保民官卡努列乌斯提出允许贵族与平民相互通婚的法案,该法案通过之后,一些贵族即开始与一些极富有的平民联姻,这样的婚姻,显然是典型的财富与权力的联合。

最初,那些有钱平民在与贵族联姻后,并不敢明目张胆地直接提出政治诉求,他们知道,这样做的后果会引起贵族的强烈反弹。

毕竟相当一部分贵族对这样的婚姻表示怀疑和反对,他们曾声称:这种联姻生下的后代,弄不清楚是什么血统,也弄不清楚他有什么样的崇拜;他只有一半属于贵族,另一半属于平民,以至于自相矛盾。同样也有不少贵族已开始怀疑平民如此热衷于与贵族联姻的政治动机。

但任何事物都有一个适应或者说习惯的过程,过了一段时间之后,一切也就见怪不怪了。

到了卡米卢斯的时代,这样的联姻已比刚通过允许通婚法案时频繁很多。

在这些联姻的家庭中，影响最大的要数平民大富翁李锡尼家族，这个家族竟与三家大贵族联姻。这三家分别是法比乌斯、科尔涅利乌斯以及曼利乌斯家族。

据记载：在这三家贵族中，法比乌斯将小女儿嫁给了盖尤斯·李锡尼，而他的大女儿则嫁给了贵族塞维乌斯。

有一次，妹妹去姐姐家里聊天。她们闲谈时，塞维乌斯从市政厅广场回到家中。他的侍卫官按常规用他的斧棒敲击大门，侍卫官的这种阵势吓了妹妹一大跳。妹妹家里有成群的奴仆，成堆的玉帛锦绣，她家有足够多的商人排场，却没有这种官场的气派。据说姐姐当场取笑妹妹眼界太小，没见过官家的大场面。

妹妹回去后闷闷不乐，感到自己嫁给了平民，虽说相当富有，却没有官府的气派。

法比乌斯知道之后立即劝小女儿，不必为此纠结，不久之后，他就会让她的家里也像她姐姐家一样有气派。

其实，法比乌斯在将小女儿嫁给李锡尼时，对李锡尼将来的政治前途，早已作了全面规划，只不过他的小女儿不知情罢了。

法比乌斯家族是罗马赫赫有名的大家族，就是当年那位家族领袖率领整个家族的三百零六人进攻维爱，全军覆没后仅剩一个子嗣的那个家族。

法比乌斯当然清楚，像李锡尼这样的平民家庭，愿意与他家联姻，主要还是想利用他的政治资本来达到他们的政治目的。

同样，他也清楚他的家族荣誉，他不可能因为李锡尼家是罗马排得上号的大富豪，为了攀富才将小女儿嫁给李锡尼。这将严重辱没他的家族荣誉。

　　从某种角度来讲,法比乌斯的想法与那些商业资本家的想法并无二致。商业资本家希望通过与贵族联姻来打破罗马的权力门槛。而法比乌斯则同样是想借助联姻来破解罗马贵族的难题。

　　在法比乌斯看来,罗马贵族与平民的矛盾冲突已进入了一个死胡同。

　　商业资本家口口声声讲,他们的所有努力都是为了保护底层平民的利益,而心里想的却是如何通过平民的债务问题来夺取罗马的最高权力。

　　久而久之,底层平民是商业资本家手中的棋子,而债务问题只是他们夺权的幌子。这一点似乎底层的平民也开始明白了,他们甚至对此公开反对。

　　据记载,有一次,保民官同时提出三项法案,前两项是关于债务问题和公有土地的分配问题,第三项则涉及到了平民出任执政官的问题。

　　保民官没想到这三项议案尚未提交,平民却提出了明确的反对意见,众平民的意见是,前两项提案确有必要,但第三项提案与底层平民一点关系都没有,应该取消。但第三项恰恰是保民官三项提案的核心,如果第三项去掉,对保民官而言,发起此次运动就毫无意义了。因此该保民官立即声明:这三项提案是一体的,要提一起提,要取消一起取消。底层平民是无助的,他们嚷嚷一阵后,面对保民官退出一切的威胁只能妥协。

　　但元老们对此则不会妥协。

　　商业资本家的要求早已超出了元老们的最后心理底线,他们索要的是享有执政官权力,即在选举过程中,必须确保平民能够当选执政官。也即在两名执政官中,一人必须是平民。元老们认为,这样的权力索求纯属无理取闹。

　　执政官一职,在四十多年前已向平民开放,早已不存在禁止平民当执政官的法令。平民领袖完全可以通过正常的方式去争取,就像贵族竞选执政官一样。但那些平民领袖的胃口已越来越大,要有一个专门给平民保留的执政官职位,显然,平民要的是一种特权。

这就是平民与贵族斗争的死胡同。

元老们以一种正常的思维来考虑这一问题,而商业资本家则以他们自己的逻辑来推理这一问题。

两者风马牛不相及,但显然,商业资本家早已尝到群众运动的甜头。如元老院不确保那些商业资本家能坐上执政官的宝座,那就将罗马搞得天翻地覆,将五花八门的运动无限止地进行下去。

但理性告诉法比乌斯,罗马经不起这样的折腾。

如听任这样的保民官反复折腾,久而久之,必将对平民产生一种强大的心理暗示:只要是平民,不管是富人还是穷人,都不是真正的罗马人,都受到了罗马人的奴役。平民身份就是非正宗罗马人的记号。要保障平民的权益,只有靠平民自己,团结才有力量,抗争才有出路。

这种心理暗示一旦确立,无论元老院采取什么样的措施去解决底层平民的实际困难,最终都会变得毫无意义。而另一方面,每一次冲突,都会强化底层平民对元老院的负面印象,平民与元老院之间的鸿沟也将越来越大,以致无法逾越。

与此同时,在整个社会体系中,平民也将逐步演变成一个完全自我封闭的群体,他们会认为,只有保民官才会为他们的利益着想,他们也将只听从保民官的命令,而无视社会的任何基本行为准则。

而尤其让法比乌斯惧怕的是,元老院如若处理不当,则随时都有可能擦枪走火,引起局势的整体性恶变。而这样恶变的程度,又取决于平民与贵族之间的力量对比,一旦平民的绝对实力超过贵族,那么贵族的末日也就到了。

如果当初元老们不谋求发展,仅仅满足于小小的罗马城邦,他们无需担心平民公开谋反,毕竟三大部落的军事实力远超平民。但现在已完全不同了,维爱战争之后,随着平民大规模的从军,贵族与平民的军事力量对比已发生根本性的逆转。

而且,另一个无法回避的残酷事实是,罗马扩张的速度越快,平民人数的增幅也必然越大,而与此相对应的贵族人数却绝无突变的可能。因此,平民与贵族之间的力量失衡也必然日趋严重。这一切都是元老院和贵族的死穴。

法比乌斯认为,元老院现在已不存在破解此难题的完美方法。与其在平民的巨大压力下,被迫将权力拱手相让,还不如选择一个稳妥的办法来解决这一难题,将权力交给那些相对可靠一些的人。而与平民上层联姻就是一条出路。

尽管联姻并不可能将婚姻的另一方完全变为自己人,但与那些和贵族毫无瓜葛的人相比,权力交给他们肯定要安全得多。

联姻确实不能解决实质性的问题,但至少能保证对方不会走极端,尤其是在第二代、第三代之后,他们或许会变得更包容。法比乌斯与李锡尼家族的联姻就是建立在这样的思想基础之上的。

所有这一切,他当然不可能告诉他的小女儿,最多也只能给他的小女儿一点暗示,她家将来也会像她姐姐家一样气派。

公元前 376 年,盖尤斯·李锡尼当选为保民官,他上台后即提交了一项震动政坛的法案。该法案的主要内容包括取消债务人理应支付的利息,如果债务人已经支付了一定的利息,则一律按本金计算。剩余的未偿还部分可分三年还清。此外还规定在两名执政官中有一位必须由平民担任等等。

这样一份令人感到强烈震撼的法案,在提交之前,李锡尼不可能不向他的岳父透风,或者说是商量。

不如此做,他以后也就休想再从他岳父那里得到任何支持,他的联姻也就失去了价值。但他告诉了法比乌斯也就等于告诉了元老院。

法比乌斯清楚,他的任何计划,如跳过了元老院,一切都只是空想。

其实,在法比乌斯将小女儿嫁给李锡尼之前,他已将他的担忧以及他的想法与元老院的一些最重要元老作了充分的沟通,并与他们达成了共识。

因此,与其说是李锡尼提出了该项法案,还不如说该项法案是在元老院和法比乌斯的授意下,通过李锡尼来发布的。

元老们清楚,李锡尼法案中所提及的内容,看似震撼人心,其实,这一切都是老话题,只不过之前没有形成文字罢了。

这些内容即便李锡尼不写,其他的保民官迟早也会写,与其让一个毫不相干的人成为斗士,还不如让一个可控的人成为平民的英雄。

公元前367年,元老院通过了李锡尼法案。

而仅仅过了三年,也即公元前364年,李锡尼成功当选为执政官。

但一切都在法比乌斯和元老院的掌控之下,法比乌斯向他的小女儿拍胸保证,无意中透露了这一秘密。

据记载,李锡尼上台后,元老院公开表示祝贺,并且因此而向不朽的神明谢恩——举行特大型的赛会,所谓特大型是指在此之前,赛会最长的时间是三天,而这次赛会则为四天。

从此事的安排中也同样可看出,元老们对李锡尼的上台,是发自内心地感到满意。

元老院找到了一条新路。

次年,李锡尼又连选连任。

公元前347年,元老院不再被动地等保民官提出有关债务提案,而是主动出击,将借贷的最高月息调整为百分之零点五。到了公元前344年,元老院进一步宣布债务延期偿付令。公元前326年,再次规定:债务人应以物品而不是以人身作为其借款的抵押品。如此,保民官彻底失去了以债务问题引发事端的借口。

在大张旗鼓地解决债务问题的同时,元老院也在悄无声息地进行其他各类改革,以期从根本上解决平民问题。

根据历史的记载情况看,元老院解决平民问题的策略大致有两个方面,也正是这两方面的策略,奠定了罗马共和国从蕞尔小国走向世界大国的基础。

第一方面,扭转平民与贵族的力量对比。

在罗马平民运动中,平民的一个重要口号是,平民穷而贵族富,这种贫与富是由于制度所造成的。对于这样的指责,元老院无以应对,尽管他们感到保民官是在有意夸大情况,因为那些商业资本家要远比贵族富有,但他们也无法否认,从总体上讲,平民的生活确实比贵族艰苦。一些无良贵族也确实利用各种政策漏洞对底层平民进行巧取豪夺。维爱战争后,元老院曾希望通过政策调整来改善平民的生活,提高平民的归属感和向心力。

但这些做法不仅未使罗马变得更为和谐与稳定,相反,这一系列的措施换来的是更激烈的社会动荡。

保民官曼利乌斯造谣事件,几乎将罗马共和国拖进内战的泥潭。而造成这一结果的根本原因恰恰在于,平民的生活条件得到极大改善后,从军人数大幅增加,在极短的时间内,平民与贵族的军事力量对比发生了根本性的变化,原先保民官想都不敢想象的事,现在都得到了实现,冲突的升级也就成了一件自然而然的事。曼利乌斯事件之所以最后得到扭转,关键在于平民虽然有了造反的条件,但这些条件都还在萌芽当中,尚不成熟。

元老院分析认为,对于这样一种现状,如果无法从力量对比上迅速加以扭转，那么罗马共和国的分裂将是迟早的事。但问题是，如何才能从根本上扭转贵族与平民力量对比的不利局面？

如前所述，贵族的人数仅限于三大部落，平民数量却一直在快速增长，他们除了自然增长之外，随着罗马的繁荣，外来移民也不断增多；其次，在领土的扩张中，每当罗马夺取一块领土，原住民除了部分被出卖为奴隶之外，其余都补充了平民队伍。

元老院研究后决定，从三方面着手平衡贵族与平民的关系，一是限制平民的超常规增长方式，他们在老平民与新平民之间划一条巨大的鸿沟，给予贵族与老平民一个统一的法律称谓：公民。而新平民不再享有老平民的政治待遇，只是作为无任何政治权利的自由民。二是以超常规方式迅速扩充贵族的队伍。

元老院的具体措施有两个，一方面根据拉丁同盟中不同对象的表现，逐步向他们开放完整的公民权，毕竟那些拉丁部落属于同宗，也有相似的宗教文化。另一方面则采用现在看来是极其新奇的方式，即释放那些奴隶主认为可靠的奴隶来迅速增加贵族的队伍。

元老院下令，凡被释放的奴隶，立即成为与奴隶主一样具有全部政治权利的公民。或许，这是受当年普布里乌斯做法的影响，释放那些对国家有贡献的奴隶，并让他们加入三大部落。

元老院的基本思路是，奴隶中有相当一部分人，他们在成为奴隶之前也属上等阶层，他们有文化，也有教养。

在成为奴隶之后，如果他们能够适应贵族的文化并能与原先的主人有良好的关系，那么就释放他们，并让他们成为三大部落的正式成员，享有部落成员的一切权益。

这样的安排不仅可以对其他奴隶产生示范效应，使奴隶们对未来产生希望，从而努力工作，而且也可以迅速扩大贵族的队伍。

据史料记载，这种释放奴隶的速度相当快，到了共和国中后期，每年释放的奴隶达到一千人以上,数量高的时候甚至达到三千多人。

有的奴隶主居然将这种行为变成了生意,他们要求奴隶通过自身努力进行自赎,自赎的价格一般在购买价格的三到四倍之间,一个奴隶,往往只要几年的努力,即可达到这一目标,而奴隶主则用这样的自赎费再去买更多的奴隶。

元老院发现了政策漏洞,于是又下令,任何奴隶主每年释放奴隶的总数不得超过百分之十,更为可笑的是,一些自由民也发现了这一漏洞,于是主动将自己卖给奴隶主,过几年之后,再由奴隶主释放,从而由自由民一跃成为公民。当然这都是题外话,但在当时,这确实是一项极其成功的策略。

三是从文化上对平民加以同化。富裕平民反复制造麻烦,目标只有一个,即想方设法参与国家的管理,并在参与的过程中,牟取更大的经济利益。

如果能达到这一目的,他们并不在乎自身文化是否有所改变,他们是实用主义,这也是他们极力希望与贵族通婚的根本原因。

但处于社会底层的平民不同,参与政治这类事,他们既无这方面的能力,也无这方面的梦想。他们唯一想的就是日子如何才能过得更舒服些,因此,他们从来不去想改变自己的生活方式。哪怕这种生活方式与主流生活方式存在着明显的差异。

元老院担心的恰恰就是这一点,文化上的差异必然导致思维方式的差异。

当初制定十二表法,就是为了弥补这种缺陷。但法律问题可以通过标准格式加以统一规范,而文化差异,或者确切地说是宗教信仰的差异,很难进行这样的统一。

而包容政策则可解决所有的难题,即元老院承认所有的神都是真神,不同的神、仪式、典礼以及传统都应彼此包容,和平相处。

　　但承认新神的前提是,确保罗马原有宗教的核心地位,譬如认可朱庇特为至高无上的大神,对圣火以及维斯塔贞女的认同等等。

　　在元老院看来,如单单只讲包容,不讲统一,那等于什么都不讲,依然是散沙一片,真正的包容是将所有的一切包到一个总的容器中去。

　　罗马宗教就是这样一个包容一切的容器,这一容器的外在形式就是古罗马独有的万神殿。这是维护不同群体之间团结的重要保证。由于有了这种包容性的宗教政策,事实上也就为平民出任祭司铺平了道路。

　　但元老院的高明在于,明明希望对方融入进来,却依然摆出一副拒人千里的样子,当平民强烈要求平分祭司职位时,元老院还表示出一种无可奈何的样子,勉强出让几个职位。

　　这也是所谓,能示之以不能,用示之以不用。

　　罗马元老院就是以这种“不情愿”的方式,将祭司职务分配给了平民。公元前300年,保民官古尔尼乌斯兄弟提出法案,建议增加大祭司和占卜官的人数,各由四人增至九人,并规定所增人选都从平民中选举产生。

　　由此,平民正式融入罗马主流社会。此后,这种方式也成了罗马特有的宗教信仰方式。无论哪个民族的神,罗马一概包容,一概列入万神殿。有了民族文化融合的基础,社会再往前跨一步,也就是水到渠成的事了。

第二部分

罗马帝国主义

第1章/背信弃义

平民党得到了权力,罗马内乱暂告结束。

元老院的目光转向外面世界,但战争不仅需要理由,也要讲基本道义,这是元老院的传统。

平民党没有传统,只有获利的渴望。获利才是硬道理。

平民党的战争法则就是获利法则。

元老院察觉到这种战争可能带来极大的麻烦。

但元老院又十分无奈,它已被好战的平民党绑架,成了没有刹车的战车。

出卖盟友

罗马的商业资本家得到执政官一职后,他们不再与贵族发生集体性的冲突,但商业资本家的行为方式和思维方式,并不会因政治权利的增加而发生根本性的改变。

尤其是那些登上罗马政治舞台的商业资本家,他们无论是处理国内问题还是国际问题,往往比贵族元老的思想更激进,更喜欢铤而走险,或许这也与他们的商人基因有关,只要有利润,就可以不讲传统、不讲道义。

这种放手一搏、不计后果的行为风格,不仅明显影响了元老院的决策,甚至在某种程度上主导了元老院的决策。

公元前343年,坎帕尼亚使者来到罗马元老院,请求结盟与支援。原因是,罗马的盟友萨莫奈人正在向其大本营卡普亚城进攻。

萨莫奈位于罗马城东南方向。萨莫奈人所占的领土面积远远大于罗马的直接控制区,如果将整个拉丁同盟所占领土加在一起,方能与萨莫奈人所占领地大致接近。而坎帕尼亚则位于萨莫奈的西南角方向,正好堵住了萨莫奈人的出海口。

从萨莫奈人的角度看,如萨莫奈想走向海洋世界,则必须搬掉这块堵在家门口的挡门石头,这也是萨莫奈攻打坎帕尼亚的内在原因之一。

然而有意思的是,坎帕尼亚求救的对象,竟是敌国的盟友,这本是一个极其荒谬的请求。

在国际关系中,一个国家一旦与某国结成军事同盟,这就意味着盟国的朋友不一定是自己的朋友,但盟国的敌人则一定是自己的敌人。

这是古今通则。

罗马与萨莫奈在公元前 354 年正式结盟,两国结盟的首要目的是对付北方的共同敌人高卢人,其次的目的则是各取其利。罗马希望萨莫奈人帮助其对付拉丁同盟中的反叛者,而萨莫奈人则希望罗马帮助其对付坎帕尼亚,或者保持中立。

现在坎帕尼亚的使者居然上门,大言不惭地要求与罗马结盟,共同对付萨莫奈人,这实在是一个闹剧。

罗马元老院自然一口拒绝。

但坎帕尼亚特使早就想到罗马会这样拒绝。之前的一番话只不过是正餐前的开胃小吃,不能当真。

坎帕尼亚特使接着就说:"既然你们不愿用正义的力量反对非正义的力量而保护我们的财产,那你们定然会保护你们自己的财产,因此,我们把坎帕尼亚人民和卡普亚城市、土地、神明的庙宇、神明的和人间的一切,全权交给你们和罗马人民,从此不管我们承受什么,便将是你们的从属者承受的。"

坎帕尼亚特使的声明让元老们极为纠结。

罗马能不费吹灰之力得到坎帕尼亚自然是件好事,但以这样一种方式得到坎帕尼亚,却是国际关系中的大忌。这不仅违反了盟约,而且会让所有的同盟国感到与罗马签订的条约是靠不住的。

但此时罗马元老院的元老们考虑更多的是,在帮助坎帕尼亚这件事情上究竟是利多还是弊多。

如不帮坎帕尼亚,恪守祖先法则,自然不可能带来任何负面影响,这也是罗马的一贯做法。

罗马自建城以来就一直对外标榜罗马人的处世之道是公正与公平,而罗马对外政策的传统与特点同样是公正与公平。

罗马第二任王努马曾为罗马人的外事立下规矩,即带有强烈宗教色彩的"外事祭司法"。"外事祭司法"的最大特点就是强调公正与公平。

罗马人与其他国家签约后,外事祭司团必然要作这样的宣誓:

"如果罗马人破坏了这样的条约,尊敬的朱庇特啊,就像毁灭我们先前的敌人那样更加残酷地毁灭罗马人吧!"

自从三位元老从希腊学习归来后,罗马改变了保守的对外政策,从被动防守到主动出击。但这与罗马处理对外事务的基本精神并不相悖,也即人不犯我,我不犯人,人若犯我,我必犯人。正义与公正仍然是对外行为的前提。

但现在元老们考虑更多的是,如果固守外事祭司法,罗马就只能永远困守拉丁姆一带。罗马要进一步强大,打开局面,冲出拉丁姆是必然的不二选择。如帮坎帕尼亚,罗马不仅可凭空得到一块面积谈不上特别大,却相当富庶的土地。

在当时,罗马的实际控制区域仅罗马城与维爱城两地,以及其他一些面积不大的殖民地,总面积不足五千平方公里。

此外,如接受坎帕尼亚,罗马还能以萨莫奈反抗为契机,就此打响与萨莫奈争夺意大利南部地区的战争。

可帮助坎帕尼亚的代价则是违反盟约,这种做法后患无穷。且不说公正与公平之类冠冕堂皇的理论,罗马的强大,更多的是依靠与其南面众多的拉丁部落国家结成同盟,共同对敌。

失信于一个盟国,也即等于失信于所有盟国。

根据历史记载,元老院最终经不住坎帕尼亚的诱惑,选择了违约与战争。

后人对此结果感到大惑不解,元老院的行事风格是不是变化得太快了,究竟是什么促成了这种破坏传统的激进风格?

美国学者腾尼·弗兰克在《罗马帝国主义》一书中将登上政治舞台的富裕平民称为平民党,而贵族领导则称为贵族党。他认为,相较而言,平民党比贵族党更具有帝国主义的野心,每当元老院举棋不定时,平民大众则表现出更具帝国主义的危险倾向。

具体的原因是元老们从小就已知道自己的职责所在,了解和熟悉国家所有的条约,这也是他们父辈对他们最基本的要求。而平民,他们既不了解涉及外事的法律,也不需要去承担这方面的责任与义务。正因如此,一旦涉及这方面的事务,平民要比贵族更无所顾忌,敢于有所作为。

罗马早期的元老和执政官与商业资本家最大的区别是,早期元老与执政官比较洁身自好,他们从政,没有报酬,更多的是考虑国家的利益。

相反,罗马的商业资本家反复钻营,千方百计进入政界,其根本目的就是为了经济利益,这一时期,商业资本家已进入政坛,初试锋芒。

如果从这方面去思考,元老院在萨莫奈问题上的转向以及此后的激进做法也就不难理解了。

元老院的决定一旦作出,公开表态自然是容易的,他们立即派遣使者前往萨莫奈,声明坎帕尼亚已臣属于罗马,要求萨莫奈立即停火。萨莫奈自然无法接受罗马这种明显背叛盟约的行为,他们断然拒绝了罗马的无理要求,并加大了进攻力度。

对于萨莫奈的反应,罗马元老院不难预料。但这也是元老院求之不得的。他们可以名正言顺地抢夺萨莫奈的领土了。

于是,罗马与萨莫奈之间的同盟正式破裂,直接进入战争状态。

对待萨莫奈,罗马元老院可以佯装宣称,战争责任在萨莫奈,罗马只是捍卫属国的安全。但这些骗人的胡话对罗马的其他同盟国则完全无效。在那些同盟国看来,罗马这种不讲信誉、背后捅刀子的行为是极为卑劣的。

对于任何一个与其结盟的国家来说,结盟最重要的前提是守信,言而无信的盟约哪怕写得再漂亮,也是分文不值的。今天罗马能以此方式对付萨莫奈,明天难道就不会以同样方式对付其他同盟国?

此后仅过了两年,也即公元前340年,拉丁同盟国纷纷与罗马翻脸,并联合攻打罗马。

元老院为了避免两线作战,立即派使者向萨莫奈表示愿意和解,重新恢复同盟国关系。

处于同样上升期的萨莫奈,武力较强,但政治、文化的进步却远不及罗马,他们的领导人朴实有余而权谋不足,武将多而政治家少。他们既搞不清罗马为什么突然翻脸,突然把刀捅向自己的朋友,它的真正意图究竟是什么,他们同样也搞不清楚罗马为什么并未战败,即提出求和的要求。或许萨莫奈人还以为这是罗马元老院改过自新的表现。能和平自然是好事,于是朴实的萨莫奈人爽快地同意了罗马人的求和。

罗马趁着缓和之机,立即通过高压手段再次将这些同盟国一一降服,并与这些同盟国重新签订了条约,当罗马元老院处理完与拉丁同盟国的关系,解决了后顾之忧后,便又故伎重演。

公元前334年,罗马元老院与萨莫奈的敌人他林顿结盟,公元前328年,罗马元老院又下令在利瑞斯河的弗雷洁莱建立殖民地,用以切断萨莫奈前往坎帕尼亚的通道。

这些明显的敌对行动,无疑是在逼萨莫奈首先翻脸,以避免自己在道义上再次失分。

公元前327年,罗马和萨莫奈终于为争夺那不勒斯而公开摊牌。

罗马与萨莫奈的第二次战争开始了。

战争初期,罗马人是蓄谋已久,有备而战,自然连连得胜。而萨莫奈人自从与罗马元老院重新订立盟约后,以为罗马已改变态度,因此对罗马毫无戒备之心,既不扩军,也不备战,一切顺其自然。

当萨莫奈人突然发现,罗马人结束了与拉丁人的战争之后,开始步步为营,对萨莫奈人张开了一张大网,这显然是在将萨莫奈人往死里逼。

萨莫奈人既感到愤怒,又感到无奈。于是仓促备战,可一切都已太晚。

战争一打响,萨莫奈人连连失利,这也是可想而知的事。

只不过谁也想不到,萨莫奈领导人的承受能力是如此差强人意。屡战屡败让他们的精神近乎崩溃,他们完全失去了方向,求和竟成了他们的主要目标。他们也不管罗马元老院究竟在想些什么,他们主动撤军,停战。

最荒唐的是,明明是被迫应战,他们却落得像是引发战争的罪魁祸首一般,为了推卸责任,他们决定交出他们最骁勇的将军——当时主战派的领袖布鲁图卢,以争取罗马人的宽大处理。布鲁图卢得知这一消息后,不愿死于罗马的行刑官之手,在被押送前就自杀了。萨莫奈领导人为了表示真诚,竟将布鲁图卢的尸体交给了罗马人。

但这种近乎下跪哀求的行为,仍然无法得到元老院停战的允诺。

罗马人这一做法所表达的信息是明确的,萨莫奈人要么战死,要么成为俘虏,听任罗马人出卖为奴,没有中间选项。

到了此时,萨莫奈人如梦初醒。从第一次与罗马人的战争开始,罗马人就已下决心要除灭萨莫奈人,只是当时条件不成熟而已。

萨莫奈人如要求生,除非绝地反击,此外别无选择。

萨莫奈人立即重新组织力量。新上任的将军加维乌斯是位军事天才,他与罗马人战斗的策略是围点打援。他招来了大量平民百姓,在少数军人的指挥下,虚张声势地包围了坎帕尼亚人的重镇卢凯里亚,并故意让少数坎帕尼亚人冲出包围圈去向罗马人报告。

罗马部队驻地前往卢凯里亚的必经之路有块湿地,该湿地四周除了两个狭小的出入口之外,其余都是悬崖峭壁,此地被当地人称之为考地乌姆峡谷。

加维乌斯的大部队就在进出峡谷的两处设伏,当罗马大军全部进入峡谷后,加维乌斯立即将两端出入口封死。等罗马的指挥官清醒过来,已是上天无路,入地无门了。

进入峡谷的罗马大军据说多达五万,包括了罗马的全部精锐部队。面对这样的局势,任何反抗都变得毫无意义,罗马人立即选择了投降。

加维乌斯是个杰出的军人,但他在政治方面,与他的前任并无多大的区别。面对如此众多的降军,加维乌斯竟没有了方向。

据史料记载,加维乌斯写信给其父亲,请其代为谋划。其父亲回复说,将这些部队全数释放,以此来对罗马表达最大的善意。加维乌斯感到无法接受,于是请其再提新的建议。但令加维乌斯感到吃惊的是,新的建议是将罗马降军全部处死。加维乌斯完全看不懂了,只能请其父亲亲自前来说明。

他父亲的解释是：第一个方案是善的方案，它能给萨莫奈带来永久的和平。如果做不到，则只能选择第二个方案，将敌人彻底消灭。当罗马人的有生力量被全部消灭后，萨莫奈人至少可享有几代人的和平与安宁。

儿子问父亲有没有第三个方案？父亲的回答是没有中间方案。

这种所谓的中间方案，既不能让罗马人成为朋友，又不能消灭敌人。你们保全了他们，但同时又羞辱激怒了他们。罗马人是这样一个民族，他们在遭到失败后，除非经过无数次的报复，他们才会平息下来。

但加维乌斯毕竟只是一个具有相当谋略的军事将领，他无法像一个政治家那样去全面思考问题。

凭空放走罗马人，他于心不甘，而将罗马人全部杀了，他又于心不忍。于是他还是选择了一种最不该选的方案，他与被围将领签订了一个和平协议。

该协议内容包括：拆除罗马违约在弗雷洁莱和卡勒斯建立的堡垒，罗马与萨莫奈重新签订和约，以及留下六百名骑兵作为人质，以保证罗马人守约。但在释放被围大军时，加维乌斯却让罗马人接受了一个受辱的仪式，即所有军士脱去军服，半裸上身，从轭门下通过。

所谓轭门，就是两支长标枪直竖在地里，上面再架一支长标枪，形成一个长方形的门洞。通过这样的门洞是一种接受失败的象征。这或许也是要给长期受罗马人窝囊气的士兵们一个交待。据说，在罗马军人通过轭门时，站在两旁的萨莫奈人不断地讥笑辱骂，甚至还有人向他们身上扔石块。

这些罗马人真的很不幸，而罗马元老院却太幸运了。

如果加维乌斯采用了他父亲的第一种意见，罗马人至少在相当一段时间里，无法再与萨莫奈人开战，这中间又会产生很大的变数。如果开战，至少在道义上是讲不过去的，而且会失去很多潜在的朋友。如果加维乌斯采用了他父亲的第二种方案。那么不要说罗马帝国，罗马共和国恐怕也会到此终止。

一旦罗马的五万有生力量被全歼,它周边的拉丁同盟恐怕不会再给罗马养精蓄锐的机会,他们会像群虎看到一只弱羊一样,趁机将其撕得粉碎。

德国罗马史学家蒙森也曾进一步想象,如将五万将士全部变为俘虏,再与罗马的对手、拉丁同盟以及伏尔西人共商,共同处置罗马,罗马共和国恐怕也将从此灭亡。

但加维乌斯偏偏选了一条对罗马最为有利的方案。

罗马是幸运的,但罗马元老院决不会将罗马的现实与未来寄托在幸运之上。这不是元老院的行事风格。

考地乌姆峡谷被围惨败之后,元老院当务之急是如何处理执政官与萨莫奈人签署的协议。是批准还是不批准? 如不批准,除六百名人质将被处死之外,还将承担过河拆桥的道义上的责任。但批准,罗马则不仅要从两个新建的殖民地撤军,而且还在相当的时间段内不得与萨莫奈争夺地盘。如此一来,罗马前期的一切努力全部归零。

而借此机会,平民党则可大做文章,要求贵族党出让更多的权力。两种方案,元老院无论选择哪一种,负面作用都是显而易见的。

但元老院却想出了一个任何人都难以想象的办法。

据史记载,元老院下令将两名将领直接押送萨莫奈,同时,元老院派人告诉萨莫奈人,由于这两名将领在没有罗马人民命令的前提下,便以立约方式签订协议,从而造成了对国家的损害。

为了使罗马人解脱被辱的羞耻,元老院把这两人交给萨莫奈人,听凭萨莫奈人处置。同时,元老院又声称,罗马与萨莫奈的战争是合法的。

加维乌斯没想到标榜公正的罗马人竟然会玩这样一种无赖的把戏,在光天化日之下将所有的责任全部推给了两位执政官。与这样的国家打交道,还有什么道理可讲。

加维乌斯实在后悔当初没有听取父亲的建议,但人已经放走了,现在说什么都已经晚了。或许是为了反衬罗马元老院的无赖行为,加维乌斯命令他的侍从官,立即除掉两位将领的镣铐,并告诉他们,他不会扣留他们,也不会像罗马人那样无耻,他们可以自由离开。

罗马元老院就这样轻易地将协议撕毁了,既不承担任何毁约的道义责任,也使得平民党难以抓住把柄。

当然,对于罗马元老院而言,这样处理,只是解决了与萨莫奈之间的当下问题。至于将来如何进一步对付萨莫奈人,如果政策没有任何变化,依然按部就班,这将很难让民众满意。

战争一旦打响,期待最多的就是平民,因为此次战争的性质,在平民看来,与维爱战争并没有什么不同。毕竟维爱战争对他们的影响太深了。维爱战争一结束,无论是土地,还是战利品,他们的收获都是空前的。

因此,平民支持战争,鼓吹战争。也正因如此,战争一开始,元老院便没了退路,只能取胜而不能战败,并且这样的胜利,决不能只是表面上的胜利,也即仅仅签订一张胜利者的协议。这恐怕也是为什么萨莫奈人以如此可怜的姿态向罗马请求和平时,元老院一口拒绝的原因。

对于胜利的渴望,对于战争的红利,平民的胃口已变得越来越贪婪。可突然之间什么好处都没了,等来的却是空前受辱的回归大军。这种反差带来的后果是极其严重的。

从表面看,民众自然会接受无奈的失败,并继续叫嚣战斗到底,但民众决不会再次接受同样的失败,一旦真的如此,两次失败的怒火必将在平民心中叠加爆发,必然会追究元老院的责任,平民党人也会借此机会,迫使元老院出让更多的官职给平民。

所有这一切都是元老院无法承受的。

因此,从历史记载中可以看到,无论社会舆论如何,元老院都不再为其所动,不再仓促作战,而是以求稳为主,并客观地总结此次战争的教训。

此次战争明显暴露了三方面的问题。前两个问题是,路线问题和兵力问题。当罗马军团被围考地乌姆峡谷时,如果罗马能派兵快速增援,那么此次悲剧就可能避免。

但现实的情况是,罗马没有多余的兵力可以增援,更何况,即使有足够的后备兵源,从罗马发兵到考地乌姆峡谷,由于人地生疏,道路不畅,待援兵赶到,被围人员早就完了。

第三个问题则是战术问题,罗马军队的一切军事行动,均以军团为单位,一切行动也均由军团指挥官调度安排,凡私自行动,无论结果如何,都将遭受极其严厉的军纪处罚。

据记载,在萨莫奈战争期间,一名执政官的儿子,因违反了执政官规定的"不得与萨莫奈人私自开战"的指令,带兵消灭了一股军纪不严的流窜部队,结果不仅没得到奖励,反而被斩首。这样的军规,确保了军团行动的整齐划一,但也明显缺乏机动性,一旦军团被冲散,整个军团也基本垮了。

元老院一方面下令进行三项军事改革,一是引进新战术,允许军团的中队指挥官必要时可以相机行事,增加部队的机动性;二是改进武器,增强军队的攻击能力;三是增强兵力,把原先每个执政官率领两个军团扩大至四个军团。同时从盟国中征召同样数量的部队。

另一方面,为了部队能快速增援前线,元老院下令修建由罗马直通坎帕尼亚的军用大道。并明确要求,大道必须达到全天候使用标准,无论雨雪风暴,都要确保通畅。由于施工质量要求极高,元老院专门请监察官阿庇乌斯监造。在阿庇乌斯的努力下,建成后的大道由石块与石灰混合铺筑,长度达二百一十二公里,宽度一致,中间稍微隆起,两边都有水沟以排积水。

此大道即是著名的阿庇安大道。

建造阿庇安大道

此后,元老院以此大道为标准,不断建造类似的军用大道。这种军用大道的起点都是罗马,罗马军团打到哪里,这样的大道通到哪里,这也就有了此后的"条条道路通罗马"一说。

与此同时,罗马元老院采取了双线同步作战法。一条线是在萨莫奈的周边布点,形成包围态势之后,步步逼进,稳扎稳打。

而另一条线则在罗马的北面,展开了对伊特鲁里亚的攻势。元老院十分清楚,如今的伊特鲁里亚各城邦,早已失去了当年的辉煌,已是奄奄一息,只要稍加打击,即可征服。而在短时间内很难击垮萨莫奈。

但民众不会了解这一切,他们要的只是胜利和战争红利。

不出元老院所料,罗马大军很快就征服了伊特鲁里亚各城邦,并按罗马的要求签订了条约,元老院总算有了一张漂亮的答卷。

而此时,萨莫奈与罗马之间的战争规模尽管不是很大,但萨莫奈人感到的压力越来越大。

公元前 304 年,萨莫奈再次求和,此时的罗马也疲于战争,于是同意言和。然而萨莫奈此次求和,与罗马上次求和的性质类似,只是缓兵之计。萨莫奈人从第二次萨莫奈战争中已得出了结论,他们与罗马之间已不存在和平,不是你死,就是我亡。

罗马人可以将求和作为缓兵之计,他们同样也可以。

萨莫奈人休整了六年之后感到,这样的和平时间拖得越长,对罗马越有利,罗马的军用大道不断地向四周延伸,而罗马军团则随着军用大道的延伸,稳步向外推进,镇压一切反抗的势力。当罗马将他周边的反抗势力全部镇压完之后,萨莫奈再与罗马对抗也就无异于以卵击石了。

萨莫奈人全方位联络各地区反罗马的势力,合力进攻罗马,这支联军主要包括高卢人、伊特鲁里亚人、萨莫奈人以及萨宾人等。

公元前 296 年,联军与罗马军团在翁布里亚地区会战,此战役极为惨烈,罗马军团九千人死于会战,但罗马人最终赢得了胜利。这是一场决定性的战役,萨莫奈的同盟军一战败即作鸟兽散。

但萨莫奈的剩余精锐,大约还有一万六千余人,他们不甘心萨莫奈就此完败,他们身穿白色战袍,共同宣誓宁死也绝不后退半步。

可战争如同艺术,光靠硬拼不可能解决问题。萨莫奈再次战败。

如此,萨莫奈败局已定。公元前 290 年,萨莫奈再次求和,前线执政官库里乌斯同意与萨莫奈再次结盟。

此次结盟形式是极其宽容的,在和约中既没有要求萨莫奈人割地赔款,也没有对萨莫奈人进行任何羞辱性惩罚。

或许,元老院意识到了,与萨莫奈人先后三十七年的战争,全部源于罗马自身的贪婪。

过河拆桥

如果说萨莫奈战争的起因,元老院的决策是因受平民党人的影响,最终背离传统,越走越远。但在战后,元老院试图通过最宽容的方式进行讲和,这也在某种程度上挽回了罗马人的一些脸面。

但在第三次萨莫奈战争结束后不久,又发生了一起几乎与萨莫奈战争起因极其类似的事件。

此次,吸取了萨莫奈战争教训的元老院已不想重蹈覆辙,但却身不由己。

公元前 282 年,大希腊区的图里城邦国,面临卢卡尼亚人的连续攻击,感到无法再坚持下去了。于是派特使前往罗马,请求庇护。

有意思的是,图里城平素与罗马没有任何关系,它是雅典著名政治家伯里克利统治时期建立的一个古老的希腊殖民地。卢卡尼亚却是罗马极为重要的同盟国,在第三次萨莫奈战争期间,罗马依靠卢卡尼亚给予的坚决支持,才取得了决定性的胜利。

卢卡尼亚位于萨莫奈的北面,罗马之所以能对萨莫奈进行全面合围,并取得最后胜利,最关键的一步就在于萨莫奈北部能否被有效封死。

在萨莫奈的北面,另有一个城邦国为塔兰托,它是萨莫奈最为可靠的盟友,萨莫奈只要得到塔兰托的接应,萨莫奈绝无可能战败。但塔兰托始终无法与萨莫奈会师,其根本原因就在于,塔兰托被卢卡尼亚死缠烂打,死死牵制住了,萨莫奈与塔兰托会师的梦想也因此彻底破灭。

取得最终胜利的罗马自然清楚卢卡尼亚在第三次萨莫奈战争中的决定性意义。为感谢卢卡尼亚人,元老院将罗马境内原属希腊的几个城市全部送给了卢卡尼亚。

战后,卢卡尼亚认为,它曾为罗马在意大利南部扩充势力范围作出了如此重大的贡献,卢卡尼亚与罗马在战斗中形成的友谊将是永恒的,牢不可破的。卢卡尼亚的北面将永远是安全可靠的。

因此,它感到该扩充一下自己的势力范围,于是它将进攻目标锁定在位于卢卡尼亚南面的希腊殖民地图里城邦国。

然而出乎它意料的是,它自认为最可靠的朋友罗马居然在它背后捅了一刀。卢卡尼亚始终不明白,罗马为何如此无情。

据史料记载,当图里向罗马请求援助时,元老院的反应是绝不能出兵。如果说当年出兵萨莫奈是一种背叛的话,那么如果此次出兵卢卡尼亚,则属于无耻。

然而可悲的是,无论元老们如何考虑此事,背叛也好,无耻也罢,这一切对大局都已构不成实际的影响。此时的元老院已无法从根本上左右罗马的大局。

公元前 287 年,平民霍腾西乌斯被任命为独裁官,霍腾西乌斯立即利用独裁的机会公布了一项法律,该项法律规定,平民大会决议对全体公民都有法律效力。

这样一来,平民大会的决议即为全民的决议,罗马元老院的决策重要性已降至第二位了。因此,平民事实上已有了决定国家前途和命运的权力。

当时的保民官见元老院否决了出兵图里的提议,立即召开平民大会,投票决定支援图里。

史料中记载了这个过程,图里人民为了感谢罗马保民官霍腾西乌斯促使平民会议通过解救图里城危局所做的努力,在罗马城为他竖立了一座雕像以示纪念。

当然,史料中并未解释保民官主张支援图里的真实动机,对于这样的出兵,现代人或许会下意识地感到元老院保守、自私,而保民官则是为了平民的利益,是出于国际人道主义的考虑,但这完全是现代人的思维方法。

在当时背景下,能让全体民众同意出兵到异国他乡的理由只有一条,就是经济利益。随着罗马对外战争越来越多,战利品也越来越丰厚,罗马民众对战争的支持也如同赌徒上了赌桌,变得狂热与非理性,尤其是鼓吹对外战争,在罗马已成了一种政治正确。

而任何对战争的理性思考,在狂热的民众面前,都会变得极其可笑。因此,元老院对此次出兵即便有再多的想法,知道后果有多么严重,但在集体意志面前,都变得毫无意义。

罗马立即出兵了,并且还相当顺利,卢卡尼亚不是萨莫奈,它无法与罗马大军直接抗衡,灰溜溜地撤军了。

而罗马军队也不是志愿军,更不是义务兵,他们来到图里,是看中图里的财物。这一切,图里人在送纪念碑时是完全料想不到的。

罗马人收下了图里人的纪念碑后,军团随即摇身一变,成了占领军。

如此一来,罗马军队的性质也立即变了。

图里城邦国原接受希腊城邦国他林顿的保护,从另外一个意义上说,图里就是他林顿的属国。图里不请他林顿保护而请罗马保护,这明显是一种改变属性的行为。

当时的大背景是,在所有希腊人眼里,罗马尽管已十分强大,但这只是野蛮人的强大。这就像罗马人眼里的高卢人一样,武力很强,却很野蛮,根本不值得称道。

而图里的改换门庭,更是类似于谋反。但图里人最初的想法很简单。

罗马是该地区中冉冉上升的一颗新星,向它靠拢,不会有错,请罗马增援既是帮忙,也同时是在暗示友情,一箭双雕。他们特地制作一块纪念碑运到罗马以示感谢。这如同现代人赠送感谢的锦旗一样,实际上也是图里人请罗马人助战的定位。

纪念碑刚送过去,战争的性质却已变了味。

罗马军队来了,卢卡尼亚确实不敢再入侵了,罗马军队却成了驻军,留下来了。图里人没想到竟然弄巧成拙。一念之差,不仅出卖了自己,也出卖了他林顿。

对于这样一种局面,他林顿自然不肯善罢甘休。但一时也找不到干涉的理由,只能密切关注事态的发展。

然而,理由很快就自动送上门来了。

为了配合罗马在图里驻军的军事行动,一支小型罗马舰队驶进了他林顿附近的海域。按罗马与他林顿在公元前303年签署的协议规定,罗马任何船只,未经他林顿的同意,不得擅自进入他林顿湾。

罗马的仗打得顺了,自然也就不在意二十多年前签署的协议。

他林顿立即抓住机会,在罗马船只进入他林顿湾之际,迅速将其击沉,并进一步袭击了图里城。城内的罗马驻军被全部驱逐出境。

罗马元老院立即与他林顿交涉,责令赔偿。这一切自然无效,两国战争就此爆发。

此时,一直在旁密切关注事态发展的卢卡尼亚人,感到反击罗马的机会到了,于是立即与萨莫奈人沟通。

卢卡尼亚与萨莫奈都曾是罗马的盟国,但都遭受到罗马的背信弃义。在第三次萨莫奈战争结束后,由于罗马元老院的宽容,萨莫奈人也确曾对罗马产生了一些好感。但看到罗马人在卢卡尼亚人身上故技重演,萨莫奈人又想起了罗马人之前的所有恶行。

现在卢卡尼亚与萨莫奈两国是同病相怜,一经接触即冰释前嫌。他们结成了进攻罗马的同盟。而差不多在同一时间,曾被罗马击败的伊特鲁里亚、高卢等也纷纷签订攻守同盟协议,立誓从各方向进攻罗马。

其中较为典型的是,当年无法与萨莫奈会师的萨莫奈盟友塔兰托,在萨莫奈被击败后,也曾与罗马签订了和平协议。

此后,两国关系也一直保持正常。或许是看到昔日盟友战败后的不幸遭遇,在他林顿与罗马开战后,塔兰托也开始疯狂地攻击罗马军队。

这些带着宿怨的多国部队,人数加起来自然不少,可他们之间由于缺少彼此联络,更缺少协调人员,各方都是独自行动,独立展开对罗马的攻击。其结果形成了一波接一波的攻击,连续不断,但攻击力度却有限,难以对罗马军队构成致命的威胁。

相反,罗马军队却集中优势兵力将这些部队一一击溃。

罗马的元老们总算松了口气,以为胜利在望,罗马大军可以凯旋了。

然而,出乎元老们意料的是,罗马的麻烦还只是刚刚开始。

他林顿在初战失利后,知道自己根本不是罗马军队的对手。罗马军队训练有素,久经沙场。尤其是经过军事改革,更是灵活机动,攻击力大幅上升。

于是,他林顿派特使前往希腊地区战斗力最强的国家伊庇鲁斯,请国王皮洛士率部队前来助战。皮洛士是当时希腊地区有名的国王,不仅能征惯战而且雄心勃勃,他希望自己能像当年马其顿国王亚历山大那样,开疆扩土,建功立业。

在接他林顿的邀请后,他感到这是成就自己梦想的一个极好机会。公元前280年,皮洛士率两万精兵,直奔战场。

此次,罗马执政官算是遇到了真正的对手。

皮洛士的军队与罗马军团一样训练有素,而攻击力则比罗马军队更强。在与皮洛士军队交战过程中,罗马军队明显处于下风,死伤人数也远多于皮洛士军队。据估计,此战罗马伤亡人数约在七千多人,被俘人员也多达两千多人。罗马战败了,罗马元老院大惊失色。

在古代世界,两国交战,往往一场决定性战役即决定一个国家的命运。当年,马其顿国王亚历山大东征时即是如此。

此次罗马与皮洛士的战役,当然谈不上是决定性战役,但皮洛士的威名以及皮洛士的实战能力,足够令罗马元老们丧胆。

然而,罗马元老院仍是幸运的。

皮洛士确实骁勇善战,可他毕竟不是亚历山大。经此一役,皮洛士部队的伤亡人数将近四千人,这本来是兵家之常,战争总有伤亡。

或许这场战役本身与皮洛士出征时的想法差距太大,战后,他讲了一句不合时宜的话:"如果再取得这样一场胜利,就没有谁能跟我回伊庇鲁斯了。"

此话传到了后世,就成了一句专门用语"皮洛士式的胜利",意即:以惨重代价换取惨胜,得不偿失。

这就是皮洛士与亚历山大的差距。亚历山大的每次战争,也绝不可能没有伤亡,但亚历山大懂得如何从异国他乡中去补充兵力,而不会为一场战争所必然要付出的伤员代价悲戚。

其实,皮洛士比亚历山大的各方面条件还要好一些。在当时,不仅整个希腊地区对皮洛士进军罗马都持支持态度,而且他林顿邀请皮洛士前来支援时,也曾表示,他林顿可向其提供兵力二十多万,尽管这个数字有水分,但至少他林顿是倾国倾力给予支持,这应该是毋庸置疑的。

而其他对罗马抱有深仇大恨的城邦国也不在少数。在皮洛士进入意大利地界后,这些城邦国,诸如卢卡尼亚、萨莫奈、伊特鲁里亚等等,无不立即与其联络,表示愿意效命。

这些国家联手起来,正好对罗马形成一个完整的包围圈。

如果皮洛士能正确引导这些城邦国,并对这些国家的民兵加以正规训练,视情景同时出击,取胜的机率极大。

而罗马的情况正好相反,元老院背信弃义,失道寡助。拉丁同盟经过罗马的几次改造,向心力增强了不少,但还远未达到同心同德的地步,而其他一些同盟城邦,不是观望,就是反叛。这也是罗马元老院输了一场战役,实力并未大损,却如此胆战心惊的原因所在。

元老院清楚,在目前的形势下,一步走错,辄可能全盘皆输,而取胜的可能性实在是微乎其微。

但皮洛士完全不了解罗马的整体局势，更不清楚这一战对罗马元老们的心理冲击。

出兵时，他雄纠纠、气昂昂，以为以其实力，以其战术，一战即可定乾坤。但出乎他意料的是，罗马确实败了，但远未到达崩溃的地步。相反，自己却损兵折将。

由于与心理预期相差太远，这种失落感导致他不能正视现实，无法充分利用对他而言绝对有利的整体形势，导致了他在攻守之间，犹豫不决。皮洛士决定用谈判来一劳永逸地解决问题。

而罗马方面，对于皮洛士国王转达的和平建议，元老院同样未加认真思考，也未分析对方的心态，元老们仅仅站在自己的立场上，分析形势、判断未来。在元老们看来，这一仗无疑是惨败，在萨莫奈考地乌姆的一仗，罗马被围人数远多于这一仗，但那一仗，完全是因中了对方的计谋，而非实力的较量。

因此，罗马元老院会总结军事失利的教训，而不会对萨莫奈的军事实力感到恐惧。但与皮洛士的这一仗，却是真正的实力较量，这使元老院真切地感到了恐惧，他们准备答应皮洛士所提的条件，即罗马放弃对意大利南部的控制。

但历史往往由太多偶然因素组合而成，就在元老院准备与皮洛士签订条约的时刻，有人向因高龄已不再出席元老会议的元老克洛狄乌斯通报了情况。

据史料记载，克洛狄乌斯的心态与平民派基本一致，尽管克洛狄乌斯本人属于贵族，他对平民派的绝大多数提案却都予以全力支持。因此，克洛狄乌斯是罗马元老院典型的鹰派角色。

据说克洛狄乌斯此时已近双目失明，他在别人的搀扶下进入会议厅后,即极力抨击元老院的求和行为,他将这种做法称为懦夫行为、卖国行为。

克洛狄乌斯的激烈言行,最终使元老们改变了决定。

皮洛士见和谈无效,只能被迫再次投入战斗。

公元前279年,罗马与皮洛士进行了第二次大战,罗马再次输了战争。

战后,皮洛士想到的依然是谈判,甚至向罗马降低了谈判的条件。

如果说元老院在第一次战败后,面对皮洛士的谈判要求,无论是准备接受还是加以拒绝,都是一种非理性的表现。但皮洛士在第二次胜利后,再次请求谈判,并且降低了谈判条件,这一降,彻底暴露了皮洛士的内心世界,元老院立即读懂了皮洛士。皮洛士无心恋战。

国与国之间的谈判实际上就是一种博弈,实则虚之,虚则实之,虚虚实实,关键一条就是不能让对方摸着自己的底牌。

皮洛士不是不可以再次请求谈判,他的错在于降低了谈判的条件。任何谈判,一旦被对方看到了底牌,谈判也就失去了意义。

如果皮洛士第二次请求谈判时,不是降低谈判的条件,而是增加谈判条件,这样的请求反倒有可能迫使罗马坐下来谈判。

毕竟皮洛士是赢的一方,增加条件才合乎常理。这样做的一个优势是,他实际上向罗马传递了这样一个信息,皮洛士的部队是不可战胜的,罗马如果要将这一战争继续下去,罗马下次再失败的话,皮洛士的谈判价码就会更高。

这样的谈判请求比谈判本身更具有威摄力,元老院很难再沉得住气,哪怕克洛狄乌斯再一次慷慨陈词。

但皮洛士将一切都做反了。

罗马输了第二次战争后,元老院人心惶惶,停战谈判的呼声一浪高过一浪。也就在此时，皮洛士又差人前来洽谈谈判事宜，元老们一听皮洛士的谈判条件，当下断定，皮洛士已是强弩之末，不想再打仗了。

本已垂头丧气的元老们立即来了精神，他们当即拒绝皮洛士的谈判要求，并明确告诉皮洛士的使者，皮洛士爱打多久就打多久，罗马元老院将奉陪到底。罗马不取得最后的胜利，决不会与皮洛士进行任何的谈判。

罗马的强硬态度让皮洛士极度困惑，他完全搞不清他面对的究竟是一些什么样的人物，罗马人为什么如此不屈不挠。

公元前 278 年，皮洛士似乎对罗马的战争已失去了信心，于是找了个借口，要离开意大利，前往西西里去开辟新的战场。

卢卡尼亚人和萨莫奈人苦苦哀求皮洛士，希望皮洛士再坚持一下，但皮洛士对意大利半岛已无兴趣。

皮洛士一走，所有反罗马同盟也随即分崩离析。罗马轻易地降服了这些城邦国，并再次将其纳入了自己的管理范围。

然而，此次罗马元老院对涉事的反罗马联盟，显示出前所未有的宽宏大量，对大多数城邦国都从轻处理，而对卢卡尼亚，或许是感到有些愧疚。卢卡尼亚的造反终究是罗马自己逼出来的。元老院下令让卢卡尼亚保留其部落民主制政府，甚至还让其保留了通用货币发行权。

但与卢卡尼亚形成鲜明对照的是，此次元老院对萨莫奈不再仁慈。萨莫奈被彻底肢解，很多地方都成了罗马的殖民地。

罗马对待卢卡尼亚与萨莫奈采用完全不同的两种做法，似乎是想表明，卢卡尼亚的反抗是罗马理亏，但萨莫奈的反叛，则是不义。

图里战争胜利了，罗马付出了一定的代价，但最终结局不错，意大利半岛由此正式被罗马统一。

为所欲为

无论是萨莫奈战争,还是图里战争,作为始作俑者的平民派,本该理性地总结与思考一下,如此蛮干,对国家究竟有多大的好处?赌场里的好运是否就是真正的好运?

但从事后的历史演变看,平民派不仅没有任何反思,反而还认为,如果没有他们的坚持,萨莫奈地区怎么可能成为罗马人的天下?图里又怎么可能落入罗马囊中?他们才是罗马历史的创造者,他们还得继续创造历史。

公元前268年,罗马元老院的会客厅里,又迎来了一帮人,这是一批相当特殊的人,他们本是坎帕尼亚人,但他们现在自称是马末丁人。

坎帕尼亚人自公元前343年投降罗马,此事件成为引发罗马与萨莫奈战争的导火线。此后罗马人与萨莫奈人先后打了三次,时间则延续了将近半个世纪。最终,萨莫奈这个部落国家终于灭亡了。这似乎为坎帕尼亚人出了口气,但坎帕尼亚人也并未因此日子过得更好一些。

自萨莫奈战争开始后,坎帕尼亚人也随即失去了自己的归属感。坎帕尼亚成了地中海区域的主要招兵场所,坎帕尼亚人则成了各国雇佣兵的主要来源,充当雇佣兵成了坎帕尼亚人的主要生活出路。

在这一变化过程中,坎帕尼亚人中有一帮无业游民开始把自己称为马末丁人。马末丁人的含义相当诱人:"战神马尔斯之子"。

这帮游民希望自己真能像战神一样战无不胜,攻无不克。

马末丁人分散在各个国家,打家劫舍,无恶不作,但又彼此联络合作。他们在地中海区域声名狼藉。

皮洛士战争期间,这批人又将赌注押在了罗马人身上,并成为罗马人最坚定的盟友。他们对皮洛士联军进行偷袭、骚扰,给皮洛士带来了不少麻烦。皮洛士离开了意大利后,这帮马末丁人又开始活跃起来。

他们明目张胆地攻城略地,摧毁了意大利南部城市考洛尼亚,征服了克罗敦城,接着又围攻雷吉亚。

元老院大惊,立即派出大军前往剿灭。

这样的战争,对现在的罗马军团来说,只能算是练兵。很快意大利南部地区的马末丁人被彻底击垮,被俘人员均被斩首。但这帮马末丁人中有一批人逃过此劫,当他们的伙伴攻打意大利南部区域时,他们已前往西西里岛。

西西里岛位于靴子形意大利半岛的脚尖前方,从意大利本土到西西里岛,中间隔着一条墨西拿海峡,其中最短的间距只有3公里。

这些马末丁人进入西西里后,立即被位于西西里岛北部的叙拉古国王招募为雇佣兵。

不久,老国王去世,这批马末丁人故态萌发,他们趁叙拉古新老国王交替、新国王王位尚未确定、内斗不断之际,立即攻占了叙拉古最偏远的城市墨西拿城及其他一些城市。

墨西拿城位于西西里岛最东端,也就是西西里岛离意大利本土最近的地方,西西里岛与意大利本土两地中间狭长的墨西拿海峡就是因墨西拿城得名。

对于马末丁人占领墨西拿等一些偏远城市,由于国内混乱,叙拉古王室一时鞭长莫及。

此后,叙拉古新国王耶罗二世上台。到了公元前276年,耶罗二世在整顿完国内秩序后,随即开始逐一收复被马末丁人强占的城市。

当耶罗二世准备收复墨西拿时,马末丁人知道无法与耶罗二世抗衡,或许出于其强盗的本性,凡我得不到的,他人也休想轻易得到。马末丁人采用了一女二嫁的恶劣做法,既将主权送给了罗马人,又将城市献给了迦太基人。这样就形成了三方争夺同一城市的格局。

迦太基是西部地中海地区的强国,它主要是由腓尼基人组成的移民国家。但其领土极其分散,既有北非西部沿海地区,大致在今日的突尼斯,又有西班牙南岸和东岸,以及地中海大部分岛屿,如科西嘉岛、撒丁岛、西西里岛的西部区域等等。

迦太基也可说是个商业帝国,因此保护海上商路是其第一要务,由此它的海军在当时远远比地中海区域内的其他国家要强大。但这种强大主要还是体现在军舰数量上而不是质量和战术上,因为在那个时代,其他国家根本就没有海军能与他们去争斗,因此,迦太基的舰队更多是以其数量将对方吓走。相比之下,迦太基的陆军则比较弱。

迦太基人重商、重利,而对于从军保家卫国之类的事,平民百姓尽管感到极其重要,自己却不愿入伍,因此只能用钱来解决这个难题,结果雇佣军成了它的陆军主力。

在接到马末丁人的求救信后,迦太基人极为兴奋。

迦太基人梦寐以求的是扩大对西西里岛的控制范围,但又对东部地区的希腊王国叙拉古无可奈何,现在马末丁人将西西里岛最东部的墨西拿拱手相让。有了这一基地,就等于形成了对叙拉古东西夹击的态势,至少可大大压缩叙拉古的生存空间。

迦太基立即派兵进驻墨西拿。

与此同时,马末丁人也来到罗马,恳请罗马人出兵援救。

元老院的第一反应就是决不能出兵。

这样的出兵请求,罗马已是第三次收到了。

前两次出兵,尽管最后的结果尚可,过程却是心惊动魄,如果不是敌方接连出错,罗马早已万劫不复。

这种惊心动魄的过程固然会影响元老们的思维,但在元老们看来,这还远远不是判断是否要进一步发动战争的最重要依据。

　　经过了上两次的大规模战争,元老们发现,如果这类战争继续下去,即便罗马共和国最终成了战争赢家,罗马贵族则绝对是输家。近些年来接二连三的战争,让罗马元老院越来越无法回避这个极其残酷的现实,每次战争,贵族的死亡人数要远多于平民。

　　维爱战争之后,哪怕是最底层平民,他们获得政府赠与的土地之后,无一例外都成了有产阶级。同时,所有的适龄男青年也都符合了当兵入伍的条件,一时之间,罗马兵源大增。平民入伍最高峰时,平民的入伍人数曾与贵族的入伍人数持平,即达到了一比一。

　　但这样的好光景并未延续多少年。仅仅过了几年之后——或许,这与平民的消费理念有关,这也是卡米卢斯诟病平民的一个极重要的原因——大量新的有产者在脱贫后又重新返贫,再一次成了一无所有者,甚至成了新的债务人。为了社会和谐,元老院再一次下令,减免平民们的债务利息,但元老院不可能再次给每个平民分配七犹格土地。这就意味着,平民们再一次退出了可以入伍从军的行列。

　　这样一来,在军营中,平民再次成为少数群体。

　　而更残酷的事实是,任何一次对外战争,从来不会因为参战者是贵族而减少死伤,同样也不会因为是平民而增加死伤。因此,一场战争下来,军团中占比高的贵族死亡率无疑会远远超出平民。

　　就这样,在罗马出现了一个极为奇特的现象,一些平民由于成了赤贫,反而远离了战争,远离了死亡,政府却有义务要保证供养他们,这是一个国家的正义问题。

　　而贵族不存在赤贫的家庭,因此,家家户户的适龄青年都必须冲锋陷阵,效命疆场。

　　此外,由于涉及血统问题,贵族的人口增长主要是依赖自然生育能力,当然,前文也谈到过,元老院也曾挖空心思通过特殊方式增加贵族人口,如让释放的奴隶加入贵族等等,但毕竟数量有限,影响不了大局。

前两次战争,贵族死亡人数已经不少,如果战争继续没完没了,如果贵族成年男性的死亡率远高于新生儿的出生率,那么结局将是不言自明的:罗马贵族人数在全体公民总数的比例将大幅下降。

由此带来的严重后果是,罗马的贵族与平民在争权夺利的过程中,贵族终将不战而败,平民则将以人口众多而取得最后的胜利。

人口决定一切。

这是元老院难以回避的现实问题。

因此,罗马的对外战争胜利,对贵族而言,也就成了"皮洛士式的胜利"。

正因如此,如果继续毫无节制地发动大规模对外战争,对于贵族而言,无异于是在选择自杀。

对于这个问题,与贵族争权夺利的平民党领导人是否同样也意识到,甚至有意识地往这一方向努力,后人自然难以判断。

但作为贵族各部落的家长们,他们对家族中不断有人死亡的情况,以及可能造成的后果,无疑会比外界更敏感。然而,这种心态又是无法公开表达的。

元老们能公开宣讲的,最多也只是一些冠冕堂皇的话,如此次拒绝马末丁人的邀请是因为他们在国际社会中声名狼藉。帮助这样的城邦,这样的群体,是一件有损罗马声誉且得不偿失的事,因此决不能参与这样的战争等等。

总之,罗马元老院的答案很明确,拒绝再参与这样的战争。

但保民官再次呼吁参战。保民官公开威胁,如果元老院坚持否决马末丁人的提议,他们将召开平民大会对这个问题作出最终表决。

保民官们清楚,此类提议,如果上交平民大会,决无可能被否决,因为平民喜欢这样的战争。

其实，平民对于对外战争的心态，在上两次战争中早已表现得淋漓尽致。对罗马战争的渴望，底层平民远胜于贵族，这不是什么秘密。

对于底层平民而言，战争能够扩张领土，而领土的扩张又能使无地或少地的平民分到土地，同时还可分得战利品。

没有战争，就没有他们想要的一切。

因此，底层平民永远是战争的最热心支持者。此外，由于他们不符合征兵条例，因此他们不必担心因战争而送命。战争对于他们来说，永远是毫无风险的正收益。

至于战争的是与非以及国与国的关系，这不是他们所关心的事。只要是战争，只要能给他们带来利益，他们就坚决支持，反之则反对。

而此时，恰逢本年度执政官选举之际，候选人又是一名克洛狄乌斯家族的成员，尽管这位克洛狄乌斯也是贵族，但不知是出于他本人的战争理念，还是他仅仅为了当选而投选民所好，在竞选大会上，克洛狄乌斯大肆宣讲进军西西里的好处，并表示：所有平民都能从这次战争中获得物质利益。如此演讲当然会使平民情绪愈发激昂。于是，克洛狄乌斯无可争议地当上了这一年度的执政官。

在罗马早期，克洛狄乌斯家族是以主张对平民采取强硬路线而闻名。在平民享有全部公民权之后，该家族成员不知是出于竞选策略还是其他什么因素，他们中间好多人的态度发生了一百八十度的大转弯，他们根本不在乎元老院中其他贵族元老的想法。他们成了不是平民的平民党人，然而，从好战的角度这点来讲，他们家族倒还真的没变。

但元老们并不会因克洛狄乌斯家族的奇怪态度而改变立场。元老们依然不依不挠地坚持自己的观点。

只要有一丝希望，元老们就要尽一切可能阻止这一方案的通过。他们不可能眼睁睁地看着家族成员在无谓的战争中消耗殆尽。

参与这样的战争无疑是选择部落的自杀或家族的自杀。

当然,元老们也清楚,他们也只有在这一决策阶段还有发言权。只要进入战争程序,一切都将处于失控状态,谁也无法预料战争将以什么样的形式结束。这是上两次战争的全部经验。一旦进入这样的状态,元老院唯有全力以赴、撕杀到底一条路可走了。

此时,执政官与保民官已形成联手状态。他们看到,通过正常方式无法说动元老院,于是他们就将与马末丁人结盟的提议交由平民大会表决。平民大会迅速通过了议案,元老院再次被绑上了战车。

对于元老们来说,一切已不在他们掌控的范围之内了。

元老院的报复

与马末丁人结盟的提议一经平民大会通过,执政官克洛狄乌斯立即率领两个军团直奔墨西拿。

克洛狄乌斯信心满满,认为罗马军团对付叙拉古,胜券在握。

当克洛狄乌斯到达墨西拿时,却发现墨西拿已被迦太基军队捷足先登,而叙拉古的军队又将其团团围住。

克洛狄乌斯立即派使者前往迦太基和叙拉古军营,并声称,马末丁人已将城市主权移交给了罗马,他要求迦太基和叙拉古的军队马上撤离,由罗马接管。

罗马使者的突然出现,令迦太基和叙拉古双方都大吃一惊,他们马上意识到,他们都被马末丁人耍了。

于是这两家世仇一商议,居然同意联手抵抗罗马,决不容许罗马得到岛上的一寸土地。

对于迦太基与叙拉古的反应,按理,克洛狄乌斯应该向元老院汇报,毕竟形势发生了根本的变化，更何况，迦太基还是罗马的同盟国，而且迦太基占领墨西拿也是有道理的。

早期罗马与迦太基曾多次签订过同盟协议，在公元前351年，当罗马战胜萨莫奈人时，迦太基还专门派遣一个外交使团前往罗马，其使命仅仅是将一个重十一公斤的黄金王冠赠送给罗马人，以祝贺罗马人战胜了萨莫奈。而最后一次协议则是在皮洛士进攻罗马期间签订的，签约目的主要是为了共同对付皮洛士。

但克洛狄乌斯根本没打算向元老院汇报。这倒不是克洛狄乌斯有什么"将在外，君命有所不受"之类的相机行事特权，而是他根本不想放弃这样的战争机会。

克洛狄乌斯很清楚，元老院本来就坚决反对与马末丁人结盟，如果他现在向元老院汇报，元老院极有可能借此否定出兵。

如果元老院下此命令，克洛狄乌斯岂不白白劳师动众，并成了民众的笑料。于是，克洛狄乌斯毫不迟疑，立即向这两个国家同时宣战。

叙拉古与马末丁人交手还勉强可以，但与武装精备的罗马军队抗衡，立即感到实力相差悬殊。于是马上改变态度，表示愿与罗马合作，联手攻打迦太基。

对于叙拉古如此快地转变立场，并愿意成为罗马的加盟国，克洛狄乌斯自然求之不得，多一个朋友总比多一个敌人强。

这样一来，迦太基腹背受敌，很快就退出了墨西拿。

克洛狄乌斯赢得了决定性的胜利。但令克洛狄乌斯大失所望的是，在其归国之后，元老院竟然拒绝为其举行凯旋庆祝仪式。

在罗马共和国，自从普布里乌斯确定了共和国凯旋仪式标准之后，元老院将凯旋仪式变成了一种惯例，任何一个执政官，只要在海外战胜归来,元老院必定为其举办盛大的凯旋仪式。而每个得胜的将军,也将这种凯旋仪式视作对自己赢得胜利的最大褒奖。

元老院不同意为克洛狄乌斯举办凯旋仪式的理由很简单,战争只是开始,距离凯旋还尚早,目前充其量只能说是首先战告捷。

元老院的做法也是有道理的,与迦太基的战争只能说是开始,鹿死谁手还是未知数,现在说凯旋确实在为时过早。

国与国之间的战争,不管你是否喜欢,一旦开战,就很难轻易结束。战争自有战争的规律。

罗马和迦太基之间的战争就是如此,它不会因克洛狄乌斯说他夺取了城市,赢得了战争,甚至自己为自己举办一个凯旋仪式,战争也划上一个句号。

然而,元老院对克洛狄乌斯的报复意图是显而易见的,对于此类问题的处理,并非决不能举办凯旋式,这实际上主要是看元老院如何解释。

对于此事,元老院明摆着缺乏善意,虽然元老院无法阻止平民大会决定与强盗结盟,但它至少可以通过这样的方式来表达自己对此次结盟的不满。同时,这也是对克洛狄乌斯争当战争急先锋的一种变相否定。

据说,克洛狄乌斯一气之下,为自己在城外举行了一次凯旋仪式,为了防止元老院的干预,他还让他那位做维斯塔贞女的表妹和他一起坐在四马拉的战车上。按照罗马法律,任何人都不可接触维斯塔贞女,否则就是死罪。克洛狄乌斯在凯旋仪式之后心满意足了。

可此时,元老院已无暇顾及对克洛狄乌斯私自举办凯旋仪式的不满。

元老院得到迦太基大规模征兵的情报,于是开始紧急动员,做好一切最坏的打算,但此后的一切还是超出了元老们的设想。

迦太基吃了罗马的暗亏之后,自然不肯服输,立即进行战争动员,并调动五万大军增援西西里。

事情演变到此,罗马元老院已无法控制,一切只能按照战争的通常逻辑去进行。

罗马元老院立即以最快的速度增兵墨西拿。

不过,让元老院稍感安慰的是,此次大战的过程比预先设想的要顺利。

迦太基陆军部队的人数确实不少,但这支部队由于缺少实战经验,很难与久经沙场的罗马老兵相抗衡。

很快,迦太基部队就被击垮,并被团团包围。罗马人决定将这支部队就地歼灭。他们全力以赴,挖了一条长长的壕沟,试图困死迦太基人。但迦太基人的动作更快。一个晚上,迦太基士兵悄无声息地来到壕沟边,并将随身带来的一包包泥土迅速填满壕沟,从而安全地逃出了包围圈。

迦太基与罗马的全面战争已不可避免。

后世将此场战争称为第一次布匿战争。所谓"布匿",是罗马人对腓尼基人的称谓,因此,罗马与由腓尼基人组成的迦太基作战也就被称为布匿战争。

迦太基援军逃走了,罗马人则立即占领了迦太基在西西里城防较弱的阿格里真托城,并将城内的两万五千个市民全部出卖为奴。

迦太基人的陆军较弱,无法与罗马陆军抗衡,但海军较强,实力远超罗马。

长期以来,罗马主要从事内陆战争。连年的战争,其陆军的战斗力已远远超过其周边的一般国家。但罗马是一个农业国家,对于海外运输与贸易方面,罗马元老院向来兴趣不大。这样也就造成了罗马的造船业几乎空白,更不要说海军建设了。

也正因如此,对付迦太基陆军,罗马陆军绰绰有余。但当罗马的陆军遇到了迦太基的海军,则连连失利。

迦基利用其强大的海军,不断沿海路骚扰进攻罗马的同盟国,罗马拉丁同盟的一些沿海城市很快陷于一片混乱。

对于拉丁同盟国不断发出的呼救，罗马元老院束手无策。

元老院很清楚，如果听凭这一状况自由发展，拉丁同盟必将崩溃，而那些拉丁同盟国也将再次被迫反叛，这或许也是迦太基首先攻击拉丁同盟的战争策略。

罗马元老院被迫下定决心，全力打造自己的海军。但令元老院痛苦不堪的是，新建的罗马舰队，根本不是迦太基舰队的对手。罗马士兵早已习惯于陆战，这些军人一上军舰，所有罗马军团的优势立即荡然无存。更令罗马士兵苦恼的是，在海上，罗马军刀的威力完全失效了，这仗如何打？又如何取胜？此时，他们像困守在笼子里听任宰割的羔羊。

与迦太基的第一次海战，罗马海军以完败收场，舰队最终被围困在一个小岛上，担任舰队司令的执政官格涅乌斯也被迫投降。

但罗马人的最大特点是不服输，如果没有这样的精神，罗马早就败亡了。

罗马人反复斟酌后发现，在与迦太基的海战过程中，迦太基人驾船技术远比罗马人高明。

迦太基人最常用的战术是，用他们的船只拦腰撞击罗马船只。在这样的海战过程中，擅长陆战的罗马军人毫无用武之地，只能听任迦太基人宰杀。如果罗马人能将陆战模式运用到海战上去，罗马海军就必能战胜迦太基。罗马人的想象力真的很丰富，他们很快就发明了一种名为"乌鸦吊桥"的登船工具。

当两船接近时，罗马人只要放下"乌鸦吊桥"，即可将对方船只勾住，而罗马军人则可通过"乌鸦吊桥"直接登上对方船只展开撕杀。

如此一来，罗马陆军的优势立即发挥出来。

在此后一次海战中，罗马利用"乌鸦吊桥"将迦太基的海军打得大败，并一次夺得五十多艘迦太基船只。

元老院马上精神抖擞起来，以为有了"乌鸦吊桥"的罗马舰队，从此可以所向无敌。

于是，元老院下令海军全面出击。然而令罗马元老院懊丧的是，一次

罗马发明的乌鸦吊桥

海战胜利根本无法扭转整个战争局势,更何况这种"乌鸦吊桥"的成功,很大一个原因是依靠突击性,它完全是靠敌方没有任何心理防备才取得了成功。

但不管怎样,罗马海军是幸运的,迦太基海军并非真正足够强大,它们对付海盗确实没问题,但因为迦太基海军长期无战争意义上的对手,实战经验严重缺乏,结果就造成了海军战士与普通海员并无多大差异,因此,这无形中给了罗马陆军战胜迦太基海军以可乘之机。

然而,迦太基海军吃过一次"乌鸦吊桥"的亏之后,罗马再想以同样的方式来取胜就很难了。

罗马海军是幸运的,同样也是不幸的。

在这世界上,幸与不幸真的很难定论,中国就有这样一句老话,"塞翁失马焉知非福",同样,塞翁得马焉知非祸。

罗马海军幸运的是,尽管此后乌鸦吊桥战术本身已很难再发挥强有力的作用,但乌鸦吊桥这样的做法对迦太基海军造成了难以想象的心理杀伤力。

公元前 256 年,元老院见战事难有起色,决定派执政官雷古鲁斯直接进攻北非迦太基本土。迦太基试图用强大的舰队拦截,尽管迦太基的海军躲避了乌鸦吊桥的袭击,但海战依然失利。

迦太基人感到无地自容,他们曾放言,如果没有迦太基人的同意,罗马人休想得到一桶海水。迦太基人一直认为,他们的海军是天下无敌的,现在居然会输在罗马这样的旱鸭子手里。

前一次海战失败,迦太基人感到,他们败于乌鸦吊桥,败于罗马人的出奇制胜,这不是真正的海战失败,而此次海战,他们没有任何借口,这是一场真正的海战。

当然迦太基人在总结时没想到,任何一场战争实际上都是一场心理战,此场战争,迦太基人输在心理而不是输在海战。迦太基的陆军战败,他们感到尚可接受,他们还有强大的海军。

但现在海军也输了,而且输得如此惨烈。他们还有什么战胜罗马人的法宝?迦太基人的心理崩溃了,他们完全失去了斗志,于是迦太基人放下所有的自尊,请求雷古鲁斯停战。

这本来是一个停战的极好机会,可雷古鲁斯不懂见好就收,他居然提出很多无理要求。他告诉迦太基人,停战可以,但必须割让西西里岛、撒丁岛,并彻底解散海军,而且还要像那些拉丁盟国一样,在今后的战争中,必须出兵支助罗马的战争。

雷古鲁斯将迦太基当成了拉丁部落。

迦太基若接受这样的停战条件,就与亡国相差无几。

迦太基毕竟也是地中海区域的老牌强国,更何况,迦太基并没有真正战败,迦太基人求和,更多因素只是因心理上被战败了。他们只是一时间不知道如何对自己的战斗能力定位,从而失去了进一步战斗的勇气。

雷古鲁斯的停战条件恰恰如同一盆冷水浇到迦太基人头上,让他们冷静下来。

迦太基人决心振作起来,一切从头开始。

雷古鲁斯怎么也不会想到,他开出的停战条件竟成了激励迦太基人抗战的动力。

然而,雷古鲁斯最可悲之处还在于,他对迦太基人的这种心理变化一无所知。或许,他看到迦太基人求和时沮丧的样子,以为迦太基人已经彻底崩溃。也或许,他为了显示他的能力,在他的停战条件被迦太基人否定之后,他对此不仅没有丝毫的警觉,相反,他还缩减了一半的部队,他仿佛是要告诉元老院,对付迦太基人,一半的部队就绰绰有余了。

对于雷古鲁斯的狂妄自负,迦太基人自然是求之不得,他们立即重新招兵买马。

据记载,在此次招募雇佣兵的过程中,他们招募到擅长陆战的斯巴达将领杉西普斯。

作为第三方,杉西普斯很容易发现迦太基战略上的一些致命缺陷。杉西普斯立即重新部署迦太基的部队,并在此后一举击败了雷古鲁斯。

雷古鲁斯战败被俘,并惨遭杀害。

有意思的是,杉西普斯的性格与雷古鲁斯正好相反,他赢得了胜利,拯救了迦太基。但杉西普斯懂得见好就收,他完全清楚迦太基人那种善变的商人性格。他拒绝了迦太基人对他的挽留,拿了该属于他的佣金离开了。

雷古鲁斯死了,罗马海军的好运似乎也都被雷古鲁斯带走了。

此后,罗马新任执政官,克洛狄乌斯家族的另一名成员,他率领的罗马舰队与迦太基舰队决战中全军覆没。与此同时,罗马的另一支舰队在退回意大利途中又遭暴风雨袭击,不少船只沉没海底。在这接连的打击之后,又有两支庞大的罗马舰队先后被风浪卷到海底。

公元前 247 年,战事进行到第十六年,德国罗马史专家蒙森在他的《罗马史》一书中说:此时,罗马人"距其目标似乎比在第一年更为遥远"。

此时的罗马,除了墨西拿之外,什么都没得到。但罗马国库却被掏空了。而迦太基方面,情况也是一样,多年战争之后,同样出现了严重的财政困难。

其实任何战争打到这一地步,双方已不是在拼军事实力,而是在拼战争决心,谁能坚持到底,谁就是最后的赢家。

从各方面来看,此时的迦太基若与罗马比较,它的资金应该更加充裕,也远未到达崩溃的边缘。

更重要的是,此时战争的主动权已到了迦太基手中。从表面看,战争的态势似乎只是回复到了战争的起点,但这决不是简单的回归,而是罗马全面溃败的前兆。

如果迦太基看清这一点,此时倾其国力,奋起给罗马一击,罗马必将万劫不复。

这样世上就不会有一个超出意大利本土的罗马共和国,更不可能有罗马帝国。

但历史不存在假设,历史永远以成败论英雄。真实的历史就是迦太基没能成为这样的英雄国家。

迦太基王国只是商业国家,它的领导层精于计算财利而缺乏政治家的远见,更缺乏罗马国民的那种朴实。那种商人特有的患得患失的本性,在最关键时刻让迦太基人错过了战机。

迦太基的领导层将战争当成一种生意,他们对长期只有付出、没有收益的战争产生了深深的厌倦,当他们看到罗马不再主动大规模入侵了,也就乐得清静,不再追加战争投入,既不主动战斗,也不建造军舰,更不培养海军。迦太基元老院想的只是如何在生意场上补回战争以来的经济损失。

　　至于如何保卫西西里岛,他们唯一所做的,即是在公元前247年任命了一位名叫哈米尔卡的年轻军官为西西里岛总司令,并与哈米尔卡约定,除了不能向政府要钱,其他均可自行其事,自作决断。从此之后,迦太基就听凭哈米尔卡与罗马孤军作战,迦太基如此短视,最终结局也就可想而知了。

　　而战争的另一方罗马,同样也虚弱到了极点,元老院面临的最大困难是资金极度匮乏,成年男子大量战死。

　　据历史记载,在一次大规模的海战中,罗马同盟军死亡人数高达二十万之众。如按罗马军队与同盟国军兵一比一的比率计算,罗马军人的死亡数也将高达十万。

　　伤亡十万这个数字对于罗马这样一个国家意味着什么,我们当代人或许很难产生一种真切的感觉,当代人口统计,动辄以千万计算。

　　可在公元前247年,罗马公民的在册人数仅为二十万,当然这一统计数字从来不包括无产的公民。

　　一次战役即已死亡十万,如再加上其他的战役,可以设想,在当时,罗马青壮年公民已伤亡大半。罗马元老院不是不想再进行一次大规模的战役,而是根本无力再组织大规模战争。

　　让罗马元老院感到幸运的是,哈米尔卡除了在沿海不断进行小规模骚扰之外,迦太基当局并没有发动大规模战争的意愿,战争由此进入了相持阶段。

　　这种所谓的相持阶段,实际上给了罗马一个恢复元气的机会,这个时间一晃就是六年。六年时间已足够让罗马恢复元气,相当一批罗马青少年成长成熟,可以顶替他们的父辈重新战斗。

　　据记载,在公元前241年,一些公民主动捐献战舰二百艘以及水兵六万人给国家。从当时的背景考察,这六万水兵应该就是在这六年中成长起来的罗马青少年,而不是那些本该从军而未从军的成年公民。

罗马元老院有了这样的生力军,立即展开新的攻势。

而此时的迦太基还处于梦中,他们以为与罗马的关系会一直这样维持下去。他们把所有的精力都放在商业发展上。

对罗马的进攻,战争的残酷,他们已经抛诸脑后了,没有作任何战争防备。罗马军团的突袭,让迦太基措手不及,没有任何还手之力。一切如同那句俗语:兵败如山倒。

罗马海军彻底切断了西西里岛与迦太基的联系。

哈米尔卡只能签字同意罗马执政官的要求,放弃西西里岛,交还战俘,并答应向罗马赔款。

但即便如此,罗马元老院的元老们在最后关头再次捉弄了迦太基人,"或许元老们想起了当年高卢人的那句话:强者决心一切。"他们声称和谈协议未经元老院同意,无效。

若要和谈,就得按元老院的要求,即增加赔款数量,缩短还款时间等等。到了此时,迦太基已别无他法,只能听任罗马宰割了。

罗马完胜迦太基,西西里岛除了一小部分仍由叙拉古人代为管理之外,其余全部成了罗马的正式领土。

如何管理如此庞大的一块新领土? 国内平民当年极力主张战争,目的就是要通过战争来获取新的土地,他们早已翘首以待,希望元老院会像当年打下维爱时那样,每人分发七犹格土地。

此次战争,最得利的是平民,而死伤无数的却是贵族。

经过这样一次可怕的战争,元老院在战前所担心的事已显而易见,在罗马共和国,贵族与平民在公民中的比例再次大幅调整,贵族的占比明显下降,而平民的占比则大幅上升。

元老们看到这样的人口统计数据,心里就来气。如果平民党人不是如此专横与自利,贵族怎么可能有此劫难?

尽管罗马人是战争的最后胜利者,但元老们只要想到此次的战争过程就心有余悸。如果迦太基人再精明一些，罗马共和国就难逃彻底覆灭的劫难。

此次战争与之前的萨莫奈战争或者说皮洛士战争固然也有类似之处，但打到财政枯绝，人员伤亡到难以组织有效反击的地步，则还是第一次。

如果迦太基元老院少一些患得患失而多一点坚忍不拔的精神，罗马也就完了。

退一步讲，即便迦太基元老院如此无能，如果哈米尔卡不是着眼于战术层面的胜利，而是立足于战争全局来思考问题的话，罗马同样没有战胜迦太基的可能。

从战术上讲，哈米卡尔确实能征善战，但如从战略角度去思考，恰恰是因哈米卡尔的所谓战略，才导致迦太基迅速败北。

哈米卡尔接任西西里岛总司令后，对罗马的战略是沿意大利海岸线一路侵扰、抢掠。这种战略，除能抢获一些物资财富之外，对罗马并不能产生致命的伤害，却会引发沿海居民的极度憎恨。这也最终导致了罗马民众抗击迦太基的意愿比罗马元老院更为强烈，民众宁愿不惜一切代价，自费造船，自费训练水兵，也一定要打败迦太基。

这恐怕是哈米卡尔始料未及的。其实，哈米卡尔所做的与海盗无异，如从军事战略的角度讲，他的做法恰恰是兵家最为忌讳之事。

在历史上，有些当政者为了激起民众抵抗外敌的激情，故意放纵敌对方在局部地区烧杀抢掠，然后大造舆论宣传。

因此从某种角度上讲，哈米卡尔在意大利沿海的抢掠战略，是间接地帮助了罗马元老院。

如果哈米卡尔再聪明一些，再次与叙拉古联手，罗马的麻烦就更大了。而要形成这样的联手，哈米卡尔只需要向叙拉古表明，赶出罗马人后，墨西拿依然归叙拉古所有，面对这样的战争诱惑，叙拉古不可能无动于衷。

如果这样,罗马哪有生的希望?

好在哈米卡尔在六年的相持战中,无所作为,甚至连西西里的最基本的防卫都没有安排。

因此,当罗马再次袭击西西里海域时,竟如入无人之境,而罗马海军将西西里海域封锁后,哈米卡尔则立即成了笼中之狮,只能签字投降。

也正因为如此,在元老们看来,此次胜利,纯属是因为对手的愚蠢才获得的偶然胜利。任何一个国家,如果将生死存亡的命运完全寄托在对手的愚蠢之上,那才是真正的愚蠢。

为了让此类事情不再重演,此次,元老院抱定决心不让平民党人称心如意。元老院的最终决策超出了所有人的意料。

元老院对于西西里的安排,既不殖民,也不瓜分任何土地,而是设立相对独立的西西里行省,这也是罗马建立行省制度的开始。

元老院这一做法的意图是明显的,保民官和执政官可以利用平民渴望得到土地的愿望来绑架政府,迫使政府去打一场可能导致国家毁灭的战争,如果让绑架者达到了绑架的目的,那么这样的绑架必定会不断重演。

要想不再被绑架者要挟,唯一的办法就是让绑架者的希望完全落空,让绑架者无利可图。

元老院公开表明对西西里原岛民实行税收,以弥补国家的财政不足,这是一个一箭双雕的政策,既能获得大量的税收,又能巧妙地让绑架者希望落空,同时也暗示了从今往后不可能再有维爱战争之后的分配模式。

第2章/汉尼拔

罗马赢得了战争,却种下了仇恨。

因仇恨而引发的战争是恐怖的、难以妥协的。偏偏这个难以妥协者是战神汉尼拔。

罗马人屡战屡败,贵族党认为,继续直接对抗是愚蠢之举,而平民党则认为这是贵族党畏战的借口。在平民党的严责之下,元老院举全国之力,一战而败。

罗马城已空,元老院已无兵守城。

但元老院巧施空城记,成了最后赢家。

狼来了

对于战争,罗马元老院的心态是极其矛盾的,如果没有对外战争,罗马只能是一个不起眼的蕞尔小国。自从调整了对外战争思路,由被动战争转变成主动战争,罗马开始强大起来。可以说,罗马的成长史就是罗马的对外战争史。

但罗马元老院的每一个元老,内心深处又对那些无法把控或者说容易失控的对外战争有着一种难以言说的厌恶。

连年不断的战争,不仅破坏了很多罗马人的传统规则,而且也在无声无息地严重削弱了三大部落(也即贵族)的实力。

元老们最为担心的是,如果这种情况继续下去,最终的结果必然是元老们通过一代又一代的努力,创造出一个辉煌的、但与三大部落并不相干的新罗马。

在布匿战争之后，罗马元老院一方面小心翼翼，极力防止大规模的战争重现，另一方面则看准机会，该出击时就出击，在短短的二十多年里，将迦太基在地中海范围内的一些大小岛屿掠夺到自己的手里，这些岛屿自然也就形成了意大利半岛的保护带。

这种稳扎稳打、步步为营的扩张模式，才是真正符合元老院的长期战略。

元老院下定决心，罗马再也不能被这些不明不白的战事牵着鼻子走。

然而，就在元老院按步就班地推进扩张计划时，元老院又有了新的麻烦。

公元前 220 年，位于西班牙北部地区的萨贡图姆人来到罗马元老院，声称萨贡图姆城遭到迦太基围攻，请罗马元老院即刻派兵救援。

罗马元老院自从公元前 241 年与迦太基签订停战协议以来，一直小心监视着迦太基的一举一动，严防其对罗马构成新的威胁。

而迦太基方面，自签订割地赔款条约之后，整体局势相当严峻。由于每年要支付罗马高额赔款，致使国库紧张，没有钱供养陆军部队。迦太基陆军的兵源主要来自雇佣军，而雇佣军的特点是，不管局势如何，雇佣费都必须按规定支付。正因如此，停战和约一签订，迦太基财政立即陷于捉襟见肘、难以为继的尴尬境地。

于是，迦太基只能遣散部分雇佣军，但遣散尚未完成，地中海区域第二大岛——撒丁岛和其他区域内的一些雇佣军相继反叛。更糟的是，撒丁岛上的那些雇佣军反叛后，立即请求罗马援助。

罗马元老院认定刚刚投降的迦太基没有反抗的能力，决定趁火打劫，立即诬陷迦太基攻击撒丁岛的真实意图是攻打罗马，同时再次向迦太基宣战。

迦太基无奈之下，不仅丢了撒丁岛，还向罗马赔付巨款才算了结此事。如此一来，迦太基的生存空间愈发狭小。

　　布匿战争之前,迦太基依赖海岛和舰队在地中海区域建成了庞大的商业网络,战后,不仅失去了舰队而且还失去了海岛,整个商业网络也随之分崩离析。

　　迦太基如要维持下去,唯一的出路就是设法开辟新的财源。此后,哈米尔卡奉命前往西班牙寻找机会。

　　西班牙南部区域的各类矿藏极其丰富,当地部落民众尽管对这些矿山进行开发利用,但效率极其低下。

　　哈米卡尔作战无能,却是个行政管理的高手,他到达后,立即接管了其中一些含有丰富银矿资源的地区,并对采矿作业进行规范与整顿,同时还从地中海东部引进了新技术。

　　几年下来,西班牙竟成了迦太基的聚宝盆。迦太基不仅能按时偿还罗马赔款,还能为后续发展储备资金。

　　对于迦太基的这种表现,罗马元老院疑虑重重,他们曾派遣了一个代表团前往迦太基探察虚实,但哈米尔卡表示,一切都为了能按时赔款。

　　此后,哈米尔卡死于一场与当地人的战争中,迦太基根据惯例,任命其女婿哈斯德鲁巴为新的领袖。

　　公元前 227 年,哈斯德鲁巴在西班牙东南岸建立了一座新城,同样取名为迦太基城,为了与北非的迦太基城区别,人们将其称为新迦太基城。

　　对于发展越来越迅速的新迦太基城,罗马人的疑虑也逐渐增大。为了提前防范,公元前 225 年,罗马派使团与哈斯德鲁巴协商,签订一个带有私人约束的协议,在协议中哈斯德鲁巴承诺不会率军越过西班牙北部的埃布罗河,也即承认埃布罗河以北是罗马的势力范围,而埃布罗河以南则为迦太基人的势力范围。

　　此后不久,公元前 221 年,哈斯德鲁巴被属下刺杀。

　　哈斯德鲁巴的被刺似乎纯属一个偶然事件,但历史往往就是被偶然事件改写。

同年,哈米尔卡的儿子汉尼拔被推举为新的领袖。这一年,汉尼拔二十六岁。

汉尼拔可以说是在仇恨中成长的,他亲眼目睹父亲被罗马人打败;迦太基被罗马人反复羞辱和敲诈;以及他父亲和姐夫之死。

汉尼拔感到,所有这一切皆因罗马人而起。

汉尼拔的内心深处,从小就刻着这样两个大字:"复仇"。

但如何向罗马复仇?

进攻罗马有两种方式:一种是从海路进攻。从海路进攻的优点是,航程短,速度快,而且能直达罗马。但缺点则是,从海路运输一支几万人的大军,所需船只惊人,这样一支庞大的舰队在地中海穿行,极易暴露行动目标。

汉尼拔

在布匿战争之后,地中海已成了罗马人的天下,罗马人的大小船只在海内四处巡航,密切关注海上的一切动态。

如果汉尼拔选择海路,恐怕他的舰队刚出港口就被罗马人发现了。

此外,汉尼拔的部队就像早期的罗马部队是纯粹的陆军,也就是所谓的旱鸭子,他们在被运输期间,是没有自卫能力的。由此带来的问题是,要完成如此规模的人员运输,就必须有护航,而这又需要一支强大的海军,这就成了汉尼拔几乎不可能完成的任务。

第二种是走陆路进攻。但此举的困难要远比走海路艰难。要想从陆路抵达罗马,汉尼拔必须先闯两道关,第一道关即是西班牙北部的萨贡图姆城。

萨贡图姆人是罗马的忠实盟友,有关新迦太基的情报信息主要就是

通过萨贡图姆人源源不断地提供给罗马元老院的。因此,也可以这样说,
此城就是罗马在西班牙关注新迦太基人一举一动的眼睛。

汉尼拔如要走陆路,就必须先遮住罗马的这只眼睛。但即便清除了
萨贡图姆城这一障碍,接下来还有另一道难关,即必须越过阿尔卑斯山才
能到达罗马。

阿尔卑斯山崇高险峻,轻装通过已是困难重重,更不要说汉尼拔的部
队还有大量的马匹和大象。因此,对于汉尼拔来说,这条山路尤如天堑,难
以逾越。

但走陆路的最大好处是,正因为艰难,罗马人想不到他的敌人会取道
于此。一旦通过山路,必能达到出奇制胜的效果。

汉尼拔决定打破常规思路。

汉尼拔上任后不久,即组织力量攻打位于新迦太基城东北方向的萨
贡图姆城。

汉尼拔攻打萨贡图姆城的公开理由是:这一区域既可成为新迦太基
的后方,也可成为新迦太基的另一个出海口。

这听上去很有一些道理。

萨贡图姆人遭到新迦太基的围攻后,即刻前往罗马元老院请求救援。

从道理上讲,罗马必须援救萨贡图姆,罗马和萨贡图姆是签过盟约
的,监视新迦太基,了解新迦太基的一举一动,这是萨贡图姆人对罗马的
义务。但反过来,当萨贡图姆遭到攻击时,罗马出兵解救,同样也是盟约规
定的义务。

但萨贡图姆人怎么都没想到,他们为罗马的事业尽心尽力,可在关键
时候,罗马元老院却抛弃了他们。

对于是否应该救援萨贡图姆,其实元老院也曾十分犹豫,毕竟萨贡图
姆不像前几次来求援的那些城邦国那样,与罗马并无干系。他们之间是

同盟关系,如果罗马拒绝出兵,实际上是对盟友的背叛。

但罗马元老院现在是一朝被蛇咬,十年怕井绳。更何况,罗马已被蛇咬了三次。前几次大规模战争,诱发因素无一例外都是因某个国家的某个城市遭到围攻,罗马仓促插手其间,最后一发不可收拾。

再也不能让罗马贵族为了他国利益,轻易出去当炮灰。

因此,此次来者即便是盟友,即便要背负违约的恶名,元老院也不愿轻启战端。

此外,罗马元老院还有一种侥幸心理,以罗马现今的威势,或许通过外交手段就能将汉尼拔震慑住,如能不战而屈人之兵,自然是上上策。

元老院答应萨贡图姆人,他们会派使团前往迦太基,对汉尼拔发出告诫,制止汉尼拔的进攻。

对于元老院的表态,无论是保民官还是平民,此次的反应都出奇地一致,没有任何人反对,更没有人情绪激动地呼吁战争。

其实,所有人都心知肚明,他们默不作声的原因是:这样的战争对任何人都没有好处。

二十多年前的那次布匿战争,尽管平民的死亡人数要远远小于贵族,但这并不是关键。最关键的原因是:在布匿战争结束后,平民们并未得到任何好处。

因此,此次前来求救的,即便是他们的盟友,即便他们的请求确实合情合理,也没有人愿意为他们在元老院仗义执言。

一个小国,一个弱国永远是大国棋盘上的棋子,所谓的正义只不过是大国攫取利益的代名词。

萨贡图姆的特使欲哭无泪,但又毫无办法。他们只能寄希望于罗马特使的警告真能将汉尼拔震慑住。

但这样的警告,对汉尼拔显然不会起作用。

警告无效,可罗马元老院又实在不想开启战端,于是只能作壁上观了。

罗马元老院之所以始终不愿对迦太基动武，另一深层次原因还在于，元老们对汉尼拔的判断完全错了，他们认为汉尼拔攻城略地的目的无非是想扩大自己的势力范围。

除此之外，罗马元老院还有一个说不出口的原因，元老院当年与汉尼拔的姐夫哈斯德鲁巴签订过一个秘密协议，该协议规定，迦太基人不得越过埃布罗河以南一步。

而汉尼拔围攻的萨贡图姆城正位于埃布罗河南部，并且距离埃布罗河有二百多英里。

因此可以这样说，罗马自与哈斯德鲁巴签订协议之日起，就已经出卖了自己的盟友。协议已变相承认，埃布罗河以南是迦太基人的自由行动区。

可这事是不足为外人道的。

然而即便如此，如果在当时，哪怕元老院有人稍微考虑到汉尼拔攻打萨贡图姆城是为了攻打罗马作铺垫，即使有再大的困难，元老院也会立即派重兵前去营救萨贡图姆人的。

然而，罗马元老院根本没有想到，汉尼拔不仅将萨贡图姆作为练兵场，而且还将此战作为他是否能攻打罗马的试金石，因此，他并不急于攻占萨贡图姆。他像一头猛兽那样，慢慢地玩弄已捕到手的猎物。

相反，罗马元老院的元老们始终沉浸在自己的想像中，或许他们还在庆幸自己的高瞻远瞩，几年前他们已为迦太基划定了战争红线，不得越过埃布罗河，迦太基军队进入埃布罗河北部区域就意味着战争。

据史料记载，萨贡图姆人坚持了整整八个多月，仍不见罗马人来援的任何迹象，在彻底的绝望中，他们一把火将城池烧为灰烬，并集体投入火海自焚了。

或许萨贡图姆人是以这种方式来对罗马出卖盟友的行为作出最悲壮的抗议。

当然萨贡图姆人至死都不会明白，他们的不幸来得实在不是时候。

过去罗马不该帮的都帮了,不该打的盟友也都打了。此次则正好相反,该帮的不帮,该打的又不打了。

元老院对这样的战争实在是吓坏了。

只不过此次事件再一次出乎罗马元老院的意料,萨贡图姆城决不是汉尼拔进攻的终点,而是战争的起点。

元老院始终无法正确把握战争的方向与节奏。

由于元老院对萨贡图姆的求救没有任何回应,这种不回应事实上又成了对汉尼拔军事行动的一种变相鼓励。

汉尼拔攻下萨贡图姆城后,立即马不停蹄地进一步向北推进,很快就越过了埃布罗河,不久,又将此河远远抛在大军之后。

此时,尽管罗马元老院摸不清汉尼拔的真实想法,却明显地感到,情况已变得越来越复杂。如再不对汉尼拔的行动加以阻止,事情将会变得一发不可收拾。

罗马元老院立即派使者照会迦太基元老院以及汉尼拔本人,并严正声明,汉尼拔的行动已违反罗马当年与哈斯德鲁巴签订的协议。

但汉尼拔的回答是,此协议纯属哈斯德鲁巴的个人行为,与国家无关。

接到汉尼拔如此的回复后,罗马元老院这才真正感到了问题的严重性。元老院已无路可退,解决问题的方案只剩下两个,一是迦太基将汉尼拔押送罗马,听凭罗马处置;二是宣战。

于是罗马元老院立即派出外交使团前往迦太基。

在迦太基的元老院,最初使团人员还试图说服迦太基人,遵守哈斯德鲁巴的协议,惩处肇事者,此事就此结束。

但没想到谈判由此演变成讨论究竟谁对谁错。

此时,在旁一直冷眼旁观的使团首席代表费边站了起来,并将两指夹住其宽大的托加长袍,形成了一个大的皱褶。这一动作表示,现在两国的现状是相联的,也是和平的,但皱褶一旦打开,就意味着战争。

费边说:"我给你们两条路,要么战,要么和,怎么选择,你们自己来决定。"迦太基人的回答同样很生硬,怎样选择是罗马人自己的事。

费边立即将手中的皱褶拉平,以此动作来回敬迦太基人——那就开战吧!

噩梦

和平已经无望。迦太基打破了罗马的战争节奏。

元老院别无选择,只能调兵遣将,迅速将汉尼拔在西班牙的基地荡平。元老院的基本判断是,汉尼拔试图控制西班牙全境。

罗马元老院立即下令,两名执政官分别领军,一路直接进攻北非的迦太基,另一路则由罗马名将老西庇阿进击汉尼拔所在的西班牙基地。该执政官之所以称为老西庇阿,因其儿子与其同名,并且大西庇阿成年后,同样成为罗马名将。

老西庇阿进入西班牙后,一路追击,但很快就大失所望了。

汉尼拔越过埃布罗河之后,并未停止脚步,而是直奔阿尔卑斯山。

汉尼拔的这一举动事实上已彻底暴露了他的作战意图。在阿尔卑斯山一带,主要是高卢人控制的区域,汉尼拔翻越阿尔卑斯山,绝不可能只是为了去和高卢人争夺地盘,汉尼拔显然是要借道阿尔卑斯山进入罗马。

但此时,老西庇阿想赶上汉尼拔部队已是不可能完成的使命,他们中间相差了好几天路程。对于老西庇阿来说,现在最大的问题是,不要说到阿尔卑斯山脚下去阻击汉尼拔,就是他想带大部队赶回罗马,也已无法完成。

目前,他根本就没有可以运输大部队的船只。

而现在的罗马是一座毫无防御能力的空城,更糟糕的是,汉尼拔的作战意图,元老院尚无一人知晓。

老西庇阿感到,目前唯一尚可操作的补救办法是,将大部队留在西班牙,而自己则带少数随从轻装赶回罗马。必须争分夺秒,赶在汉尼拔下山之前将罗马新的防御工程建立起来。

他派人以最快的速度告知元老院,西班牙的情况已发生突变,元老院必须以最快的速度将国内的两个预备役军团转为现役军团。

也就在老西庇阿惊恐万分、重新布局的同时,汉尼拔已开始穿越阿尔卑斯山了。穿越阿尔卑斯山确实不是件容易的事。

后人对汉尼拔所翻越的阿尔卑斯山线路考证后发现,沿此线路,悬崖峭壁林立其中,正常天气翻越都极为困难,更何况汉尼拔翻越的时间是在天寒地冻的九月,并且一路随行的还有战马和大象,至今人们都想象不出当年汉尼拔究竟是怎么通过阿尔卑斯山的。

汉尼拔率军翻越阿尔卑斯山

根据记载，汉尼拔从西班牙出征时，队伍的规模为五万名步兵和九千名骑兵，到了要翻越阿尔卑斯山时，人数已锐减为三万八千人，越过阿尔卑斯山之后，部队人员仅剩两万名步兵和六千名骑兵了。

然而，汉尼拔进入罗马后，尽管部队大量减员，但与罗马军团交战竟四战四捷，罗马人被打得人仰马翻，狼狈不堪，伤亡人数也直线上升。

据记载，第一场战争是场遭遇战，老西庇阿从西班牙赶回罗马之后，立即将两个临时建立起来的军团安排妥当。同时，老西庇阿已经知道，他的同僚执政官已得到通知，正率领大部队赶回罗马援助。老西庇阿原本想在友军到达时再与汉尼拔进行会战，但没想到，在他的部队回师途中，即与汉尼拔的部队相遇。此次遭遇战很快就演变成了全面战争。

记录显示，老西庇阿的部队与汉尼拔的部队对垒不久，即被打得四处溃散，老西庇阿也在此次战争中负重伤，差一点丧命，幸亏其十七岁的儿子大西庇阿及时相救，才算逃过一劫。

第二场战争，时间在公元前 218 年 12 月，当年度执政官率领四万人大军攻击汉尼拔，结果反被包围，仅有一万余人逃生。

第三场战争，时间在公元前 217 年 6 月 21 日，汉尼拔又将一支罗马大军包围，在很短的时间内，超过一万五千名罗马士兵被杀，剩余六千多人也立即投降。

几天之后，另一名执政官所率领的全部骑兵也在一场突袭中全部丧生。

战争至此，元老们早已手足无措。在如此短的时间内屡战屡败，这在罗马共和国历史上还是第一次。

为了寻找对策，元老院开始收集汉尼拔的各种信息，试图找出其行事规律。

元老院获得的情报显示，汉尼拔的行事风格与老一代迦太基人有着明显的区别,这或许是其吸取了其父亲失败的教训。

第一,当年哈米尔卡沿海攻打拉丁同盟国时烧杀抢掠,试图以此来瓦解罗马同盟,结果却引来罗马民众复仇,并由此而导致战争失败。

汉尼拔在罗马的战争中,将罗马人和同盟国严格区分开来。每次战争,只要有了战俘,凡属同盟国的军人,汉尼拔一律好好招待他们,然后全部释放,并在释放前告诉他们,迦太基人到罗马来,不是为了征服,而是来解放所有被罗马人奴役的同盟国人民,迦太基部队作战的对象主要是罗马,并不针对同盟国。而对于那些被俘的罗马公民兵,或者直接杀掉,或者卖到海外为奴。

第二,哈米尔卡在攻打意大利沿海同盟国时,后方阵营的西西里岛是空虚的,也正因如此,当罗马民众自发组建了一个庞大的舰队,当舰队再次进入了西西里岛附近海域时,竟如入无人之境,由此一举成功封锁了西西里岛,哈米尔卡只能无奈地退出西西里。

汉尼拔此次出征罗马,无论是在迦太基本土,还是在西班牙基地,他都留足了守卫部队,以防重蹈其父覆辙。

第三,迦太基战败后,雇佣兵集体暴乱,致使迦太基失去了地中海重镇撒丁岛,还被罗马敲诈了一笔巨款。此事必然对汉尼拔留下极其深刻的影响,在汉尼拔的远征军中,不但不会使用雇佣兵,只要汉尼拔感到某个部落的士兵忠诚度不够,就坚决放弃,宁缺毋滥。这恐怕也是汉尼拔的部队能够越过阿尔卑斯山的主要原因之一。

罗马元老院对汉尼拔的底细摸得越清,也就越后怕。罗马强大的基础是建立在同盟国的忠诚之上,一旦同盟国集体背叛,罗马共和国离土崩瓦解也就不远了。

因此,在此次战争中,罗马元老院将争夺同盟国的民心作为罗马与汉尼拔直接交战之外的第二战场。

罗马的最大优势是,前几次大规模战争,如与萨莫奈的战争、与皮洛士的战争以及上一次与迦太基的战争,每一次战争的初期,罗马都打得很被动,有的甚至输得很惨,但最后的赢家总是罗马人。

这就是罗马必胜的最好证明,也让一些小的同盟国不敢轻易背叛。

而罗马元老院也不断地向各同盟国派出特使,并以这些案例来恐吓同盟国。

而汉尼拔的优势则是以现实的案例来教育那些同盟国。在现实中,罗马是屡战屡败,节节败退。

如果罗马军队继续惨败下去,一旦同盟国开始彻底怀疑罗马的军事能力,同盟体系就会崩溃,这也必将是罗马共和国的末日。到了此时,无论什么样的威吓都不会对同盟国产生任何作用。

因此,决定此次布匿战争胜败的,是汉尼拔能否将他的胜利继续下去,而不是恐吓或拉拢罗马的那些同盟国。

在罗马,最早看懂这场战争游戏的人是那位五十七岁的老人费边。

之前,费边已出任过两次执政官,他的最大特点就是能够不受任何干扰地思考问题,并对错综复杂的时事进行客观的分析。

费边认为,以目前罗马军队的战斗能力和战术水平,要与汉尼拔抗衡是完全不可能的。罗马可以起用的名将,差不多都出场了,但无一例外都是惨败。而每次战败,对罗马人以及同盟国的心理打击都超出了战败本身的打击。

再看汉尼拔,尽管他能征善战,但他的最大弱点是远离本土作战,缺少人员和物资的补充。因此,这样的军队最希望的就是进行大规模的作战,速战速决。

相比之下,罗马军团的最大优势是在本土作战,经得起消耗。

因此,在目前的形势下,避免与汉尼拔直接对抗,保存实力,以时间换取空间,这才是上策。

元老们感到费边分析得有道理。

于是,元老院决定任命费边为独裁官,以挽救危局。

费边上任后,第一件事就是下令严禁与汉尼拔直接交战。费边的战略是,跟在汉尼拔部队的后边,并保持一定的距离。

可出乎元老们意料的是,这种保存实力,不与汉尼拔直接对抗的策略执行了一段时间之后,费边成了保民官以及平民党极力攻击的对象。

平民党称费边像是汉尼拔的"听差",只会在汉尼拔的左右行走,除此之外一事无成,他们指控费边不仅缺乏战争的勇气,更缺乏对国家的忠诚。

但费边不仅不为所动,反而公开放言:"要是我害怕这些一无可取的责怪之词,就放弃原本坚持的信念,比起他们对我的风评,岂不是变得更加胆小如鼠。为了国家的安全,步步为营,并不是可耻的行为。"

平民党看到攻击无效,索性直接攻击元老院,他们坚称,是元老们把迦太基人引进了意大利,其目的是企图利用迦太基来灭绝人民的自由权利。那些元老为了达到目标竟不择手段,他们把国家最高权柄交付在一个人的手里,那个人却行事缓慢,一味拖延,正是这种愚蠢的拖延战略,使汉尼拔有充分的时间在意大利巩固自己的地位。迦太基人由此可获得充分的时间和机会,并派出生力军增援他的需求,最终得以完成征服计划。他们强烈要求解除费边的独裁官一职,但这种做法是从无先例的。

面对平民党以及保民官持续不断的争执,元老院终于顶不住压力,独裁官任期未满,元老院即以祭祀的名义将费边召回罗马,实际上就是体面地就地免职。

独裁官被废了,罗马回到了所谓的正常状态。平民党再次发起强烈的攻势。平民瓦罗公开声称:罗马要是还继续使用费边这样的将领,战争将永无结束之日。同时,瓦罗还坚称,如果由他来指挥战争,无论他在何处见到汉尼拔,他一定在当天就将汉尼拔的部队全部歼灭,还罗马一个清朗世界。

瓦罗的誓言震撼了所有罗马人。

几天之后，瓦罗即和另一名贵族保罗斯一起被选为执政官。

当时，汉尼拔的兵力仅在五万人左右，根据瓦罗的建议，罗马元老院决定以压倒性优势兵力将汉尼拔一举击垮。

据记载，一支人数约在八万七千人的超大规模部队迅速集结起来。这支部队可以说是集中了全罗马所有能征惯战的老兵。瓦罗的战略意图很明显，举全国之力，集中优势兵力，奋力一搏，一举歼灭来犯的汉尼拔部队。

或许由于平民党和保民官的反复指责，元老院为了自证清白，并向平民表示元老们并不畏战，此次出征，竟有八十名年龄较轻的元老跟随部队作战，这一情况可以说是史无前例的。

就在罗马元老院轰轰烈烈备战的同时，汉尼拔已全面掌握了罗马方面的动态。

汉尼拔之所以屡战屡胜，其中极其重要的因素是，他对情报工作异常重视，在任何一次战争之前，他必定派出大量探子前往敌方阵营，尽可能详尽地了解敌方动态，以及敌方将领的性格特点，然后再根据掌握的情报作出相应决策。

此次罗马元老院如此大张旗鼓，汉尼拔的探子自然不会错过。于是，汉尼拔为罗马的复仇大军量身定制了一个巨大的陷阱。

公元前 216 年 7 月底，八万多名罗马官兵被且战且退的迦太基部队引到一个名为坎尼的小镇边上。这个小镇被一条西北走向，名为奥方托的河流切断，在河流的东西方向是一大片空地，双方在此一决雌雄的态势已经摆明。

罗马部队一到战场，瓦罗马上表示，应即刻决战，但该天的总指挥是保罗斯。

根据罗马执政官指挥条例,他们两人,每人一天,轮流出任总指挥。

保罗斯当场否决了瓦罗的建议。

瓦罗十分愤怒,但又无奈。这一天相安无事。

第二天,瓦罗出任总指挥后,立即布阵准备决战,于是罗马与迦太基的会战由此拉开了帷幕。

双方沿河各自摆下一字长阵,双方的左右翼阵势也是类似,都是骑兵。如果说还存在哪些不同的话,汉尼拔的阵形是明显中间突出的弓字形。在瓦罗看来,这实在没什么特别之处,于是指挥三路大军一路猛冲猛杀。

战争开始后,除了瓦罗指挥的左路无法突破外,保罗斯指挥的靠近河岸的右路以及中路迅速突破,一路追杀,但保罗斯很快发现,迦太基部队是在且战且退,是有序逃跑,或者说是在变阵形。汉尼拔的三路人马,二路看似溃退,但三路人马之间并不存在断裂的空间。而罗马大军,左路部队无法全面突破,中路与右路却突破太快,而右路边上又是奥方托河,因此,罗马大军等于钻进了汉尼拔为他们设置好的口袋。

但保罗斯明白这一切时已经太晚了,部队人员太多,如果后退,就会自相踩踏,前进却又无法突破。汉尼拔的口袋开始收缩,战争迅速演变成了一场屠杀。

而在袋口始终无法突破的瓦罗及其率领的骑兵,突然之间也发现情况不对,于是立即脱离战场,但仍被迦太基骑兵一路追杀,最后瓦罗与50多名骑兵侥幸逃脱。

坎尼会战之后,世人对瓦罗战争之前非理性地煽动战争,而在战斗过程中,一看大势不妙就不顾一切逃亡的做法颇有微词。其实瓦罗可恶之处并非是其从战场逃走,战胜战败本是兵家常事。

瓦罗真正可恶之处在于他逃走时,居然只顾自己性命,而完全不顾部下的生死。如果他在逃走时,能够顺便通知一下留守营地中的一万余名将士,他们至少可以和他一起逃走,而不至于被打完胜仗的汉尼拔再来一次大包围,全部成了俘虏。

如果他再勇敢一些,立即率领这一万人马杀回坎尼的战场,对迦太基部队形成内外夹击,这次战役的胜败将是个未知数。

相反,当他回到罗马时,元老们并未因他战前对元老院横加指责,自己出征又被打得丢盔弃甲表示不满甚至报复处罚,而是全体元老集体出城迎接,对其为共和国所做的一切表示感谢和慰问。这种大度与理性,绝非常人所及。

此次战役的最后结局是,除四千余人逃脱之外,七万多名罗马军兵被杀,其中包括执政官保罗斯以及八十名元老,另外留在营中作为后备部队的一万名士兵全部成了汉尼拔的俘虏。

空城计

坎尼会战结束后,罗马元老院的元老们立即陷于惶恐不安的情绪中,他们完全不知道,汉尼拔接下来还会有什么惊人举动,他们还会遭到什么样的毁灭性打击。元老们现在唯一能做的就是尽一切可能控制自己的情绪,做一切可做的准备。

此时,城内的民众由于家家户户都有亲人死亡,对未来的绝望与对亲人死亡的悲伤交织在一起,人们见面时只是默默相视,悲伤无语,欲哭无泪。

据记载,有的贵族已经开始作流亡希腊的准备。

而与此同时,在汉尼拔这方面,努米底亚骑兵队长马哈尔巴建议汉尼拔抓住时机,向罗马进军。

他说:"你或许知道,经此一役,我有预感,不出五天,你就可以在卡匹托尔山上大宴宾客了。跟我来吧！我会带着骑兵打头阵。当他们听说你在来的路上时,就会发现你已经到了。"

对于汉尼拔而言,直接攻打罗马的事,他不是没想过。但这样一种想法,恐怕也只是一闪念的功夫。尽管他与罗马有着深仇大恨,但却从未想过要毁灭罗马,或者使意大利半岛变成迦太基属地。

汉尼拔曾对罗马作过很详细的分析,他对罗马的总体判断是,如果没有外力的影响,罗马将很快发展成为地中海区域的一个超级强国。而他对罗马报复的基本目标是,切断罗马与北部和南部同盟者之间的联系,限制罗马势力的发展,并让罗马最终成为意大利中部一个小型的、对谁都不会构成威胁的城邦国家。

根据这一策略,他的主要目标就是消灭罗马的有生力量,瓦解罗马的同盟体系。

当然,这些都是他内心深处的想法,他并不想透露给马哈尔巴。他只是很简单地告诉马哈尔巴,自己很赞赏他的热诚,但他需要考虑这个方案。

马哈尔巴一听这样的回答,心中明白自己的建议已被否决。

任何一个将领都知道,兵贵神速,一个好的战机是可遇而不可求的,一个所谓杰出的将领,其实无非就是善于捕捉战机。

那种犹豫不决、反复斟酌决不是一个战略高手应有的风格。

马哈尔巴长叹了一口气说:"神明没有将所有的天赋赐给同一个人,你知道如何取得一场大胜,汉尼拔,但你不知道如何利用它。"

马哈尔巴的思路是正确的。

其实,汉尼拔在拒绝马哈尔巴建议的同时,也拒绝了他唾手可得的胜利。汉尼拔的最大悲剧是他的战略,他的战略如放在其他国家的将领身上,或者其他对手的身上,都会有效,但他的对手偏偏是罗马,尽管他一直在研究罗马,但研究并不等同于了解。他对罗马的判断还是错了。

兵法上说，"知己知彼，百战不殆；不知彼而知己，一胜一负；不知彼，不知己，每战必殆。"

汉尼拔的战略是建立在既不知己也不完全知彼的基础之上的。

罗马的内斗十分严重，但在危险的时刻，元老院往往能表现出一种特殊的理性。如坎尼会战后，全体元老出城迎接战前口不择言，战争过程中不顾一切出逃的瓦罗。

早期罗马元老的最大特点是，在关键的时刻决不信奉党同伐异的做法，因此他们不会借瓦罗的战败而立即将其处死。这种气度在世界战争史上都是少见的。

他们这样做并不是对战败者的鼓励，而是对战争勇气的鼓励，以及对敢于战争者的表彰。

而迦太基元老院的情况与罗马的情况正好相反。

据记载，当汉尼拔取得了坎尼会战大捷之后，汉尼拔派他的小弟马可尼回国通报会战胜利的喜讯，当马可尼将从罗马阵亡将士手上摘下来的金戒指堆放在地上形成一个小山堆时，元老院内一片欢呼雀跃。

但反对党领袖汉农却对汉尼拔不断的胜利毫无兴趣。

他冷冷地问马可尼："在拉丁民族中有哪个部族投奔了我们？ 在多达三十七个拉丁殖民城市中，有多少殖民城市脱离战线，投降了汉尼拔？"

马可尼回答："没有，一个也没有。"

汉农继续问道："也就是说，敌人依然强大。那么请问，罗马的殖民城市和同盟城市的市民中，有没有背叛罗马的迹象？"

"不清楚。"

"罗马人有没有向汉尼拔提出和谈申请？"

"还没有。"

"既然这样，情形与汉尼拔翻过阿尔卑斯山的时候又有什么不同？坎尼会战胜利后，迦太基和罗马依然处在激烈的战争之中。各位，我提议现在与罗马讲和。"

迦太基就是这样一个国家，国内充满着党争，党派利益至上，而一些党派领袖又都是些商业味十足的家伙，他们以经济利益来衡量一切，因此，政治行为也无非是经济行为的一种改头换面而已。这些政客，为了党派利益，他们可以完全漠视国家的整体利益，这样的政客，即便在当时的世界，也属于国家的败类。

汉尼拔是在孤军作战，没有后援。汉尼拔的祖国对他的掣肘远大于支持。这样的背景决定了汉尼拔只能打速决战而不是持久战。

但汉尼拔始终不愿承认这一点。

同样，对于对手情况的了解，尽管汉尼拔做了不少的努力，结果却并不理想。

战前，汉尼拔一直在研究罗马，战争开始后，汉尼拔又派了大量的间谍潜伏在罗马，时刻了解罗马的动向，按理说，他对罗马应该了解得相当透彻了。

但恰恰相反，汉尼拔仍然不了解罗马，他所了解的罗马，仅仅是罗马五光十色的表面，或者说一个战斗过程中的罗马。他研究的只是罗马与其他国家的各种战争案例，研究的重点主要放在战术层面上，他始终将迦太基与罗马的战争看成一个纯粹的战术问题，他从来没有从罗马人的文化心理角度去考量罗马人。当然，这也可能是他派遣的那些间谍的整体素质存在问题，从未向他透露过这方面的信息。

因此尽管汉尼拔很努力，但实际的情况是，他对罗马人的了解与当年的萨莫奈名将加维乌斯其实相差无几。

加维乌斯在考地乌姆峡谷大捷之后，因为不了解罗马人的性格与心理行为，结果不仅白白浪费了一次胜利，而且还为这次胜利所拖累。

如果汉尼拔认真研究了此次战役，认真研究了加维乌斯父亲对如何处置罗马人的两种极端模式建议，以及研究萨莫奈人此后的遭遇，恐怕他就不会再坚持原来的战争策略，拒绝听从马哈尔巴的建议。

但不幸的是,他的研究路径出现了偏差。

汉尼拔一直想吸取自己父亲失败的教训,但学习研究方法不对,他最终仍难以摆脱与他父亲哈米尔卡一样因致命战略错误的宿命。

马哈尔巴本想再多劝汉尼拔几句,本想直接了当地对汉尼拔说:

"战争不是儿戏,容不得半点犹豫,对于罗马这样的国家来说,只有狠到了极点,只有像高卢人那样,以迅雷不及掩耳之势占领罗马城,才能取得完胜。相反,左思右想,寻求完美无缺的战争方案,最终必将错过战机而一事无成。罗马经得起时间消耗,而你汉尼拔经不起这样的消耗,罗马的每一次战争,可以说就是通过拉长战争时间来赢得最后的胜利,之前的罗马历史早已证实了这一点。"

但马哈尔巴又想,说这些又有什么用,汉尼拔一旦决定的事,如果靠这样三言两语就能让他转变思路,他也就不是汉尼拔了。

汉尼拔确实不可能轻易改变他的想法。

坎尼会战之后怎么办?下一仗又该怎么打?

其实,在马哈尔巴建议他立即攻打罗马之前,他确实已有了自己的打算。即使听了马哈尔巴的建议,他还是感到他的计划比马哈尔巴的建议更稳妥。但恰恰是汉尼拔的这种自信导致他错失了战胜罗马的机会。

汉尼拔的计划是从俘虏中挑选出十名元老,让他们回去商谈赎回八千名战俘的相关事宜。

汉尼拔希望通过此举达到一箭双雕的目的,第一个目的是解决这八千名战俘的难题。这八千人每天都要消耗掉大量的粮食,时间越久,麻烦越大,如果罗马同意支付赎金,这一难题马上即可化解。

而第二个目的则是他计划的重点,他希望通过此次谈判来判断罗马元老院的情况,以及元老们在如此众多失败之后的真实心态。

汉尼拔清楚罗马的征兵模式。经过之前的四次战役,罗马大量有生力量已被消灭。从理论上判断,罗马元老院的兵力应已极其匮乏,这八千名士兵相当于整整两个罗马军团的兵力。在一般情况下,罗马两名执政官也就各带两个军团。

汉尼拔认为,无论从哪个角度来思考,这八千人对于罗马元老院来说都是太重要了,他希望通过这八千人的归属问题来判断罗马元老院的虚实。他故意开了很高的赎金价码。

汉尼拔的判断是,如果罗马元老院咬咬牙接受了他索要的条件,这证明罗马确实已很虚弱了,他的做法将不是释放这八千名战俘,而是直接冲杀到罗马城下,逼迫罗马签订城下之盟。

但如果罗马元老院讨价还价,则即证明,罗马元老院还有相当的实力,即使直攻罗马也很难得到好处。

但罗马元老院的举动让汉尼拔大吃一惊。罗马元老院不仅拒绝接见这十名元老,而且还通过一项法令,禁止国家或私人为战俘支付任何赎金。同时,罗马元老院还公开宣称,他们将不惜任何代价,将战争进行下去,直到取得最后的胜利。

罗马元老院的举动完全出乎汉尼拔的预料,他完全搞不清罗马元老院究竟还有多少实力。

他只能以最快的速度将这批罗马战俘处理掉,或是卖为奴隶,或是即刻处决。

而此时的罗马元老院的元老们同样也在密切关注着汉尼拔的一举一动。

元老们之所以敢在屡战屡败、兵力严重匮乏的背景下,以如此强硬、如此极端的方法应对,关键还在于汉尼拔已将罗马元老院逼到了死亡的边缘,这也是元老院最为无奈的一招。

在接到坎尼会战大败的消息之后,整个元老院立即大乱,元老们不知道下一步该怎么办。

此时，元老们最担心的事是，汉尼拔一鼓作气长途奔袭罗马城。他们已完全吃不准究竟应该放弃罗马城还是坚守罗马城。甚至已经有元老提议，如果汉尼拔来袭，应立即弃城，因为，这些元老认为，这样的坚守已毫无意义。

元老们的茫然并不是担心汉尼拔攻城，或者说缺少士兵守城。尽管此时的罗马城内已是兵丁奇缺。罗马的兵丁虽少，但毕竟罗马城易守不易攻。

据记载，大约是在公元前390年，高卢人攻陷罗马后，罗马重新修造了塞维乌斯城墙，长达十一公里，而平均厚度则达三点六米，城门约为十二个。

元老院拥有如此坚固的城墙，只要城内男女老少齐心协力，共同上阵，足以挡住汉尼拔的攻势，汉尼拔攻得越猛，死伤也就越多。

元老们所担心的是，汉尼拔围城而不攻城，或者说是采用围点打援模式。如果汉尼拔采用这种方式来对付罗马城，那将是罗马的灾难。

罗马城是意大利半岛的政治与行政中心。汉尼拔只要将罗马城围起来，切断罗马城内与城外的关系，那么罗马城即便有再厚的城墙也难逃厄运。

相反，对于汉尼拔来说，面对这样一个规模不大的城市，围而不攻，听之任之，这是最简单不过的事。既不会产生伤亡，也不需要大量的围城部队。此外，罗马城墙总长只有十一公里长，其中可供进出的城门也只有十二个。对于汉尼拔来说，只要看守住这十二个城门即可。

如果汉尼拔真的采用这种围城模式，城内的守城部队本来就没多少，不降也是等死。

而汉尼拔的部队，人数则多达五万人，如按罗马军团的编制，就有十个加强军团，围城绰绰有余。

如果汉尼拔依然担心无法将罗马城彻底封死，即使在城外挖掘一条隔离用的十一公里长的壕沟，几万人大军同时上阵，也不是一件太难的事，如果每个士兵一天挖一米长、五米宽、五米深的壕沟，一万一千名士兵一天即可完成。

这种做法，在第一次布匿战争中，罗马在西西里岛就这样对付过迦太基人，在此后的战争中，罗马军团为困死对手，也曾挖过数倍于十一公里长的壕沟。

如果汉尼拔做出这样的决定，由于全罗马的精英尽在城内，一旦元老院与外界的联系被完全切断，对于罗马而言，同盟国的存在也就形同虚设了。时间一长，罗马同盟自然随之分崩离析。

而城外的一些外围部队，如果闻讯赶来救援，这也正好符合汉尼拔寻找战机的心愿，并且能以逸待劳，这样也就更多了一些胜算。

一旦形势发展到了这一步，那么，放在元老院面前的也就只剩两条路了，一是立即请求谈判，但到了此时，也只能听凭汉尼拔开条件了。二是负隅顽抗，但事实上，这样的反抗并没有多大的意义。时间越久，罗马彻底毁灭的可能性就越大。

但是，令元老院喜出望外的是，汉尼拔没有发现罗马的死穴。

汉尼拔居然向元老院提出交付赎金以换取八千名将士，这等于是在为元老院雪中送炭，但元老院对此事又相当纠结。

这八千名将士对元老院来说，确实太重要了。

据罗马在第二次布匿战争之前，也即公元前233年的人口统计显示，当年的公民人数为二十七万七百一十三人。

战争开始之后，罗马军团先后四次惨败，更不幸的是，坎尼会战之后不久，元老院派往高卢的军团，也被高卢人全部歼灭。因此，在罗马公民中，不要说有作战经验的老兵死伤得所剩无几，就连符合征兵入伍条件的青年，人数也相当有限。

元老们如按正常思维，无论花多大的代价，把这八千名将士换回来都是值得的。

在第一次布匿战争期间,这种支付赎金来换取将士性命的做法,无论是罗马还是迦太基,都是屡见不鲜的。

但元老们又感到,在这样的背景下,以如此高的赎金赎回八千名将士,这本身就是一种示弱,有可能进一步激起汉尼拔进攻罗马的野心。如此一来,罗马必将彻底完结。

元老院决定唱一次空城计,以八千名将士的性命为代价来豪赌一次。

这种豪赌是令人恐惧的,也是前所未有的,这不仅仅涉及八千名将士,还涉及了八千个罗马家庭。

但元老院感到,为了罗马的生存,必须铤而走险。

元老院立即拒绝了汉尼拔的提议。

元老院向汉尼拔传递的信息是清楚的,罗马不会与汉尼拔做任何交易,罗马不缺这些兵力,罗马有足够的兵力可以应付汉尼拔,并且还可动员更多的兵力。

元老院是幸运的,元老们赌赢了。

但这是一次成功的下注,如果汉尼拔对罗马人的文化比较了解,元老院将为它此次豪赌付出惊人的代价。

如果汉尼拔了解罗马人的文化,他完全可以通过元老院的极端行为作出正确的判断。

早期罗马人的文化特点实际上就是不轻易认输,尤其是那些罗马元老,在他们的成长过程中,他们一直被灌输了大量关于他们的祖辈即使在最危急关头也拒绝与敌人妥协的故事。

在这种文化的长期熏陶下,罗马人的性格是不屈不挠、坚韧不拔。他们最大的特点是越是处于顺境,表现得越是宽容,而越处于不利的险境,他们越容易走向极端。

罗马元老院不顾八千名士兵的生死,这显然不是正常的心理行为,更不是罗马社会的常态做法,这种极端做法实际已暴露出罗马元老院的极度虚弱,它是在以一种反向操作来证明其依然强大,依然无所畏惧。

这如同一个极度自卑者的表现往往是过度的自尊。

元老院这种极端的做法等于告诉了汉尼拔,罗马是一座空城。

但历史没有假设,汉尼拔终究还是被骗了。

笑到最后

汉尼拔由于谈判失利,以及罗马元老院的强硬回应,他已无法对罗马的实力作出正确的评估。

一场空前的胜利,竟成了汉尼拔胜利的终点。汉尼拔再次进入了他自己设计的战略误区。

汉尼拔一直认为,罗马强大的基础在于有众多同盟国的支持。在罗马军团中,至少有一半的士兵来自同盟国,只要瓦解了罗马共和国的同盟体系,罗马共和国也就成了无手无脚的废人,最终只能妥协求和。

汉尼拔对罗马与同盟国关系的认识并无错,他的错误在于将次要的战略因素当成了主要的战略因素。

罗马的军事体系一直依靠同盟国,但从来不以同盟国的军队作主力,这是早期罗马军团的特点,或许这也是因贵族长期与平民对抗所形成的一种天然警觉。平民一而再地搞撤离运动,如果将战争的希望全部寄托在平民身上,无疑是自找麻烦,自掘坟墓。

此后,罗马人将这种敏感移植到了同盟国身上,同盟国的军事力量,不仅处于罗马的绝对领导之下,而且同盟国的军力在作战的过程中,也大多起到辅助作用,而不是作为主战部队。

因此,即使汉尼拔成功瓦解了罗马的同盟体系,也不等于战胜了罗马,更何况,罗马元老院只要存在一天,罗马的同盟体系就不可能全面瓦解。

然而,任何战略误区,如单从理论上探讨,它总是似是而非,它的表面也总是光鲜诱人。否则任何人都不可能进入这样的误区。

汉尼拔在坎尼会战后的情况正是如此。坎尼会战之后,汉尼拔的形势可谓一片大好。东西南北中,处处都有回应汉尼拔呼吁结盟的声音。在意大利西面的西班牙是汉尼拔的大本营,罗马派往西班牙的远征军不久之后也被歼灭,老西庇阿兄弟均死于那次战争。北面有新结盟的高卢,在坎尼会战之后不久,即全歼了两个罗马军团,而在东面,希腊地区首屈一指的强国马其顿,该国国王腓力五世已派人前来联络,商定携手共击罗马。此外,意大利南面,西西里岛上的叙拉古,以及意大利中部地区的最重要、也是最富庶的城市卡普亚也全部归顺汉尼拔。

在汉尼拔看来,在意大利的东南西北已形成了一个完整的包围圈,而它居于中央,内外合击,击溃罗马,指日可待。这样的逻辑,这样的推理,从理论上讲,可以说是毫无瑕疵,完美无缺。但现实不是理论,现实中的变量要远多于理论变量。

或许是因前期太过顺利,也或许是面对这样一种大好形势,让汉尼拔深深陷入自己的理论而难以自拔。

坎尼会战之后,汉尼拔为了瓦解罗马的同盟体系,他不仅通过释放和优待俘虏来向那些同盟国释放善意,而且他还向那些同盟国表示,他将给这些同盟国更多的独立与自由。

这样一来,汉尼拔分化那些同盟国的目的是达到了,但这些同盟国对汉尼拔的帮助并不大,他没法在这些同盟国中大规模地增兵,甚至获得军粮。相反,当这些盟国受到罗马军团打击时,汉尼拔还得分身加以支援,结果汉尼拔成了一些比较弱的同盟的保姆,而这些同盟国成了只享有权利而不承担义务的怪胎。

而对汉尼拔来说,更为致命的是,一旦汉尼拔保护不了他的那些同盟国,这些同盟国即刻会离心离德,并重新投入罗马的怀抱。

在与汉尼拔结盟的伙伴中,卡普亚可以说是最重要的一个。在汉尼拔争取卡普亚时,卡普亚明确向汉尼拔表示,卡普亚可以成为汉尼拔的盟友,但不可能成为汉尼拔的附庸。即不承担支援汉尼拔的军事义务,同时要确保卡普亚的政治独立,以及确保卡普亚成为该地区的霸主。

由于汉尼拔将瓦解罗马的同盟体系作为打击罗马的主要目标,因此,对于卡普亚以及其他一些罗马同盟国所提出的要求,汉尼拔一概同意。

此后,汉尼拔成了卡普亚的保护伞,而卡普亚则对周边地区东征西讨,使得这些地区无一日安宁。

从表面上看,汉尼拔确实成功地瓦解了一部分罗马的同盟国。但汉尼拔忘记了最关键的一个问题,即所有这些成功,实际上都是坎尼会战的战争红利。

汉尼拔要想确保这些战争红利,绝不是靠优惠政策能解决的,对他的同盟来说,他们最需要的是汉尼拔能够取得不断的胜利,如果汉尼拔能够继续创造奇迹,能在战场上继续打赢罗马,即便汉尼拔不给那些同盟国优惠政策,那些同盟国同样会倒向汉尼拔,反之,哪怕给予再多的优惠政策,这些同盟国照样会反叛。

但现实的问题是,汉尼拔没看清这一点,而他的对手费边对此早已一目了然。费边所采用的拖延战略就是不让汉尼拔创造新的奇迹,并获得新的战争红利。

汉尼拔一步错则步步错,他的潜在危机在不久之后就开始显现了。

当汉尼拔自以为是地建立了对罗马的包围圈,并忙着继续瓦解罗马同盟体系以及与各同盟国建立关系时,他完全没有注意到,正是由于他的这一战略,罗马元老院不仅逃过了生死劫,还赢得了重整旗鼓的宝贵时间。

对于元老院来说,只要汉尼拔不再将战争目标直指罗马,它的战略空间就一下子拓宽了。元老院可以充分发挥它的大脑中枢作用,同时调动一切力量与汉尼拔周旋,并在周旋过程中逐步消耗汉尼拔的力量。

在拒绝赎买战俘之后,元老院即刻以超常规方式重组兵力,他们不仅取消了新兵入伍的资产资格条件,甚至将部分奴隶也选进了军营。

据记载,元老院破例挑选出八千名奴隶扩充到罗马军队,并向他们许诺,只要作战勇敢即可获得自由。

与此同时,费边也在元老院的支持下,再次出山,成了新一年度的执政官。而费边的拖延战术则成为罗马军团对付汉尼拔的共识,即避免与汉尼拔直接交战。费边命令全力打击那些背叛罗马的前同盟国,以及所有非汉尼拔指挥的部队。

此外,元老院派大量使者前往各同盟国,一方面鼓舞士气,征招新兵。另一方面则提醒他们,让他们认清形势,不要在关键时刻背叛罗马等等。

在夹缝中,罗马元老院这台庞大的机器终于恢复了正常运转。

公元前 213 年,罗马元老院将西西里岛上的叙拉古作为它第一个攻击目标。

罗马元老院的这一招很毒,它实际上给汉尼拔出了一道难题。

对于叙拉古被围,汉尼拔是救还是不救?

不救,或者说让迦太基元老院去救,迦太基的部队根本就没有战斗力,这等于不救。只要叙拉古一亡,此后罗马的同盟国就再也不敢轻举妄动,叙拉古就是他们的前车之鉴。

但若要救,又怎么救?

汉尼拔好不容易翻过阿尔卑斯山来到意大利本土,如去救,等于再次离开意大利本土,救活了叙拉古,汉尼拔恐怕很难再进入意大利本土了。

最终,汉尼拔选择了最糟糕的策略,将皮球踢给了迦太基元老院。如此一来,叙拉古也就只能自求多福。而汉尼拔也等于往自已的绝境方向又前进了一步。

其实,汉尼拔的所有困境依然来自他最初设定的不攻击罗马城战略。

如果此时汉尼拔能幡然醒悟,断然决定围魏救赵,应该还是有希望的。尽管此时,汉尼拔已错过了围攻罗马城的最佳时机,但罗马的主力部队已进入了西西里岛,此时进攻罗马,事实上等于是将皮球重新踢给罗马。

虽说,罗马已经过两年的修整,情况比坎尼会战刚结束时要好了很多,但负责守卫罗马的只有费边带领的几个军团,他们都是新兵,只是跟着汉尼拔的队伍转。他们的战斗力是没法与汉尼拔的部队相抗衡的。

一旦罗马城遭围,元老院将被迫作出两难选择。是让正在围攻叙拉古的具有实战能力的部队回援罗马还是让他们继续进攻叙拉古,如果罗马军团回援,叙拉古的包围自然也就解了,但罗马军团一旦撤退,他还得防止叙拉古部队的尾随攻击,按作战常规,撤退要比进攻难很多。

此外,即便这支部队回到了罗马,他们是否敢和汉尼拔决战,这也是一个大问题。如按照费边的战略,他们断然不敢上前与汉尼拔交战。因此这样的回援也就失去了意义。

相反,如果对汉尼拔的包围不予理睬。那么,总体上讲,依然是对罗马不利,罗马被围的是首都,而汉尼拔方面,被围的只是一个同盟国,如果双方结局一样,这意味着罗马死定了。

但汉尼拔最终选择了听其自然。他所做的只是将一个沿海城市塔兰托攻下。可攻下这一城市,对战争全局的影响实际上并不大。而叙拉古战败则可能引发多米诺骨牌效应。

叙拉古被围一年多以后,终因缺少外援而沦陷。汉尼拔的多米诺骨牌第一块倒下了。

而此时,汉尼拔似乎仍然没有意识到他的麻烦已开始。

如此一来,罗马元老院就更不在乎汉尼拔的做法了。元老们立即放手全力推倒第二块多米诺骨牌。

公元前 212 年，元老院下令四个军团攻打卡普亚，并明确要求，将此城围到城破之日为止。

到了此时，汉尼拔似乎有点想明白了，如果卡普亚再次走叙拉古的老路，他的同盟将不战自垮。

汉尼拔被逼到墙角，直到此时，他终于下定决心攻打罗马城，以实现围魏救赵的战略。但此时，这一战略的有效性已大大降低。汉尼拔一方面派人突破罗马对卡普亚的包围圈，告知卡普亚人他的计划。另一方面，他率大军立即进军罗马。

汉尼拔进军罗马不是突袭式的，而是大张旗鼓，一面向北行军，一面蹂躏沿途经过地区，当消息传到罗马时，这座城市再次为恐惧所笼罩。

据记载，当时罗马城中妇女的哭声随处可闻，不仅在私人住宅内，甚至在神庙里也能听到。在那里，她们跪在地上，用她们蓬乱的头发扫着神庙的地面，并举手向天，乞求着神祇将罗马城从敌人手中解救出来，不要让她们和孩子受到伤害与凌辱。

据说，围困卡普亚的四个军团，三个军团被调往支援罗马。

汉尼拔确实成功地调动了围困卡普亚的罗马军团。

但此后，接连几天的冰雹，汉尼拔又犹豫了，他感到这是不祥的神兆。

汉尼拔再次莫名奇妙地选择了离开罗马，他选择了放弃卡普亚。

汉尼拔的此次选择实际上是在选择失败。

一年之后，卡普亚如同叙拉古一样沦陷了。

对罗马而言，卡普亚所具有的象征意义要远大于叙拉古，它的地理位置又在意大利中部。因此，罗马元老院决定严惩卡普亚，以起到杀鸡儆猴、以儆效尤的作用。

卡普亚投降后，卡普亚的领导人被集中在广场上，随后加以鞭笞，然后再将他们全部处死。而城内的公民则全部被卖为奴隶。此外,这座城市也被降格为一个普通的村落。

任何一场战争,如果战争一方的战略目标出错,这实际上意味着这一方已输掉了这场战争。

汉尼拔的战术能力可以说是超一流的,可他的战略眼光实在难以令人恭维,如作一个通俗的比较,他对罗马的战略方针有点类似中国春秋时期蔡桓公对自己身体的认识:

春秋时期的名医扁鹊第一次拜见蔡桓公时,对蔡桓公说:"大王,据我看来,您皮肤上有点小病。若不治,恐怕会向体内发展。"蔡桓公毫不在意地说:"我的身体很好,什么病也没有。"

过了十来天,扁鹊又来拜见蔡桓公,说道:"您的病已经发展到皮肉之间了,若不治还会加深。"蔡桓公假装没听见。

十来天后,扁鹊再一次来拜见,对蔡桓公说:"您的病已经发展到肠胃里,再不治会更加严重。"蔡桓公听了满脸不高兴。扁鹊连忙退了出来。

又过了十天,扁鹊老远望见蔡桓公,立刻掉头就跑。

蔡桓公觉得奇怪,派人去问原因。扁鹊解释道:"病在肌肤,用热水敷烫就能够治好;发展到皮肉之间,用针灸的方法可以治好;即使发展到肠胃里,服几剂汤药也还能治好;一旦深入骨髓,只能等死,医生再也无能为力了。现在大王的病已经深入骨髓,所以我不再请求给他医治!"

五天以后,蔡桓公浑身疼痛,派人去请扁鹊给他治病。扁鹊早知道蔡桓公要来找他,几天前就跑到秦国去了。不久,蔡桓公病死了。

汉尼拔同样也有类似的三次机会可以战胜罗马,第一次是坎尼会战之后,如果汉尼拔听从了努米底亚骑兵队长的衷告,他将很轻松地战胜罗马。第二次是罗马军团攻击叙拉古时,如果此时汉尼拔调整战略,战胜罗马可能相对要麻烦一些,但此时汉尼拔的总体实力依然远胜于罗马,战胜罗马仍然不是件特别难的事。而第三次则是罗马军团进攻卡普亚时,如果此时汉尼拔不是信神信鬼地中途退出,而是拼死一搏,竭尽全力围困罗马,战胜罗马的机率还是很高的。

但在关键时刻，汉尼拔一而再地放弃围困罗马，选择放弃实际上也就意味着汉尼拔将与战胜罗马无缘。

就在这一年，在西班牙战场上又发生了一件看似有利于汉尼拔，可实际效果却正好相反的战事。

公元前211年，老西庇阿与他的弟弟在西班牙的作战过程中，双双阵亡。

事后不久，大西庇阿向元老院毛遂自荐，代替父亲与叔叔领军。

这一年，大西庇阿刚满二十五岁，离领军作战的执政官一职所规定的最低年龄还相差十多岁。但元老们感到，在非常时期必须有非常的政策。

此外，元老院也相信西庇阿家族成员指挥作战的能力。元老院和公民大会立即批准大西庇阿为西班牙远征军的总指挥。

此后，大西庇阿确实没有辜负元老院的信赖，在西班牙，他接二连三地赢得了胜利。而最关键的是，大西庇阿不仅战胜了汉尼拔的弟弟哈斯德鲁巴，而且还为粉碎汉尼拔与其弟会师计划奠定了基础。

按汉尼拔的计划，哈斯德鲁巴率援军绕道西班牙，然后与汉尼拔会师。这支部队对汉尼拔来说，实在是太重要了。

自卡普亚沦陷以后，汉尼拔的同盟体系开始逐渐瓦解，一些同盟国即便没有直接投靠罗马，也开始骑墙观望。

汉尼拔当初给予他们的优惠政策，现在全部成了他们观望骑墙的法宝，无论是粮食供应还是兵源支持，这些同盟国均以各种理由推托。由于汉尼拔的同盟政策是宽松与随意的，因此，对于这些同盟国的做法，汉尼拔不能予以任何惩罚，只能听其自然。

但如此一来，汉尼拔所面临的最大问题就是兵源枯竭问题。汉尼拔苦苦等待他的弟弟哈斯德鲁巴，可在一次与罗马人的遭遇战中，对方却将他弟弟的头颅扔了过来。

事后，汉尼拔得知哈斯德鲁巴在西班牙战败后，随即率军越过了阿尔卑斯山。然而,哈斯德鲁巴全然不知,他派去向汉尼拔沟通军情的士兵已被罗马人抓获,他的行军线路已彻底曝露,哈斯德鲁巴出山后不久即遭罗马军团伏击,最终兵败身亡。

如今,汉尼拔明白了,他再也没有援军了。尽管他一而再地打败罗马军团,但这都是局部战争。从全局来讲,他已经输了。

这些年来,汉尼拔的部队越战越少,并且难以得到新的补充。自从坎尼会战之后,由于汉尼拔没有新的战果,迦太基元老院对汉尼拔也不再器重,这场战争似乎不是迦太基与罗马的战争,而是汉尼拔与罗马人的战争。

迦太基元老院再次步入第一次布匿战争后期的误区。

迦太基人该做什么还是做什么,一切按步就班,元老院既不训练新兵,也不派兵支援汉尼拔,一切顺其自然。

相反,罗马方面则越战越勇,部队也越来越多,到了第二次布匿战争的中后期,罗马的兵力基本保持在二十五个军团左右。如若需要,再增加也并不是特别难的事。

此时,大西庇阿似乎看穿了迦太基,他立即向罗马元老院申请,直接攻打迦太基本土。

元老们感到困惑的是,现在尚未将汉尼拔从意大利本土赶走,在这样的背景下,分兵直接进攻迦太基本土,岂不是自找麻烦。元老院表示坚决反对。

但元老们不知道,大西庇阿不仅看穿了迦太基,而且也看穿了汉尼拔。如果说在第二次布匿战争之前,汉尼拔一直在研究罗马,那么在第二次布匿战争开始之后,大西庇阿则一

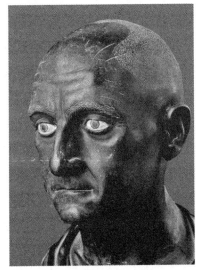

大西庇阿

直在研究汉尼拔,他不仅研究汉尼拔的战争风格,也研究汉尼拔的为人。如从这一点上说,大西庇阿是汉尼拔最好的学生,甚至可以说是青出于蓝而更胜于蓝。

大西庇阿直接进攻迦太基与汉尼拔当年直接进攻罗马,其实是异曲同工。此外,也可以说是对汉尼拔战争的一种总结。

汉尼拔之所以无法战胜罗马,关键在于他的犹豫,他只是在罗马外围打转,而不是直捣黄龙。

最终,大西庇阿说服了元老院。

作为战争另一方的迦太基,对于突然临空而降的罗马军团则完全束手无策,在仓促之间,临时拼凑成了一支雇佣大军,但一战即败。

迦太基元老院以为汉尼拔永远战无不胜,于是令汉尼拔即刻返师拯救。汉尼拔听命返师,但所带的精锐部队此时只剩一万五千人,已与十多年前出征的情况不可同日而语。

此后不久,汉尼拔与大西庇阿在扎马会战,但此时的汉尼拔已毫无坎尼会战时的那种气势了。同样的战役,汉尼拔方面凑起来的人数比大西庇阿还要多一些,却以失败而告终。

汉尼拔的战争,似乎给人以这样的启示:错误的战略,即便是战神,哪怕战术再高明,最终也难逃失败宿命。

迦太基面对失败,只能再次割地赔款,按协议规定,整个西班牙地区全部划归罗马;赔偿罗马一万塔兰特,分期支付,五十年还清;在非洲内外,没有罗马的同意,不得对外开战等等。

一切令人扼腕叹息,迦太基如此强有力的报复,竟以失败告终。

看来努米比亚骑兵队长一语成谶:"神明没有将所有的天赋赐给同一个人,你知道如何取得一场大胜,汉尼拔,但你不知道如何利用它。"

第3章/商人统治

罗马人笑到了最后,罗马贵族却成为最大的输家。

战争中,贵族死亡人数远高于平民,在元老院,贵族党虽说还能控制一切,但已成少数党。

与迦太基的战争结束后,在是否要与马其顿开战的问题上,两党态度一致,目的却迥异,贵族党希望通过拯救希腊来提升罗马文明,平民党则想要控制一切。

野心是不择手段之母。

利用希腊问题,平民党打倒了贵族党,荡平了希腊,毁灭了迦太基。

同床异梦

公元前 201 年,惊心动魄的第二次布匿战争结束了,罗马胜利了,罗马的疆域再次向外大幅拓展。但所有这一切,对于罗马贵族而言,并没有多大意义。战前,元老院的元老们最担心的是,罗马赢得战争,而贵族失去对罗马的控制,现已噩梦成真。

据统计资料显示,从公元前 264 年到前 201 年,也就是从第一次布匿战争开始到第二次布匿战争结束,在这六十三年间,从未担任过执政官一职的平民家族,进入执政官关系网的人数不过十名。

然而,到了公元前 179 年,元老院中商业资本家出身的平民已占到元老总人数的四分之三。

根据罗马官员的晋升制度,要成为执政官,首先必须成为元老,因此,这也间接反映了平民出任执政官的人数已远远超过了贵族。

这些统计数据已清晰表明,在第二次布匿战争中,被击垮的不仅仅是迦太基,罗马贵族同样也被击垮了,而且比迦太基更惨。

经过此次战争,罗马贵族在罗马政治舞台中的角色开始转变,只是这种转变,没有引起人们的注意罢了。

在罗马,元老院依旧,只是更换了新主人。

然而有趣的是,当老贵族在元老院沦为少数群体时,他们的想法却开始变得越来越开明。而与此相反,那些新贵族的一些表面行为模式却开始变得有些像老贵族。

或许这是一种规律,地位决定思维。或许是他们已经了解了这些政策的精妙所在。也正因如此,新贵族的所作所为,使后人无法将他们与老贵族截然区分开来。甚至在后世,很多人将老贵族与新贵族完全混为一谈。

但事实上,新、老贵族还是存在着相当明显的差别。第一,新贵族再也不用害怕保民官了,毕竟他们的祖先大都出任过保民官,他们对保民官一职,比起老贵族有着更多更深的理解,在他们自己执政后,他们自然不会让保民官一职成为妨碍他们行动的障碍。第二,在对外问题上,他们远比老贵族要放得开,他们随心所欲、不择手段,不讲传统和规则。

新贵族毕竟没有老贵族那样的心理负担,既没有什么传统需要他们去遵守,也没有什么群体需要他们去维护。他们是彻底的现实主义者,现实利益高于一切。他们出身于商业资本家的家庭,他们以思考商业赢利的方式来思考和处理国家的政治问题。

也正因为他们这些新特点,罗马共和国最终被引入一条歧路,一条死亡之路。

公元前201年秋,罗马刚与迦太基缔结和约,希腊地区的两个城邦国——帕加马和罗得岛的特使便出现在元老院,请求罗马帮助他们击退马其顿人的进犯。

此次,罗马元老院中两党的观点竟出奇地一致,元老们爽快地答应了这两个城邦国的请求,这实在是破天荒。

但出乎元老们意料的是,此提案在公民大会表决时却遇到了极大的阻碍。历来无条件支持平民党领导人以及支持战争提案的平民,在这次投票中竟完全倒戈。

公民大会以压倒性多数票反对出兵马其顿。

平民如此一致地坚决反对元老院对外用兵,这种现象在罗马历史上还真是第一次。

平民反对的理由很简单,罗马与这两个希腊小国从未签过同盟条约。罗马元老院为何非要为这样的小国家出头?元老院难道不清楚,在过去的十多年里,罗马人民已吃够了战争的苦头,土地荒芜,家庭积蓄成了战争经费,因战争失去亲人更是经常发生的事。

元老们当然清楚,罗马平民过去之所以狂热地支持战争,是因为战争能给他们带来财富、带来土地。

而先后两次布匿战争,第一次赢了,但西西里成了行省,民众寸土未得。第二次总算也赢了,迦太基的赔款总额很高,可要分五十年付清,立即能够到手的战争赔款少得可怜,就连支付一支罗马军团的费用都不够。罗马国库仍然亏空,罗马元老院在战争中的借债也没还清。

平民至今还未从这两次战争中获得任何好处。对于这种只有付出而毫无收获的战争,平民自然不会支持。

但究竟是什么因素导致元老院不顾民意,执意要打这一仗?并且意见向来难以统一的平贵两党,此次在出兵问题上,观点居然如此一致,这显然不可能是元老们的一时冲动,更不可能仅凭帕加马和罗得岛对马其顿滔滔不绝的指责以及对罗马近乎谄媚的歌颂。

其实，让罗马元老院对帕加马和罗得岛的提议产生兴趣并决定干预的真正原因有两个，而有意思的是，这两个原因分别属于平民党和贵族党。

第一个原因可以说与马其顿本身有关。马其顿是一个极其特殊的国家。

马其顿位于希腊地区东北部，在希腊人眼里，早期的马其顿只是一片蛮荒之地，但到了公元前四世纪，马其顿突然崛起，马其顿国王菲利普二世一举征服了桀骜难驯的希腊各城邦，成了地中海区域的霸主。

此后，菲利普二世的儿子亚历山大东征更是对地中海区域的国家形成了一种无形的威慑。尽管亚历山大在班师回朝的过程中去世，马其顿帝国也随之分崩离析。

经过多年内战，亚历山大的部将最终成功瓜分了整个帝国。其中部将托勒密占领了埃及及叙利亚南部，建立了托勒密王朝；部将塞琉古占领了小亚细亚、美索不达米亚、叙利亚北部和伊朗高原，建立了塞琉古帝国；而部将安提柯的后代则占据了马其顿和希腊，建立了安提柯王朝。

从所占区域来说，安提柯王国是最小的，并且不久之后，希腊各城邦国成功地摆脱了安提柯王国的控制，仅仅给安提柯国王留下一个总体负责的虚名。安提柯王国的势力范围也再次回归到了它的起点——马其顿王国。

从形式上讲，马其顿王国用了近百年的时间，划了一个大的圈子，最终又回归到了原点。

但对地中海世界的中小国家来说，马其顿王国是亚历山大帝国最直接的继承者，所谓瘦死的骆驼比马大，其军事实力以及其影响力仍然非同一般。

在第二次布匿战争中，罗马元老院的元老们感到最困难、最痛苦的日子是坎尼会战刚刚结束之后的那段时间。在那段时间里，元老们的感受就是罗马生死未卜、前途渺茫，任何一步错误，面临的都可能是万丈深渊。

就在这一关键时刻,罗马海军在地中海巡航时,拦截到了一艘马其顿特使的船只,并搜到了一份极为重要的情报。

情报显示:马其顿王菲力五世与汉尼拔签订了共同对付罗马的协议。

协议规定,马其顿先攻击希腊区域内的罗马军队,然后再登陆意大利本土,协同汉尼拔作战。

元老院为得到这样一份情报而感到庆幸。

一旦马其顿出兵希腊地区,罗马在希腊的这点驻军根本不是腓力五世的对手。而此时,坎尼会战又刚刚结束,罗马已无兵力对付汉尼拔,如果再加上腓力五世的进攻,弄不好马其顿就可能成为压死罗马共和国的最后一根稻草。这份情报对元老们的心理打击是难以想象的。

元老院手中无兵,就连保卫罗马都成了一个难题,更不要说派兵增援希腊了。

如若听任腓力五世进军希腊,如若腓力五世在统一希腊后,再率马其顿和希腊联军长驱直入罗马,并与汉尼拔会师,那么肢解罗马也只是一个早晚的问题。

但如何破解这一危局?元老们在苦思苦想后,终于想到了离间计,即利用马其顿与希腊地区城邦国之间长期存在的互不信任制造内斗。

罗马元老院立即派特使前往希腊各城邦,称马其顿与汉尼拔结盟有两个目标:首先是腓力五世帮助汉尼拔对付罗马,达到目标后,汉尼拔再帮助腓力五世对付希腊各城邦。罗马愿意与他们结成联盟,共同对付腓力五世。希腊地区的一些城邦果然对此深信不疑。

一场内斗由此拉开了帷幕,而罗马则成了看客。

但这场战争打了多年之后,腓力五世开始明显占上风,到了公元前206年,此时已离坎尼会战整整九年,那些自知不敌的希腊城邦国瞒着罗马,分别与马其顿签署了表示臣服的和平协议。

此时的罗马，尽管元气已明显恢复，但元老院感到，在失去希腊各城邦支持后，如果在与汉尼拔的战争尚未结束的前提下，再与腓力五世单打独斗，这种两面作战的模式，对罗马来说，显然是极其不利的。

于是在公元前205年，元老院以同意割让伊利里库姆的大片土地为代价换取了腓力五世的一纸和约。这种割地停战的做法，在罗马的战争史上，可以说是第一次。

而腓力五世之所以同意签署这样一张和约，恐怕也与看到汉尼拔明显失去了战略优势有关。

但不管怎样，这场与马其顿的战争，至今仍让元老院感到后怕，同时元老院又对马其顿恨之入骨。

如今的罗马已今非昔比，汉尼拔已是罗马的手下败将，迦太基则如同拔去牙的老虎，早已失去了反抗的能力，只能听任罗马宰割。

相反，马其顿至今不仅毫发无损，而且还在东征西伐。

对于马其顿，平民党一直耿耿于怀，他们一直想以同样的方式来报复马其顿。如今帕加马国王送上来这么好的借口，平民党自然不想错过，更关键的是，罗马还能借机吞并希腊。

然而，贵族党对报复之类的事并不感兴趣，更反对吞并希腊，贵族党之所以也想对马其顿动武，原因正好与平民党的愿望相反，贵族党是要借此机会解放整个希腊地区，并让希腊城邦国获得自由。贵族党认为，希腊地区是世界文明的样板，决不能受制于马其顿。

显然，两党对马其顿动武的目的完全不同，甚至可说是对立的。好在对付马其顿的手段是一致的，这也就暂时掩盖了两党的矛盾。

在当时，所有元老关注的焦点只是如何才能说服民众。

经过两次布匿战争，罗马民众对战争已到了谈虎色变的地步，如果元老院告诉他们，与马其顿作战只是为了报复，或者说是为了解救希腊人，那可以肯定,民众是不会在人民大会中投赞成票的,这仗自然也就没法打了。

然而,与打仗相比,欺骗民众肯定要容易许多。

元老院很快想出了一个听上去十分可信的理由:

马其顿野心极大,攻打帕加马与罗得岛只是实现其野心的第一步,也是它大战之前的热身赛,马其顿战争的真正目标是罗马。

元老们反复强调,在第二次布匿战争中,腓力五世已经有过这样的表现,为此,罗马付出了高昂的代价,一块神圣的土地已被割去。如果罗马继续麻木不仁,幻想和平,那么等待罗马的必然是更大的灾难。与其等马其顿羽毛丰满了,罗马再次被动挨打,还不如在马其顿尚未做好备战工作时,即将其扼杀在摇篮之中。

这种既含劝说又带警告的说词很快就对民众产生了影响,毕竟谁也不想再去经历一次类似第二次布匿战争中的绝望感受。"与马其顿开战"的提案在接下来的一次人民大会中顺利通过了。

公元前 200 年夏天,罗马元老院给腓力五世下了最后通牒。

最后通牒给出了两种选择:

一是选择和平,从此不再侵犯希腊地区并赔偿罗得岛的战争损失;二是选择战争。

这种选择其实就是没有选择。

选择所谓的和平方案,对腓力五世而言,与战败协定并无多大差异。

尽管腓力五世并不想再与罗马开战,但腓力五世感情上无法接受这种不战而降的结局。因此,他只能跳进这个罗马为他挖好的战争陷阱。

战争结局是可想而知的。

马其顿内有希腊的叛乱投敌,外有强敌罗马,战败只是一个时间问题。经过两年多抗战,马其顿终于独木难支,腓力五世只能向罗马求和。

罗马开出的条件：一是将臣属马其顿的所有希腊城邦交给罗马；二是除保留五艘轻型小艇及一艘六排船桨的大船外，其余战舰全部移交罗马；三是赔款一千它连特白银(一它连特约为三十公斤)。一半当年付清，另一半分十年付清。

这样的战败条件，固然令腓力五世十分难堪，但再难堪也得接受。

好在罗马没有按希腊一些比较极端的城邦所要求的那样，将马其顿彻底毁灭。罗马给这些城邦的解释是：今后还需要马其顿来抵御来自北方的蛮族入侵。

革新与党争

罗马元老院对外声称，保留马其顿的目的主要是还得依靠马其顿抵御蛮族入侵，这只能说是罗马保留马其顿的可以公开的原因，而那些无法言说的原因则是，在如何处理那些战后由罗马接管的希腊城邦国问题上，罗马元老院内部存在着两种完全对立的意见。

在开战之前，平民党与贵族党由于对马其顿动武的观点一致，因此，尽管两党动武的目的完全不同，但战争结果尚未出来，自然不会有人去深究此次战争的真正目的，然而战争一结束，所有的问题，即便想回避也回避不了。

两党必须直面问题。

在元老当中，贵族党以大西庇阿为首。

大西庇阿在第二次布匿战争中战功赫赫，从某种角度讲，是大西庇阿拯救了罗马。

如果在公元前 202 年，西庇阿与汉尼拔在扎马会战中再次战败，罗马人将从此失去战胜迦太基的希望。因为只要战败，就等于在认证罗马方面尽管为此次战役准备了整整十四年，但最终难免一败。这也等于向世人宣告,汉尼拔是战无不胜的。

如果真的发生这样的一幕,这对罗马民众的心理打击将远超具体战争的打击。因此可以说,扎马会战是罗马的最后一搏,胜则全胜,输则一败涂地。从这个意义上讲,说大西庇阿是罗马的再造者也不为过。

此后,大西庇阿在罗马声誉日隆。

此时,尽管老贵族在元老院内的人数已经少于半数,但在公元前二世纪初的几年里,大西庇阿的贵族党大致还能主导元老院。

对于如何看待希腊,大西庇阿的总体思路是无条件地向希腊学习,以此来提升罗马的软实力。用我们现代的语言来说,大西庇阿就是"革新派"。

但有趣的是,帕加马与罗得岛呈给罗马的一份外交公文,竟成了刺激大西庇阿与其他一些志同道合者强烈推进文化革新的源动力。

此次帕加马与罗得岛向罗马人求援时,递交的外交公文中竟无意识地使用了"未开化人"这样的字眼来称呼罗马人。

看到这样的字眼,任何罗马人在情感上恐怕都是难以接受的,这些希腊小城邦请人帮忙时,居然还如此狂妄自大,目空一切。

这是常人的必然反应。

但出人意料的是,元老们并未因对方使用了这样的字眼而迁怒对方,更未影响谈判。

当然,罗马的元老们不发火,并不等于他们对此麻木不仁、无动于衷。事实上,这样的字眼确实深深刺伤了罗马元老们的自尊。只不过比起一般人来,他们更能冷静地思考这一问题。

大西庇阿等元老们判断认为,希腊人决无胆量借此文书来故意侮辱罗马人。如果说这些字眼说明了什么,无非说明了这是文明世界对罗马人的定位,就像罗马人称高卢人为蛮族的态度一样,这种态度有时候会无意识地流露出来,甚至忘记了流露的对象,但这种流露决不是特指什么。

在这样的认识背景下，元老院自然不可能对这些希腊人采取任何措施，这就好像一个从未照过镜子的人，在一个偶然的机会中，通过镜子看到了自己面目可憎，他肯定会不舒服，但他决不会因此去砸镜子。

希腊人在不经意间流露出了对罗马人的定位，这固然令罗马元老们感到痛苦和羞辱。

然而，此事也促使大西庇阿等人对自身文化进行反思。

在罗马，尽管拉丁文很早就开始使用，但拉丁文的具体使用范围极其狭窄。在相当长的一段时间里，它仅限于条约的签订、契约的书写等等。

罗马的传统文化认为，文学活动是不高尚的行为。

在当时，如果有人从事诗歌创作或在宴饮中进行表演，人们会称他是游手好闲之徒，而戏剧演员更是受到政治歧视。

罗马早期曾做过这样的明确规定，演员不得服兵役。服兵役在当时被视为神圣而崇高的公民义务，演员被剥夺服兵役的权利，就等于将其划入社会底层群体中。

相反，在希腊，戏剧作品以及歌颂英雄人物的文学作品则是层出不穷，希腊作家每年出版的多卷本世界历史中，就连最缺乏活力、最不起眼的希腊村庄发生的日常琐事都有详细记录。而罗马发生的那些具有划时代意义的大事件，在希腊人的文件中却被归置于类似插入语或者注释当中，而罗马人所认为的那些大英雄，在希腊的圣诗中也同样没有相应的位置。

大西庇阿的父亲老西庇阿，以及大西庇阿本人，都属于时代英雄。大西庇阿对此类事的感触自然要比一般人更多。

同样的原因，"未开化人"的称呼对大西庇阿的心理伤害也要远比对普通元老更强。

正是由于这些无法言说的心理因素，大西庇阿等人向希腊学习的愿望表现得尤为强烈。

要向希腊学习,自然不能毁掉希腊。

因此,以大西庇阿为首的贵族党竭力主张给希腊不加任何约束的自由,让希腊成为罗马观摩文明世界利弊的窗口。

同时,他们动用一切力量推动罗马人全方位向希腊人学习,让罗马能真正成为文明世界的一员。

到了公元前二世纪初,在以大西庇阿为首的贵族党人推动下,罗马形成了一个全面向希腊学习的新高潮,在那段时间里,罗马人所表现出的对希腊文化的热忱是难以想象的,甚至可说是达到了一种痴迷状态。

据记载,自从帕加马和罗得岛使者来访之后,罗马元老院随即开始大量引进希腊文化。

对于希腊的喜剧和悲剧,无论质量如何,罗马元老院一概组织力量翻译,然后进行公演,并将其作为国家节庆的主要形式;其次是元老们开始用希腊语来书写罗马民族的历史。

对外开放,向外学习,这向来是平民党的主张和特征,此次却成了大西庇阿等贵族党的主张。

而相映成趣的是,自第二次布匿战争后,一切都发生了转变,当老贵族接过了新贵族的主张时,一些新贵族却又将老贵族的一些保守特征继承了下来。

而平民党的领军人物加图对大西庇阿等人的革新主张则完全不以为然。

加图出身于商人之家,他的真名是普里斯库斯,加图只是绰号,罗马人通常把技术高超或经验丰富的人士称为加图。在社会上,大家习惯直呼普里斯库斯为加图,久而久之,真名反而被忘记了。

一百多年之后,加图的曾孙也成名了,为了区分他与曾孙,通常将加图称为老加图,而他的曾孙则称为小加图。

尽管老加图很早就开始从政,但在他的身上,仍有着极其明显的商人遗传基因,凡事精打细算,锱铢必较。

据他自己所说,他从未穿过价值
超过一百德拉克马的衣物,当他身为
将领和执政官的时候,他与他的工人
饮同样的葡萄酒,晚餐是从市场买来
的肉或鱼,所需费用不高于三十个铜
币。他买的奴隶身价都没有超过一
千五百德拉克马,选择的条件不在于
温柔的个性和英俊的面貌,而是身强
力壮的工匠、马夫或牧人。他认为这
些奴隶在年老力衰以后,就应该将他
们卖掉,家里不会白养那些吃闲饭
的人。

老加图

老加图对事物的总体看法就是实用至上,如果一个人对这件货品没
有需要,那么这件货品就不值分文。购买田地用来种植作物或喂养牲口,
总比整理和灌溉一个花园要好得多。

古罗马史学家普鲁塔克对加图的这种性格特征极为不屑,他评论说,
加图的性格过于不近人情,他将他的奴仆看成负载的驮兽,等到他们年老
时,不仅不照顾他们的生活,反而将他们送到市场卖掉。他将人与人之间
的关系完全视作有无利益可图。一个天性仁慈的人,即使对待操劳过度、
不堪使用的马和猎犬,也会给予妥善的照顾。

老加图的对外政策其实也就是他实用主义思路的延伸。他认为,对
这种已完全被罗马控制的城邦国,要么像西西里岛那样,直接派总督管
理,要么像对待同盟国那样,在罗马总体控制下给予有限的自治,即各城
邦可以有自己的法律,可以自治,但这些同盟国没有外交权,军队要服从
罗马的调配等等。

老加图感到,对希腊人网开一面等等想法,纯属多此一举,自找麻烦。

至于大西庇阿等人推崇希腊文化的做法,老加图更是不满。他自认为对希腊文化有很深的了解,他常用嘲笑的口气来评论希腊人所崇拜的苏格拉底,他称苏格拉底只不过是个标新立异的书呆子,他诱使市民反对法律,让古老的传统面临毁灭,却又将他们弃之不顾。

同样,他也非常不屑于希腊的哲学、文学与艺术。

在他给儿子的一封家书中,这种不屑可以说是极其直白的:

> 马尔库斯,我的儿子,你不妨听我说说那些怡然自得的希腊佬,也请你注意我在雅典所做的调查结果。我要让你知道,对他们的文学作品只需要浅尝辄止,不必深入研究。希腊人是一个庸碌无为、桀骜难驯的民族,你一定要相信,我的话具有预见性:当那个种族将他们的文学给予我们时,会毁了我们的一切。

老加图不仅厌恶希腊的哲学家和文学家,他对希腊的医生也同样厌恶。他特别吩咐其儿子,要避免与希腊医生建立任何关系。

正是由于老加图等新贵族对希腊的认识与大西庇阿完全不同,因此,在战后,当贵族党提出要给那些希腊城邦国自由时,平民党坚决反对,他们称,希腊民众的自立意识太强,桀骜难驯,很难判断希腊各城邦会有什么举动,决不可草率地让希腊各城邦完全脱离罗马监管的视线。

这两种观点根本无法调和。元老院为了保持平衡,最后只能出台了一个自相矛盾的政策,即保留马其顿一部分的军事实力,让马其顿与希腊之间形成一种彼此牵制的格局,同时给予希腊城邦国完全的自由,罗马的占领军全部撤出希腊。

元老院的策略是,在这个区域里,任何城邦国家都不可单一做大,最终成为一种可以挑战罗马的势力。

罗马元老院决定从希腊撤军的消息传到希腊后,希腊各城邦欢呼声一片。据说,当罗马指挥官在希腊宣布这一决定时,希腊人的欢呼声震耳欲聋,声音之大居然将天上飞行的鸟都震落下来。

然而理想很美好,现实却很残酷。

希腊地区有众多城邦国,有的拉罗马这面大旗作虎皮,去恐吓其他邻邦。而在城邦国内部,大多也分成亲罗马派和反罗马派,亲罗马派频频到罗马元老院诉苦、告状,希望罗马插手干预城邦事务。而反罗马派则大肆渲染罗马暗中操纵希腊各城邦的事务,罗马扶持贵族执政而打压平民。

他们声称,在贵族的治理下,平民的自由还不如马其顿统治时期多。

罗马元老院不胜其烦,然而为了表示罗马对希腊的承诺不是虚妄的,元老院对于各种声音一概不闻不问,听之任之。

但这样一来,也引来了新的麻烦。长期观察希腊和罗马动态的塞琉古王朝安条克三世感到有机可乘,开始蠢蠢欲动。

亚历山大去世后,部将塞琉古在叙利亚、伊朗等地建立王朝,传到安条克三世时,已是第六任了。

安条克三世的前几任,由于治理缺少方略,因此,塞琉古一世打下的天下,到安条克三世接任时,已丢失不少。

公元前223年,刚满十八岁的安条克被推上王位。

面对破碎的山河,安条克三世没有其他路可选择,只能东征西伐,几年下来,竟将前些年丢失的区域一一夺回。

如此一来,安条克三世的野心开始膨胀,感到自己或许可以成为亚历山大第二。

到了二世纪初,安条克三世观察到马其顿腓力五世战败,并彻底退出希腊地区。而对希腊地区的种种乱象，罗马又是睁只眼闭只眼。

安条克三世以为罗马真的不想再插手希腊地区的任何事务了。

安条克三世的这一判断又进一步刺激了他对希腊地区的扩张野心。他打出了收复祖上基业的旗号，小心翼翼地向希腊地区进军。

然而，这触动了罗马元老院的底线。

罗马不碰希腊，只是想让希腊那些城邦国成为文明世界可以观察的窗口，犹如当今世界的自由贸易特区。这是有意而为之，设立这样的自由区域，就是要从中观察它的利弊得失。

但这决不意味着其他国家可以随意去触碰。

罗马元老院立即派使者警告安条克三世，他可以在亚洲区域内攻城略地，但在欧洲不行。元老院的意思很清楚，欧洲仍是罗马的势力范围。希腊再怎么混乱，与安条克三世也没有任何关系。

但安条克三世既然已经走出了第一步，自然不可能再走回头路。

双方走到了这一步，兵戎相见已在所难免。

历史就是这样，一个错误的信息，却引发了一场战争，而任何战争并不存在必然的胜与败。

此次罗马与安条克三世的战争，罗马又赢了，罗马又获得了大量的战利品和战争赔款，但这不是必然的。

此时，精于计算的商人特征再一次在老加图身上突显出来。老加图与大西庇阿争斗，他步步算计，他一直在等待一个最佳的攻击时间节点，从而将大西庇阿一举击倒。

此次罗马与安条克三世的战争，实际上给老加图攻击大西庇阿提供了一次极佳的机会。平民党借机诟病大西庇阿派所推行的希腊政策。

历史这样记载，公元前189年，罗马与安条克三世签订和约，仅仅时隔一年，即公元前188年，老加图及他所领导的平民党彻底扳倒了大西庇阿党，成功控制了元老院。

老加图成功了，但老加图并未打算就此收手。大西庇阿的威信太高，他害怕大西庇阿党人再次卷土重来。既然已经打倒了大西庇阿，就必须乘胜追击，将其彻底打死。

仅过两年，也即公元前186年，老加图又在元老院指控大西庇阿在处置战败的安条克三世过程中，存在收受贿赂的嫌疑。这是激起民愤的最佳理由。

老加图指控的依据是，大西庇阿对安条克三世的处理异常宽大，而作为回报，安条克三世也慷慨地将大西庇阿被俘的儿子送了回来。这难道还不足以说明其中存在着猫腻。

其实老加图的这一做法相当恶劣，老加图很清楚，宽大处理战败者，这是大西庇阿的一贯风格，也是他对外政策的一个重要特点，即对外斗争中必须把握分寸，见好就收。

如扎马会战以大西庇阿完胜收场，可大西庇阿并未刻意设法惩处第二次布匿战争的肇事者汉尼拔，而是以英雄惜英雄的姿态来对待汉尼拔。

据记载，战后，大西庇阿与汉尼拔邂逅相遇，在随意的聊天中，大西庇阿问汉尼拔："你认为当今时代最优秀的将军是哪一位？"

汉尼拔答道："是马其顿国王亚历山大，他不仅以少胜多，击败了波斯大军，而且一直打到了遥远的地方，那里是远远超过我能想到的地界，只能用伟大来评价他了。"

大西庇阿又问："那么，排名第二的将军又该是谁呢？"

汉尼拔同样不加思索地说："应该是皮鲁斯的国王皮洛士，作为战术家，他是最杰出的。"

大西庇阿接着问道："那么，在你看来，谁又可以称为排名第三的将军？"

汉尼拔脱口而出："毫无疑问，应该是我。"

大西庇阿笑了，又问了最后一个问题，"如果您在扎马会战中赢了我，这又该如何排名呢？"

对于这一问题，汉尼拔丝毫也没感到尴尬，而是很干脆地说："如果那样,我的排名会在皮洛士之上,也会在亚历山大之前,是当之无愧的第一。"

这段史料到此结束,也没有记录大西庇阿再说些什么,但即便不说,其实也相当于在说,大西庇阿对汉尼拔不会有什么恶劣的回应。无论汉尼拔如何自负,大西庇阿也就是笑笑而已,显示出大将的气度。

大西庇阿对待他的手下败将是宽容的,这是一贯的。

至于老加图指控安条克三世慷慨地将大西庇阿被俘的儿子送了回来,那就更显得荒唐了,安条克三世作为战败者,岂能不送还战争胜利者的俘虏。

此外,根据当时罗马的规定,执政官带兵在外作战,如何处理战利品,多少上交国库,多少分配给士兵,均由执政官本人决定,这也是当时通行的一种做法,或者说是当时的战争文化,根本不存在收受贿赂的问题。

此后罗马的执政官在战争中大发横财,比比皆是,元老院从来不会过问,也无权过问。

但大西庇阿还是被勒令当着公众的面澄清他的问题。

大西庇阿到场后,看到老加图洋洋得意,看到大法官居高临下、不可一世的样子,一种被羞辱的感觉油然而生,他原本想作解释的心情一点也没有了。

盛怒之下,大西庇阿当众撕掉了原本准备作为解释依据的财务账本。

其实,老加图做过军队的财务官,他当然清楚一切。他设计这样的场景,就是想激怒大西庇阿,让大西庇阿出错。在场民众自然不会了解这些内情,刹那间,整个会场一片叫嚣声。如按此模式审判下去,大西庇阿被当即判处死刑也不是没有可能。幸亏大西庇阿及时向民众追忆了他当年的赫赫战功,民众才回心转意,不再追究。但元老院仍然要求大西庇阿立即离开罗马,这意味着大西庇阿被判流放。

这位刚满五十周岁,拯救罗马的英雄就这样离开了罗马。大西庇阿始终无法明白：他为国家作出了如此大的贡献，最后共和国竟无一块他的容身之地。

他对待对手，哪怕曾是战场上你死我活的敌人，在战争结束后，他都以包容的态度看待他们，从来不会在战后想方设法置他们于死地。但同属一个元老院内的政敌，仅仅因为政治的见解不同，却非要置他于死地而后快。离开罗马不到一年，大西庇阿即在闷闷不乐中去世了。

大西庇阿在遗嘱中明确要求他的子女，不得将其遗体葬在他一生为之效力的罗马共和国内，这也意味着他的遗体将无法与他的祖先葬在一起。

这一做法在当时的文化背景下是难以想象的，罗马人最看重的就是死后能与祖先葬在一起，接受子孙后代永久的家祭。

大西庇阿做得如此决绝，无非是向世人表明，罗马是一个不知感恩的国家。这也是他在遗嘱中谈及的为什么不愿意葬在罗马的根本原因，他对商人统治的罗马已彻底绝望。

而更具悲剧性的是，在大西庇阿去世的同一年，汉尼拔也服毒自杀身亡。

据记载，就在大西庇阿去世的那一年，罗马将军弗拉米尼乌斯在访问小亚细亚的比提尼亚王国时偶尔发现，汉尼拔正在此国，他立即强迫该国国王交出汉尼拔。

在国王卫队包围汉尼拔的藏身之处时，汉尼拔知道已无逃脱的可能，于是服下了一直随身携带的毒药。

就这样，两位大英雄如同相约，均以最悲惨的方式去世。

从此，罗马再无"宽容"二字。

铁腕统治

以老加图为首的平民党成功赶走了大西庇阿并全面控制元老院之后,平民党开始随心所欲,而希腊城邦的好日子也就此到头了。

平民党对大西庇阿派执政时期的希腊政策进行重新审核,并等待机会将希腊地区所有的城邦管理引向他们想象中的"传统"做法。

这样的机会很快就来了。

公元前172年,帕加马国王尤美尼斯亲自来到罗马元老院,他向元老们哭诉,马其顿国王珀尔修斯计划以暗杀方式袭击元老院和他本人。

对于这种没有任何证据、天方夜谭式的申诉,任何正常思维的人都不可能轻易采信,更何况,罗马很清楚帕加马与马其顿之间长期存在的矛盾。

公元前179年腓力五世去世,其子珀尔修斯上台后,通过了一系列措施,大大改善了与周边国家的关系,珀尔修斯在希腊地区的威信也在直线上升,有些城邦国甚至表示应由马其顿来领导希腊。

相反,由于尤美尼斯的亲罗马态度,他在希腊地区的声望却在不断下降,他的所有石雕像也被全部砸碎,有关尊崇他的铜表则一概被熔化。

尤美尼斯此举目的,无非是想假罗马之手,铲除他的对手。

罗马元老院的元老们很清楚尤美尼斯的想法,但这对元老院来讲并不重要,此时的元老院并不需要什么真实可信的证据,有人告就可以了,即使是造谣,那也是帕加马国王的错。

元老院决定立即出兵马其顿。

珀尔修斯闻迅后立即派使者前往罗马,希望元老院能听取马其顿方面的解释,而不是只听取一方面意见。

对此,元老院一口回绝,同时也拒绝与珀尔修斯进行任何形式的谈判。

平民党分析认为,珀尔修斯的军事才能远不及其父腓力五世,而腓力

五世也只不过是罗马的手下败将。罗马目前的军事实力已远远超过马其
顿,珀尔修斯没什么值得畏惧的。

平民党的分析并没错,然而,平民党在分析对手的同时,却没有对自
我实力进行客观分析。

平民党擅长抢权内斗,管理却并不在行,尤其在军队管理方面,平民
党更属外行。如果平民党仅仅是管理外行也就罢了,可他们偏偏又无视
一切传统,而是以金钱作为衡量一切的标准。

在这样的管理思维指导下,军团开始迅速腐化,军团士兵贪图享受,
军纪败坏,军队里出现很多妓女,商贩也在军营边上大量出现,军团战斗
力随之大幅下降。

然而所幸的是,此次罗马作战的对象是珀尔修斯而不是腓力五世,否
则罗马恐怕在劫难逃。但即便如此,无能的罗马军团依然给元老院带来
了难以想象的后果。

罗马元老院与马其顿彻底翻脸后,立即命令执政官菲利普斯率军团
长驱直入。

菲利普斯随即带了两个军团以最快的速度赶到希腊,可等了两天,他
发现自己竟然是孤军深入,后援部队毫无音讯。

元老院指挥固然混乱,菲利普斯却更加任性,由于害怕被马其顿军包
围,他向马其顿王珀尔修斯提供了一份假的停战协议。

珀尔修斯还以为罗马真有停战的善意,于是立即停止作战安排,并派
使团前往罗马协商。

面对不期而至的代表团,元老们最初一头雾水,但不久即弄清了真
相。此时,这些平民党担忧的不是这种堂而皇之的欺骗可能带来的恶劣
政治影响,而是害怕珀尔修斯知道真相后,会立即对罗马军团采取行动。

于是,元老院想方设法阻止使团人员回归,直到后援部队到达了指定

的位置。

在此期间,贵族党尽管反复抗议平民党采用这种与罗马传统精神背道而驰的欺诈手段,但贵族党已无实力与平民党抗争,这些声音根本无法影响元老院的大局。

在平民党看来,现在唯一需要的就是彻底击垮马其顿,而不是尊重什么国际规则。平民党人认为,如果不能击垮马其顿,遵守规则没有多大的现实意义。

然而,尽管平民党为了达到战胜马其顿的目的而不择手段,战争毕竟是实力的较量,罗马军团首战即败。阵亡的步兵多达两千名,骑兵也有二百名阵亡,另外还有六百名骑兵被俘。尽管平民党输了,但平民党又是幸运的,在它那个时代,它实际上已没有什么真正的对手了。

当时珀尔修斯满脑子只想停战,他不仅没有乘胜追击,相反再次向罗马求和,并表示愿意支付战争赔款。

罗马元老院再次一口拒绝。

次年的执政官上任后,罗马依然屡战屡败,毫无起色。

此时,平民党有点发急。这是平民党第一次真正主导元老院,也是他们第一次主导对外战争。

一场实力如此不对等的战争竟打成这种局面,平民党有点颜面尽丢的感觉。

第三年,新一任执政官马尔奇乌斯同样也是平民党,此人的最大特点是志大才疏,甚至可以说是完全不懂军事常识,他居然率领大军穿越一条很难通行的窄道,而且只带了很少粮食。

如果珀尔修斯在此加以伏击,围歼这样的部队应该是易如反掌。但幸运的是,马尔奇乌斯遇到了比他还不懂军事的珀尔修斯。当珀尔修斯的侦察部队发现了罗马军团的这一动向之后,珀尔修斯居然莫名奇妙地恐惧起来。

珀尔修斯以为自己必败,立即下令部队迅速撤离。而这位稀里糊涂的执政官在进军了四天之后,突然发现粮食带得太少,而推进又太快,于是立即调头返回。

此时珀尔修斯如同醒悟了一般，也立即返回，重新占据那些已放弃的地盘。

而到了第四年，新任执政官似乎更勇猛一些，在公元前 168 年 9 月 4 日，罗马军团与珀尔修斯的军团双方摆下了对抗阵式，一决生死。

罗马的这位执政官是位老将，会战时，他既不戴头盔也不用盾牌，而是在阵中直接指挥。此位罗马老将够英雄，但罗马军团仍然不是马其顿方阵的对手。

双方互战了没多少时间，罗马军团即全面溃退，但罗马人怎么也没想到，此次他们逃跑的地形竟帮他们反败为胜。

罗马军团溃退的方向是一个斜山坡。马其顿方阵适宜于平地作战。所谓的马其顿方阵是当年菲利普二世发明的，前五列和最后一列由训练有素的士兵组成，中间夹着普通士兵，每人都携带一根六米长的长矛，他们的任务就是推动前面的人前进。

由于方阵队形密集，每人所携带的长矛又特别长，在平地上，整个方阵就像一个大型的刺猬，对方的部队根本没法接近。但这样的方阵一旦进入高低不平的山地，就会即刻崩溃，而士兵手中的长矛不仅形成不了攻击力，反而会成为士兵的累赘。

马其顿方阵

早期,亚历山大很清楚方阵优缺点,因此在训练中每个士兵都很清楚,什么地方可以前进,什么地方必须停止。但珀尔修斯军团的士兵并没有这样的概念。

在此次与罗马人作战时,他们打得太顺利,前进速度太快,当冲到高低不平的山坡时,前排士兵发现情况不对,而后面的士兵根本不清楚情况,继续推动前面的士兵,刹那间方阵崩溃了。

整个战事在瞬间发生了根本的变化,原本奔逃的罗马士兵转过身来厮杀,战场很快成了大屠场。罗马人很快赢得了这场战争,珀尔修斯也成了俘虏。至此,第三次马其顿战争结束。

罗马元老院莫名奇妙地成了胜者。好不容易获胜后的元老院自然不会对马其顿手软。

马其顿立即被肢解,整个马其顿被一分为四,成了四个共和国,并且严禁他们之间私自进行法律交流、贸易往来和通婚联姻。此外,也严禁他们开采本国境内最重要的经济和战略资源。

在处理完马其顿事务后,罗马元老院又按既定方针对希腊城邦逐一惩罚。

要惩罚一个国家,理由总是能找得到的,如战争中立场不稳,没有支援罗马的部队等等,甚至是莫须有的罪名。

首先被惩罚的就是当年与罗马打过仗的皮洛士国王的家乡伊庇鲁斯。

据记载,罗马大军进入伊庇鲁斯后,烧杀抢掠,无恶不作,在很短的时间内,七十个城镇被彻底毁灭,十五万人被卖为奴。

此后,罗马元老院进一步下令,对希腊地区的各城邦进行逐一清洗。元老院在希腊地区实行告密制度,凡表示过不利于罗马言行的人,都在追究之列。

而那些亲罗马者,也充分利用此次机会,假罗马人之手来清除自己的政治对手。这次大清洗中,最为可悲的是希腊地区的阿卡亚同盟。所谓阿卡亚同盟,即一些希腊小城邦国联合体。该同盟自以为在此次战争中既没有站错队,也没有做过什么对不起罗马的事。当罗马开始调查他们所谓的"罪行"时,他们选了国内一千名最杰出的精英人物,主动前往罗马受审。他们无非是想以最坦诚的方式,让罗马还他们一个清白。

但当他们到达罗马之后,元老院立即意识到,审查这些人就等于证明元老院在迫害无辜。元老院索性佯称,这一千个人是阿卡亚同盟自己送来的,这就证明他们都是有罪的,那就不用再审了,直接处理即可。于是,元老院将这批人全部流放到意大利各城市,监禁时间竟长达十七年之久。等到罗马元老院同意释放他们时,他们中的七百人已死于监狱。

被罗马毁灭的科林斯遗址

罗马元老院以如此恶劣的方式来对待盟友,阿卡亚人被深深地伤害了。他们曾如此希望做罗马的朋友,他们没做过任何对不起罗马的事,他们受到的伤害却最深。此后,阿卡亚同盟尽管被迫接受管理,但阿卡亚人对罗马的反抗在希腊各城邦中是最激烈的。

据记载,有一次罗马使团来到阿卡亚同盟的首府科林斯,立即遭到了大批民众的侮辱与谩骂。

为了报复阿卡亚人,在公元前146年,罗马元老院下令攻占科林斯。罗马军队在攻陷科林斯后,对科林斯采取了最为残酷的屠城方式,即摧毁一切房屋,杀光一切可以找得到的生物,无论市民还是鸡鸭牛羊,只要找到,一概处死,然后碎尸。这些罗马军人在让科林斯人血流成河之后,还让断肢残腿的人与动物的尸体交杂散落在大街小巷,形成一种特有的恐怖场景,并强迫希腊各城邦的人前来参观。罗马人这种示范性的杀戮，就是要让希腊人感到彻底的恐惧，从而起到杀一儆百的作用。

这种做法在罗马共和国的战争史上是前所未有的。

在共和国的历史上，即便是在最危险的第二次布匿战争中，罗马元老院对待深恶痛绝的卡普亚人，也仅仅是将那些领导人集中起来，暴打一顿后加以斩首，一般的民众被拍卖为奴。

但在平民党的领导下，制造极端恐怖竟成了一种新的管理手段。

回过头来，我们再看最初挑起马其顿战争的始作俑者，帕加马国王尤美西斯为了进一步向罗马示好，他再次来到意大利。但这一次，元老院甚至连说话的机会都没有给他，他一到意大利，便遭到了驱逐。元老院似乎想通过驱逐帕加马国王来向世人表示，元老院上了此人的当，此人才是引发战争的元凶。

到了此时，希腊城邦的民众才有点了解罗马新贵族的冷酷与无情。其实希腊人依然不清楚，比起此后迦太基人的遭遇，他们应该为自己现在的处境感到庆幸。

想象的天空

罗马元老院借助帕加马国王的诬告，再次打败了马其顿。

此次战争后，罗马又借机对希腊进行大规模的整肃，杀一儆百。

老加图和平民党希望通过这样的整肃，让希腊人能够认清一个事实：在元老院的眼睛里，希腊人什么都不是。希腊人唯一的出路是接受战败者的命运，并且从此安分守己。

然而，就在此时，一件极其偶然的事件让老加图再次难以平静，并进而引发了一次新的大战。

公元前 156 年，雅典向罗马派遣了一个极为特殊的外交使团。所谓特殊，是因该使团中的三位主要人员，居然不是外交人员，也不懂外交礼仪与外交准则，他们只是哲学家而已。

这三名哲学家中，其中一名是雅典大名鼎鼎的柏拉图学园园长卡尼阿德。这位园长能言善辩，并以其理念极端而著称。他来罗马的唯一目的，就是向罗马人推广他的理念。他理念的核心就是个人利益高于一切，这不仅不是什么道德过错，而是人心的必然。

在罗马宣讲时，他作了这样的解释：船破落水的时候，你可以牺牲别的弱者而拯救你自己的生命，如果你不这样做，你就是个傻瓜。

他还认为，如果你在得胜的敌人面前溃退时丢失了你的马，而又发现有一个受伤的战友骑着一匹马，那么你应该怎么办呢？如果你有理智，你就会把他拉下马，抢过他的马来，不管正义应是怎样。

卡尼阿德怎么想，讲什么，自然是他自己的事。

在雅典，各类学派、各种理论历来层出不穷，说什么都不足为奇，如雅典有一著名哲学派别叫犬儒派，其领袖叫第欧根尼，他成天蜷缩在街头一个破木桶里，被市民称作狗。亚历山大曾慕名前去拜访他，并问有什么可为他效劳的，可第欧根尼的答复竟是："请不要挡住我的阳光。"

雅典人对各种各样哲学家的奇思妙想早已见怪不怪，也不会过于当真。但这样的奇谈怪论在罗马完全属于新鲜事物，并被追捧为先进的理念。

老加图在了解到有关希腊人演讲的各类反馈信息后，几乎被气疯。

当时老加图已出任监察官。在古罗马，监察官的地位极高。该职位明确规定，必须由离任执政官担任。该职位最核心的工作是对公民具有名誉评判权，也称为"监察官评注"。凡被监察官定为品行不端的公民，将面临被剥夺公民权的危险。与此类似，如果官员滥用职权、生活奢侈、不节俭、执法官员行业不洁，也将遭到监察官的评注。

在老加图看来,这三个希腊人似乎就是专门冲着他而来,是专门来拆他台的。

近几年里,元老院在老加图的督促下,正在通过一系列法案,制定这些法案的主要目的就是严防罗马日益明显的极端自私、极端奢侈以及礼崩乐坏倾向。

作为商人出生的老加图,尽管极端自私,极其看重经济利益,但他清楚,这种自私精神只可意会,而不足为外人道,如果社会中的每个人都唯利是图,这个社会离崩溃也就不远了。因此他不断地督促元老院出台要求廉洁的法律。

当时,元老院还将这些法律规定制订得特别细致。如规定节日家庭宴请被邀请的客人不得超过五人,而平时邀请的客人不得超过三人,并且不得饮用进口葡萄酒。女性不得穿花衣服,不得拥有珍珠、宝石等。而在丧礼中,则规定给死者穿的寿衣不得超过三件,葬礼上不得使用太大的花圈等等。

然而,经过这些雅典哲学家这样宣传,元老院几年的努力几乎白废。尤其是罗马的青年人,他们对这些哲学家的观点反应强烈,甚至感到这才是文明社会的正确认知。而元老院推行的那一套,实际上是复古,是老土。

更让老加图感到愤愤不平的是,罗马年轻人中有相当一批人对苏格拉底顶礼膜拜,但他们并不了解苏格拉底的真实情况。

眼前这个柏拉图学园园长卡尼阿德,号称是苏格拉底和柏拉图的传人,他宣讲的却是苏格拉底和柏拉图最反感的智者学派理论。

苏格拉底是雅典最负盛名的哲学家,也是当时红极一时的智者派最激烈的批判者之一。

智者派是雅典的一个学者群体,其产生时间大约在公元前5世纪末,这个学派成员的最大特点是能言善辩。成名之初,他们训练人们的逻辑思维,指导青年人如何在演讲中清晰表达自己的思想等等,这些训练工作使他们备受欢迎,尤其在青年人中赢得了良好的声誉。

但此后,他们越来越多地强调演讲的功能性与目的性,强调一切事物的相对性,这种相对性同样也包括真理。这样一来,真理也就无所谓是真理了,一切都以实用为目的。诉讼中的原告与被告,无所谓是与非,一切胜利都是修辞学的胜利,都是辩护技巧的胜利。

智者派中的代表人物塞拉西马克曾表示:"只有傻子才追求正义,正义只能导致软弱。"这些智者不仅要银子,他们还要高调宣讲他们逻辑的合理性,并美其名曰:这是人性,一个进步的社会就是尊重人性的社会,尊重人性的社会才是道德的社会。

智者派如此出格的言行引起了雅典人的强烈不满,他们指责智者派偷换概念,将人的动物本能说成人性,是在毒害青年,他们让年轻人对传统再无好感,而倒向玩世不恭和利己主义。

苏格拉底的理念与智者派正好相反,他同样教学生辩论技巧,但他认为论辩的根本目的是为了追求真理,而不是破坏真理,更不是为了给律师和政客们提供实用技巧。苏格拉底认为:"认识善就是行善。"

但可悲的是雅典的民众根本搞不清苏格拉底的思想与智者派之间有哪些区别,也不知道雅典的哲学家中强力反智者派的恰恰是苏格拉底。

他们只凭直感思考与评论。苏格拉底是雅典哲学家中名声最大的一个,他也在教青年人论辩技巧,而且,他众多的学生中,也确有几个人犯了法。雅典人由此推定,苏格拉底是有问题的,而且问题非常严重,是个犯法的教唆者,不杀不足以平民愤。

公元前399年,他们毫不犹豫地宣判苏格拉底死刑,罪名简洁明了:不敬神,腐蚀青年。

苏格拉底之死导致了柏拉图对雅典民主政治彻底绝望,他立即从他原先积极参与的公共活动中退了出来,并根据苏格拉底临死前的嘱咐,到海外游历了十多年。

公元前 387 年,柏拉图为了更好地实现苏格拉底的理想,他在雅典创办了柏拉图学园。

但柏拉图怎么都没想到,到了公元前三世纪中叶,柏拉图学园的理论研究方向发生了变化,开始转向苏格拉底、柏拉图最为痛恨的智者学派。

柏拉图曾对智者学派下过这样的定论,"这是一帮受雇于富豪子弟的教师,贩卖德行知识的零售商,是在论辩中赚钱的人,他们只会模仿、自己没有知识却又装作有知识的骗子,是在大庭广众中发表长篇大论的蛊惑家。"

当然,那些转向的柏拉图学园的园长们,不可能不知道他们老祖宗的这些针对智者学派的言论。或许苏格拉底、柏拉图的学问基调太高,模仿太难,他们才如此剑走偏锋,也或许是为了吸引人,他们又给自己贴上新柏拉图主义标签,并高调声称,自己才真正秉承了苏格拉底、柏拉图的哲学精髓。

这样一来,罗马的那些苏格拉底的青年崇拜者全部进入了误区。

此次,柏拉图学园园长卡尼阿德在罗马向年轻人宣讲那一套,其实无非就是当年智者派塞拉西马克的模仿秀。

或许卡尼阿德认为,他那些标新立异的做法还不够刺激,在罗马讲学期间,他故意设计了两场完全不同的演讲,前一场他讲的是柏拉图和亚里士多德关于正义的观点,形式完全是正面的、建设性的,看不出其中有任何不妥。但事隔一天,在第二场的演讲中,卡尼阿德话锋一转,对前一天所讲的观点,进行一一驳斥,前一天完全正面的、建设性的话全变得一无是处,荒唐可笑。他为什么要这样做? 他究竟想表达什么? 按他的话来说,他要表达的无非是,每一种结论都是不可靠的,不要轻信任何的语言。

老加图感到,这些希腊哲学家的可怕之处在于,他们讲得头头是道,但他们所讲的那一套与罗马所推行的国家核心理念完全相反,他们来罗马,等于是在系统性地破坏传统罗马的政治德性。

他要求元老院将这些哲学家全部驱逐出境,并尽可能消除这三位希腊哲学家在罗马留下的恶劣影响。

然而，如果老加图仅仅是痛恨这三位希腊哲学家，或者仅仅是在这三位希腊哲学家的身上大作文章，也就罢了，但老加图将两件风马牛不相及的事联系到了一起。

老加图想到的是，希腊人已被罗马人整肃到如此地步，却丝毫没有伤及希腊人的文化，或者说丝毫也没有伤及希腊人的文化自信。那些希腊哲学家站在讲台上滔滔不绝，他们的样子像征服者，而罗马人反倒像是被征服者。

罗马人依然只是野蛮人。老加图感到了精神文化的恐怖。武力征服一个国家容易，而战胜一个国家的内在精神文化则难于上青天。

老加图由此联想到了罗马与迦太基的战争，尽管罗马两次都赢得了最后的胜利，但这样的胜利，对罗马而言，最多也只能称之为惨胜。

迦太基人从内心深处真正认输了？迦太基是否还会产生像汉尼拔这样的人物？迦太基人是否会再次卷土重来？如果再有这样的人物，罗马人是否还会像前两次那样幸运？

老加图感到不寒而栗，他决定提前干预，将一切坏的可能扼杀在萌芽状态中。

从此之后，元老院无论讨论什么事，老加图总会设法将其与迦太基扯上关系，他最后的结论永远只有一个："不管怎么说，我以为迦太基必须被毁灭。"

老加图要毁灭迦太基的公开理由有两个，一是罗马与迦太基的战争已结束多年，迦太基的实力已经开始恢复，他向元老们介绍说，他在考察迦太基时发现，迦太基城已不再贫穷和简陋，另外，迦太基还有囤积大量木材的迹象，那些木材完全可以用来制造战舰，目的只有一个，对抗罗马。必须防止迦太基东山再起。二是迦太基的农业资源丰厚，毁灭迦太基后，这一切将全部属于罗马。

在一次元老院内部的演讲中,老加图以极其夸张的手法来描绘迦太基。那天,他站在演讲台上,讲到中途,他展开了他那宽大外袍上的褶皱,露出了一个巨大的、多汁的非洲无花果。他告诉元老院的听众们,这个无花果是三天前刚从迦太基运来的。他用这个硕大的无花果来比喻迦太基的繁华与富裕,他的意思很明白,迦太基已经富裕起来了,为了防止它再次伤害罗马,必须将它连根拔掉。

对于这一议题,反对最激烈的自然还是大西庇阿的一些余党,其中为首的是大西庇阿的女婿西庇阿·纳斯西亚。西庇阿认为:

> 一个国家的强大不是靠让其他国家变得虚弱来实现的,而是通过展示其自身实力来证明这一点。此外,只要迦太基还存在,因此而产生的恐惧将迫使罗马人彼此之间和平相处。平等对待附属国的公民,并遵守诚信,这是维持帝国稳定并扩展其疆域的最佳途径。可一旦这座敌对城市被夷平了,唯一的后果显而易见:内战将在罗马本土爆发,对宗主国的憎恨之情将因罗马长官的贪得无厌和肆意妄为而在盟国滋长。

我们不知这段后人记载下来的话的可靠性究竟多大,这其中存在着太多的预言色彩。

但有一点相信不会有误,即西庇阿谈到的一个强大的国家应该遵守诚信,平等对待附属国的公民。这恐怕是新老贵族之间的最大区别,尽管老贵族在外交事务中也常常不讲信誉、出尔反尔,但至少还能想到诚信两字,或者说还能想到要兼顾诚信。

但老加图之类的新贵族,脑子里根本就没有诚信这样的概念,对他们来说,在国际政治舞台上,讲诚信是幼稚,国际政治无所谓诚信或不诚信,政治就是不择手段,政治本身就是肮脏的。

当然,西庇阿的反对最初似乎还是有效的,至少罗马没有立即攻打迦太基。

但也有评论认为,没有攻打迦太基并不是西庇阿的反对有效,而是攻打的时机尚不成熟。老加图在会上反复强调,迦太基必须被毁灭,但其并未过于强调立即去攻打迦太基。老加图反复讲的目的只有一个,无非是提醒元老们要有攻打迦太基的意识。

为什么对于迦太基的问题,老加图仅仅是在每次发言的最后作提醒式的要求,而从不提交毁灭迦太基的系统性方案?关键在于,当时迦太基应当支付的战争赔款尚未交付完毕,双方一旦重新开战,赔款自然也就不会再交了。因此,攻打迦太基的正式提议绝不可能早于战争赔款交完之日。

迦太基应交罗马最后一期战争赔款的时间是在公元前 151 年。到了这一年,迦太基以为从此以后可以自由了,可以正常发展了。但他们实在太天真了,罗马人不是迦太基人,今日的元老院同样也不是过去老贵族统治的元老院。

汉尼拔对罗马复仇,哪怕他已将罗马打得不敢应战,他也从未想过要彻底毁灭罗马。但老加图不同,战争远未打响之前,他天天盘算的就是如何毁灭迦太基。

当迦太基的战争赔款全部交付完毕,老加图毁灭迦太基的计划自然就进入了正式议事日程。

到了此时,西庇阿的任何反对意见都属无效了。

斩草除根

公元前 150 年,迦太基的邻国努米比亚进攻迦太基,迦太基组织力量反攻,但很快败北。

迦太基战败是很正常的,从迦太基与罗马签订和约到现在,已经整整五十年了,迦太基仅有的武装力量完全是象征性的,或者说是中看不中用的,在努米比亚反复挑衅之后,迦太基人鼓足勇气反抗了一下,结果又是惨败。

迦太基败于努米比亚已够不幸,但罗马元老院有了战争的借口。这一借口足够冠冕堂皇。

迦太基没能遵守与罗马签订的和约中规定的"迦太基没有对外开战权力"的条款。

有学者怀疑,这借口来得实在蹊跷,哪有这么巧的事,罗马等什么就来什么,分明是罗马元老院暗中唆使努米比亚的结果。

这就像现代刑法中有一个挑拨防卫的罪名,就是指故意引诱对方进行不法侵害而借机加害于不法侵害人的行为。

迦太基听到罗马大军又出动了,知道大事不妙,现在的迦太基就连努米比亚这样的小国都打不过,怎么有可能与罗马这样的强国相抗衡。

迦太基连忙派使者向罗马请罪,表示愿意听候罗马的发落。或许迦太基当局想,罗马最严重的处罚无非是割地赔款,谁让自己踩了红线,只能认栽了。罗马元老院的回答很简单:"你们应该让罗马人民满意。"什么叫满意,这是一个无法定义的词。罗马元老院现在开始明显是在玩弄迦太基。

但此时,老加图似乎更害怕元老们心肠一软,仅仅满足于再向迦太基敲诈一次,他要的是彻底毁灭迦太基。

这或许与老加图的性格有关。

老加图做任何事都喜欢走极端,他喜欢绝对安全,为了绝对安全,他感到不择手段并不是一件难以接受的事。

据史料记载,在他的私人事物中,他购买池塘、温泉、农庄、牧场和森林等等。他知道高利贷对社会的危害,他也在他的论著中专门抨击过高利贷,认为高利贷对社会的危害远比盗窃者更大,但他自己又不顾一切地偷偷放高利贷。

作为监察官,他曾多次调查元老从事违反禁令的商业活动,并予以严惩,但他自己让被他释放的奴隶,以自己的名义,代替他投资元老院明令禁止的海运等等。

他之所以从事这一切,无非就是为了绝对安全。他制定各种法律,严禁民众奢侈。但他自己通过各种不法的手段,拥有了如此众多的资产,他曾自负地说,即便是朱庇特也无法对他造成多大的伤害。

古罗马史学家普鲁塔克对老加图的评论是:"老加图的贪婪本质举世罕见。"

其实,过度贪婪就是对绝对安全的一种追求,也是无良商人成为政客后的典型特征。

现在迦太基这条大鱼已经进入老加图的鱼网,他怎能让它再次逃走。

在元老院,他对迦太基的抨击力度一次比一次大。他声称:"迦太基人已经是我们的敌人,如果一个人准备与我们处处为敌,以至于只要他可以随时开战,即便他尚未采取军事行动,他已经是我们的敌人了。"

对于这样的指责,或许他感到力度还不够,最后他进一步拉高声调:"动辄破坏协议的人是谁?是迦太基人。以极端残忍的方式作战的人是谁?是迦太基人。蹂躏意大利的人是谁?是迦太基人。乞求原谅的人是谁?还是迦太基人。"老加图的意思是清晰的,迦太基人,不杀不足以平民愤。

对于老加图的想法以及老加图在元老院的激烈言论,迦太基人完全不知道,他们根本不会像汉尼拔那样,在敌国安插很多眼线,时刻掌握敌国的一举一动,他们只想过太平的日子。

也就在老加图叫嚣着对付迦太基人的同时,迦太基人依然活在自己的梦里,以为只要顺着罗马人的意思去做,一切都会过去的。

如果按照罗马的传统文化,这确实不会存在什么大的问题。可他们没想到的是,罗马确实还是过去的罗马,但罗马天下已是平民党的天下,那些商人资本家出身的平民党人,他们的人生信条正如现代学者对那些无良商人的定位:有百分之五十的利润,可以铤而走险;为了百分之一百的利润,可以践踏人间的一切法律。他们的最大特点是为达目的不择手段。

此次平民党采用的是最为卑劣的外交欺诈做法。

他们的谈判条件不是一次性提出,而是一个连环套,只有做到了第一个条件,罗马人才会告诉迦太基的代表第二个条件是什么。

罗马元老院开出的第一个条件是将三百名贵族的孩子作为人质交给罗马,迦太基人没想很多,他们以为这很正常,于是很快就交出了人质。

紧接着罗马又开出了第二个条件:迦太基应交出所有的兵器及作战器械。迦太基人也照办了,或许此时的迦太基人在想,从今往后,再也不用打仗了,做顺民总是可以的。迦太基人于是交出了二十万人的铠甲、无数的各种标枪以及两千个巨大的投石机。

随着这些武器的交出,事实上迦太基人已被彻底解除了武装。迦太基人以为这样总可以了,一切的恶梦也应该随之过去了。

但罗马人最后开出的条件竟是,迦太基城必须被夷为平地,迦太基人可以到离他们原城址十公里以外的任何地方去生活。

这是一个令迦太基人难以接受的条件。

在上古时代,一个以农业和商业为主的民族,当他们的武器、土地、房屋以及崇拜的宗教全都被剥夺之后,他们的生存机会事实上也全部被剥夺了。这就像将一棵大树连根拔起,不带走原有的一丁点土地,移植到其他地方去,这棵树的存活可能性几乎为零。

罗马人说他们可以去任何他们想去的地方,事实上没有一个地方会容得下他们。摆在他们面前的可以说是死路一条。更何况,罗马人是否真的想让他们活着离开还是个问题。

罗马人的这种做法，与两千年后德国纳粹一步一步地欺骗犹太人，并让他们毫无反抗地进入毒气室的做法，真可说是异曲同工。

到了此时，迦太基的代表知道上当了，他们手中原本可供谈判的筹码已全部无偿交给了罗马，他们的城市已没有武器，已没有一架弩炮，没有一支标枪，甚至没有一把剑。他们的敌人已占有了他们的儿童、他们的武器和他们的领土。

刹那间，这些代表完全失去了自我控制，他们扑在地上，以手捶地，以头撞地，有些人则撕破自己的衣服，刺伤自己的肉体，他们仿佛已完全失去了知觉。迦太基的代表就这样疯狂了一阵子后，他们像死人一样，躺在地上，默默无言。

而罗马的两位执政官站在一边，看着迦太基人的疯狂举动，他们什么也不说。

一个迦太基的代表在地上躺了一阵子，或许他想再作最后一次努力，于是站起来说：

> 我以那些现在还统治迦太基的神祇的名义，哀求你们，不要在对待我们的时候，首次玷污你们的荣誉，不要用历史上空前的、这样骇人听闻的行为来损坏你们的名声。希腊人和蛮族人曾经进行过很多战争，你们罗马人也进行过许多战争，但是从来没有谁曾经把一个城市铲为平地——当它的人民是未战而投降；交出他们的武器和儿童；接受一切所能加到他们身上的处罚，你们不要忘记你们在神明面前所发的誓言。我们哀求你们，不要有损于你们自己的光荣历史，不要给我们增添不可弥补的灾祸。

但这样的哀求，对于那两个执政官来说，纯属废话。

执政官孙索那里斯的回答很简单："重复元老院的命令有什么益处

呢？元老院已经下了命令，这些命令就应当执行。"

或许孙索那里斯感到现在对这帮可怜的人，再用这样的语调说话确实有点残忍，他又改一种语气说："按元老院的命令去做是没错的，只有这样，迦太基人的处境才会变得安全。此外，祛除一切邪念以及一切痛苦的药方就是遗忘，当你们离开自己的城市之后，你们也就逐渐忘记过去的一切，你们也就不会再痛苦了。"

迦太基的代表很清楚，现在无论再说什么都是多余了。他们提出的唯一要求就是让罗马人将他们送到迦太基人能够看得到的地方。

迦太基的代表绝望地回去了。

迦太基人在得知被罗马人算计后，整个城市的人都被彻底地激怒了。所有人都像被巫师施过咒语似的，他们疯狂地大哭大叫，有些人痛打那些劝他们交纳人质的元老，把他们撕成碎片，他们认为是这些元老引诱他们陷入这个圈套的。另外一些人用同样的方法对付那些劝他们交出武器的元老，还有些人用石头投击刚刚出使回来的代表。全城到处都是痛哭和愤怒。

当天晚上，迦太基元老院宣布与罗马进行全面的战争，直到流尽最后一滴血为止。

此外，元老院命令释放所有奴隶，让他们全部进入军中服役。同时任命正在服刑的将军哈斯德鲁巴为军事总指挥。

就在当天晚上，迦太基城内的所有空旷地方，全部变成了制作兵器的工场，每天二十四小时，男男女女按照固定作息工作，他们轮流用餐，轮流工作。

据记载，每天大约有一百面盾牌、三百支剑、一千件投射兵器以及五百支投枪和长矛被生产出来。妇女们甚至剪下她们的长发，用来制作投石机的绞索。

与此同时，迦太基人为赢得时间，他们又向罗马派出了使团，请求执政官孙索那里斯再给他们三十天的宽裕时间,以便他们能再次赴罗马请愿。但被孙索那里斯立即否决了。

孙索那里斯否决了迦太基人的要求,但他没有立即率兵攻城。或许他认为,已经将迦太基人骗到这种地步,迦太基人已缴械,即使再想反抗也是心有余而力不足,完全没必要急吼吼地攻城屠杀,这似乎太残忍了些。再等几天,迦太基人想明白了,自然会主动出城,这才是最好的结局。

然而,又过了好几天,城内没有任何反应。

孙索那里斯感到情况有点不对,他立即下令进攻,他决心给那些不知趣的迦太基人一点实实在在的教训。

但他的部队刚接近城墙,发现城墙上不仅出现了守城部队,而且还投出了许多标枪,以及显然是通过投石机投出来的石头。

孙索那里斯的部队由于毫无心理防备,突然而来的打击使罗马人死伤不少。而紧接着,哈斯德鲁巴又率军从城内杀出,此时的迦太基人已是玩命反击了。孙索那里斯的部队根本无法抵抗,大败而退。

次日,孙索那里斯带了攻城器械,试图一举拿下迦太基城,但仍然徒劳,迦太基的城墙构筑得相当特别,它由沟渠、海堤和城墙三重防御工事组合而成,一般的方式根本不可能攻占,孙索那里斯试图用巨大的攻城槌来破坏外墙,但他还是被击退了。

这样的攻城战进行了整整一年多,毫无成效。相反,哈斯德鲁巴率领一支军队,经常突袭罗马军团的交通线和后勤补给线,反而将罗马军团搞得极其狼狈。

这样的战争一拖又是一年,到了公元前147年,无论是元老院还是罗马的民众,对这种看不到结果的战争,他们变得越来越不耐烦。他们一致推荐大西庇阿的养孙小西庇阿为非洲远征军指挥官。而此时的小西庇阿,尚未到达出任执政官的法定年龄。方方面面允许他担任这样一个职务,说到底也是为形势所迫,平民党方面实在选不出什么良将。

对于任命小西庇阿一事,作为西庇阿家族的死对头老加图心中自然极不乐意,他怎么都想不明白,平民党的将领为什么会如此差劲。

但他又不得不认同对小西庇阿的任命。毕竟,打下迦太基才是第一要务,更何况,攻打迦太基是他极力要求的,如果就连弱成这样的迦太基,在平民党的指挥下,居然也拿不下,平民党将无法面对国人。

小西庇阿到任后,第一件事依然是整顿军纪,赶走妓女和商人,并切断迦太基城的所有运输线。如此一来,迦太基城沦陷也就只是一个时间问题了。

小西庇阿

就这样,罗马经过三年的苦战,最终在小西庇阿的指挥下,攻破了迦太基城。

此后,小西庇阿根据元老院的指令,将迦太基城彻底铲平,并在土地上撒盐,以达到彻底毁坏迦太基城的目的。

据记载,在破城当日,小西庇阿望着熊熊燃烧的迦太基城,潸然泪下。他独自冥想,反思着那些不可避免走向灭亡的城市、民族、帝国和个人,反思着曾经辉煌的特洛伊城、亚述、米底亚、后来的大波斯帝国,以及离现在最近的、显赫的马其顿帝国所遭受的命运。就这么苦思了许久之后,荷马史诗中的句子自觉或不自觉地从他的嘴里脱口而出:"这一天将会到来,我们的神圣的特洛伊,普里阿摩斯,以及被持矛普里阿摩斯统治着的人们,将消亡殆尽。"

迦太基城遗址

对于小西庇阿的流泪,有学者评论,这与他一手造成的迦太基那触目惊心的惨状关系不大。事实上,他的眼泪是为自己的母城罗马而流。

这或许有一些可能,这种类比是很现实的,也很容易让人联想到此后罗马共和国的命运。但小西庇阿不是占卜师,更实际的可能是,他想到的是罗马贵族的命运,以及大西庇阿的命运。罗马赢得了第二次布匿战争,罗马贵族却衰亡得差不多了。大西庇阿战胜了汉尼拔,为罗马赢得了未来,但大西庇阿与汉尼拔在同一年以极其相似的方法悲惨地死去。

在此时此刻,作为大西庇阿的后人,作为迦太基战争的终结者,小西庇阿怎么可能想到的是罗马的未来,而不是想到不久之前的家族命运,想到罗马商人统治集团的恐怖统治手段呢?

也就在同一年,科林斯被更恐怖的方式彻底毁灭。

这就像人们所说的,伏在他人的尸体之上,哭的却是自身命运的不幸。

但无论小西庇阿是在为共和国的未来流泪还是为自己的家族命运流泪,共和国的辉煌已然成了历史。小西庇阿的眼泪只是这样历史的注脚,仅此而已。

第三部分

罗马之殇

第1章/**格拉古兄弟**

平民党的残忍和贪婪，这是格拉古随军赴西班牙后的最大感受，他想改变罗马形象，但他对西班牙人的承诺，却被元老院撕得粉碎。

格拉古试图反抗，压缩元老们的贪婪空间，终被指认觊觎王位而死无葬身之地。

弟为兄复仇，卧薪尝胆十年。

设计种种陷阱，挑动元老与骑士互斗。元老院权力被大量剥夺。

被逼到墙角的元老院，以其人之道还治其人之身。

宿命还是人祸

老加图呼吁毁灭迦太基时，大西庇阿曾极力反对，他认为只要迦太基还存在，因迦太基而产生的恐惧将迫使罗马人彼此之间和平相处。相反，一旦这座敌对城市被夷平了，唯一的后果是：内战将在罗马本土爆发，对宗主国的憎恨之情将因罗马长官的贪得无厌和肆意妄为而在盟国滋长。

大西庇阿的反对不像是议论而更像是预言。

在罗马共和国时代，对预言重视的程度超乎今人的想象。

在罗马史中，记载着这样一个故事，在小塔克文统治期间，一个老妇人来到王宫，她拿出九册图书，建议小塔克文买下。但她告诉国王，买之前，国王不能翻看图书具体内容。由于她开价极高，小塔克文笑而拒绝了。

老妇人什么也没说，当场点火烧掉了其中三册。

　　然后，老妇人再次劝小塔克文将剩余六册买下，但价格维持不变。小塔克文有些惊讶，依然拒绝了。那老妇人立即又烧了另外三册，接着又问小塔克文，是否要那剩余的三册，如要，价格还是九册的价格。

　　由于老妇人的动作过于古怪，小塔克文经不起这样的诱惑，咬咬牙买了下来。等老妇人走后，小塔克文立即打开了图书，他发现这是西比尔预言书。

　　老妇人开价并不高，不要说九册，哪怕只有一册，也值这个价钱。

　　传说中的西比尔是预言之神阿波罗的女祭司，阿波罗曾对她苦苦追求。为获得西比尔的欢心，阿波罗答应满足她一个愿望。西比尔要求长久地活着。阿波罗对西比尔说，你可以抓一把沙子，尽可能多抓一些，每一颗沙粒就代表你能活一年。西比尔满满地抓了一把沙子，心想，从此可以永生了。但西比尔高兴得太早了点，她忘了加上一句：永葆青春。

　　由于西比尔始终不肯顺从阿波罗，阿波罗的愿望难以得到满足，所以他也不想让西比尔称心，于是，西比尔在神殿里年复一年地老去，成了一个老而不死的女先知。

　　小塔克文买下《西比尔书》后，即将它放置在罗马卡皮托林山上的宙斯神庙内，每逢国家庆典或重大决策都要打开《西比尔书》，寻找相似征兆以及应对措施。

　　共和国之后，《西比尔书》开始由两名贵族专门管理，并且明确规定任何人都不得随意查看《西比尔书》，这包括两名管理此书的贵族。

　　尽管罗马对《西比尔书》管理得很严，决不容许《西比尔书》内容外泄。但在公元前二世纪中叶，《西比尔书》中有关罗马未来的内容还是在地中海东岸的王国里传开了。《西比尔书》中称：

　　意大利，伟大的国家，强奸你的不是外来的入侵者，你的儿子们将要强奸你,无休无止地轮奸你,残忍地惩罚你,因为你堕落了,你将匍匐在地,倒在燃烧着的灰烬中。互相屠杀!你不再是正直人的母亲,你养了一群吃人禽兽。

为什么《西比尔书》的内容会越洋外泄?

有人说,西比尔可能不仅卖给了小塔克文三册书,她还将她预言书的复本卖给了希腊人。也有人说,这是那个时代,有人伪托西比尔预言,对罗马进行诅咒。但不管是西比尔本人还是当时有人伪托西比尔,至少在那个时代,已经有人看清了罗马的未来。

没有人知道,大西庇阿的预言是否来自西比尔书,他的警告一语成谶却是事实。

第三次布匿战争结束后,整个罗马一片欢腾,无论是罗马元老还是罗马公民,他们都以为,罗马将从此远离战争的威胁,永享和平。

然而,仅仅过了十多年,罗马的平静再次被打破,只不过此次打破平静的不再是战争的请愿,而是有关土地分配的诉求。

公元前 134 年,保民官候选人格拉古在他的竞选演讲中声称:

> 每一头在意大利游走的野兽都有自己的巢穴,那些为意大利浴血奋战的人,除了空气和阳光,却一无所有,他们无家可归,携妻带子,颠沛流离。这些士兵被他们的统帅诱骗,为保卫祖坟与宗庙而战,为这些安享富贵荣华的人而战,有些甚至战死沙场。但是拥有世袭的祭坛或者祖先的墓地的人,即便征服了整个世界,他们仍然没有立足之地。

格拉古的指控是极其严厉的,他的演讲事实上是将整个元老院推上了被告席。

自共和国建立以来,平民向元老院抗争的无非是债务问题与土地问题。但自从那些商业资本家进入了元老院,成了执政官,最后掌控一切之后,无论是平民的债务问题还是土地问题,从此再也无人过问了。

格拉古的演讲等于再一次把那古老的问题放到了阳光下。

罗马民众开始广泛质疑元老院的各种政策,这种现象已多年不见,甚至在那个时代的罗马人的记忆中都不曾有过。

对此,元老们恼羞成怒。

元老们自以为,近些年来,元老院与民众的关系是最为和谐的,元老院的威望可说达到了自建城以来的顶峰。

但格拉古的演讲将元老院之前的一切努力划归为零。

元老们想不明白,格拉古以如此尖刻的语言挑拨民意,他究竟在想些什么? 他还要干什么?

可格拉古对自己演讲的目的很清楚,一切只是开始,他还要进一步改革元老院。在格拉古看来,元老院已彻底败坏,再不改革,共和国将就此终结。

这样的结论既与他的出身有关,更与他的经历有关。

提比略·格拉古属于罗马公认的那种显贵世家。格拉古的父亲提比略乌斯是平民出身,属于罗马新贵族群体中的一员。同时,格拉古的父亲又是大贵族大西庇阿的女婿。

前面谈到,公元前 187 年,老加图为清除异己,以大西庇阿存在贪污公款的嫌疑为由,发起对大西庇阿的审判。大西庇阿清楚,老加图此举的目的显然是要置自己于死地,而自己则百口莫辩。他在激愤之下,当场撕碎了账本。

在当时的情况之下,面对实力如此强大的平民党,贵族党内竟无一人敢出面为大西庇阿辩护。

一时之间,形势急转直下。

提比略·格拉古在演讲

此时，年仅三十三岁、出身平民的格拉古父亲，对平民党的这种无耻伎俩，实在忍无可忍，他站起来说：

> 在诸神的庇护下，西庇阿为祖国作出了重大的贡献。在共和国罗马，他登上了最高的地位，深受人们的感激和敬爱。对于这样一个人，现在，我们竟然想把他送上被告席。我们竟然想把他押到演讲坛下，强迫他倾听我们对他的弹劾和声讨，甚至想让他接受无心少年的恶骂。这种事情不仅玷污了西庇阿的名誉，更是玷污了我们罗马市民的名誉。

面对提比略乌斯的抨击，元老院生怕坚持审判会引发众怒，只能下令将大西庇阿赶出罗马。

此后，或许是大西庇阿为感激提比略乌斯为自己力排众议，仗义执言，也或许是他感到像提比略乌斯这样的人品实在难得，他将自己的女儿科尔涅利娅许配给了提比略乌斯。

格拉古兄弟和他们的母亲

提比略乌斯在事业上是个成功者,他先后担任法务官、执政官以及监察官等职,登上了罗马共和国荣誉的顶端。

但在提比略·格拉古十岁时,提比略乌斯就去世了。

据说,提比略乌斯与科尔涅利娅共生育了十二个儿女,但幸存的仅三个,两个儿子和一个女儿。除了提比略·格拉古外,还有一个小儿子要比提比略·格拉古小九岁,叫盖约·格拉古。

格拉古兄弟俩是由母亲科尔涅利娅一手培养长大的,自幼即熟知父亲的正直与勇敢,外祖父大西庇阿的伟绩与冤屈。元老院中平民党结党营私、陷害异己等等恶劣手段,也早已成为深入兄弟俩骨髓的伤痛。

但出乎提比略·格拉古意外的是,这种伤痛在其最初职业生涯中又进一步加深。

提比略·格拉古成年后,像所有贵族子弟一样,热衷于仕途功名。公元前137年,年仅二十六岁的格拉古即被选派为前往西班牙作战的财务检察官。

自第二次布匿战争结束,西班牙划归罗马的最初二十多年里,罗马人几乎未从西班牙那里得到什么好处,整个西班牙地区,部落反叛不断,此起彼伏,令罗马人头痛不已。

公元前179年,格拉古的父亲率兵进入西班牙地区,他一改过去统治者的做法,以理解对方的心态与各部落沟通,以严格遵守诺言的行为来取得对方的信任,从而确立了新的统治制度。由此,换得了西班牙近二十五年的和平。

但至公元前154年,和平局面又遭到破坏。西班牙的一名部落头领再次起义,攻击罗马军队。

自此以后,战争连绵不断,伤亡人数持续上升。西班牙战事也成了元老院的恶梦。

此次,率军团入西班牙作战的总指挥是执政官曼奇努斯。

罗马大军进入西班牙后,出乎所有人意料的是,尚未与西班牙人正式开战,整支部队即被悉数包围,全军面临被全歼的危险。

曼奇努斯派出数批擅言的军官前往西班牙军营交涉,希望能与西班牙人签署和平协议,但西班牙人根本不予理会。

原因很简单,西班牙人认为,天底下没有比罗马人更无耻、更不讲信誉的了。每次西班牙人与罗马人谈判时,罗马人都是信誓旦旦,西班牙人总是相信罗马人会一诺千金,但每次的结局都是西班牙人上当受骗。

公元前151年,罗马执政官马尔凯卢斯感到处理西班牙事务不能光靠武力,要想得到永久和平,必须善待西班牙人。于是,他与西班牙人进行会谈交涉,而西班牙阿雷瓦凯部落与罗马交战了几年之后,也开始厌战,愿意投降,并同意向执政官交付人质以及提供一定数量的财物,条件是一切恢复到原来的管理模式。双方很快就达成了正式协议。

次年,新任执政官卢奇乌斯上任后,虽然知道已正式缔结和约,却仍然毫不犹豫地率兵攻打阿雷瓦凯部落的考迦城。

考迦城人历来善待罗马人,与罗马的关系可说是在西班牙区域内最为和谐的。考迦城人问进攻的罗马人:"为何要攻城?""是何罪名?"罗马人根本不予答复。

为求太平,考迦城人立即支付了巨款。他们以为罗马人收了巨款之后,应该放过考迦城了,于是就放松了警惕。

但罗马人借此机会,突然进攻。考迦城很快就被攻破。罗马人进城后,疯狂杀人。据记载:被杀人数高达两万余,剩余则全部俘获为奴。

同年,西班牙行省军队指挥官伽尔巴与行省内的三个部落签约,承诺将这三个部落的全体人员迁往更适宜居住的区域。

当这三个部落七千余居民按指定地点集中后,伽尔巴却立即解除了他们武装,并将他们根据性别、健康等状况分为三队。凡年老体弱者,一概遭到屠杀。剩余的则全部出卖为奴。

此外,西班牙南部地区的卢西塔尼亚国王维里亚都在与罗马军队的战争中屡战屡胜。公元前141年,维里亚都的军队像当年萨莫奈人一样将两个罗马军团包围在一个狭小的山谷之内。被围的执政官与维里亚都签署了和平协议。协议同意承认维里亚都为卢西塔尼亚国王,维里亚都为表示善意,立即释放了罗马的全部官兵。

但次年,罗马即毫无借口地撕毁了协议,大批罗马军队直接开进西班牙南部区域。维里亚都再次向罗马人恳求和平。

罗马元老院却重演了当年对付迦太基人的那一幕。他们像挤牙膏式地一点一点告诉维里亚都谈判条件。

第一个条件是,交出一切罗马境内归顺维里亚都的人,包括维里亚都的岳父。维里亚都照办了。罗马人立即将这些人断手或者处决。

罗马人开出的第二个条件是:勒令维里亚都交出部队的所有武器。

此时,维里亚都想起前几年罗马迦巴尔将军欺骗三个部落的事件,于是准备再次反抗。

但一切都已太晚,罗马人已与三名维里亚都的部下谈妥,他们乘维里亚都晚上熟睡之机,将其刺杀在营帐之内。

而最后一起事件是,公元前139年,罗马执政官庞培,因始终无法攻下努曼提亚的两个城市,便改用威逼利诱的方式,一方面要求对方投降,另一方面承诺给予最大的优惠。可在具体的操作中,当对方按所承诺的交出人质、支付赔款都已完成时,庞培将自己的承诺压缩到几近于无。

到了这一地步,此事依然没完。庞培离开西班牙后第二年,元老院再次否决庞培的议和协定,认为战事并未结束,于是又派出了曼奇乌斯与格拉古。

曼奇乌斯是个本分的人，他没想到自己的部队会在如此短的时间内陷于绝境，更没想到他的前任还有这么多匪夷所思的故事。

他自知，再派代表前去和谈已无任何意义，西班牙人已对罗马人完全失去了信心。此次，两万余人的罗马大军恐怕真的难逃一劫了。

但在此时，格拉古自告奋勇，表示愿意前往再试一试。曼奇乌斯表示无所谓，去与不去都是死路一条。

格拉古坚持一试的原因在于，他自小就从母亲那里得知，当年父亲与西班牙人结下了深厚的友谊，其父在西班牙有极高的威望。但所有这一些，他在曼奇乌斯的面前不便多说。

格拉古很快进入了西班牙军营，当他亮出自己的身份为老格拉古之子时，对方立即为之改容。

西班牙人表示，老格拉古是个绝对守信之人，他们相信老格拉古之子也定会如同其父那样守信。于是，格拉古与西班牙人很快就签订了和平协议。曼奇乌斯和整个罗马军团毫发无损地返回了驻地。

但令格拉古吃惊的是，此消息传到罗马之后，他和曼奇乌斯等相关人士立即成了罪人。罪名是未经元老院的核准，私自与西班牙人媾和。

局势变化得如此之快，快得令所有人吃惊。

但很快，格拉古及其他相关人士都相继被免责，原因是，所有免责的人，或多或少都有后台背景。

这样一来，自然无人再对他们进一步追责。据说，为格拉古解脱罪责的是其姐夫，第三次布匿战争的英雄小西庇阿。

责任是免了，可格拉古一点都高兴不起来。这又算什么？如果这样做确实是有罪的，那么无论什么人说情都不能免责。相反，如果这本身就不是罪，那么，所有的人都不应被定罪。

现在，有背景的那些人都被免责了，无背景的人却成了替罪羔羊。这进一步说明元老院处事的不公。

格拉古发现，最后在此事件中，唯一没有获得解脱的是执政官曼奇乌斯。曼奇乌斯是个政坛新秀，又不懂钻营，自然没有任何有权势的元老愿意为其说话，帮其开脱。

元老院为体现"公正"，下令剥去执政官曼奇乌斯的官服，并押送前往西班牙人的哨所门口，听凭西班牙人处置。

西班牙人看到身穿衬衣，且被反缚双手的曼奇乌斯，狐死兔悲的感觉油然而生，他们既同情曼奇乌斯，又感到罗马人实在恐怖。但他们又明确表示，绝不接受罗马人再次撕毁协议的可耻做法。曼奇乌斯在哨所前整整站了一天。

然而，元老院的元老们并不在乎西班牙人的想法。

该做的样子已经做了，紧接着继续攻打西班牙的命令就下达了。

此后，这场攻打西班牙的战争又持续了一年多，由于上阵的平民党将领大多无能，士兵既狂妄又怯战，结果不断地损兵折将，却一无所获。

公元前135年，元老院令罗马最强的贵族党将领小西庇阿前往西班牙坐镇指挥。

小西庇阿上任后，所做的几乎和在第三次布匿战争中接管远征军指挥权力后的做法并无二致，赶走军妓、商贩，恢复军纪，切断了所有通往该城的道路。

据说，罗马围城部队人数多达四万人以上，努曼提亚城守城人员却不足八千人。

到了公元前133年，城内粮食耗尽且瘟疫流行，西班牙人被迫投降。此时，小西庇阿又接到元老院的命令，要像处理迦太基城一样处理努曼提亚城。努曼提亚城立即被夷为平地，幸存者则全部被卖为奴。

该城西班牙人的最后结局竟是如此，作为和平协议保证人的格拉古感到无地自容。他痛恨自己无能，但更痛恨罗马这帮不讲信誉、毫无人性的元老。所有血淋淋的事实都让格拉古刻骨铭心。

对于格拉古这样一种心态，元老们是永远琢磨不透的。但西班牙的这段经历彻底改变了格拉古的人生走向。

从格拉古出任随军的财务监察官一职来看，他原先明显是试图走一条与其父亲相似的道路。从财务官到法务官，然后到执政官，最后再到监察官。这是一条官宦子弟最理想的官场晋升道路。

成功登顶，誉满天下。

但格拉古中途退场了，他选择了保民官。

早期，保民官根本不是官职，这只是一个民间职位，是一个专门与元老院斗法的职位。在公元前287年之后，平民与贵族合流，或者说平民的权威已超过贵族。此时，保民官已完全失去了原有的意义。这一职位事实上成了元老院的工具，并被正式纳入官方高级职务系列中的最低一级。

但格拉古已经出任过财务官，如按正常的晋升途径，他应该是努力竞选法务官，然后再冲刺执政官，这是当时官宦子弟的正常思维方式。

格拉古突然改变职业取向，这无形中透露了他的内心世界：他已将自己放到了与早期保民官同等的位置之上。

他要替天行道，为民作主。

格拉古的挑战

公元前134年，格拉古竞选保民官一职成功。

次年年初，格拉古一上任即提出了一项法案，该法案规定：收回留存在民间的公有土地，但考虑到这是历史遗留问题，允许每位罗马公民最多可占有五百犹格国有土地，也即两千亩，如果一个公民有两个儿子，则每个儿子可再占有二百五十犹格，但每户占有土地的总数不得超过一千犹格。作为补偿，土地可以世袭并且免租。其次，将收回的国有土地分给无土地的罗马公民,每户三十犹格,世袭使用,不得出卖与转让,但需缴纳少量租金。

格拉古此次所提法案的意图是明显的,他要通过这一法案来压缩元老贵族的财富。

格拉古通过调查已了解清楚,在第一、第二次布匿战争期间,大批富有商人乘国家经济困难,以极其低廉的价格向国家大量购买因战争而荒芜的土地,有的甚至是以无偿的方式获得土地,他们大发战争财和国难财。

战后,他们又以雄厚的经济资本来换取政治资本,他们成了元老院的主体。

这批人不仅贪婪、无耻,而且残忍。格拉古就是要拿这批人开刀。

元老们获悉此项法案的内容后,整个元老院立即吵作一团,元老们纷纷质疑,格拉古提出此项法案是什么意思? 这分明是要公开没收新老贵族的土地。

他们声称:这些公地,很多早期都属荒地性质。对这些荒地,国家几代以来一直置之不理,处于既无人要,也无人管的状态。

正是现在占有者的祖先,花了大量的人力、物力和财力,将荒地改造成耕地,并在这些土地上建造相应的设施。而这一切,都已过去几代人了,这其中有些土地也通过继承或买卖转让,其属性也已变得相当复杂。

鼓励对无人要的荒地进行开垦,并将开垦的荒地赠与开垦者,大多数国家都有类似政策。如果国家不管不顾,硬要没收这些土地,这是主张公开抢劫,也是对那些土地占有者的明显不公。

元老院立即否决了格拉古的提案。

元老院的否决,早在格拉古预料之中,他的回应极为干脆,立即召开平民大会投票表决。

对于格拉古的这种做法,元老们大吃一惊。

保民官将提案直接提交平民大会表决,这种明显带有对抗性的做法,在罗马早已成了历史。

在元老们眼里,保民官就像一座死火山。这座火山曾经很可怕,它喷出的火焰可以毁灭一切。但近一百多年来,这座火山只是平静地坐落在那里,已成了一道风景线。

但格拉古的举动,犹如将一座休眠已久的火山重新激活。这明显是在恢复保民官久已失效的功能。更令元老们头痛的是,格拉古的做法并不违法。长期以来,保民官一直将提案先交由元老院审议,这只能说是一种惯例,但不能说是法律的规定。

因此,元老院无法从法理的角度去责难格拉古。于是,元老院只能以古老的办法对付古老的对抗。

一百多年之前,元老院应对保民官提出不利于贵族的提案时,它的一大法宝就是挑拨收买其他保民官与之对抗。

按规定,保民官的提案必须得到所有同僚保民官的一致认可,只要有一个保民官反对,该提案就不能上交平民大会。

这种否决权被称之为平行否决权。因此,元老院想法设法,鼓励多设置保民官的人数。人数越多,在保民官中找到代言人就越容易。

罗马保民官最多时为十人。

元老们很快就说服格拉古的同僚——保民官屋大维,由屋大维出面否决格拉古的提案。

如一切都按正常操作,格拉古的提案必成废案。

元老们想得很周全,但格拉古根本不可能按正常牌理出牌。

格拉古调查后发现屋大维家所持有的公地量远远超出了提案所规定的上线一千犹格。他立即向屋大维建议,如果屋大维支持提案,屋大维家因公地上交而带来的一切损失,均由他个人自费补上。

格拉古这一招很阴毒。从表面看,他对屋大维极其友好,愿意自费补

偿屋大维的损失。但从另一个角度讲,他也公开了屋大维的土地财产,这
等于宣布屋大维反对法案,明显不是出于公心。

此外,格拉古还为屋大维挖了一个陷阱。如果屋大维同意这一建议,
那么他明显有收受贿赂的嫌疑,而如果既不接收也不同意法案,则会被民
众视为既自私又不通情理,屋大维的公信力也将荡然无存。相反,格拉古
却会因此而显得甘愿为广大民众利益破财。对方唯一能全身而退的出路
是同意法案而不接收格拉古的补偿。

屋大维自然不会傻到对这么大的一个陷阱视而不见,不管不顾地往
里跳。但屋大维也不愿改变原有的想法,如果他现在改为支持格拉古,他
不仅仅要上交土地,更主要的是他还要得罪元老院,这样的后果,他是不
敢设想的。

两难择其易,屋大维的选择是宁愿丧失公信力。

格拉古眼看着对方跳进了自己挖的陷阱,但自己依然无法摆脱困境。
如果没有其他办法改变目前的状态,他的提案只能胎死腹中,他当保民官
也就变得毫无意义。

格拉古决定铤而走险。

格拉古在集会时向市民们宣称:他与屋大维两人,只有一人可以继续
留任,至于留任谁则由民众表决决定。同时,他又向民众暗示:对于不愿
保护民众利益的保民官,是否应予以免职? 这样的表决自然是毫无悬念
的,民众几乎一致判屋大维出局。格拉古立即命法警拿走屋大维的保民
官座位。

屋大维保民官座位的移去,事实上意味着移去了通过土地法案的所
有障碍。法案很快通过了,并且还通过了执行法案的三人委员会,这三人
为:格拉古的岳父克洛狄乌斯,格拉古的弟弟盖约·格拉古以及格拉古
本人。

元老院的元老们对突然降临的结果极其愤怒,尤其是对执行土地法案三人委员会的名单,这简直就是一张家族名单。

但元老院对此结果束手无策,毕竟元老院很难找到格拉古的明显错误。如果要说格拉古有错,那只能说格拉古没有按约定俗成的规则办事,可约定俗成不是法律,这如同心照不宣一样,它取决于行为的双方。也正因为如此,元老院毫无办法,只能认可法案通过的既成事实。

然而,元老院默认土地法案,并不等于执行土地法案就此一帆风顺了。

格拉古突然发现,即便以三十犹格作为一份,免费发给那些破产农户,那些农户依然无法耕种。他们无钱购买土地,同样他们也无钱购买与农田相关的生产资料,这样土地就成了摆设,弄不好,他们又会将这些好不容易到手的土地再次变卖为消费品。

一切似乎又回到了原点。

也就在此时,罗马又发生了一桩奇特的事。

大希腊地区的帕加马国王阿塔鲁斯三世在去世前留下了一份遗嘱,该遗嘱称,他将王国的金库以及王国的土地,全部赠送给罗马共和国。

对此,格拉古一下子来了灵感。

在元老院尚未想明白究竟该如何处置这笔遗产之前,市民广场传来消息,平民大会已通过表决,帕加马国王金库中的资金划拨给分到土地的农民。

格拉古又赢了一局,但这是表面的。

格拉古这种捷足先登的做法,从理论上讲确实毫无问题。平民大会是最高决策机构,平民大会的决议就是最终决定。

事实却是,外事问题历来由元老院直接处置。这就引出了一个新的问题,格拉古的这一举动意味着他可以通过平民大会的决议,赋予或剥夺任何组织的权力,这才是所有问题的关键。元老院无法接受这种超越一切的权力。

在元老们看来,拥有这种权力,就等同于拥有了王的权力。

格拉古的这一动作事实上将自己推到了极其危险的位置之上。

格拉古在元老院中原有的一些盟友也开始与他纷纷切割关系。而那些原本就敌视格拉古的人则声称格拉古的真实目的是要做独裁者,格拉古有觊觎王位的野心。一些元老甚至声称,等到明年格拉古下台之后,必将对其弹劾。一时之间,形势变得极为紧张。

这样的结果是格拉古始料未及的,他完全没想到元老们会将他的钻空子行为演绎为觊觎王位的野心。

但世事就是这样,从来不会以人的意志为转移。你要从政,你要与比你强大得多的对手斗法,你必须别人多一个心眼,你必须换位思考。格拉古的最大问题就是缺少换位思考。

格拉古立即感到了问题的严重性,从共和国的历史看,任何事情一旦往这个方向演绎,随之而来的必是杀戮。

此后,他出门必有二、三千名平民相随保护。可出门都要靠人保护,这终究不是办法。保民官一年任期到了以后,又该怎么办?

格拉古想到了马上就要举行的下一届保民官选举。

按罗马保民官的选举法则,每年秋天开始选举下一年度的保民官。而报名参选下一届选举的时间则从每年 6 月就已开始,这也是新一届保民官上任前预热的一种办法,使其有一个较为充分的思想过渡。

格拉古想通过连选连任来避祸,尽管法律并无明文规定保民官一职不可连任,但保民官一职无连任的情况已持续了很多年,形成的惯例早已给人留下了这样的感觉,这就是法律定论,这一点对格拉古来说是相当不利的。

然而,此时的格拉古已无路可退,他决心背水一战,报名参选新一届保民官。

格拉古又犯了一个思维方式简单化的错误。

　　格拉古的这一举动立即引起了元老们的强烈反弹,可同样没人能拿出现任保民官不可参选的法律依据。

　　一些元老表示,格拉古的举动已超出了他们可以承受的极限。原先他们准备忍一忍,哪怕格拉古再能折腾,也就是一年的时间,时到如今,也只剩半年多一点的时间了,等格拉古下台后,他们处置格拉古将比现在要容易得多。

　　如若格拉古真的连任,那元老们的恶梦将只是刚刚开始。一年连任与多年连任,这之间并没有什么本质的区别。元老院决定不顾一切阻击格拉古参选。

　　几天后,元老院宣布,原本定于秋季举行的保民官一职竞选事宜提前到当年7月。元老们的基本思路是,农民是格拉古最坚定的支持者,7月是粮食收割季节,也是农村一年中最忙的时间。安排7月选举,格拉古必将失去大量因农忙而无法前来助阵的支持者。

　　不出所料,在选举当日,确实有不少农民没有前来参加选举。然而,出乎元老们意料的是,按票数,格拉古仍然获得了较高的票数。

　　格拉古当选已是铁板钉钉。

　　眼看格拉古就要成功连任,情急之下,反对派提出程序不合格,应在第二天重选。

　　此时,格拉古已明显感觉到了现场的怪异氛围。他断定,明日的选举必定凶多吉少。

　　格拉古已很清楚,元老院和反对派已被他逼进了死胡同,他们不会善罢甘休,接下来狗急跳墙是必然的举动。而且种种迹象已表明,他们想要置他于死地,以便一了百了。自平民党上台后,元老院喜欢将事做绝,这早已形成了一种特点。

　　此外,格拉古同样清楚,元老院中已有人正在为他量身定做一顶觊觎王位的大帽子。这也是元老院置人于死地的最佳借口。

　　今天选举中的那种沉闷的氛围,使他有一种诡异的感觉,他感到自己已很难逃过此劫。

元老院中的强硬派动机已相当明显,他们就是要刺激格拉古进行武力反抗,只要格拉古在这一方面有所动作,元老院即可坐实对格拉古觊觎王位的指控,并可通过合法手段除掉格拉古。

现在,格拉古唯一可做的是尽一切可能不让元老院或反对派抓住任何把柄。总之,格拉古认为一切皆有可能。

当晚,格拉古身穿丧服,带着儿子,一家一家拜访重要的选民,希望他们今后能够照顾他的儿子。格拉古的服饰以及要求他那些朋友照顾他儿子的暗示是不言而喻的。他可能在明天的选举中遭到元老院的暗算。

但格拉古又不想过于明显地刺激他的朋友们,他感到如若处理不当,他们被激怒之后,真的会搞出某种暴动之类的事。那样一来,他怎么都洗刷不清了。

可格拉古的这些支持者,似乎并不十分理解他的暗示,更无从判断目前极其危急的态势。或许他们认为,明天最大的可能无非就是一场群体性恶斗。如果这样的话,那就斗好了。

第二天的选举结果还是一样,只是选举结果出来之后,整个会场即刻失控,场面越来越混乱,各种喧嚣此起彼伏。

此时,有人上前提醒格拉古,元老们正在附近的信义神庙开会。已有迹像表明,元老们要对格拉古动武。

由于当时的会场极度混乱,格拉古根本无法通过正常的方式将此信息传递给他的支持者,而他的支持者也搞不清究竟发生了些什么。他们只能向格拉古狂喊,希望格拉古尽快地将实际情况告诉他们。

或许是由于各种声音过于嘈杂,或许是他想表明自己的生命正受到了威胁,格拉古用手指了指自己的脑袋。

然而,格拉古怎么都不可能想到,正是这一微小的动作,反对派立即将此动作解读为:格拉古是在向他的支持者暗示,他要头戴皇冠。

此解读确实足够荒唐,反对派也未必不清楚此种解读的荒唐,但在反对派看来,只要听上去似乎有道理就可以了,什么管用,就采用什么,这也是政治的肮脏所在。

这一敏感信息很快就传送到了正在争论如何处置格拉古的元老们那里。尽管在场所有的元老同样心知肚明,这一解释已牵强到不能再牵强的地步,但此时,大多数元老要的只是一个能够自圆其说的理由,真与假其实已是毫无意义。

一直主张对格拉古采取强硬措施的大祭司那西加当即表示,执政官应马上出兵镇压暴君。但执政官并不想承担此风险,他立即表示:没有任何证据表明格拉古要造反。那西加见煽动无效,转而号召所有主张对格拉古采取强硬措施的元老,立即拿起身边的武器,捍卫罗马的法律。

在那西加的带头下,这些元老纷纷收集就近可以得到的棍棒,然后直冲会场。

会场中的那些平民毫无思想准备,他们从来没见过元老们的这种阵式。他们根本不敢阻挡,一哄而散,听任这些元老边打边杀,长驱直入。

而原本那些负责格拉古安全的平民,见大势不妙,也纷纷撇下格拉古,自顾自地逃命。

此时的格拉古唯一的想法就是求生。他尽己所能地快速逃离现场。但在下山的途中,又被挡在路前的尸体绊倒,还未等他站起来,后面追上来的人就在他的后脑上猛砸了几棍,仅仅出任保民官一职半年的格拉古就这样不明不白地死了。

据记载,在此次暴乱中,被元老们乱棍打死的人数多达三百余人,就在那天晚上,他们将所有的尸体都扔进了台伯河。

在罗马,尸体被扔进台伯河,一般是针对那些罪大恶极者,其意是让那些死者永无葬身之地,永远不得超生。

事后,元老院大张旗鼓地宣传,格拉古被处死了,原因在于格拉古觊觎王位,与土地改革无关。

循环报复

提比略·格拉古死了。

自格拉古出任保民官一职以后,元老们的神经就一直紧绷着,现在他们总算可以高枕无忧了。

不过,在元老们看来,半年的紧张绝不能毫无代价,不是说过去就过去得了的。他们开始疯狂报复那些他们认为的格拉古同党,并用令人发指的方式折磨所有他们认定的嫌疑人。

据记载,当时成立了一个格拉古事件调查委员会,这个委员会的委员们一上任,即将大批他们的仇人以及与格拉古相关联的人统统作为嫌疑人逮捕。

此后,他们又将一些嫌疑人放入装有很多毒蛇的圆筒里,并强迫其他嫌疑人围观毒蛇对受害者的撕咬以及受害者痛不欲生的惨状。对有的嫌疑人则采用简单粗暴的做法,直接当众乱棍打死。

元老们所做的一切似乎就是要发泄格拉古上台半年多来的郁闷和愤怒。

不仅如此,格拉古事件调查委员会还极力鼓励民众检举揭发隐藏在市民中的格拉古同党。一时之间,整个社会陷于一种极度恐惧之中,谁也不知道自己在某一天是否会被仇家检举为格拉古的同党。

在格拉古出任保民官的初期,对于格拉古的改革方案,元老院内还分成两派,平民党竭力反对,而贵族党则给予同情或支持,如小西庇阿对改革就是持支持的态度。

但随着事态的发展,平民党与贵族党的立场开始趋于一致,而那些还赞成或者同情格拉古的,则成了无足轻重的极少数。

现在,平民党和贵族党的共同敌人已被清除,他们也恢复了内斗本色,纷纷利用告密机会,加害自己的私敌。

然而,不管元老院如何报复,如何内斗,他们始终将他们的行为定义为针对格拉古觊觎王位的阴谋。而对格拉古制定的土地改革法案,他们则不敢稍有懈怠。

后世的一些专家认为,这充分证明了元老院反对的不是土地改革,而是反对格拉古本人。

其实,这根本不是因为元老们对土地改革法案有了新的认识,他们只是不想让底层平民将格拉古之死与土地改革法案联系在一起,哪怕一丁点也不行,一旦在平民中产生了那样的联想,元老院必然会与底层平民形成新的对立与对抗,这是元老们要极力避免的事。

元老院在镇压与报复的同时,其实也很清楚,底层平民对元老院的怒火已被重新点燃,任何不当的举措都会引发新的矛盾与冲突。

在元老院内,大家都在尽情地、毫无底线地报复所谓的格拉古同党,但谁也不想成为平民进一步反报复的牺牲品。

可谁都不曾想到,成为平民报复的第一个牺牲者竟是格拉古的姐夫小西庇阿,一个格拉古改革方案的支持者。

小西庇阿原本也是土地改革的支持者,只是因格拉古的行为越来越激进,他才开始转向。但他反对的仅仅是格拉古的具体做法。

格拉古死后,一群平民问尚在战场上的小西庇阿,如何看待格拉古之死。

小西庇阿的回答是:如果格拉古要当王,那么他死有余辜。

这是句狡猾的双关语,其意为如果能证明格拉古要当王,那么格拉古当然该死,反过来说则是滥杀无辜。

但这批平民听不懂,他们认为小西庇阿作为格拉古的姐夫,却讲这种风凉话,太不应该了。

如果小西庇阿仅仅作这样一个答复,平民们的不满也就到此为止了。可因为格拉古的土地改革问题,拉丁同盟国偏偏又找到了小西庇阿,请求小西庇阿帮忙协调。

格拉古的公地改革法案,名义上是剑指新老贵族,事实上却包含了所有的公地使用者。

在拉丁同盟国中,私人拥有罗马公地的现象相当普遍,这原本是元老院对那些同盟国的一种变相优惠政策,或者说是对同盟国支持罗马战争的一种补偿。

如果罗马要收回这些公地,并进行重新分配,这对于拥有大量罗马公地的拉丁同盟国来说,无疑是个巨大的威胁。

拉丁同盟是罗马同盟国中的核心力量,在历次战争中,拉丁同盟都是罗马最坚定的支持者,如果连拉丁同盟都产生异心,对罗马来说将是灾难性的。

因此,罗马元老院对拉丁同盟的所有政策措施历来都是最包容的。

格拉古的土改方案恰恰在这个问题上引发了拉丁同盟的不满。于是他们联合起来请求小西庇阿给予帮助,保障他们这方面的利益。

在对外战争中,小西庇阿屡屡请求拉丁同盟国的支持,他自然十分清楚,随意处置拉丁同盟国土地可能带来的后果。小西庇阿答应出面与元老院协商。

而此时,元老院正不知如何处置土改方案是好。对于小西庇阿的请求,元老院自然也无异议,并将皮球踢给了执政官。

而执政官也不想接这个烫手山芋,他找了一个战争借口,离开了罗马。

如此一来,土地改革成了一件没有人管的事了。

平民们怒气冲天,他们认为,这一切都是小西庇阿引起的,小西庇阿是在存心捣乱。

据记载,小西庇阿为了让民众更好地了解此事的背景,他准备在市民广场作一次专门演讲。但在演讲前一天晚上,他却死在自己的床上,他被潜入的平民谋杀了。

小西庇阿是一个改革的支持者,至少也是个同情者。一位罗马的英雄,竟死于这样一场莫名奇妙的非理性谋杀。或许,谋杀者自以为为格拉古的冤死出了一口气。但罗马却又多了一名冤死者。

几年之后,元老们认为,该死的都已死了。

罗马元老院逐步趋于平静,格拉古被暴力镇压一事也从人们的记忆中渐渐淡出。

但在格拉古的家里,格拉古被杀一事不仅没有划上句号,而且还在持续发酵。

小于提比略・格拉古九岁的弟弟盖约・格拉古(简称"小格拉古")在兄长去世后,行为极其低调,在外人看来,小格拉古的一切行为处事,与之前并无任何差异,仿佛在他家里从未发生什么特别大的事。

可在小格拉古的内心深处,唯一思考的事,就是如何才能更有效地报复元老院。

当代人一谈到"报复"二字,立即会联想到心理阴暗,想到这绝非一个正人君子所为。

但不同时代有不同时代的文化,在古罗马的文化背景下,小格拉古的这种心态极为正常,子为父复仇,弟为兄复仇。如没有这种复仇的心态,反倒是件怪事。

其实,这是上古时期各类社会群体的普遍心理,也是一种最基本的社会伦理。

中国儒家经典《礼记・曲礼》中有这样的表述:"父之仇弗与共戴天,兄弟之仇不反兵,交游之仇不同国。"意思是对于杀父仇人,儿子们不能和这仇人生活在同一蓝天下,无论仇人身处何处,儿子们非得找到并亲手杀死仇人;自己兄弟被人杀了,要时刻随身带着兵器,见了仇人就杀;自己的好朋友被人杀了,不能和仇人生活在一个国家里,要么杀死仇人,要么让被追杀的仇人逃往国外。

而《旧约全书》记载的古希伯来人的法律原则是："以命还命，以眼还眼，以牙还牙，以手还手，以脚还脚，以烙还烙，以伤还伤，以打还打。"

小格拉古为兄报复的想法只是遵循那个时代的特定文化习俗而已，只不过小格拉古对外刻意隐瞒他的真实想法。他不想让人们看到他便即刻想到他的兄长。

然而，小格拉古内心深处的想法瞒得过外界所有人，但无法逃过其母亲科尔涅利娅的眼睛。或许，小格拉古也根本没想对母亲有所隐瞒，甚至也有可能专门与母亲讨论过复仇的问题。

公元前 124 年，科尔涅利娅给儿子写了一封信，其中一段内容就与此相关：

> 毫无疑问，向自己的敌人复仇是好的，但是这样的事情只有在不损害国家的前提下才可以，如果这个前提不成立，那么，比起国家被破坏来说，使我们的敌人保持这种状态是更好的。
>
> 我发誓，除了提比略·格拉古被刺杀，你使得我感觉更麻烦和恼火，你作为我仅存活下来的孩子，应该尽力使我在晚年的时候减少焦虑，你应该是唯一想让我开心的人。在任何重要的事情中忽视我的建议都是恶劣的，特别是在我的生命就剩下这样短暂时间的情况下，难道这样短暂的时间内劝阻你不要敌对我，不要破坏共和国是不可能的吗？
>
> 什么时候我们的家庭可以远离混乱而转向和平？什么时候我们将停止给别人制造麻烦，停止使得我们自己遭遇这些，我们难道不应以将国家陷入灾难而感到耻辱？
>
> 但如果你不能被劝阻，那么在我死后你可以做你想做的任何事情，那时我再也不能提醒你。当我死了，你以我的敬意向神灵祈求庇佑。但是如果你坚持复仇，我害怕你因为自己的错误而给自己招致麻烦，那样你将永远都不可能得到平静。

　　科尔涅利娅给儿子写这封信,时间估计是在公元前 124 年的上半年,也就是在小格拉古竞选保民官之前。该年,小格拉古刚满三十周岁,正好符合保民官的参选年龄。

　　此时,整个罗马社会,谁也没有注意这样一个年轻人。

　　但作为小格拉古的母亲,科尔涅利娅不仅意识到,此次小格拉古出山竞选保民官的真实意图就是为兄复仇,而且小格拉古的复仇意识,显然要比其兄更为强烈。

　　提比略·格拉古对元老院的报复,最多也只是限制元老院,或者说压缩一下元老们贪婪的空间。其形式也只是减少元老们的一些土地资产,并且这种减少也是极其温和的。如每户人家最多可保留公地一千犹格,这相当于四千亩土地,但小格拉古要做的则是彻底毁灭元老院。

　　其实,科尔涅利娅与她的两个儿子一样,她同样渴望报复元老院。对她而言,她对元老院的恨绝不亚于小格拉古。

　　其父大西庇阿遭元老院迫害,死后尸骨无法还乡,后人无法祭祀。她的大儿子遭元老们无故残杀,并且死无葬身之地。

格拉古兄弟

科尔涅利娅认为：作为弟弟，为兄复仇也是天经地义的事。

然而，她所担心的是，在报复元老院以及毁灭元老院的同时，共和国势必成为报复的陪葬品，这是她无法想象的，也无法承受的。

在科尔涅利娅看来，西庇阿家族是与共和国联为一体的，破坏共和国，毁灭共和国，那她的家庭将成为历史的罪人，家族的罪人，她无法接受这一残酷现实。

她给儿子写这封信，表达的就是这种担忧，她希望小儿子三思而后行，停止所有的报复计划。

然而，这些话对小格拉古显然很难产生影响。

对于小格拉古来说，国家不是一个抽象概念，元老院就代表了国家，也在毁灭这个国家。

他最实际的感受是，他的外祖父大西庇阿遗嘱中的那句话：罗马是一个不知感恩的国家。大西庇阿拯救了这个国家，却被这个国家以莫须有的罪名赶了出去，最后死在异国他乡。

他的兄长只是为了维护穷人的利益，为了压缩一些权贵的贪婪，却又被扣上觊觎王位的帽子。

他也同样知道他的兄长在西班牙的遭遇，此外，他还对照他父亲在西班牙的做法以及此后罗马人在西班牙的种种残暴与无耻。

他对母亲的要求实难苟同。一方面他没有母亲那种共和国情结，另一方面他认为元老院早已背叛了罗马的传统，背叛了罗马共和国，现在的共和国只是一具行尸走肉，只有共和国的形态而无共和国的灵魂。

他发誓要毁灭元老院，他认为毁灭元老院也是对共和国的一种拯救。

至于元老院与共和国是一对连体儿，元老院毁了，共和国也不可能存在。对于这一点，他不愿沿着母亲的思维方式去作进一步的思考。

显然，这样的思考越多，他就越难下手报复。

他只想从正面去理解、去解释他所要做的一切，他知道，只要稍微犹豫，他就有可能下不了决心，他必须将他所有的心思都聚焦到一点之上，即无条件地搞垮元老院。

但如何才能既有效打击元老院,又能不重蹈兄长的覆辙,出师未捷身先死。小格拉古用了整整十年的时间来思考这一问题。

小格拉古感到,他兄长最大的问题是没有把握好合法性的问题。

提比略·格拉古的很多困境,基本上都是源自法律模糊地带,也即法律没有明确规定,却与传统理念、传统方法相背离。

诸如,法案在元老院被否定之后,提比略·格拉古便将法案直接提交平民大会表决。帕加马国王阿塔鲁斯三世将自己的遗产赠送给罗马,这属于外事,是元老院传统的管辖范围,但提比略·格拉古同样将它直接交付平民大会表决,保民官连任问题同样如此,尽管没有成文法律的明确规定,但习惯做法是不允许的。这种不明智的强行突破方式难免给人留下把柄。

小格拉古要做的,首先就是避免重蹈覆辙,其次才是精准打击。

后世学者议论称小格拉古比他的兄长精明,其实小格拉古的精明是建立在其兄的悲剧之上。

因此,相较其兄而言,小格拉古所推行的政策自然更为稳健,对元老院的攻击力和杀伤力也远远超过其兄。

复仇的法案

公元前124年12月10日,小格拉古正式上任。

小格拉古对元老院的攻击迅速而有力。他的做法说起来很简单,无非是两条腿并行,一方面是挤压元老院的生存空间,另一方面则是争取民心,保全自我。

如何才能做到既能打击对方又能保全自我?小格拉古的基本策略是借力打力,即借骑士之力打击元老院,而借民众之力来对抗反对派,从而达到保全自我的目的。

　　小格拉古之所以想到要借骑士之力,关键在于,元老院与骑士群体长期处于一种对立的状态。

　　所谓骑士群体,也就是出身于平民的商业资本家群体。这一群体,自共和国建立以后,一直就是与元老院争斗的急先锋,只不过商业资本家最终赢得了胜利。一部分商业资本家融入了元老院,而大多数人则成了第二等级的骑士。

　　这一演变过程,其实与贵族和平民的斗争又是同步的。

　　"骑士"这一名词从它诞生之日起,就不是纯粹意义上的骑兵,它更多的内涵是一个阶层对付另一个阶层的政治工具。

　　罗马最早的骑士概念,源自王政时代的塞尔维乌斯改革。塞尔维乌斯建立了十八个骑兵百人团,其政治功能远大于作战功能,它是塞尔维乌斯利用富裕平民对付元老院的一种政治工具。

　　进入共和时代后,虽说骑士百人团的做法被延续了下来,骑士也被定义为元老等级,此外骑士所用的马匹均由国家提供,这样的骑士被称为公马骑士。

　　但与塞尔维乌斯做法不同的是,公马骑士只能由贵族担任。而骑兵百人团中身份为平民的那些有钱人,则被元老院赶了出去。

　　共和国建立后的新规则是,当骑士不是钱多钱少、有马无马的问题,而是身份地位问题。

　　到了公元前四世纪初,罗马在攻打维爱城时,元老院深感公马骑士人数不够,于是允许平民出身的有钱人可以自带马匹进入骑士团,这样骑士中就多了一种类别:即私马骑士。

　　公元前三世纪,罗马征服了意大利全境之后,罗马军团的骑兵基本上来自意大利同盟国,而罗马原有的富人骑兵,除少数担任军队高级将领之外,富人骑士都退出了军界。

　　至此,罗马骑士实际上成了一个特定阶层,已与戎马生涯没什么必然联系。而到了布匿战争时期,罗马为对付迦太基的海军,一些有钱元老与私马骑士开始承包船舰的建造工程以及战争中的各类军需物资。

公元前 218 年,罗马颁布了禁止元老及其家庭人员涉足商业与金融行业的克洛狄乌斯法案。

克洛狄乌斯提出此法案的根本目的就是解决长期存在的平民执政官与平民元老的经商问题。

自从执政官等官职向平民开放后,元老院面临了一个极为尴尬的问题,平民出身的执政官或法务官在任职期满之后都成了元老,而他们的理念又与老贵族截然相反。

罗马贵族并不特别看重金钱,前面已讲过罗马传奇人物库流斯轻看黄金,对水煮芜菁甘之如饴的故事。而对商业与金融业这两个行业则更是持鄙视态度。

老贵族认为,民以食为天,务农才是务实。商人除搞一些商业投机之外,很难对国家作一些有利的事。

这有点类似中国古代的排位,士农工商,商人被排在末位,甚至明文规定,商人子弟不得考举。

然而,罗马那些平民元老,他们绝大多数是从事商业和金融行业出身,他们从政并不是为了放弃商业和金融业,而是为了更好地牟利,更好地发展他们的商业和金融业。

这种全然对立的观念带来的最现实问题是,元老院内部讨论问题时,意见很难统一。

此时,贵族在元老院内还是占绝对统治地位的,因此贵族特地颁布了这个法案,它给平民新贵族出了一个两难的选择,如要做官,就不可以从事商业和金融业,如不愿意离开商业和金融业,则请远离官场。

或许这是贵族对付商业资本家夺权的一种办法。

因此,根据这一法案,那些选择做官的平民出身的元老只能彻底退出商业与金融行业,而那些平民身份的私马骑士则趁机迅速填补了元老离开这两个行业后留下的空白,这样一来,商业与金融业逐渐成为私马骑士的专利。

到了公元前 2 世纪,由于富有者人数激增,私马骑士队伍迅速壮大。这些私马骑士不仅从事商业与金融业,而且还搞贸易运输、工程承包以及放贷等等,他们的财富不断激增,社会影响也越来越大,并逐步形成了完全独立的金融贵族阶层。

至此,私马骑士成了商业与金融业资本家的代称。

与此相对应的是,元老们与私马骑士在各个方面都开始拉开差距。私马骑士通过垄断商业与金融业事务来捞取利益,元老们则通过垄断政务与公田来捞取好处。

但无论是商业还是金融业都无法脱离政务而独立运作。因此,私马骑士可以作为一个阶层,但根本无法与元老贵族相抗衡。

公元前149年,元老院针对一些私马骑士在行省内利用高利贷、商业等业务,经常与一些不法的总督相勾结,牟取非法利益的情况,专门建立了一个反勒索法庭以对付此类案件。

这个法庭是元老院控制行省的手段之一,它既打击了不法的总督和私马骑士,也成了一些元老敲诈勒索私马骑士的一种工具。骑士阶层由于没有自己的利益代言人,对于被敲诈,私马骑士毫无办法。

因此元老阶层与私马骑士阶层的对立日益严重。私马骑士最大的希望就是摆脱元老院的控制与干预。

公元前129年,元老院又颁布了一项法案规定,元老或者元老候选人必须放弃战马,即放弃公马骑士的等级身份标志。

至此,原本由平民资本家出任的私马骑士成了骑士头衔的唯一拥有者。此法案的诞生也标志着元老与骑士之间再无任何瓜葛。

但没有瓜葛,骑士的麻烦更大。元老院可以更加进一步放开手脚,对付他们看不顺眼的那些骑士。

小格拉古看中的正是元老院与骑士之间的这种天然矛盾,他的具体做法就是,通过各种提案,将属于元老院的权力赋予骑士阶层,他的第一个提案就是将元老院管辖的司法权移交骑士阶层。

小格拉古冠冕堂皇地宣称,罗马已发展成了世界霸主,元老贵族阶层人数太少,职能又太多,包括政治、军事、行政、外交以及司法等等,元老院应分权分责,减轻过重的负担。

与此相对应的是,骑士的社会等级仅次于元老等级,唯有这个等级有能力来分担元老院的这个职能。

司法权是元老院的命根子,自共和国建立以来,司法审判一直是元老院的专权。到了格拉古时代,罗马的司法已成了元老院随心所欲的工具。元老院可以根据需要,随意指定法官,随意审判。对于罪大恶极的行省总督,元老院可以毫无理由地说放就放,而对于那些他们想整治的对象,则往往又以莫须有的罪名,立即将他们逮捕归案。

古罗马史学家波里比乌斯曾这样介绍元老院与法院的关系:"非常重要的是,在大部分公开或私下进行的民事审判中,法官都是从元老院成员中指定的,这种做法给元老院带来了巨大的利益,因此所有公民都听任元老院的处置,惶惶不安地等待着不确定的诉讼结果,都不敢妨碍和抑制元老院的决定。"

小格拉古剥夺了元老院的司法权,相当于砍掉了元老院的一只手。

对于小格拉古的一系列动作,元老们牢骚满腹,他们明知小格拉古在故意使绊,却无可奈何,他们只能在元老院内怒骂小格拉古,他们称这种法案将使他们丧失权威和社会影响力。

但小格拉古的行动并未到此结束,他接下来送给骑士的权力是税收权。元老院对各行省的管理主要是税收。从表面看,税收只是国库的一种收入。罗马对各行省的税收形式多样,对于农民,一般采用什一税,即土地种植物收获的十分之一作为税收上交,而对于工商业者则采用财产税、人头税和贸易税等等。

这些税收均由元老院直接控制,元老院可根据其意愿来处理各类税务合同,既可减免,也可解除。

小格拉古制定了一个行省税收法案,该法案规定:对各行省实行统一包税制。各行省的税赋在罗马面向骑士公开拍卖,拍出最高价者得到包税权。

这种做法实际上是将国家的税收权力送给了骑士,骑士只要上交了包税额度之后,想收多少税就可收多少税。

实行包税制后,税收成了国家的固定收入,而如何收取税收则与元老院毫无关系。

小格拉古在切除了元老院这两项重要的权力之后,他本想再给元老院致命的一击,即对元老院进行掺沙子,将骑士同比例地塞进元老院,还美其名曰:壮大元老院的实力。

元老院现有元老人数为三百人,格拉古提案的要求是扩大一倍,即为六百人。而新增的三百人选同样全部来自骑士阶层。

元老们很清楚,如果小格拉古的这一计划得以实施,元老院就会成为大杂院。如此下去,元老院终将失去一切行为能力。元老们拼死反对,此法案最终胎死腹中。

经过小格拉古的这番折腾,处于罗马顶端的两大阵营的对立日趋严重,但小格拉古还感到不够,为防止这两大阵营不久后融合,他明里抬举元老,实际上却是在两大阵营中间挖一道无法逾越的鸿沟。

小格拉古对骑士作出了明确的定义,骑士是专指有四十万塞斯特斯以上,但又不属于元老贵族阶层的有钱人。一个公民一经确认为骑士,小格拉古即专门给他发送一个象征骑士身份的金戒指,小格拉古同时规定,骑士的服饰也应与元老有所区别,骑士穿短外衣,胸前有一条窄窄的红道,而元老的红道则很宽。在戏院看戏,元老的座位应在骑士的前面。

做完了这一切,小格拉古在私下不无得意地说:他已经向罗马广场投出了匕首,元老和骑士两个阶层将挥戈相向,置对方于死地。

小格拉古确实为自己的成功感到得意,他不仅挑拨成功,而且还意外地收获了一个副产品：通过这一系列的法案，他赢得了骑士阶层的信任与支持。

小格拉古在借骑士之力打击元老院的同时，他又全力以赴地借民众之力来保全自我。

小格拉古在分析总结提比略·格拉古的支持者时，他感到，他兄长支持者的队伍明显不够稳定，尤其是那些不在城内的支持者，他们前来支持的前提是要有空闲时间。

当初，元老院更改保民官的选举日期，原因正是针对农民农忙，无法前来选举这一特点。

小格拉古认为，如要确保胜利，就必须培养一大批能保持联络、甚至能长期待在罗马城内的忠诚支持者。

小格拉古看中了城外的无产者。

他制定的粮食法案可以说就是针对这批特定的无产者。

该法案规定，每月一次，以市场最低粮价一半的价格，定量卖给罗马城内的公民或者每位亲自来罗马城购粮的公民。罗马城内的粮价本来已经极低。元老院自从收取各行省农业什一税后，每年大量粮食从各行省运到罗马。对这些粮食，元老院仅以市场价一半的价格卖给市民，这已是极低的价格了，但小格拉古规定再予以减半，这样的低价实际上已接近免费。

如此操作，元老院的财政支出直线上升，但好人只是小格拉古一人。

罗马城自从每月定人定量出售廉价粮后，农民为获得这些廉价粮，每月至少要来罗马城一次，而到了罗马城，为他们的恩主小格拉古站台助威是自然而然的事。

同时，这也大大方便了小格拉古与他们的联络沟通，进而统一行动。

但小格拉古感到，如仅仅依靠粮食法案，与城外的无产者联系是密切了，但这还远远不够，他还需要一大批能长期住在罗马城内随叫随到的支持者。小格拉古的目光又进一步盯住了罗马城外大批为庄园主打工的无产者。

这些无产者本来无任何固定资产,四海为家。城内如仅仅提供近乎免费的粮食,这似乎还不足以吸引他们选择进城生活。

小格拉古想到了城内愈演愈烈的贿选。贿选明显是一个突破口。

高级官员贿选现象是自第二次布匿战争之后逐步形成的。根据罗马法规定,出任罗马的高级官员,诸如法务官和执政官等等都是没有任何报酬的。在早期,罗马贵族出任那些职位,更多的是一种责任感和荣誉感,但自从罗马开始设立行省之后,这一情况开始发生变化。而这一变化又以第二次布匿战争为分界线。第二次布匿战争之前,元老院对行省的管理,尽管也存在压榨情况,但仍然还带有一些传统的思想,但到第二次布匿战争结束之后,尤其是平民党执政后,对行省的管理可以说就是以压榨为主。

元老院规定,无论是执政官还是法务官,任职期满后即可出任行省总督。出任执政官或法务官与行省总督的最大区别在于,前者是义务劳动,而行省总督通过搜刮行省居民的钱财致富的速度则远比经商或从事其他行业要快。

据记载,有个叫威尔瑞斯的新贵族,在出任西西里总督后,搜刮了巨额财富(特斯)和大批珠宝名画。由于威尔瑞斯上任后大量敛财,据说,西西里最富饶的四个地区的一百个庄园主中竟有五十九个宁肯让土地荒芜,也不愿在他的统治下耕种。

威尔瑞斯曾公开吹嘘他在西西里岛的成功经验:他把第一年搜刮的钱用来增进他自己的幸福,第二年搜刮的钱交给他的律师和辩护人,而第三年的钱,则准备留给审判他的法官。

如按小格拉古设定的骑士入门标准,即必须拥有四十万以上的塞斯特斯财富,威尔瑞斯只当了三年总督,却获得了相当于一百个骑士的财富。

如此惊人的获利速度,让一些原本对执政官、法务官毫无兴趣的商业资本家也开始想方设法挤进官僚队伍。

他们为竞选成功,不惜一掷千金。他们知道,只要竞选成功,即能一夜暴富。也正因如此,贿选就成了每个候选人争夺选民的一个极其重要的手段。而手中握有选票的底层平民则成了他们贿选拉拢的主要对象。

这些候选人不惜代价举办大型的角斗演出、戏剧演出等等,所有演出一概免费,而这只是为了博取选民的好感。

这些原本免费的演出却派生出了另外一个行业,或许这也是最早的剧场模式。

有一批投机分子,他们在确认了演出场地之后,即派人抢先在观看演出的最佳位置上搭建一些看台,而进入看台看演出则是要付费的,所以大量底层平民依然看不到免费的演出。

小格拉古看到了这中间的机会,如果让那些无业平民既能享受低价粮,又能观看各种免费演出,进罗马城生活的吸引力必将大幅提高,于是小格拉古下令禁止出租看台的行为。

对此类事,历来无人过问。小格拉古的命令是,搭看台可以,但看台不得出租收费,必须确保那些底层平民能免费观看。

据记载,在公元前 122 年,一次罗马某贵族要举办一次角斗演出。演出前,那些有钱的投机分子按照惯例开始抢地盘、搭看台。

对于小格拉古的禁令,那些投机分子不以为然,照样搭台收钱。结果,在演出前一天晚上,格拉古令人将看台全部拆除,以示警戒。

通过这一系列的做法,大批无业游民被引进了罗马城,不少人从此成了小格拉古的死忠,甚至成了小格拉古的卫士,他们知道,保卫小格拉古就是保卫他们的口粮和他们的娱乐。

小格拉古在确保了拥护自己的群体之后,他感到紧随之后的工作是如何巩固他的权力体系。

这实际上也是在总结他兄长的血的教训的基础上形成的概念。当年提比略·格拉古就是为了当选第二任保民官而丢掉性命的。但小格拉古

清楚,他同样必须连任。保民官一职既是他的护身符,也是他对抗元老院
的基地,一旦失去了这个基地,他将一事无成。可他不想走他哥哥的老路,
以一种争议方式来参选下一任保民官选举,从而施人以柄,进而被人害
死。如何通过这样一个法案? 任何疏忽都可能带来难以想象的麻烦。

其他的法案,即使某一个或两个被否决了,其实也无关大局,但这个
法案一旦被否决,小格拉古的报复之路也就中止了。这个法案容不得半
点差池。

在公民大会上,小格拉古并未直截了当地要求平民支持他的法案,相
反,他表示将退出保民官行列,这是典型的欲擒故纵,在演讲时,小格拉古
声泪俱下:

> 如果我向你们说,向你们请求,因为我出身豪门,为你们的缘故
> 丧失了我的哥哥,现在除了我和一个男孩外,非洲英雄普布里乌斯
> (即格拉古的外祖父大西庇阿)和提比略·格拉古的后嗣无一幸存
> 者,请许我暂时休息,使我们的家族不致绝灭,使此家仍存一支,那么,
> 你们对于这个请求,或将欣然许可。

小格拉古以退为进的方法成功了,他赢得了更多的支持与信任。

此次,格拉古不仅通过了保民官连选连任法案,并且在第一年任期结
束之后,他轻而易举地获得了连任,当然这都是后话。

然而,如从长远考虑,小格拉古如把所有的希望都寄托在无业游民身
上,这同样是有很大问题的,无业游民的最大特点是唯利是图,是一批不
可靠的乌合之众,可利用而不可重用。

小格拉古如要在罗马的政治舞台上真正站住脚,他必须做实事。

小格拉古认为,从根本上解决无地农民问题就是这样的实事,唯一出
路就是对外殖民。如果殖民问题处理得当,不仅有利于所有参与殖民的
殖民者,最关键的是,此举还将有利于树立他本人的光辉形象,同时形成

一批死忠的队伍。

殖民要取得成功，关键在于选择殖民地，一旦选错殖民地，不要说殖民成功，恐怕报名参与的人都不会有，最后只能成为一个笑话。

相反，如果殖民地选择恰当，不仅会吸引大量贫民参与，处理得当的话还可成为殖民样板，这样无疑能够一举多得。

但问题是，在意大利半岛范围内，已不存在可供大规模殖民的区域，如要殖民，唯有将眼光放到意大利半岛之外。

小格拉古的首选目标是那些已被罗马大军彻底摧毁、但之前是高度繁华的城市，如北非的迦太基城，希腊的他林顿等等。小格拉古认为，这些曾经繁盛一时的地区都处于天然有利的地理位置上。在这些地区殖民，成功概率肯定要远高于其他地区。

经过反复比较后，小格拉古决定以在第三次布匿战争中被彻底毁灭的原迦太基地区作为样板。小格拉古认为，这一地区的地理位置极佳，既有良好的海港，又有肥沃的土地。在第一和第二次布匿战争之后，迦太基遭受了如此的灾难并承受了如此巨额的赔款，迦太基不仅没有被压垮，反而每次都能迅速重新崛起。这已充分说明了迦太基所在区域的优良属性。

小格拉古的殖民地法案在公民大会中通过自然没有问题。按法案规定，第一批殖民人数为六千名。以往，一个殖民地安排前往的殖民人数基本都在三千名左右，此次，一次即安排六千人，并且平均每户可得土地为二百犹格，相当于八百亩土地，大大超过以往，等于向每个殖民者赠送一个大庄园。

元老院的反击

小格拉古上台后，动作频频。元老们自然看得明白，小格拉古提交的大多数法案，明显是针对元老院的，元老们最直接的感受是，提比略·格拉古又还魂了。

但小格拉古显然要比他的兄长更难对付。元老们有种强烈的预感，小格拉古所提的法案将对共和国造成极大的伤害。

小格拉古将司法权、收税权直接移交到了骑士手中，其后果是难以估量的。司法权交给了骑士，这等于是让骑士自我监督，这样的后果是社会体系将陷于不可逆转的混乱。而税收权移至作为包税商的骑士手中，包税商为获得赢利，必然会大幅提高行省居民的税额。法国启蒙思想家孟德斯鸠对此的评论是：包税商"在灾难中播种灾难；在社会贫穷中制造社会贫困"。可以说包税制度是万恶之源。

此外，平民进城购低价粮，时间一长，底层平民必将习惯于国家救济、不劳而获。他们再也不愿通过劳动来换取收益，相反，他们会自恃是罗马公民，认定罗马元老院理所当然要养活他们。

但元老们一时之间又毫无还手之力。所有这些法案都涉及一大批人的利益。他们只能等待机会，等待小格拉古犯错，他们密切关注小格拉古的一举一动。

但当小格拉古提出要将迦太基作为殖民地时，元老们再也坐不住了，他们感到，如果让小格拉古成功推动此项法案，元老院将再难翻身。

元老们很清楚，像迦太基这样的地方，只要精心管理，再次繁华甚至超越罗马都不是一件特别难的事。如果让小格拉古梦想成真，他的声誉将会直线上升，要他下台则成了一件不可能的事。

小格拉古的殖民地法案，对元老院来说，不啻于一场噩梦。元老院决心将此事提前搞臭。元老们开始对外大肆渲染迦太基是块被诅咒的地方，在这一地方殖民，不仅对殖民者不利，对罗马也同样不利。

但无论是渲染还是诅咒，毕竟没有什么事实依据。一时之间，元老院也看不到什么特别的希望。

然而也就在此时，小格拉古又推出了一个新的法案，这却是元老院等待已久的一个法案。一个让元老们集体亢奋的法案。这实际上是一个有关公民权的法案，该法案规定，拉丁同盟的公民可享有罗马公民权，而意大利同盟的公民,则可享有拉丁公民权。

公民权问题,历来是罗马人最为谨慎的话题,它的涉及面实在太广,任何不当的措施都会引起轩然大波。

罗马的公民权一直分为两种,一种是完整的罗马公民权,另一种则是不完整的罗马公民权,即拉丁公民权。所谓的不完整,是指拉丁公民没有罗马的选举权和被选举权。从表面看,这似乎没什么区别。

但在其他一些没有文字表述的方面,拉丁公民权与罗马公民权还是有相当大的区别。如罗马公民享有的种种特权,包括战利品分配、优惠的粮价、公地分配等等,这一切,拉丁同盟中那些享有拉丁公民权的公民显然是享受不到的。

而意大利同盟国的公民,他们的公民权含金量比拉丁公民权更低。在罗马公民的眼里,意大利公民比起行省的那些自由民,也好不到哪里。

因此在罗马,实际上形成了一个金字塔,居于塔尖的是元老,其次是骑士,第三位是罗马公民,第四位是享有拉丁公民权的公民,第五位是意大利公民,第六位是各行省的自由民,处于金字塔底端的则是奴隶。

罗马的这一地位排列,决不只是象征性的地位排列。罗马这一地位排列,前一等级的地位远高于下一等级。因此,无论是在行省还是在意大利同盟国之内,一个人一旦有了罗马公民的头衔,就相当于享有了特权,即成了名副其实的贵族,哪怕这个罗马公民身无分文。此外,对于这样的罗马公民,当地行政官员是无权管理的。

到了公元前168年,罗马元老院又公布法案,凡属罗马公民,税收全免。罗马公民成了罗马同盟国以及罗马行省中所有自由民最向往的身份。这样,罗马公民权与拉丁公民权相比较,又多了一个特权。

也正因如此,长期以来,罗马人一直将公民权视作珍宝,绝不轻易授与外人。而元老院则以授予罗马公民权或者拉丁公民权作为拉笼和引诱地方贵族的一种重要手段,从而起到分治的目的。这事实上也已成了罗马元老院的一项长期对外国策。

小格拉古启动公民权法案,他的如意算盘是:如成功,无论是拉丁同盟国的人,还是意大利人,无疑都将是最直接的受惠者,这些新公民定会投桃报李,在今后的选举中,必会全力支持他。反之,如果不成功,无论是拉丁同盟国还是意大利同盟国的民众,都将加倍仇视罗马元老院。

如此,对于小格拉古而言,这是一个有百利而无一害的法案,或许这也是此前成功授权骑士给小格拉古带来的启示。

但此次,小格拉古显然玩过火了。

这或许是人性的弱点,当人生处于逆境时,思考问题往往比较周全,能从正反两方面去思考,去判断。但一到顺境,思考方式全变了,往往只从有利自己的一面去考虑,完全忽视行为对象的实际感受。

罗马公民权含金量高的根本原因在于,罗马公民的福利是建立在对公民群体之外的所有人的掠夺之上的。如果没有了掠夺对象,自然也就没有了罗马公民的福利。此外,罗马公民之所以能得到很好的福利,其中最关键的一点在于它的公民人口基数极小,据当时人口普查统计,在小格拉古出任保民官之前,公民在册人数从未超过四十万。这一数字与罗马统治的人口数相比,最多也只是一个尾数。

但战利品和土地都是一个定数,分配的人数越少,个体分配到的量就越大,如果公民人数增加一倍,则公民福利就会减少一半,这是一个简单的道理。

小格拉古的公民权法案事实上成了要分罗马现有公民的蛋糕的法案。

一旦大批拉丁同盟者成了罗马公民,甚至于意大利同盟者也成了罗马公民,必然的后果是与现有的罗马公民平摊所有福利,罗马公民的含金量也必然随之大幅下降。罗马公民对这一法案的内涵越清楚,反对的力度就越大,这是自然而然的。

也正因如此,元老们得知小格拉古提交了这一法案后大喜过望,他们终于等到了可以放胆攻击小格拉古的机会。

元老们即刻全部出动。他们声称：一旦拉丁同盟者享有了完整的罗马公民权之后，将给现有的罗马公民带来严重的冲击，元老院至少无法继续维持现有的福利，如低价粮之类的等等。此外，如果意大利人现在有了拉丁公民权，并且还有了投票表决权，他们与罗马的完整公民权也就一步之遥了。一旦到了这一步，罗马就根本无法将如此庞大的意大利人群体长久地挡在门外，所有这一切的后果，必将由全体罗马公民承担。

他们声称：小格拉古推出此提案动机不良。据记载：一位元老在演讲中这样对平民们讲：

> 请你们仔细想一想，如果你们把公民权给予了拉丁人，能像现在站在我前面这样，在市民大会、赛会和民众娱乐里找到立足之地吗？因为所有地方都要被那些人占去。

毋庸置疑，绝大多数罗马公民不可能接受掺水的公民权。这是对他们现有权力的变相剥夺。罗马底层平民支持小格拉古的理由只有一个，他能比其他人给他们更多的好处。如果做不到这一点，任何话都是废话。

罗马元老院的这些煽动语言，简单易懂，涉及到了每一个罗马公民的切身利益。小格拉古在平民心目中的光辉形象受到了严重的伤害。

而与此同时，当年的执政官法尼乌斯原本是在小格拉古支持下当选的，此时也开始反水。他声称："我正是从有关盟友问题的法案中认识到，小格拉古的计划不是意在改革，而是要推翻现有秩序。"

此后，法尼乌斯又发表文章称："一生当中，我们经历了许多事情，起初我们表示赞成，但后来证明是不好的，而且许多事情到了后来已与初衷大相径庭。"

如此大的舆论反弹是小格拉古始料未及的。自然，公民权提案也随之被彻底否定了。

为了重整旗鼓，小格拉古带了一批人，奔赴迦太基殖民地。小格拉古认为，与其在公民权问题上继续与元老院纠缠不清，还不如暂时回避一下，将迦太基殖民地搞成一个可以起示范效应的样板。到了那时，再与元老院争斗也不迟。

但格拉古再次失算了，元老院不会给他翻盘的时间。

元老院非常清楚，小格拉古手下的大批拥护者，他们真正拥护的并不是小格拉古，而是小格拉古给他们的好处，这批人既无理智，也无信念，是典型的乌合之众，是墙头草，有奶便是娘。

如果元老院以正常的法则与小格拉古斗，必输无疑。元老院要想战胜小格拉古，唯一的办法就是以其人之道，还治其人之身。

在元老们看来，目前，小格拉古所有的法案中，最具争议的就是殖民地法案，这也是所有法案中最有潜力的法案，小格拉古只要将迦太基改造成殖民地的样板，他受到伤害的声誉很快就会得到恢复。他很快就会卷土重来。

元老院趁小格拉古离开罗马的这段时间，唆使一位名叫李维乌斯的保民官直接挑战小格拉古的殖民地法案。

此次挑战方式是一种全新模式，李维乌斯闭口不谈小格拉古的殖民地法案，而是直接推销自己的殖民地法案。

他的法案规定：将在意大利本土建立十二个殖民地，每个殖民地的殖民人口为三千人，总计三万六千人，每个殖民者到殖民地后，不仅可免土地租金，而且国家还将另行补贴安家费。

单从表面看，李维乌斯的法案远比小格拉古的法案优越。第一，李维乌斯法案所指的殖民地就在意大利半岛之内，而迦太基则远离半岛。第二，李维乌斯法案规定免租金，并补贴安家费，而小格拉古法案并不包括这些。

两者的差异如此明显，李维乌斯根本不需要对小格拉古进行攻击，平民们自然会选择李维乌斯。

　　但平民们根本就不清楚,这纯粹是元老院授意李维乌斯向平民开出的一张空头支票。在意大利本土,元老院手中早已不存在这样大片可供殖民的土地。

　　元老院授意李维乌斯的竞选策略是,大胆开空头支票,只要战胜了小格拉古就行。李维乌斯当然心领神会,他一面开空头支票,一面却表示,他本人不适宜具体执行此法案,执法者可另选他人,这自然是极其滑头的话,这也为此后不执行该法案埋下了伏笔。

　　如果平民们稍微理性一些,不难发现其中有诈。但平民只贪求利益的最大化,哪有心思去分辨真与假。而此时,小格拉古又不在罗马,也就谈不上去驳斥李维乌斯法案的荒谬。

　　几个月之后,下一年度的竞选日再次临近。

　　小格拉古从迦太基返回,他惊讶地发现,罗马平民对他的态度已悄然发生变化,早已失去了往日的那种热情,而对他的殖民地法案更是嗤之以鼻。

　　小格拉古很快就清楚了,所有这一切都是他的同僚保民官李维乌斯搞的鬼,他试图去揭穿李维乌斯的谎言,但一切都已太晚。

　　贪利的平民,哪里分得清真诚与欺诈,反而进一步认定小格拉古明明是自己的方案不如别人,却还要硬拆别人的台。

　　公元前121年度的保民官竞选,小格拉古惨败出局。

　　元老院如愿以偿,但元老院并不想到此为止。

　　元老们感到,必须彻底废除已经确认的迦太基殖民地方案。如果让迦太基殖民地方案继续执行下去,一旦迦太基殖民地建设大获成功,李维乌斯的法案纯粹就是一纸空文。

　　到了那个时候,小格拉古将是罗马的英雄。任何人都将对他无可奈何。

　　保民官竞选结束不久,迦太基殖民地突然传来一些奇怪的信息。这些信息称,迦太基的野狗将小格拉古立的界碑从泥土里刨了出来。此后占卜师又出来证明说,这是凶兆,是神在示意罗马人,迦太基这块土地是被诅咒的,决不可再在这块地方重新建造新的建筑。

元老院马上表示,既然已有这样不祥的先兆,那就指定一个时间,请占卜师再进行一次凶吉占卜,公民大会则根据占卜的结果,对迦太基殖民方案作最后的表决。

一切来得如此蹊跷。小格拉古的拥护者害怕元老院重演刺杀提比略·格拉古的那一幕。在公民大会的这一天,他们全副武装进入会场,整个会场的气氛极度紧张与压抑。

按会议程序,先进行祭祀仪式,然后再进行表决。

对于此次会议的结果,元老院的元老们极其坦然,一切都按计划进行。占卜师根据元老院的要求,已将此事结果确定。

元老院买通占卜师,根据元老院的需要报上不同的占卜结果,元老院暗中操纵这种事已不是第一回了。

在古罗马,占卜形式主要有观鸟占卜法和动物内脏占卜法两类。

在早期的占卜中,观鸟占卜法运用较多,这种方式较为简单,一旦确定代表凶吉的飞鸟飞行方向和飞行区域,则几乎不可能造假。当年努马出任王之前的占卜就属此类,而动物内脏占卜则相当复杂,没有经过专门训练是完全搞不清楚的。

近代考古学家在巴比伦一所庙宇学堂里,曾找到一个泥造的肝脏模型,据考证,它属于汉穆拉比时代的制品。这个肝脏模型的一边刻有代表"昼"和"夜"的部分,边缘分为十六个部分,每部分有一个天上神祇的名字。这类占卜术凭想象把天空划分为若干部分,并认为肝所反映的就是天上的情况,是诸神赐下的征兆。在占卜时,占卜师则根据祭祀动物的肝脏形态,以及肝的两叶、导管、皱纹、血脉等的形状进行综合分析后再作凶吉的判断。

但由于这种占卜方式极为复杂,一般人根本无法理解这其中的逻辑,因此,这也就为占卜师造假提供了足够的空间。到了罗马共和国后期,元老院为了政治需要,就经常买通占卜师造假。

此次元老院只是再次如法泡制而已。

元老们十分清楚,在此类事情上,罗马人是极其迷信的。既然占卜结果已表明迦太基这块土地存在问题,在这里殖民会给殖民者带来灾难,因此,也可基本断定,没人会为小格拉古铤而走险,故表决也同样不可能出现意外。

但意外还是发生了,而且还发生在一个完全无法预料的环节上。

在大会表决前的祭祀仪式结束后,一位名叫安迪利乌斯的祭祀人员,捧着一大盘用于祭祀的动物内脏,准备穿越拥挤的人群。当他走到小格拉古的支持者群体面前时,或许他从元老们的闲谈中已经明了,此次表决,小格拉古绝无胜算,马上将成为明日黄花。因此,他的口气一反常态,极其狂妄地大叫:"坏人们,快给好人让路。"

小格拉古的那些支持者本来已是十分烦躁和憋屈,冷不丁冒出这样一个人和这样一些话,一个靠近安迪利乌斯的小格拉古支持者拔剑刺死了安迪利乌斯。

站在不远处的小格拉古看到了这一幕,立即意识到此事已给元老院留下把柄,如不迅速处理,必将后患无穷。他大声告诫他的朋友,让支持者们安静下来。

但是,他的这个做法,就如同他的哥哥提比略·格拉古在最危急的时刻,用手指指了指头一样,立即成了一条犯罪的重要证据:保民官在向民众演讲,煽动民众杀人。

这是条重罪,也可说是条死罪。

而一些贵族则对此进一步加以演绎,他们声称:小格拉古在组织平民暴动,试图推翻共和国。

执政官奥皮米乌斯原本就对小格拉古极为反感,早就想寻找借口除掉小格拉古。现在这样的局面,实在是求之不得,他立即行动起来,连夜部署兵力。

当天晚上,元老院召开紧急会议。

当元老们来到会场时,首先看到的是躺在灵车上的安迪利乌斯。一些比较理性、比较温和的元老,看到此境,也只能摇头,不发一言。

会议很快通过了紧急状态宣言,即授权执政官可采用一切形式的暴力手段对付小格拉古。

元老院发表这样的宣言,是史无前例的。

罗马的惯例是,当国家遇到外敌入侵,执政官已无法应对时,可选举拥有全权的独裁官,但独裁官是临时的,一旦战事结束,立即交权。

而此次,既无外敌入侵,也无明显的平民造反,却通过了这样一个无条件镇压民众的决议。唯一解释得通的是,小格拉古的一系列法案早已将元老们逼进了死胡同,尽管他们最初未必想要小格拉古死,但小格拉古的拥护者既然自己送上了这样一个借口,他们自然不会轻易错过。

而此时,小格拉古与他的支持者们看到一些元老在迅速组织武装力量,他们已明白,所有的回转余地都已失去。

于是他们决定向早期的平民运动学习,撤离到阿文丁山上,他们还抱有这样的侥幸心理,元老院或许还会与他们谈判。

但今非昔比,现在的保民官早已不是过去的保民官,同样,现在的元老院也不是过去的元老院。"谈判"二字,在元老们的脑子里,哪怕仅仅一闪念都不会存在。

执政官奥皮米乌斯得到授权后,第二天一大早即包围了阿文丁山,并要求山上的所有人立即投降。

在得不到回应之后,执政官发布的第二道命令是:凡是杀死小格拉古的人,可获得与小格拉古脑袋重量相等的黄金;在开战前离开阿文丁山的人可获得政府赦免。

　　一些胆小的平民纷纷下山了，到执政官正式下令进攻时，山上的人数已少了大半。

　　小格拉古清楚，自己的力量与执政官的力量根本不成比例，他完全没有逃生的机会。他要求跟随他的奴仆将自己杀死，以免被捕受辱。他的奴仆在杀了小格拉古之后，随即也自杀了。

　　一场由复仇而引发的悲剧就这样结束了。

　　元老院又开始了新一轮的复仇，元老们原封不动地照抄当年处置提比略·格拉古的所有做法，将小格拉古的尸体扔进了台伯河，判处大批与小格拉古有关的人员绞刑，据说人数多达三千以上，并且没收了小格拉古妻子的嫁妆，禁止小格拉古的母亲穿丧服，纪念儿子等等。

第2章/礼崩乐坏

努米底亚王朱古达暗杀了与其同时为王的弟弟。

元老院介入协调，却完全偏袒行贿的朱古达。

朱古达明显感到，受贿后的元老可以出卖罗马的一切。

朱古达杀害了帮助其弟的意大利商人。

平民借机为格拉古兄弟复仇，通过了审判受贿者，惩处朱古达的决议。

贵族梅特鲁斯奉命远征朱古达，眼看就要凯旋，却被他一手提拔的平民副将马略恶意中伤，并取而代之。

金钱万能

罗马元老院在处死大批小格拉古的拥护者后，或许由于吸取了过激处理提比略·格拉古之死所带来的负面效应的教训，此次，元老院尽一切可能避免再次触动民众的情绪。

元老们不仅希望自己尽快忘记小格拉古事件，也希望全体罗马公民尽快淡化此事件。为此，元老院专门下令：在小格拉古的死亡之处，阿文丁山的空地上建立一个名为"和睦"的神庙。或许元老们以为，建立这个"和睦"神庙之后，社会的一切都将重新恢复和睦与安宁。

然而，建造了一个"和睦"神庙，并不等于社会就此进入了和睦，格拉古兄弟之死对民众造成的心理创伤也不会由此而得到治愈。

在罗马，这种表面"和睦"的时光仅仅过了四年。一件原本不值一提的事，却因元老们的贪婪与无耻，使小格拉古的拥护者找到了反击元老院的机会,罗马城再度陷入极度混乱中。

公元前 117 年,努米底亚国王阿多尔巴尔的使者来到罗马元老院,向元老院通报了国王的弟弟被他父亲的养子朱古达杀死一事,而国王本人目前也命悬一线。阿多尔巴尔希望元老院能够看在努米底亚国王世代忠于罗马的情分上,声张正义,出兵拯救努米底亚。

应该说努米底亚国王使者讲的案情并不复杂,而且都是事实。

努米底亚位于非洲北部,即今阿尔及利亚所在地,在第二次布匿战争期间,努米底亚人分裂为两派对抗阵营。一派是以西法克斯为首的亲迦太基派,另一派则是以马西尼萨为代表的亲罗马派。两派势力都希望彻底铲除对方势力,形成一个统一的王国。他们一方面内战,另一方面则出兵帮助与自己友善的一方与敌对方作战。

在第二次布匿战争的最后时刻,也即大西庇阿与汉尼拔在扎玛的最后生死决战中,大西庇阿军队眼看要顶不住汉尼拔大军的进攻。由于马西尼萨的 2 万多努米底亚骑兵及时增援,直接导致了汉尼拔兵败功没。

罗马成了最后的胜利者,而马西尼萨不仅成了罗马的功臣,也成了努米底亚的首任国王。

此后,当罗马渴望毁灭迦太基时,努米底亚又屡屡心甘情愿地成为罗马的马前卒。国王马西尼萨不断以各种借口挑起与迦太基的领土争端,然后再由罗马人出面调停。而罗马人的每次调解总是袒护马西尼萨,承认马西尼萨所抢占的领土合法。

公元前 149 年,马西尼萨再次挑衅。迦太基忍无可忍,奋起反抗。罗马元老院立即以破坏协定为由,将迦太基置于死地。

迦太基一灭,努米底亚在罗马人心目中的地位随即直线下降。对此,马西尼萨心知肚明,他最后悔的就是此次挑起事端,使自已陷于如此尴尬的地位。但马西尼萨更清楚的是,努米底亚要想立于不败之地,除顺从罗马之外，别无他途。

马西尼萨临死前将此作为国策叮嘱接他班的儿子米奇普撒。

米奇普撒上任后，按老国王的既定方针办事，处处看罗马眼色行事，倒也多年无事。

但当米奇普撒上了年纪后，他开始越来越担心自己的后事。此时，他的两个儿子年纪尚幼。此外，由他抚养大的侄子朱古达，不仅一表人材，且文武知识，样样精通，更让米奇普撒感到欣慰的是，朱古达丝毫没有沾染宫中的各种恶习。

朱古达是他二哥玛斯塔那巴尔与女仆偷情所生的私生子，他大哥和二哥在他即位前均已先后去世。二哥去世后，朱古达的身份一直不被他祖父马西尼萨所认可，并且禁止他在宫中生活。

米奇普撒登基后，他感到朱古达毕竟是兄长的骨肉，于是再次将其带入宫内。

对于朱古达的表现，米奇普撒最初很高兴。但随着朱古达声誉的日渐上升，或许米奇普撒看到了朱古达不为人知的另一面，他开始为他两个儿子的前途担忧。米奇普撒的两个儿子不仅在年龄上与朱古达相差很多，更重要的是两个儿子无论从智力还是能力，都无法与朱古达相提并论。

老国王担心自己一旦撒手西归，如果朱古达用心不良，试图抢夺王位，两个儿子绝不是朱古达的对手。但米奇普撒又不敢公开除掉朱古达，他怕这样做会引起公愤。

此后不久，罗马方面的一封救援信似乎帮米奇普撒解决了这一难题。

就在米奇普撒为如何处置朱古达一事感到左右为难时，罗马在西班牙努曼提亚地区的战事极为不顺。提比略·格拉古被俘事件后，接任的执政官挥师北上，同样连连受挫。

对此，控制元老院的平民党心态极为矛盾，如果继续任命平民党人为远征军司令，继续损兵折将，恐怕很难向国民交待。如果指派贵族党人上阵,打胜仗应该不成问题,可这又将带来严重的政治后果,这等于变相承认平民党人无能,平民党也将由此颜面尽失。

于是平民党想了个折衷的办法,任命贵族党人小西庇阿为远征军司令,但不提供足够的远征部队。

平民党的如意算盘是,如果小西庇阿因部队不足攻不下努曼提亚,那正好证明不是平民党无能而是努曼提亚人太厉害。如果小西庇阿照样能攻下努曼提亚,那么就不应让战事太顺利,而应让战事尽可能拖得久一些,如能这样的话,同样也能证明,努曼提亚确实是块难啃的骨头。

小西庇阿自然不可能清楚平民党的这种心态,尽管他感到元老院的做法有点莫名奇妙,但又无可奈何,他只能私下请求米奇普撒派兵支援。

米奇普撒立即想到了朱古达,他命朱古达率一支部队前往助阵。临出发前,米奇普撒对朱古达说,这是给他一个锻炼的机会,希望他能好好把握此次机会。

但米奇普撒的真实想法是希望借西班牙战场来除掉朱古达。

这实在是个奇葩的想法。

然而,出乎米奇普撒意料的是,朱古达不仅没有战死沙场,而且还在西班牙战场干得有声有色。

据记载,小西庇阿相当欣赏朱古达,而最让小西庇阿满意的是,那些看似极为困难的战事,一旦交给朱古达,他总能如期顺利完成。

在努曼提亚被摧毁之后,小西庇阿在全军将士大会上高度评价了朱古达。但在私下,小西庇阿以朋友的身份向其提出忠告。他告诉朱古达:

> 要培养同整个罗马人民的友谊,而不是同个别罗马公民的友谊,并且不要养成贿赂的习惯。向少数人购买属于多数人的东西是危险的。如果你能像现在这样一直干下去,那么名声与王位都会自然而然地降临到你的身上。但是,如果操之过急,哪怕是自己的金钱,也会

　　给自己招来杀身之祸。

　　这些话显然是带有针对性的,明显是在告诫朱古达,要通过自身努力
而不是靠行贿来达到目的。这实际上也是小西庇阿对一个朋友,或者说
对一个晚辈发自内心的忠告。
　　朱古达是个绝顶聪明的人,但聪明人有时候未必能领悟一些最为浅
显的道理。

　　朱古达回国后,国王米奇普撒告诉朱古达,他已收到小西庇阿的来
信。在信中,小西庇阿对朱古达的评价极高,并称之为努米底亚的英雄,其
在西班牙的功绩堪与其祖父马西尼萨相提并论。米奇普撒同时表示,希
望朱古达成为自己的养子,在自己百年之后,这个国家将由他们三兄弟共
同负责,同时他也希望朱古达爱护自己的两个弟弟。米奇普撒对朱古达
说,和谐可以使小国变成伟大的国家,而内部倾轧却会使最强大的国家
削弱。
　　我们无法判断米奇普撒当时的真实心态,或许他认为自己已弄巧成
拙,西班牙战争让朱古达的名声如日中天,除掉朱古达已成不可能完成的
谋划。与其听其自然,还不如争取主动,让朱古达进一步感恩归顺。

　　但米奇普撒过于天真了,或者说是老糊涂了。这就像中国人常说的:
当断不断,反受其乱。
　　一个糊涂人总会将一件原本并不复杂的事想得过于复杂,而事情一
经这样的糊涂人处理,往往就变得更为复杂。
　　米奇普撒既然怀疑朱古达可能存心不良,或者说已经发现这方面的
蛛丝马迹,最简单的做法就是让他从公众视野中消失,让他去过正常人的
平凡日子,大可不必起杀心。
　　但米奇普撒的做法相当奇特,他竟让朱古达去当司令官,试图让战争
来消灭朱古达。结果朱古达不仅没死,反而学得一身本领,并带着荣耀衣

锦还乡了。

既然事实已证明让朱古达从军是一个错误的选择,此时,正常的选择是,如有迹象证明朱古达的人品确实不错,那么应该加以重用。反之,如还存在疑虑,则应立即剥夺朱古达的全部权力,让他去从事与军界无关的文职工作,否则必然尾大不掉。

而小西庇阿的推荐信,只能说明朱古达的能力,并不能证明他的人品,实在不必过于当真。

但在这关键的时候,米奇普撒将人品与能力混为一谈。他将朱古达晋升为养子。

如果说,米奇普撒这样做的原因是感到朱古达确实不错,而两个儿子实在无能,那他应该再往前走一步,索性将王位也传给朱古达,让两个儿子终身享受荣华富贵。如这样,这个国家或许还能太平,他的两个儿子,或许也能平安地度过一生。但他偏偏做了一件最伤害他两个儿子的事,他让朱古达与自己的两个儿子并立为王。

此后不久,米奇普撒即与世长辞。

按遗嘱,朱古达与米奇普撒的两个儿子共同登基。

在米奇普撒的两个儿子中,大儿子阿多尔巴尔比较忠厚,是个读书人,而小儿子希延普撒尔则天性高傲自以为是,他认为朱古达只是私生子,不属于正统王子,父亲的这种安排实在是老糊涂了。

三人共同登基后,第一件事就是协商如何分头管理这个国家。朱古达提出,老国王近几年来年老昏聩,所颁布的一些法令都与国情不符,应予废除。

希延普撒尔立即应声答道:确实如此,朱古达被过继和分享王国也正是前三年当中的事情。希延普撒尔如此直言不讳,这等于直接否认了朱古达的合法性。

希延普撒尔确实太嫩了一些,这样直白的话,在政治场上,除非你有直接碾压对方的实力,否则必然是自取其辱,甚至可以说是自寻死路。但习惯于宫庭生活的希延普撒尔哪懂得这一套,他要的只是嘴上痛快,他完全不知他此话的份量,以及此话可能带来的后果。

然而,朱古达不可能将此话当作一句随口戏说,他的第一反应是,希延普撒尔的存在迟早将对其不利。仅仅过了几天,朱古达即以再次商讨国务为名,将希延普撒尔引诱到了一个他设伏的地点,当即将希延普撒尔斩首。

老国王米奇普撒尸骨未寒,朱古达即大开杀戒。此消息一经传开,努米底亚立即分裂成了两派,绝大部分臣民感到朱古达的性格过于残忍,他们更愿听命于国王阿多尔巴尔。

而国内的精锐部队则愿跟随朱古达,毕竟他们与朱古达在西班牙战场中有过同生共死的经历。

尽管阿多尔巴尔看到国内大多臣民愿意跟随他,但他清楚,在军事上,人多未必力量大。何况,他喜欢的是待在书房,读那些天马行空的书籍,而不是在军事指挥室内调兵遣将,更不要说是到前线冲锋陷阵。

自己根本不是朱古达的对手。对于这一点,阿多尔巴尔有自知之明。

阿多尔巴尔感到,自己唯一的生路就是请求罗马出兵干预。

而朱古达在杀害希延普撒尔之后,也清楚自己与阿多尔巴尔已不可能再和谐共处了。他最大的愿望就是以最快的速度,一举荡平那些听命于阿多尔巴尔的城市。就在他攻城掠地的同时,他获悉阿多尔巴尔已派特使前往罗马。

朱古达开始感到恐惧,一旦罗马出兵,事情将会变得极为复杂。好在他去过西班牙,在与罗马官兵共处的过程中,对罗马那些元老们的情况或多或少都有些了解。

他也曾对一些贵族与元老行贿过,且屡试不爽。此外,他也听到过不少传闻,大多元老极其贪婪,极度自私,毫无正义感可言。而小西庇阿对他临别时的告诫,他早就忘得一干二净了。

朱古达决定再次一试。他立即派人携带大量金银潜入罗马城,先送老朋友,再送新朋友。他对那些接收礼品的贵族或元老,无论是新朋友还是老朋友,唯一的要求就是,对努米底亚国内所发生的一切保持沉默。

由于朱古达抢在阿多尔巴尔特使到达前做了手脚,阿多尔巴尔特使到达元老院后,尽管声泪俱下,元老们却无动于衷,只是在那位特使讲完后淡淡地表示,他们将在讨论之后再作最后决定。

此次元老院的讨论是极有趣的。讨论中两种观点泾渭分明,一种观点认为必须立即出兵,严惩杀害希延普撒尔的罪行,持这一观点的人都是些未收贿赂的元老,而另一种观点则认为,希延普撒尔咎由自取。

他们称希延普撒尔被杀是因其过于残酷和暴虐,而阿多尔巴尔战败则是因他无端挑起战争,人们不允许他干那些伤害别人的事。

不同意出兵的观点基本来自朱古达的特使,只是改变了语气,转换成了元老们的观点。

最终,持希延普撒尔咎由自取观点的元老占了绝对优势。元老院决定派一个十人委员会对此事作专门的调停。

该十人委员会的成员到达努米底亚后,朱古达再次上演行贿大戏,他以最谦卑的姿态,将每个委员会成员的腰包塞满。而该委员会则将努米底亚分割为东西两个王国,并将土地肥沃,港口多人口也多的西部分给了朱古达,而将人口稀少、以沙漠为主的东部分给了阿多尔巴尔。

此次判决,按常规逻辑思考,朱古达理应心满意足了。朱古达不仅无罪,而且分得了上好的区域与肥沃的土地。

可朱古达不这么看。过去,他只是听说元老们的贪婪与无耻,但他还是没想到,金钱在罗马元老院居然可以产生如此大的能量,甚至可以黑白颠倒。元老院的判决远远超出了他的预期。或许,他原已做好接受一定惩罚的准备,只要这样的惩罚不太重就行。

此次颠倒是非的判决让朱古达的思维方式发生了明显的改变。他感到,在罗马用金钱可以买到一切。自己的胆子可以更大一些,要的也可以更多一些。他自信自己完全可以得到整个努米底亚,而不是一半。

在这种想法的鼓励下,罗马十人委员会刚离开努米底亚,朱古达立即开始进攻阿多尔巴尔国王的辖区。朱古达命令士兵进入阿多尔巴尔国王的辖区后可随意烧杀,但当天晚上必须返回自己的疆域。朱古达的如意算盘是:刺激对方报复,然后回击,这样一来,他就不是入侵而是抗战。至少这在表面上可以糊弄罗马元老院。

由于阿多尔巴尔清楚自己根本不是朱古达的对手,因此他只想忍一忍,抗议一下。同时,他再一次发挥读书人的长处。他写一封言辞极为恳切的长信给罗马元老院,请元老院再次出面协调。

在处理与罗马人的关系中,朱古达与阿多尔巴尔最大的区别在于,朱古达用金银作为中介,阿多尔巴尔则用文字作中介。可文字的力量仅存于欣赏文字的人中间,阿多尔巴尔的文字用错了地方。

罗马元老院也确实派人来了,但他们只是到朱古达那里转了一圈,听了听朱古达单方面的解释就走了。

看到阿多尔巴尔只抗议而不反抗,而罗马元老院则是只协调而不出兵,并且协调也只是走走形式,朱古达彻底读懂了罗马元老院。

朱古达的胆子不断增大,他的攻击目标也越来越多。

眼看事情发展到了这一地步,阿多尔巴尔已清楚了自己的处境。要么抗战,要么流亡,别无选择。

他命令部队全面抵抗,但他的部队平时不训练,只是勉强上阵,因此一触即溃。阿多尔巴尔在逃跑中,幸亏有一些罗马人帮忙,挡住了朱古达的追击,他才得以逃进临近的奇尔塔城。奇尔塔城立即被朱古达军队团团围住。

处于绝境的阿多尔巴尔再次想到了罗马,他派人突破重围给罗马送信。此信内容近乎哀求:

> 既然我生来就只不过是证明朱古达罪行的一个标志,我不再乞求使我摆脱死亡或不幸的命运,我乞求的只是我可以逃避一个敌人残暴的肉体折磨。至于努米底亚,因为这是属于你们的,你们可以对它采取任何行动,但请把我从这双邪恶之手中拯救出来吧!凭着你们国家的尊严,凭着你们友谊的忠诚,我恳求你们,如果你们对于我的祖父马西尼撒还有任何一点记念的话。

阿多尔巴尔的话已讲得很明,他将努米底亚王国完全交给罗马,只求罗马将他救出就行。

但阿多尔巴尔至死无法明白的是,现在的罗马元老与过去的罗马元老已完全不是一个概念。他的这些话,对过去的元老或许有用,但对现在的元老已完全失去了作用。现在的那些商业资本家出身的平民党人并不在意罗马再增加多少国土,他们在意的是自己钱包里的钱到底增加了多少。

因此,当这封信在元老院的会议室内大声朗读时,义愤填膺者仍然不多,相反,那些接收朱古达礼物者却再次站出来指责阿多尔巴尔,并认为一切问题的根源都在阿多尔巴尔。

于是,一切还是依照程序,一步一步进行,元老院再派特使去朱古达那里,要求他停火,语气确实比以前重了些。

但朱古达已看穿元老院的那帮元老,他攻打奇尔塔城和与使者们周旋两不误,当然也少不了行贿。这些代表过了一段时间,钱也捞到不少了,他们感到继续再谈也谈不出什么大的名堂,于是就打道回府了。罗马特使谈判无效的消息立即传入了被围的奇尔塔城。

城内的意大利商人感到，继续抵抗下去，不可能有任何希望，而投降，朱古达也不会拿他们怎样，毕竟他们不是努米底亚人，朱古达还得看看罗马元老院的脸色。

于是他们极力劝阿多尔巴尔投降，他们告诉阿多尔巴尔，在投降文书中一定会有将阿多尔巴尔送交罗马人的条文。

阿多尔巴尔尽管懦弱，但他知道，以如此方式投降，自己必死无疑。但事到如今，即使自己反对，也不会产生任何作用，那些意大利商人主意已定，必然会采用各种方式逼自己就范。而现在同意意大利商人的做法，或许还能让更多努米底亚人活下来。

阿多尔巴尔不是个战士，却是个仁慈的人。阿多尔巴尔满足了意大利人的要求，但他与意大利人都失算了。朱古达进城后，不仅立即活活打死了阿多尔巴尔，而且还将所有努米底亚人以及带有武器的罗马商人和意大利商人全部杀死。

这是一场空前的惨剧。

此消息传到罗马，罗马民众，尤其是罗马的商人，他们齐声痛斥元老院。一时之间，对元老院不利的舆论铺天盖地，人们指责元老们竟将国家的利益与荣誉当成货物出卖，无耻之极。保民官美米乌斯则声称：元老院如果继续拖延，他必将通过法庭来解决问题。

迫于舆论压力，元老院立即命令执政官贝斯提亚组建一支南下的远征军，前往北非讨伐朱古达。

贝斯提亚在当时算是少数不趋炎附势的人物，他思维敏捷，且有丰富的作战经验。

贝斯提亚领命后，立即招兵、备战、出征。

罗马远征军的突然出现，远远超出了朱古达的想象，根据他安插在罗马的间谍汇报,此次领兵的执政官又是这样一个比较特殊的人物,朱古达暗自叫苦不迭。如果朱古达预料到这一结局,以他的聪明,他是决不敢在奇尔塔进行屠城的。冲动是魔鬼,一时冲动竟铸成大错。

但对朱古达来说,现在后悔已毫无意义。

不过,朱古达还是想再试一试金钱的力量。

罗马大军到达努米底亚后,一路猛攻猛打,攻城略地。可朱古达派遣的间谍效率也不低,不久就与执政官贝斯提亚接上了关系。

朱古达送给贝斯提亚的第一笔资金,数额适中,这只是探路费,只是试探一下,贝斯提亚是否接受金银财物。

当得知贝斯提亚笑纳后,朱古达对金钱又有了信心。最初他只是想用金钱来拖延一下战事,现在他有了更大的胃口,他又想要永久的和平了。

在朱古达间谍的引见下,朱古达与贝斯提亚正式见了面。

此次,朱古达的见面礼是重金,分量重到贝斯提亚根本无法回绝。然而,他们在将领面前公开谈的则是朱古达无条件向罗马投降,以及投降所需要的赔偿、正式签订投降协定等等。

一切公正无私,滴水不漏。

这投降协定的潜台词是清晰的,从朱古达交付赔偿财物之日起,朱古达即可堂堂正正做他的国王了。用现代的俗语说就是,朱古达已彻底洗白。他所有的罪,自交付赔偿财物之日起,立即一笔勾销。

第二天,贝斯提亚即令财务官接受朱古达的赔偿物,这些赔偿物包括:三十头大象、许多家畜和马匹,还有少量银子。

这些赔偿物显然是象征性的,仅仅是为了糊弄元老院和民众。

但最为离奇的是,即使这些象征性的赔偿物,当执政官贝斯提亚一离开努米底亚,那些留守的官兵,也以执政官为榜样,大肆收受朱古达的贿赂,这些大象、马匹以及家畜等等又重新回到了朱古达的手中。当然这些都是后话。

平民复仇

贝斯提亚与朱古达签订的所谓投降协定很快传回了罗马，平民大众自然不明真相，认为罗马军队在如此短暂时间内即大获全胜，可喜可贺。

但保民官美米乌斯在仔细阅读这份投降协定后不仅看出了其中的玄妙，也看到了平民向元老院复仇的机会。

他立即向市民们大声疾呼：

> 十五年来，你们竟然成了少数人的玩物；保卫你们利益的那些人羞辱地死去而没有人给他们报仇；你们的精神已经给懦弱和卑怯腐蚀到了如此程度，乃至现在当敌人在你们支配之下时，你们都不起来，却仍然害怕那些应该是害怕你们的人。

> 我并不敦促你们拿起武器来反抗压迫你们的人，像你们的父辈经常做的那样，根本不需要使用暴力，也不需要任何分裂。他们必然自行走向灭亡。

> 在杀害了他们指控说自己要做国王的提比略·格拉古后，他们立即对罗马平民进行了追究，在盖约·格拉古被杀害之后，属于你们等级的许多人死在地牢里。这两种情况的屠杀都不是根据法律，而是因为胜利者的一时高兴。

> 而把持我们国家的又是一些什么样的人？他们是这样一些人，他们犯过罪，手上沾满了鲜血，贪得无厌，无恶不作。他们中间的某些人杀死了保民官来保证自己的安全，另一些人通过罪恶地迫害无辜者来保证自己的安全。他们本该为自己的罪行而害怕，但由于你们的怯懦，结果害怕的反而是你们自己。

在场的民众对美米乌斯的演讲有些懵了，即使脑筋急转弯也不至于如此，明明是来讨论朱古达案件，美米乌斯却在此大谈特谈格拉古兄弟。

民众质问美米乌斯葫芦里到底卖的是什么药，朱古达事件与格拉古兄弟究竟有什么关系?

美米乌斯告诉大家,他前面的话意思很简单,要借朱古达事件为格拉古兄弟报仇,决不能让此事轻易过关。

至于如何操作,他说:

> 我的答案是,让那些把自己国家出卖给敌人的人受到惩罚,由法庭和朱古达自己提供的证据加以惩罚。
>
> 如果朱古达因为挑起战争而犯了罪,他肯定会服从你们的命令;但是如果他根本不把你们的命令放在眼里,那么你们就要好好考虑这一类的和平或投降的价值到底如何了。因为它们不但使朱古达的罪行免受追究,还使少数有权势的人物发了横财,而我们的国家却遭到了损失和侮辱。

美米乌斯确实是个厉害的角色,他的建议事实上是个双重陷阱,如果朱古达同意来法庭检举元老受贿,那么凡受检举者自然应被判有罪,而朱古达在检举的同时,也证明了自己有罪;反之,如朱古达拒绝检举,这又反过来证明,此次投降协议的签订是有问题的。

在保民官美米乌斯的建议下,市民大会立即通过了要求朱古达来罗马作证的决议。

元老院中那些受过贿的元老极其恐惧,一旦朱古达为了自保,供出与他们的关系,他们的下场很可能是死无葬身之地。但他们又很无奈,他们已无能力阻止这一决议的落实。

很快,元老院也通过了类似的决议,由执政官卡西乌斯代表国家前往努米底亚,在保证朱古达安全返回的前提下,将其带到罗马作证。

在努米底亚的王宫,尽管卡西乌斯信誓旦旦,保证朱古达在罗马绝对安全,并向其明确表示,这是国家担保。

但卡西乌斯的保证并不能让朱古达有丝毫的安心,朱古达依然恐慌不已,毕竟此行的目的是检举元老,并且检举的还远不止一个元老,这样做的后果实在难以预料。

可他又根本没有选择。如拒绝,这意味着重新开战,一切又将回到原点。然而,他又根本不相信罗马元老院号称的国家担保。

在历史上,罗马不守信用的事情,做了岂止一件、两件。要为不守信用再找一个理由,对于一个国家来说岂不是件太容易的事。

在朱古达看来,唯一办法就是自救。朱古达想了两个办法来应付此次北上。一是尽一切可能将自己装得可怜兮兮的,他脱掉了平时的光鲜外衣,换上一套专门订制的囚服。这一搏取同情的做法极其类似古代中国的负荆请罪。有罪者光着上身,在背上绑几根荆条,主动请求处罚,希望获得对方原谅。其二是让人尽快用重金去行贿一位名叫巴埃比乌斯的保民官。

朱古达知道,此次与自己作对的是保民官,与元老院无关,要想解决问题,只能在同僚保民官的身上下重注。朱古达无师自通,他也采用元老院对付保民官的那一套。

几天之后,在保民官美米乌斯的指挥下,一场声势浩大的民众大会在市民广场召开,所有市民都希望此次会议能成为声张正义的会议,能揪出元老院内的蛀虫,并法办这些蛀虫,这至少也能让冤死的格拉古兄弟的灵魂得到些许安宁。

会议开始后不久,朱古达即被带到了现场,整个会场一下子变得鸦雀无声,美米乌斯对朱古达说:

> 虽然罗马人民都清楚,国王是通过谁的教唆和帮助干出了这些罪行的,但是他们仍然期望从他口中取得更加明确的证据。如果他把真实情况交待出来,他就很有希望取得罗马人民公正和宽大的处理;如果他保持沉默,他也救不了他的同谋者,却会毁了他自己和他

的希望。

此时,会场的眼光都落到了朱古达的身上,他们要听听朱古达究竟会讲些什么。然而,就在此时,那位受过贿的保民官巴埃比乌斯大声下令禁止朱古达开口。

他动用了否决权,这是保民官的一项权力。保民官可以否决元老院的决定,也可以否定同僚保民官的决定。

一时之间,整个会场如同被炸一样,不少市民采用各种方式,恐吓巴埃比乌斯,但一切无效。民众们感到被愚弄了,纷纷离场而去。

而此时,待在一边的朱古达,反而像是一名观众。他一边观看,一边欣赏罗马官民的众生相,在欣赏的同时又在思考如何除掉其堂兄玛西瓦。

玛西瓦的父亲是努米底亚王国首任国王马西尼撒的二儿子古鲁撒。在努米底亚内战期间,玛西瓦就明确反对朱古达。现在,他更认为朱古达不配称王。不久前,玛西瓦到了罗马,并向元老院提出申请,希望元老院认可和支持他为努米底亚唯一的王。

朱古达认为,这位堂兄的存在必将威胁其王位,因此指令亲信部属,即刻除掉玛西瓦,免留后患。朱古达部属的动作确实够快。朱古达尚未离开罗马,玛西瓦已被刺杀。而令朱古达哭笑不得的是,杀手竟被当场抓住,并招供了一切。

自然,朱古达又罪加一等。

很多民众认为,此是朱古达所犯的新罪,这已超出国家担保的范围,应立即将朱古达逮捕入狱。

然而那些受过贿的元老们岂肯如此操作。他们借口国家信誉至上,和约可以作废,但决不可抓人。

也就在这一天,或许元老们担心夜长梦多,元老院令朱古达即刻离开罗马。

　　朱古达就这样到罗马兜了一圈。这一圈让朱古达对罗马又有了新的认识。

　　在离开罗马时，他几次回望这繁华无比的罗马城，他叹息道："这是一座准备出卖的城市，如果它碰到一个买主的话，注定很快会灭亡的！"

　　由于元老们的贪婪，朱古达的胆子变得越来越大，这是元老们始料未及的。本来一桩极易解决的事，经过如此反复折腾，已变得复杂无比，并严重影响了民众与元老院的关系。

　　事情发展到这一步，即使元老院想求太平，这样的太平也已不复存在。

　　元老院只能再次出兵南下。此次带兵的执政官是阿尔比努斯。

　　此时，已近年底，新一年度的选举马上就要举行。阿尔比努斯希望尽快结束努米底亚的战事。但朱古达似乎了解阿尔比努斯的心事一样，他并不与罗马军队正面冲突，更不与阿尔比努斯进行决战。他的部队只是东躲西藏，只是在极其有利时，发动一次有限的攻击，随即又飘忽而去。这样的战争，根本就看不到结束的日子。对此，阿尔比努斯束手无策。

　　一段时间后，为了回罗马参选，他将其指挥权移交给了其兄弟奥路斯。

　　奥路斯同样是个贪婪的贵族，朱古达之前一出接一出的行贿大戏，他早已看得眼熟，看得眼馋。此次大权在握，他首先想到的是怎样才能狠狠地敲诈一下朱古达，也让自己能够瞬间发财。而奥路斯同样清楚，敲诈也是一门技术，坐等是没有希望的。必须对朱古达形成足够的威胁，兵临城下。

　　奥路斯首选目标是努米底亚的金库所在地——苏图尔城，该座城的城墙是沿悬崖峭壁而造的，根本无法围城。

　　此外，此时正值寒冬时节，不适宜大规模作战，苏图尔城外泥泞的开阔地带，在冬雨过后，到处都是沼泽。但奥路斯似乎已管不了那么多，他的思想已完全集中到城内的财富上。

　　奥路斯攻打努米底亚的金库所在地，这让朱古达一眼看穿了奥路斯。

或许,朱古达认为奥路斯的胃口实在太大,他再大的财力都无法应付这样的贪婪者,因此,此次朱古达索性不行贿了。

他采用了与过去完全相反的做法,即口惠而实不至,他令部下不断与奥路斯谈判,但又不断推翻计划。同时他又故意让奥路斯发现努米底亚大部队的行踪。就这样,奥路斯一步一步离开了苏图尔,并进入了朱古达设伏的区域。就在这天半夜,当奥路斯被吵醒时,他的部队已被团团围住,插翅难逃。

到了此时,朱古达同意与奥路斯正式见面,朱古达告诉奥路斯,只要他愿意,他可以轻松地将奥路斯的官兵杀得一个不留或者将他们全部饿死。但世事无常,他不愿将事做绝。如果奥路斯同意投降,他可以释放他们,但投降条件有两点,一是全军将士从轭下走出去;二是十天内全部将士撤出努米比亚,从此不再进犯。

这一条约带有一定的屈辱性,但比起死亡,这还真算不了什么。

奥路斯当即同意签署这样的和平条约。

这一协议很快传回了罗马,整个罗马城都被恐惧和悲伤的情绪所笼罩。民众们感到恐惧的是,如此规模的罗马军队,就这样轻而易举被打败了。

此外,他们感到愤怒的是,奥路斯居然不战而降。

面对民众巨大的质疑浪潮,元老院立即申明,没有元老院和人民的命令,任何条约都是没有约束力的。

与此同时,保民官美米乌斯建议成立一个真相调查委员会,专门调查涉及朱古达一案的所有相关人员,依法追究接受朱古达贿赂、帮助朱古达开脱罪行以及把大象归还朱古达等等罪行。

民众迅速通过了这一法案,但荒唐的是,新成立的三人调查委员会中,其中至少一人本身就是涉案者。

据记载：此人就是当年与朱古达签订和约的执政官贝斯提亚的副手斯考茹斯，此二人可以说狼狈为奸，共同受贿，共同谋划糊弄罗马民众。

委员会在这样的人领导下，调查很快偏离了正道，据说调查进行得十分粗野和横暴，证据只是根据道听途说，民众愿意怎样办就怎样办，一些罪犯被捕入狱，但更多的则是无辜者遭殃。

公民也由此分裂为平民派和贵族派，此时的平民派已不再是原来意义上的平民党。它实际上是一个打着捍卫民众利益的旗号，并以人民的名义夺权的政治混合体；而贵族派同样也不再是原来意义上的仅由三大部落出身的元老贵族组成的贵族党，它包含了所有拥护和支持元老院统治的新老贵族和民众。

此次分裂事实上标志着共和国进入了一个自我毁灭的快车道，只是当时的人浑然不知罢了。

凯撒时代的史学家撒路斯提乌斯对此评论说：

> 对敌人的恐惧保存了国家美好的道德风尚，但当人民的内心摆脱了那种恐惧的时候，由繁荣幸福而造成的恶果，即放荡和横傲，自然而然便产生出来了。贵族开始滥用他们的地位，人民则滥用他们的自由，他们每个人都为自己打劫、抢夺和掳掠。这样，社会便分裂成两派，而共和国就在这两派之间的争斗中被撕得粉碎。

这一评论与西庇阿在第三次布匿战争前的警告类似，但西庇阿是事先警告，而撒路斯提乌斯则是对现实的总结。

然而，不管怎样，朱古达事件确确实实加快了所有这一切的进程。

小人难缠

公元前109年，梅特鲁斯当选执政官，并被指定前往努米底亚。

在罗马,年年投票选举执政官,但选出的执政官有几个能够真正符合民意,这恐怕谁也搞不清,越来越多的参选者参选的目标是为了任职执政官一年之后的总督职位。做执政官是个赔本的买卖,可吃小亏是为了占大便宜。

而作为罗马的公民,谁给的好处多就选谁,至于选上去的人究竟怎么样,谁也搞不清楚。但对此,谁也不会过于认真。

然而,此次大选,对于平民们来说,又是一次乌龙阵,梅特鲁斯是个明显反平民派的贵族,但不知什么原因,他竟高票当选。或许是这几年来罗马官场的受贿案已彻底突破了民众的心理底线。

平民党贪污,贵族党贪污,保民官同样也贪污。

民众已被彻底搞晕了,他们希望有一个清廉的领导上台。

梅特鲁斯就是这样一个传统型老贵族,他对财富历来不屑一顾,因此也一直享有清廉为正的名声,在当时罗马官场可以说属于另类。应该说,此次罗马民众总算选对了人。

然而,梅特鲁斯却用错了人。当他与朱古达大战三个回合之后,眼看夺得最后胜利,却被民众无情地抛弃了。他只能无比伤感地告别努米底亚战场,而与朱古达的战争也只能成为梅特鲁斯的一种永久回忆。

梅特鲁斯与朱古达大战的第一回合是:梅特鲁斯到任后,立即全力招募新兵。在梅特鲁斯眼里,那些老兵在平民党的带领下,早就成了兵油子,他们不受任何纪律约束,既怕危险又怕吃苦,但喜欢对军事行动评头论足,而到了战场,则又胆小如鼠,不敢正面抗敌。

因此,梅特鲁斯宁愿自己重新训练新兵,也不愿去带这样的老兵油子。可现实的情况是,在当时的情况下,根本不可能有这么多的新兵供他训练,也不可能让所有老兵全部退役。

梅特鲁斯在罗马做了几个月的准备工作之后,来到北非,当他接管前任留下的部队时,他发现,这支部队素质之差远远超出他的想象。

据史料记载:

努米底亚罗马军营遗址

　　他的营地没有防御工事加以保护,也没有人值班放哨,人们愿意
什么时候离开都可以离开,随营人员和士兵不分昼夜、成群结队地四
处游逛,他们在农村进行蹂躏,打家劫舍,争先恐后地掠夺牲畜和奴
隶之类的战利品,然后拿它们去向行商们交换外国酒和其他一些奢
侈品,他们甚至把国家分配给他们的粮食卖掉,然后再每天买面包吃。

　　梅特鲁斯立即下达了三条禁令:一是不许任何人在营地内部卖面包
或熟食;二是不许士兵带贴身服务的奴隶;三是不许小商贩跟随军队。

　　同时,他又立了三条新规矩:一是每天必须拔营,然后进行越野行军。
二是每次设营,无论是否有敌人迫近,必须围上一道栅栏和挖一道壕沟。
三是一旦设营,在营外必须设立岗哨。

　　据说,在梅特鲁斯的三不许和三必须命令下达后,士兵们整天处于一
种紧张的运动状态,不是急行军就是筑栏、挖沟,就连动歪脑筋的时间都

没有。而那些妓女、商贩等等，即使允许他们跟随部队，他们也不愿意如此折腾。不久，士气开始重新振作起来，越来越像一群真正的战士。

而此时，朱古达的情报人员正密切关注着梅特鲁斯的一举一动。

对于梅特鲁斯的底细，早在梅特鲁斯来努米底亚之前，朱古达已通过罗马方面的间谍，摸得一清二楚。朱古达观察一段时间之后，一种前所未有的恐惧油然而生。他意识到，梅特鲁斯与任何前任都不相同。再想通过行贿来解决问题，无疑是痴人说梦。

他第一次真正想到了投降。

朱古达派使者到梅特鲁斯那里，明确表示，只要保留下他自己和他的孩子们的性命，努米底亚的一切，听凭罗马人民处理。

或许是罗马人看多了朱古达的欺骗伎俩，也或许是罗马人民对朱古达的仇恨已经异乎寻常，梅特鲁斯对朱古达的提议根本不感兴趣。

相反，梅特鲁斯开始对朱古达的使者进行力所能及的引诱，他私下向使者表示，只要他们将朱古达交到他手里，无论生死，都必得重酬。但在人多的公开场合，一切都如同正常谈判。

梅特鲁斯对朱古达的投降表态，始终既不承诺也不否定。

朱古达是个极其精明之人，他迅速从梅特鲁斯的言行中判断出他的求生计划很难实现。相反，自己的使者倒有可能变成自己最可怕的敌人。

朱古达是个阴谋大师，任何玩耍阴谋者，最敏感、最害怕的就是对方以其人之道还治其人之身。

但朱古达与众不同之处在于，他擅长的不仅仅是耍阴谋，他还是个优秀的军事统帅。在西班牙，他已小试牛刀，也曾博得小西庇阿青睐。

此次，朱古达下定决心，以战争来寻求出路。

朱古达调集了努米底亚的所有精兵，在梅特鲁斯大军必经的一片森林中设伏。

近一段时间,尽管朱古达一直在谋求投降,寻找一条出路,但他与众不同的特点是,他从来不会以一根筋式的方式来思考问题,他习惯的思考问题方式是"一颗红心,两手准备",谈判能成固然好,但他也一直在作谈判失败后,随之而来的战争准备,他从来未停止过对梅特鲁斯的行为方式、行军路线进行反复琢磨。他经过综合分析判定,梅特鲁斯必经此路。

这是一个极好的伏击区域,梅特鲁斯进入该区域后,行军的正前方是穆图尔河,而这片森林位于行军部队右侧的山坡上,主要是一些野橄榄树和其他各种树木。

对于伏兵来说,最大的缺点是树木不够高大,不够茂密。行军部队的背后则是高大的山脉。

朱古达认为,尽管他的部队人数少于罗马军队,而且还有一部分人没有经过相当的训练。但罗马这支大军不仅军纪散漫,而且之前已被朱古达包围过一次,他们也已尝过从轭下走出去的滋味。

他的部队只要指挥得当,出奇制胜的可能性还是相当大的。

朱古达的分析一点都没错。

这一天,梅特鲁斯按计划一路前行。

但在接近伏击区时,梅特鲁斯感到丛林中有些异样,或许是一些树木过于矮小,一些大象和马匹也无法完全隐藏在内。

梅特鲁斯立即改换队形,用三道后备队来加强离敌最近的右侧,将弓箭手配置在小队中间,并将骑兵安排在两翼。

对于朱古达来说,此次战斗能否成功,很大一部分希望是建立在奇袭之上,一旦被识破,他成功的可能性必然大幅下降。

战斗很快打响了,尽管梅特鲁斯已作了充分安排,条理也很清楚,但他很快发现,他的那些安排,基本上没有什么大的作用。朱古达部队的作战方式根本不是采用罗马人所熟悉的阵地对抗形式。

朱古达的作战模式对罗马人来说是一种全新的、散兵式的冲击。他们从罗马行军部队的末尾处开始攻击。

罗马军队很快就与朱古达的军队完全交织在一起,罗马大军各中队已完全无法成形,敌我混杂,指挥官已无兵可以指挥。

这样的混战进行了足足大半天,天色渐黑,形势对罗马人越来越不利。罗马人对地形不熟,而努米底亚人则正好相反。

一些罗马士兵开始想后退逃跑,但后路又偏偏被穆图尔河挡住。

梅特鲁斯的情绪低落到了极点。

第二次布匿战争中,汉尼拔以少胜多,消灭罗马大军的坎尼会战,也同样依靠了这样一条河。梅特鲁斯担心重蹈覆辙。

在战争中处于绝境,一旦被围一方精神崩溃,那么这场战争必然会成为毫无悬念的屠杀。反过来,如果处理得当,反而能起到神奇的效果,所谓置之死地而后生。梅特鲁斯来回奔跑,反复鼓动和警告士兵,后面是河,后退一步将死无葬身之地。

或许是士兵求生意识的刺激,在梅特鲁斯的鼓动下,老兵们所有潜能全部发挥了出来,他们居然越战越勇。

而朱古达的部队毕竟人少,且士兵中老兵较少,面对梅特鲁斯那帮老兵的疯狂反扑,渐渐不支。

在天黑以前,罗马部队突破了朱古达的防线。不久,朱古达的部队全面溃败。经此战役,朱古达的精锐部队大部分被消灭。

消息传到罗马,罗马民众精神为之一振。梅特鲁斯也被捧上了天。

到了年底,按规定,梅特鲁斯应将与战事有关的一切全部移交新执政官,但元老院决定依然由梅特鲁斯担任努米底亚的总指挥。

由此,梅特鲁斯与朱古达的战争进入了第二个回合。

战胜了朱古达,元老院新的任命也已下达,梅特鲁斯自然感到高兴,希望乘胜追击,一举拿下努米底亚。

但不久后,情报人员传来信息说,尽管朱古达在此次战斗中惨败,但斗志并未消沉。他立即又组建了一支新的部队,其规模甚至超过了之前的部队。

这一情报让梅特鲁斯意识到了一个严重的问题，即朱古达拥有源源不断的兵源，而罗马兵源则极其有限，如果一味蛮干，罗马在努米底亚的战争就将难以为继，他会重复当年汉尼拔在罗马的战事。

梅特鲁斯立即改变了作战方案，他采用了平民党所惯用的恐怖战术，这种战术极为恶劣。

据记载：梅特鲁斯将部队开入努米底亚最肥沃的地带，大肆蹂躏农村地区，攻占和烧毁那些没有卫戍防守或者匆忙加以防御的要塞与城镇，并处死所有成年人，而其余一切则都交给士兵作为战利品。

罗马人的这种恐怖手段，对一个软弱的民族或许有效，但对于一个意志力强的民族，这种做法实在是适得其反，是在逼迫民众拼死反抗。

对于梅特鲁斯的恐怖行径，朱古达大为恐惧，如果他对梅特鲁斯的做法置之不理，则会失去民心，但如直接交锋，他清楚，他的这些新兵，种地能力远比作战能力强，很难与梅特鲁斯的那帮老兵抗衡。

朱古达也立即调整了作战方案，他命令大部队原地训练，而他本人则率领一支精锐骑兵尾随梅特鲁斯的大军。一旦发现小股部队掉队，则以最快的速度加以包围、歼灭，并在罗马大部队赶到之前逃离战场，决不与罗马大军硬拼硬打。

这一战法，极其类似当代的游击战。朱古达的这一战略让梅特鲁斯吃了不少苦头，士兵们也变得高度精神紧张，每次行军，唯恐自己掉队，成为朱古达的猎物。

对此，梅特鲁斯的回应是，不再打劫农村，而是一路烧杀，他们将所到之处的建筑全部烧光。简而言之，就是以最恐怖的手段逼迫朱古达就犯。

朱古达则以恐怖对付恐怖，他对梅特鲁斯大军行军线路上数量有限的泉水投毒，并将那些可用作战马粮食的秣草全部毁坏。同时不断袭击罗马部队的末尾部分，每当大部队前队变后队，掉头发起攻击时，这些袭击部队又立即逃之夭夭，而新的后队却又遭到另外方向的小股部队袭击。

朱古达的部队如此反复不断、昼夜骚扰梅特鲁斯的部队，不让罗马人有片刻安宁。

朱古达这种完全超脱和自由的战法，让梅特鲁斯极其苦恼，如此战斗，每次看似损失人数不多，但累加起来，则是一个不小的数目。

而且，这种战法，对罗马大军的士气影响特别大。

梅特鲁斯决定再次改变战略，他试图攻打朱古达的一个重要城镇，以引诱朱古达救援，然后再围而歼之。可朱古达依然不上当。

朱古达的总体战略是，除非通过伏击或在他自己选择的时间和地点进行战斗，此外决不感情用事，盲目参与战斗。

梅特鲁斯已被朱古达逼得走投无路，他只能再次运用老办法，通过间谍引诱和恐吓朱古达部下，死马当成活马医。

第一个被引诱的对象是朱古达的亲信波米卡尔，也即那个在罗马谋杀朱古达堂兄的凶手。梅特鲁斯对波米卡尔的许诺是，只要能抓到朱古达，不论生死，罗马元老院不仅会免去波米卡尔的谋杀罪，还将归还他所有的财产。

重赏之下必有勇夫，波米卡尔终于动心了。波米卡尔在答应帮助罗马人后，并没有像罗马人要求的那样对朱古达采取极端的措施，而是乘朱古达情绪低落时告诉朱古达，努米底亚无论是人力还是物力都已接近枯绝，与其坚持抵抗还不如正式投降，以换取一个较好的投降待遇。

此次，朱古达的反应令波米卡尔也感到有些意外。朱古达居然爽快地同意了。

此后，梅特鲁斯的特使又与朱古达迅速谈妥了投降条件。

朱古达上交了二十万斤白银、全部战象以及大量马匹和武器。而朱古达本人则等候执政官的进一步命令。

梅特鲁斯取得了意外胜利，元老院在得到这一胜利的消息后，立即决定将努米底亚定为新的行省，并将该行省分配给梅特鲁斯管理。

但来得太快、太容易的胜利往往并不那么牢靠。而让朱古达长时间地等待一种无法确定的命运更是愚蠢。

元老院只想着如何处置努米底亚,他们以为朱古达已是一只死老虎,可以放在一边慢慢处理,大可不必着急。但这一放,最终又让煮熟的鸭子飞了。

梅特鲁斯不得不与朱古达进行第三回合的战争。

朱古达按条件交出一切后,独自在城内思考了几天,他越想越恐惧,罗马人愚弄投降者的案例实在太多了,如果自己也成了这样的对象,岂不是太蠢了。

于是,朱古达决定不顾一切,再次与罗马人对抗。

朱古达除了购买武器,募集新的大军之外,他还通过私下的秘密串联,诱使那些在投降协议中已交给罗马人管理的城市重新造反。

瓦伽城就是这样一座城市,城内的领袖历来听命于朱古达,他们按朱古达的要求作了相应安排。

造反时间被放在一个全非洲的共同节日里。根据传统,这一天将举行各种庆祝和游艺活动,罗马驻军的所有将领都将出席这些活动。

在所有活动开始之前,这些人均被一个当地名人提图斯请去参加家宴,等这些人一进入家门后,即被藏在里边的努米底亚武装人员全部杀死。

杀死罗马将领是大屠杀开始的信号,此后,市民与武装人员疯狂地将所有看得到的罗马士兵全部杀了。

在此次屠杀过程中,仅有一个罗马人幸免于难,此人的身份还相当特殊,他是该城的城防司令,他不仅毫发未损,而且还被朱古达护送出了该城。由此也引发了一场疑案,这自然是后话。

梅特鲁斯听到此次大屠杀事件后,立即率军奔袭瓦伽城报复,他完全不清楚会在什么时间、什么地点再次发生类似的事件。

梅特鲁斯感到必须杀鸡儆猴,防止事态进一步恶化,否则他的所谓胜利将成为一个最大的笑话。

当他的部队赶到瓦伽城时,由于他带的主要是骑兵,马队扬起的尘土使对方看不清楚来者是谁,努米底亚人还以为是朱古达的骑兵队,大批人员居然兴高采烈地到城门外来迎接。然而当他们看清来者时,再想退回去关城门已经太晚。刹那间,瓦伽城血流成河,城内男女老少无一幸免。

也就在这一系列事件发生的同时,那个曾劝朱古达投降的波米卡尔越想越不对劲,他怀疑朱古达已对他起了疑心,于是写信给他的好友,此人也是朱古达手下的重要将领。

波米卡尔要他与自己一起起事,杀死朱古达,从而确保家族的荣华富贵。但没想到此信件被他好友的仆人意外发现。在这位仆人看来,波米卡尔的行为显然是卖主求荣,里通外国,他毫不犹豫地将信件直接交到朱古达手中。

朱古达逃过一劫,但朱古达的恐惧达到了极点。在朱古达眼里,波米卡尔是最值得信任的人,现在连他这样的人都要反叛自己,那还有几个人可以信任。

经此一案,朱古达的大批亲信朋友被诱杀,而剩余的一些也纷纷逃走。朱古达部队的战斗力随之急剧下降。

此后,梅特鲁斯的部队包围了朱古达的重镇达腊,朱古达的大部分财富都藏在此城之内,并且他的妻子和子女也都住在该城。

梅特鲁斯显然是想通过踏平此城来一举解决朱古达问题,同时也可获得大量财富。然而,当梅特鲁斯费了九牛二虎之力攻下此城时,该城领袖居然将城内所有财富集中在一个地方,然后一把火将其全部毁灭,而这些领导人也全部跳入火海自焚了。

面对这样的废墟,梅特鲁斯长久无语。

梅特鲁斯又能说什么呢?一个国王能让他的部下如此忠诚,他的魅力也可见一斑。现在又有多少人愿为罗马共和国如此效忠?

此后,梅特鲁斯在一次偶然的机会中与朱古达又交战了一次,但此次战斗,朱古达的部队几乎是一触即溃。

到了此时,朱古达真是山穷水尽了。

朱古达带了大量财宝以及为数不多的亲信,穿过大沙漠,来到了毛利塔尼亚。

朱古达的一个妻子是毛利塔尼亚人王博古斯的女儿,因此,朱古达也算得上是博古斯的女婿。

毛利塔尼亚过去与罗马并无交集,博古斯对罗马的情况也不甚了解。现在努米底亚被灭,罗马的边界线突然移到了毛利塔尼亚边境。

在听了朱古达介绍罗马人是如何恐怖与可恶之后,博古斯恐惧万分,他生怕自己成为第二个朱古达。他立即请求朱古达帮助他们训练士兵以对抗罗马人。

然而,也就在此时,当梅特鲁斯正准备给予朱古达最后一击时,罗马传来消息说,他的副将马略不仅成功当选为下一任执政官,而且平民大会根据马略对他作战不力的指控,已通过了马略取代梅特鲁斯为远征军司令的决议。

一切变化得如此之快,梅特鲁斯再也提不起战斗精神。

对于梅特鲁斯来说,罗马派任何人来接替他的位置,他都可坦然面对,唯独马略,他完全无法接受。

以怨报德

梅特鲁斯远征之前,当他的朋友听说他准备选择马略为副将时,不少人劝他,此人决不可用。他们的理由是,此人有才,但唯利是图,是个典型的忘恩负义之辈。

梅特鲁斯当然清楚马略的行事风格。

梅特鲁斯与马略家族有相当深的渊源,这种关系,按罗马当时的说法,就是保护人与被保护人的关系,或者说马略家族一直是梅特鲁斯家的门客。

门客是古罗马所特有的称谓,在罗马早期,一个新移民进入罗马后,可依附于三大部落某个有钱有势的富人,这种关系一旦形成,这个新移民即被称为那个富人的门客,富人则成为保护人。作为保护人,他不仅应给他的门客提供人身保护,而且也要向他们提供可供耕作的土地。

但古罗马保护人的着眼点并不在经济利益或者看家护院。他们只是希望他们的被保护人能成为他们无条件的拥护者。因此,一个贫穷的外来移民,一旦成为罗马权贵的门客,他必须为他的保护人提供服务,这种服务,主要是在政治上的,如以自己手中的选票来支持他的保护人。至于经济上的服务,往往只是附带的,有时甚至是可有可无的。

在那个时代,如果被保护人公开反对他的保护人,至少会被视为严重违反当时的社会伦理。

对于马略来说,梅特鲁斯与他还不仅仅是一般意义上的保护与被保护的关系。

马略早期出任保民官一职,就是得到了梅特鲁斯的资助才得以当选。但马略在出任保民官后,却拿攻击自己的恩人作为其博取名声的重要手段。

马略曾提出一个有关规范选举方式的法案,此法案受到执政官科塔的质疑,他向元老院提出,应公开拒绝该法案,并要求马略到元老院来,就法案的相关问题作出解释。

这一天,当马略进入元老院后,对法案不仅不作任何解释,反而威胁科塔,如不收回成命,必将其绳之以法。

之后,马略又转身去问梅特鲁斯是如何看待这一问题的。梅特鲁斯说他的看法与执政官一样。马略竟当场命令法警拘禁梅特鲁斯。

马略

但对这一切,梅特鲁斯并未特别在意,他始终认为,年轻人易冲动,马略有才华,作为长者,对有才者应该包容。

马略确实有才,他作战勇敢,对战争有自己独特的想法。他曾任小西庇阿的部将,在一次宴会中,有人曾问小西庇阿,如果他离开的话,谁可以接替他的职务?此时,马略正坐在他的旁边,小西庇阿轻轻拍着马略的肩膀说:很可能就是这位老弟。或许是小西庇阿这样一句无意识的评价,让马略的野心从此急剧膨胀。

梅特鲁斯特别爱才,因此,在赴努米底亚远征时,他仍然提名马略为自己的副将。

然而,令梅特鲁斯无法接受的是,在努米底亚,马略的言行越来越出格。有人曾对马略讲,没有梅特鲁斯,他当不了保民官,更成不了副将,一个人做人,最起码要懂得感恩。

马略对此的回应是:自己之所以能成为副将,纯粹是因自己的能力,与梅特鲁斯没什么关系,这是他命中注定的事,是神通过梅特鲁斯之手让他去从事这一伟大的军事行动,同样也使他能够施展无人匹敌的英勇气概。要说感谢,那也应感谢神,而不是梅特鲁斯。更何况,他所赢得的尊敬与爱戴,也是靠他与士兵同甘共苦,与他们吃一样的饭食,睡一样的床铺,一起挖壕沟,修工事。这与梅特鲁斯又有什么关系?

对于这些言论,或许梅特鲁斯还能继续大度地包容,但此后发生的一件事则让梅特鲁斯实在忍无可忍。

梅特鲁斯与他的部将特皮留斯,他们两家从父辈开始就是世交,而梅特鲁斯与特皮留斯的关系也非同一般。此次远征努米底亚,梅特鲁斯要求特皮留斯负责指挥军中的工匠,此后又让其担任瓦伽城的留守总指挥。

特皮留斯是个谦谦君子,他处事公道,并且对待城内任何人都彬彬有礼。然而,该城居民并不因为特皮留斯为人和善而不造反,他们秘密与朱古达串通,让朱古达重新控制该城,但条件是不得伤害特皮留斯。

不久之后,朱古达即在城内民众的配合下,重新占领了瓦伽城,城内所有的罗马人均被处死,唯独特皮留斯被朱古达派人礼送出城。

事后,对于如何处置特皮留斯的问题,大多数将领认为,特皮留斯是一个出名的好人,不可能做出将城市出卖给朱古达这样的事,更何况,任何一个有正常理智的人都不会以这种方式来出卖一个城市,如果他真的这样做了,他就决不可能再回罗马军团来送死。在没有搞清事实真相之前,切不可草率处置。

然而,在此会议上,马略言语尖刻,认为不杀特皮留斯,无法安慰死去的将士。梅特鲁斯被迫下令处死特皮留斯。

不久后真相大白,特皮留斯确属冤枉。

此时,马略又在外宣称,在当时的会议上,唯有他一人反对处死特皮留斯。梅特鲁斯处死特皮留斯纯粹是为了树立个人威信,是草菅人命。

此后,梅特鲁斯与马略的关系开始明显不和。

据记载:公元前106年,马略向梅特鲁斯请假,他要回罗马参选下一年度的执政官。梅特鲁斯不仅不许,还故意讥讽马略,让马略等到其儿子也可参选的年龄时再一起参选。而梅特鲁斯儿子的年龄此年刚满二十周岁。

梅特鲁斯以如此刻薄的语言对待马略,这种语言风格明显与其性格特征不符,更与其长期以来对马略的包容形成鲜明的反差,由此也反衬出梅特鲁斯对马略的反感已到了极点。他是在用一种最粗鄙的方式来发泄心中长期积累的不满。

而此后,不知是受到梅特鲁斯的语言刺激,还是其他什么因素,马略对外开始直截了当攻击梅特鲁斯。他专门找机会对一些罗马商人讲,梅特鲁斯虚荣心极强,又喜欢玩弄权术。努米底亚的战争之所以久久无法解决,真实原因是梅特鲁斯在有意拖延,因为战争拖得时间越长,他当统帅的时间也就越长。如果让他来统管努米底亚战事,他只需梅特鲁斯一半的人马,在几天内即可将朱古达活捉。

那些罗马商人,他们要的只是赢利。没完没了的战争,必然断了他们的财路,当他们听到马略告知他们的"内幕真相",他们极为震惊,但更多的则是愤怒。他们纷纷给国内的朋友写信控告梅特鲁斯,并要求他们支持马略当执政官。

马略在不断中伤梅特鲁斯的同时,继续向梅特鲁斯请假,而且做出一副如不准假誓不罢休的姿态。

或许梅特鲁斯认为马略参选根本不可能成功,或许梅特鲁斯尚不清楚对他中伤的具体内容以及这些内容所带来的杀伤力。梅特鲁斯最终还是准了马略的假。

马略一回到罗马,在选举演讲中,他不只是简单地重复他曾告知那些商人们的"真相",他还进一步将讲"真相"演变成抨击贵族派的"基本特征"。

在每次集会中,马略都将贵族问题与梅特鲁斯的"问题"联在一起,久而久之,梅特鲁斯的"问题"就是贵族派的问题,凡支持梅特鲁斯的人就是支持贵族派,反对梅特鲁斯,就是反对贵族派,就是支持平民,拥护平民。最终,是否支持马略,成了是否支持平民的试金石。

马略当选了。

但当选执政官并不等于出任努米底亚的指挥官,保民官曼奇努斯要求民众表决由谁来领导对朱古达的战争。这是一个毫无悬念的表决,绝大多数人表示应由马略来领导。

这一做法事实上又开创了一个极其糟糕的先例。在两名新任的执政官中,选择由谁担任赴海外作战总指挥,这本属元老院的职权范围,与保民官毫无关系,但现在平民派可以随便通过一个所谓决议就将其改变,这也是此后引发罗马内战的主要因素之一。

梅特鲁斯就这样被平民派赶下了台。

马略要回来了。

梅特鲁斯让副将办理所有的交接手续,自己则悄无声息地离开了努米底亚。

梅特鲁斯在努米底亚几年浴血奋战,换来的只是一个教训:君子爱才,但要远离小人。

马略终于如愿当上了远征军司令。

但马略似乎完全忘记了他曾向商人们夸下的海口:他只要梅特鲁斯的一半人马,在几天之内即可将朱古达捉拿归案。

好在民众对一个问题的记忆向来不会太持久。马略上任后向元老院提出的第一个要求不是减少努米底亚的远征军,而是增兵努米底亚。

马略的要求让元老院的元老们疑虑重重。在努米底亚,明明胜利不断,士兵伤亡自然有,但也没到需要大规模征兵的程度,况且他们也听说过马略向人们所夸下的海口,但他们又不敢公开反驳。

此次选举,平民派与贵族派之间已是剑拔弩张,而马略又不断利用平民造势,运用一切手段丑化梅特鲁斯,丑化贵族派。元老们唯恐反驳会再惹些什么事情出来。

元老们自作聪明地认为,在目前的形势下,愿意当兵的人越来越少,与其唱反调,还不如开张空头支票,同意马略自行征兵,但是否征得到兵则是马略自己的事了。

马略在得到元老院的空头支票后,立即在民众大会上发表演讲,呼吁民众从军。

在演讲中,当他按惯例抨击了贵族之后,他说:

在努米底亚的问题上请你们放心;要知道,你们已经消除了迄今对朱古达起保护作用的事物——贪欲、无能和妄自尊大。而且,在阿非利加有一支熟悉当地情况的军队,但是,诸神明鉴!军队的确是勇敢的,只是运气不好;由于他们的统帅的贪欲或鲁莽无谋,他们中大部分人已经牺牲了。因此,你们当中所有已经达到服兵役年龄的人,为了共和国的事业,把你们的努力和我的努力结合起来吧;别人的悲惨遭遇或统帅的傲慢,不应当成为你们任何人感到畏惧的理由。无论是在行军时还是在战斗中,我、马略,都要和你们在一起,在你们遇到危险时既是你们的顾问又是你们的同伴。在所有的方面,我将完全如同对待我自己那样对待你们。

马略确实厉害,公开说谎不脸红。他将自己的保护人说成一个既贪婪又鲁莽无谋之人,并害死了无数无辜的罗马士兵,无非是想以此来衬托他未来的成功。

当然,马略清楚,仅靠这些空口白话,未必能够招到士兵。他在未得到任何授权的前提下,打破了自罗马建城以来有产者才可当兵的惯例。

他明确表示无产者同样可以当兵,并且在服完兵役以后,每人可分得足够养老的土地。至于这些土地在哪里,通过什么样的方式去获得,马略一概不提。

这种方式与其在竞选时号称用梅特鲁斯一半的兵力,几天即可活捉朱古达是同一种模式,即先把人骗进来再说,至于这帮无产者到了退役时能否得到土地,这是元老院的事了。

结果,马略此次招到的新兵人数,远远超出了元老院给出的数额。这些新兵绝大多数都是无产者。这些无产者之所以愿意从军,并不是因为受到爱国主义精神的鼓舞,而是他们得到了马略的承诺,在战争结束后,国家将分配给他们土地。

马略对于自己的恩公,可以凭空造谣,对于士兵,他同样可以开些空头支票,但是对于战事,此前说大话容易,兑现却需要实力。

马略到了努米底亚之后,尽管朱古达早已成强弩之末,但马略依然无法歼灭朱古达的残余势力。

这或许与其战略思想有关。

当初,梅特鲁斯与朱古达的战争,无论是引诱谈判,还是攻城杀戮,不管怎样,目标是清晰的,即一切围绕着如何有利于抓捕朱古达。

但马略不同,他回到努米底亚后,朱古达已兵败,逃到了毛利塔尼亚边境,无论是士兵还是将领,都已所剩无几。

此时马略不是选择乘胜追击朱古达,而是处心积虑地打劫努米底亚,他首先选择了一个比较富裕的城市,经过相当一段时间的包围攻城之后,该城终于陷落,马略立即命令将该城成年男子全部杀害,并放纵士兵尽情抢掠。他这样做,或许是想让那些无产者新兵,先尝尝当兵的乐趣。

此后,马略的大军才慢慢向毛利塔尼亚边境挺进。

尽管如此,在一次行军的过程中,马略大军突然被朱古达与毛利塔尼亚联军包围,死伤惨重,马略大军逃到一个小山上,此时已经入夜,朱古达与毛利塔尼亚联军将此山团团围住,但也不再继续进攻。

人们一直在研究历史的规律,但历史的形成有太多取决于某人的一念之差。或许这就是所谓的"蝴蝶效应",一只南美洲亚马逊河流域热带雨林中的蝴蝶,偶尔扇动几下翅膀,结果在两周后引起美国德州一场龙卷风。

毛利塔尼亚人认为,此次马略死定了。当晚,他们围绕着火堆载歌载舞地庆祝起来,而聪明绝顶的朱古达对此竟没在意,或许他也认为马略死定了。这一念之差,朱古达不仅改写了自己的命运,也改写了罗马的历史。

毛利塔尼亚人的狂欢,无意中给马略创造了一个反败为胜的机会。

借着毛利塔尼亚人狂欢的机会,借着火堆的照明,马略率领军团猛地冲下小山,朱古达联军大败。

马略真是太幸运了,朱古达一生谨慎,但此次却莫名奇妙地放松了警惕。如果朱古达稍微谨慎一些,毛利塔尼亚人不搞什么狂欢庆祝,马略怎么可能逃得出被铁桶一般围住的小山,罗马怎么可能有此后这样的一段历史。

但历史没有假设。

马略在努米底亚的战事，一拖又是一年多。

公元前 105 年，朱古达的岳父，毛利塔尼亚王博库斯或许因两次战败，感到自己卷入与罗马的战事有点不值。他开始私下联络马略，要求和谈，并指定谈判者必须是苏拉。

苏拉是马略的财务官，博库斯特别指定苏拉为马略的全权代表，关键在于，博库斯对罗马人极不信任，但他感到苏拉可靠。

苏拉的个性与当时的罗马人确有很大的差异。

苏拉出身于一个破落大贵族家庭。苏拉不是正式的姓名，只是一个绰号，其意是长满粉刺的脸。据说当时有这样两句打油诗："要说苏拉是何人？麦粉上面撒桑葚。"

但由于苏拉名气太大，以至于人们反而忘记了他的真名。

苏拉年轻时，住的是价格极其低廉的租赁公寓，他喜欢饮酒作乐，也喜欢与朋友开些无伤大雅的玩笑。但他当兵后，很快就成为全军中最优秀的一名军人。

苏拉性格比较随和，但凡他人有求于他，他都会想方设法加以满足。相反，他自己却轻易不接受别人的恩惠，一旦接受，则总是以最快的速度回报。

或许正是这一性格的原因，他才得到毛利塔尼亚人的特别认可。

而毛利塔尼亚人对苏拉的认可也是因一次偶然的事件。

毛利塔尼亚王博库斯曾秘密派出几个使者去与马略沟通，可他们在途中遇到了本国强盗，结果被洗劫一空。他们认为此次肯定难以复命。

他们早已听说罗马人特别贪婪，先受贿再办事，这是工作常态。

但他们手中已一无所有。

他们做好了最坏的打算，无论罗马人怎样的态度，他们回去只要有个交待就行。

　　然而,出乎他们意料的是,马略的全权代表苏拉并未因他们的礼品被劫而对他们冷眼相待,而是以同情和宽厚的态度来接待他们,并与他们沟通和协商。

　　几位使者极为感动,一致认为,苏拉与一般的罗马人不同,是一位值得信赖的将领。也正因如此,博库斯才特别指定苏拉是唯一的谈判对象。

　　但对于苏拉来说,此行非同小可,他根本搞不清毛利塔尼亚王博库斯的真实心态,当然他更不会知道毛利塔尼亚人指名道姓要他前去谈判的真正原因。毛利塔尼亚人是要真谈,还是假谈? 或者说是将其诱骗过去作为人质?

年轻的苏拉

　　总之,一切皆有可能。

　　但拒绝前往,那就等于失去了用和平方式解决问题的一切希望。苏拉答应前往毛利塔尼亚。

　　但也就在苏拉到达毛利塔尼亚之后不久,朱古达通过情报人员了解到苏拉将与博库斯谈判这一机密信息。朱古达立即派出他的使者与博库斯交涉。

　　朱古达给博库斯的建议是,立即扣压苏拉,并将其交给他作为人质,当这样一位重要人物掌握在他手里时,元老院或罗马人民肯定会下令同他缔结和约。因为苏拉被抓,不是由于自己怯懦,而是为了国家的利益。

　　博库斯听了朱古达使者的说词,感到似乎也有些道理。据说,他犹豫了整整一晚,最后博库斯还是将宝押在罗马之上,出卖了自己的女婿。

　　第二天,朱古达只带了少数随员来到约定的小山头,但朱古达见到的

不是博库斯，而是伏兵。他那些随员被当即砍杀，朱古达本人则被绑送
苏拉。

据说，在马略的凯旋仪式上，朱古达被作为战俘游街，然后被扔进了
地牢。在被扔进地牢前，朱古达的衣服也被狱头剥个精光，耳朵上的金环
也被硬生生地扯了下来。六天后，朱古达活活饿死了。

一场长达八年的朱古达战争就此落下帷幕。

但朱古达战争所带来的后遗症却对此后的罗马造成了难以估量的
影响。

逼上梁山

朱古达战争，就其规模而言，在古罗马战争史上谈不上很大，可此次
战争所引发的一系列问题，对罗马共和国是致命的。

这一系列问题中，最早产生影响的是兵源极度匮乏问题。

事实上，马略的兵制改革也是由此而起。

在罗马早期历史中，尽管每次战争中都会或多或少出现兵源匮乏现
象，可这种匮乏是因战争伤亡导致适龄入伍人员大幅减少。但在朱古达
战争中，兵源匮乏的根本原因则是适龄人员不愿意入伍。

在平民党控制元老院之后，指挥军队的执政官中很多人参加竞选的
目的只是着眼于一年之后的总督职位，他们口中的保家卫国、利国利民之
类的言词，只不过是他们的竞选语言。因此，在这样的执政官带领下，军队
迅速腐败，军团战斗力直线下降，战斗中莫名奇妙的伤亡也成了一种常态。

好在此时，罗马的周边已没什么强敌，罗马的对外战争也大多都是罗
马主动挑起的。

此外，共和国控制的地盘越来越大，元老院用兵的地方也越来越多。
正因为如此，相当一部分富家子弟认为，入伍当兵已与保家卫国无关，他
们越来越不愿卷入这种既危险又无意义的战争游戏，他们感到那些既无
能又无耻的执政官很可能让他们不明不白地战死他乡。他们想方设法躲

避兵役,整个社会由此进入了一种恶性循环。

兵源匮乏产生的一个最直接的连锁反应是罗马元老院对同盟国兵力的过度依赖。

在第二次布匿战争结束前,任何对外战争,罗马军队中的罗马公民兵与同盟军兵的比率基本维持在一比一之间,即上前线的部队如果是两个军团,其中必然有一个军团是罗马公民的军团。

富裕公民逃避兵役问题产生之后,元老院不仅不进行任何反思与总结,相反还开始突破传统,走一条所谓的捷径,即对同盟国兵的谨慎使用彻底让位于实用主义。

罗马军团与同盟国军队之间的传统比例被轻易打破了,到了朱古达战争期间,这一比例甚至达到了一比二,即在战争中同盟国兵超过了罗马公民兵的人数整整一倍,不仅如此,同盟国的军队越来越被当成主攻部队使用。

这在过去是根本不可能发生的。更严重的是,平民党在作出这一决定时,完全忽视了这个比例可能带来的巨大风险。

在老贵族掌控元老院的时代,元老院坚持将罗马公民兵与同盟国兵的比例控制在一比一之间。这倒不是说在那个时代元老院不能要求同盟国出更多的兵,事实上不是不能,而是不为。

在当时,元老们清醒地意识到,罗马军队与同盟国军队保持一比一,这是共同作战的安全比例,一旦超过这一比例,罗马将立即陷于危险之中,并且这种危险是显而易见的。

譬如,罗马在一次战争中赢得了胜利,但主战部队是同盟国部队。尽管罗马元老院仍可称罗马人打赢了这场战争,但同盟国的人同样会想,这次胜利事实上是同盟国取得的。

如果此类事情一再发生,同盟国在这样胜利的不断刺激下,在一定时间之后,必然会跳出来挑战罗马的权威。

为了防止此类事情的发生，罗马元老院不仅将罗马公民兵与同盟国兵的比例严格设定在一比一之间，而且还明确规定同盟国兵只能作为辅助部队，而不是主攻部队。

经过这样的严格设定，罗马对外战争的任何胜利，只能是罗马人的胜利。哪怕同盟国兵伤亡数量再大，同盟国也不敢去设想，天下是同盟国打下来的，更不要说跳出来挑战罗马的权威。

平民党不仅调整了罗马公民兵与同盟国兵之间的比例，现今还想方设法尽可能多地利用同盟国。凡危险的事，死人的事，尽可能多地让同盟国人来做，而罗马军团则从事一些安全的作业。

更糟的是，随着罗马对外战争的节节胜利，罗马元老院对待同盟国的心态开始进一步发生变化。

过去，罗马元老院尽管从未真正平等地对待过那些同盟国，但至少还是把这些同盟国当成自己的属下。尤其是经过几次拉丁同盟的叛乱，元老院在处理同盟国问题时往往小心谨慎，恩威并施。一场战争结束后，元老院也会将一些战利品发给那些参与战争的同盟国。

但现在平民党人认为，罗马所向无敌，对于同盟国，完全没必要迁就。

在第二次布匿战争之后，元老院将战利品分发给同盟国的情况越来越少。相反，元老院还经常派一些官员到各同盟国去视察，事实上是去监视各同盟国的一切行动。

因此，在同盟国民众看来，同盟国帮罗马打赢了第二次布匿战争，可各同盟国与罗马的关系也由同盟关系变成了主仆关系。而最能直观反映这种主仆关系的是，那些罗马官员在同盟国官员面前越来越显得趾高气扬、目空一切。

据记载，公元前 123 年，西迪奇努姆担任执政官，随同他一同前往同盟国的妻子提出想要去男浴室洗澡。陪伴在旁的当地财务官马尔库斯立刻派人去清空浴室。但执政官的妻子洗完澡后，却抱怨财务官让她等了太长时间,并且浴室也没清理干净。执政官二话不说,立即下令在闹市区钉立了一根木桩,并命人剥去马尔库斯的上衣,将其绑在柱上,然后施以棒刑。

此事传开后,其他的一些同盟国唯恐遭遇同类的事。此后,只要罗马官员出现在某个城镇,该城镇立即禁止任何人使用当地的浴室。

罗马官员的此类做法,从表面看,他们都得逞了,同盟国的人对罗马人不敢有一丝一毫的抱怨,更不要说反抗了。

但这只是表面现象,这就像烧开水一样,三分钟过去了,什么反应都没有,五分钟过去了,我们看到的最多就是有几个小汽泡从水底升起,七分钟过去了,小汽泡稍微多了一些。但再过几秒钟,整壶水就全面翻腾起来。对于这种烧开水的过程,没人会认为水是被最后几秒钟烧开的,并且与前面那几分钟毫无关系。

任何事物的变化与发展都有一个积累过程,表面的平静并不等于它的内在没有变化。

对于罗马官员那种颐指气使、居高临下的态度,同盟国官员当面自然唯唯诺诺,但内心的积怨越积越深。尤其是当他们走出意大利,到其他行省旅行或办公时,行省的居民往往误把他们当成了罗马公民,从而毕恭毕敬。对此,他们不是受宠若惊,而是愤怒倍增。

他们下意识地感到,天下是意大利同盟国人与罗马人一起打下来的,而且意大利人出的力比罗马人还要多。意大利人和罗马人的差别究竟在哪里?

凭什么罗马人成了人上人,而意大利人依然要看罗马人的眼色行事,过着奴仆一样的生活?凭什么意大利人不能与罗马人一样享有公民权?

其实,此时的意大利各同盟国官员和民众的心态与当年罗马平民对贵族的心态极其相似。只不过当年的罗马平民摇身一变成了今日的公民,而那些商业资本家,有的成了今日罗马的元老,罗马的执政官,而大多则成了权势赫赫的骑士,这些新贵族比起当年的老贵族来,他们的作派,实在是有过之而无不及。

无论是当上元老的新贵族还是已晋升为公民的底层平民,他们的等级观念远远超过当年的老贵族,他们绝不想让更多的人来分享他们通过努力而得到的特权。尤其是那些正在竞选执政官或者正在准备竞选执政官的新贵族们,他们已经形成了自己的竞选网络体系。

如果对意大利各同盟国开放公民权,成倍的新公民进来以后,他们的民选基础将被瞬间冲垮。

对于罗马的这些历史故事以及罗马新贵族的现实心态,同盟国的民众或多或少都有些耳闻,同时这也成了刺激他们进一步走向极端化的重要因素。

此外,如将同盟国民众的现状与当年罗马平民作比较,同盟国民众不难发现,他们今日的待遇,远比当年的罗马平民差。同样是罗马军团的士兵,罗马公民兵与同盟军兵的待遇也完全不同。

在战争期间,罗马公民兵由军事保民官保护,以防军官对他们的欺压,战后,他们可获得相应的战利品。而同盟国兵则一无所有,既无保民官的保护,也无战利品的回报。

而更让各同盟国沮丧的是,早期罗马平民,尽管作为移民来自各方,但他们在罗马形成了同一个群体。他们统一行动,共同对付贵族压迫。此后他们又有了保民官的保护,地位逐步升高,最终反客为主,成功地掌控了政府首脑机关——元老院。

反观同盟国的民众,他们与罗马平民的最大差异在于,各同盟国是相互独立的,他们与罗马签订的协定也各不相同,更没有一个类似保民官的官员来专门保护同盟国人士。

同时,罗马还禁止同盟国之间进行外交互动。罗马元老院很清楚,除非所有的同盟国联合起来共同对付罗马,否则任何一个同盟国,单独挑战罗马都没有丝毫的胜算。只要同盟国一天不团结,意大利同盟国就不可能有出头的一天。

罗马越来越富,罗马官员越来越自信,也越来越目空一切。

但任何事物都有一个极限。物极必反。

当年,平民通过造反得到了他们想要的一切。

同盟国尽管处于不利地位,然而,当他们发现罗马的总兵力远少于各同盟国的总兵力,以及在战争中担任主攻的也常常是同盟国军队时,他们越来越自信,他们的军队素质决不比罗马军队差。

而为罗马效力,对罗马忠诚,却根本无法换取罗马对他们的最起码的尊重。各同盟国开始产生对罗马动武的念头。

也就在此时,罗马的一名保民官李维乌斯似乎闻到了各同盟国中散发出的一些火药味。他感到,如果罗马人继续固执己见,坚持不对意大利各同盟国开放公民权,意大利与罗马之间的战争恐怕难以避免。

一旦意大利与罗马兵戎相向,以目前意大利与罗马的实力相比,意大利与罗马的军队编制与武器装备甚至战略战术,几乎完全一致,他们过去都是彼此熟悉的战友,多少年来,他们都是一起出征,一同浴血奋战。

但目前的问题是,意大利同盟国的部队总数要远多于罗马,只要他们联手对抗罗马,罗马几无胜算。

因此他提出,与其坐等意大利部队兵临城下,还不如主动改革,将同盟国民众全部纳入公民体系,以及吸收同盟国的领导人为元老院元老。

据记载,在公元前 92 年间,李维乌斯奔走于各同盟国之间,并与各同盟国达成了秘密的协定,这协定主要意涵是如果意大利同盟国获得公民权,各同盟国将尽可能给予李维乌斯政治支持。

同时,意大利人为了表示诚意,他们在朱庇特、维斯塔、太阳神索尔等一众建立在罗马的天神前立誓,如果他们能得到公民权,那么他们一定会将罗马视为自己的祖国。

对于李维乌斯的改革方案,平民派强烈反对自不必说,一旦各同盟国的民众全部成为公民,平民派对于贵族派的人数优势将倾刻化为乌有。

而一部分贵族派人士已从中看出一些玄机,如果贵族派能在此事的处理过程中巧妙加以引导,全面接手李维乌斯的这个方案,并与各同盟国达成协议,这个方案完全可以成为一个一箭双雕的计划,既能安全化解各同盟国中日益增长的对抗情绪,又能有效摆脱自第二次布匿战争以来贵族派由于支持者偏少而长期处于劣势的尴尬境地。

但令人无法理解的是,在贵族内部,部分贵族元老竟毫无远见,他们认为,平民派的崛起已让贵族们危如累卵,如再加上如此众多的同盟国民众,贵族将更无立锥之地。他们居然像平民派一样坚决反对将意大利人整体纳入公民圈。

事实上,如果那些贵族派能够转换一下思维方式,至少折中一下李维乌斯的方案,采用分步走的方法,逐步接纳意大利人进入公民圈,这同样可以化解战争,赢得盟友,打破平民派对元老院的垄断。但他们只是一味地考虑自我得失,只是一味地反对。

如此一来,李维乌斯的方案也就失去获得通过的可能性。公元前91年,一群平民派人士突然包围了李维乌斯的家,将其当场刺死。据说,李维乌斯咽气前的最后一句话是:"什么时候罗马能够多一些像我这样的人……"

李维乌斯提案被废以及李维乌斯本人被暗杀,这两件事合在一起,其意向是显而易见的,任何同盟国人士休想得到罗马的公民权,意大利同盟国对于罗马而言,只能永远处于受罗马奴役的从属地位。

意大利同盟国被彻底激怒了。

公元前91年,一些同盟国开始秘密串联,意欲造反的各同盟国很清楚,以一国之力,与罗马单打独斗,那是找死。如果各同盟国能团结起来,共同对付罗马,则罗马必败。

罗马之所以能战胜其他国家,它的优势是,训练有素的士兵、军团混合作战的能力以及灵巧的战术。但这一切，同盟国的将领早就烂熟于心，他们的士兵与罗马士兵的训练是一样的，而他们的军团编制也与罗马军团完全一致，他们感到罗马军团实在没有什么可怕的。更何况，各同盟国如能团结一致，他们的军团人数必将远远超过罗马。

无疑，战胜罗马只是一个时间问题。

这一年，罗马元老院情报系统也已得到一些同盟国在违规串联、准备联合造反的情报。对于迫在眉睫的意大利人起义，元老院只是简单地派了一些情报人员前去核实情况。

显然，罗马元老院并没有认真对待此事，或许他们认为，几个小小的同盟国能翻得起什么大浪。相反他们认为，元老院内部的贵族派才是头号的危险，击垮对立的党派才是头等大事。

在得到相关情报后，平民派立即指责在元老中有人在幕后操纵和煽动意大利人起义。同时，保民官法列乌斯以最快速度提交了一份法案。该法案建议成立专门法庭审理此案。该法案的针对性极强，显然是想借战争之机来进一步清除异己。在平民派的支持下，法案很快通过了。

元老院根据法案的规定，立即组建专门法庭，配备相关人员，展开大规模的专门调查，并鼓励民众告密。

一时之间，贵族派人人自危。

据记载，在罗马与意大利同盟国的战争全面爆发前夕，罗马其他的法庭已全部休庭关闭，唯独这个针对贵族派的法庭依然在高速运转。

面对如此残酷的党争，一些原本只是同情意大利同盟国的罗马精英人士，也真的开始暗中鼓励意大利各同盟国起义。

公元前 91 年末，罗马间谍在阿斯伦库城发现几个城邦正在相互交换人质，其意图是明白无误的，即确保在未来的战争中，各同盟国彼此能够忠于誓约。

执政官塞尔维乌斯获悉此情报后，依然没有将此事当成一件特别重大的事,他以为只要他亲自出面,训斥同盟国的官员几句,或者抓走几个为首闹事的,一切问题就能迎刃而解了。因此,他只带了自己的副官和卫队,直接闯到阿斯伦库城。

自然,塞尔维乌斯此去与送死无异。他和他的副官立即成了同盟国与罗马军队正式开战前的祭品。据记载,当时愤怒的民众不仅杀了执政官,同时将在城内的所有罗马人都杀了。由此,同盟国与罗马的战争正式拉开了序幕。

任何原本可通过协商解决的问题,一旦协商双方彻底翻脸,并以武力相向,那么事情必然会向最极端的方向演变。

意大利同盟国感到既然已与罗马动武,那么不是你死,就是我亡,再也不可能存在平等共存的局面。

公元前 91 年末,意大利同盟国组建了一个能与罗马分庭抗礼的新联邦,他们将科尔芬尼乌姆定为首都,并更名为意大利亚。在各个参加起义的同盟中,选出五百名代表组成元老院,推荐两名将领为执政官,同时规定所有加入联邦的成员都有联邦公民权。此外,意大利同盟还正式发行通用硬币。

有意思的是,在一些硬币上刻有一头公牛用牛角刺入倒地的母狼。这明显隐喻着代表意大利的公牛最终将代表罗马的母狼打倒。

形势演变到了这一幕,罗马元老院才感到事情的严重性,于是紧急调兵遣将,但一些战略重镇依然纷纷沦陷。罗马军队屡战屡败。

执政官尤利乌斯意识到,战争如按此节奏进行下去,用不了多少时间,罗马共和国极有可能就此成为历史。

现在唯一能拯救罗马的是尽快分化、瓦解意大利同盟国之间的关系,允诺那些尚在犹豫中的意大利同盟国,如果他们愿意,他们的公民可全部转为罗马公民。

尤利乌斯告诉元老们,这样的招数,或许现在还管用,罗马如果再输几场战争,到了那时,罗马公民权白送人恐怕也未必有人要。

公元前90年,尤利乌斯向公民大会提交了尤利乌斯法案。该提案建议:"凡至今未公然背叛罗马的意大利盟邦民社,其公民皆享有罗马公民资格。"

此次尝到了战争残酷滋味的罗马民众,再也无人提出任何反对意见。公民大会立即通过了该提案,并成为正式法律。

此法案一公布,一些原本属于观望的同盟国,尽管他们同样对罗马拒绝给予公民权的做法极度不满,极度怨恨,他们之所以还在犹豫观望,关键在于他们无法确定同盟国是否真能赢得这场战争。他们不想打到最后一无所获,落得个赔了夫人又折兵的结局,不仅得不到公民权,反而死伤惨重,甚至还可能遭受罗马更严厉的处罚。

现在罗马愿意无条件开放公民权,他们自然愿将自身作为砝码投向罗马方面。

部分同盟国的转向使罗马的军事实力迅速得到增强,整个战场形势也由此得到扭转。

到了公元前89年,罗马元老院进一步颁布法令:凡在六十天内放下武器,并向罗马行政长官登记注册的意大利人,均可获取罗马公民权。

随着这一新法案的颁布,又有相当一部分同盟国人士退出战场。如此一来,同盟国败局已定。事实上,该法令的颁布也意味着战争接近尾声。

到了公元前88年,一场轰轰烈烈的同盟国战争划上了句号。

这场历时三年的战争,从表面观察,罗马似乎赢得了战争的胜利。但事实上,真正的赢家是各同盟国,两个世纪之前,平民通过和平抗争,最终得到了公民权。而各同盟国通过武力,得到了同样的结果。但这个结果给罗马带来的体制内伤是极其严重的。

如果罗马元老院的元老们不是那么自私,能对意大利同盟国问题从长计议,采用李维乌斯的改革方案,即便罗马的党派之争依然持续下去,但至少意大利人还会把罗马当成自己的祖国,并发自内心地去维护罗马的整体利益。

如果元老们实在无法接受一下子增加如此多的新公民,也可退而求其次,以理性的方法来处理意大利人的公民权问题。诸如:既不彻底关闭意大利人成为罗马公民的大门,也不一下子无条件全面开放。譬如先对那些有过军功的将士开放,这样就可立即化解军人对罗马的敌意。其次可向那些对罗马表示善意的人士开放,这样的开放至少能起到引导同盟国民众成为罗马公民后快速融入罗马社会,并在同盟国内部形成一种阶梯状态,这种阶梯状态意味着,每个市民只要通过自身努力,都能逐步晋升为罗马公民。

但罗马元老院的做法正好相反,要么全面禁止,要么全面开放。更糟糕的是,元老院的这种全面开放是在同盟国兵临城下的无奈之举,而意大利的民众则是带着怨恨进入罗马公民圈的。这样的怨恨决不会因成为公民而轻易消失。

事实上,这样的怨恨很快就成了他们参与平民派与贵族派内斗的动力。有学者认为,这就使罗马本已复杂的矛盾变得更为复杂,本已尖锐的斗争变得更加尖锐。党派斗争则变得更加凶狠,更加血腥。也有学者认为,罗马同盟国战争之后,罗马共和国开始进入死亡程序。

第3章/病入膏肓

　　马略夺权,第一次对象是他的恩人,第二次则是原部下苏拉。

　　夺权对象不同,方式却是一样的,都以平民的名义。

　　但苏拉不是梅特鲁斯。

　　苏拉以武力将属于自己的权力夺了回来。

　　一个来回,只是小试锋芒。

　　夺回权力的苏拉离开罗马去履职了。

　　马略再回罗马,可他回来是报复,是杀戮。

　　报复永远是双向的,苏拉再次杀回罗马,以血还血,但也由此引出了苏拉改革。

权力的诱惑

　　公元前88年,同盟国战争结束了,元老院还来不及处理所有同盟国成员成为罗马公民后所带来的各种问题,即下达了一条新命令:组建部队抗击本都国王米特拉达梯六世的入侵。对于元老院来说,越快解决米特拉达梯问题越好。这不是一场简单的入侵,而是一场里应外合、共同对付罗马的战斗。

　　本都王国位于小亚细亚,北临黑海,它的一大部分土地与现今的土耳东北部相重叠。前面已介绍过,亚历山大

米特拉达梯六世

去世后，马其顿帝国分裂成三个王国，即安提柯（马其顿）王国、托勒密王国以及塞琉古王国，位于马其顿地区的安提柯国王部将之子米特拉达梯趁乱建立了本都王国。

本都王国从立国起到苏拉时代已有二百多年的历史，现任国王米特拉达梯六世十岁时，本应继位登基，但王位被母夺走。

据传说，米特拉达梯为躲避邪恶母亲的追杀逃进森林，七年之后，米特拉达梯带了一支部队杀进王宫，夺回了王位，其母亲以及兄弟姐妹全部被杀。

米特拉达梯六世在成功复仇的同时，也看到罗马亚洲行省民众对罗马的愤怒以及对罗马复仇的渴望。

罗马各行省自实行税制以来，包税商为了盈利最大化，不惜敲骨吸髓，无恶不作。行省民众对罗马人统治恨之入骨，但又无可奈何。米特拉达梯感到这其中存在着极大的机会，关键是如何把握这样的机会。

米特拉达梯上台后即开始全面备战，等待时机。

公元前91年，罗马国内发生大规模的同盟国战争。米特拉达梯感到机不可失，他立即率领三十万精兵侵入罗马的亚洲行省。

米特拉达梯的判断相当正确，当地民众将米特拉达梯的部队视作救苦救难的解放军，他们主动配合米特拉达梯军队，采用各种方式杀死居住在那里的罗马人和意大利人。

据记载，在米特拉达梯的号召下，仅仅一个晚上，在希腊地区，被杀死的罗马人和意大利人多达八万。

罗马感到震惊，元老院感到恐慌。

元老们极其担心，此类事如若在其他行省形成连锁反应，后果将不堪设想。

这一年年底，苏拉成功当选为下一年度的执政官，根据元老院的安排，苏拉上任后应即刻率兵攻打本都王国，全面击垮米特拉达梯的部队，以除后患。

但就在苏拉准备率兵远征的时候，谁也没想到老将马略竟会再次出来搅局。与当年朱古达战争时一样,马略认为自己才是最合适的将领,于是采用各种卑劣的方式,一脚将梅特鲁斯踢开。

此次,马略旧戏重演。

然而,让元老们感到费解的是,究竟是什么原因促使马略不顾一切地再次夺权?

该年,马略已经七十岁,在那个年代,这一岁数已属高龄,当时的平均年龄是四十多岁。据说,在同盟国战争期间,马略的体态已显肥胖,他骑在战马上,已相当不自如。有一次,马略部队被围,对方阵营中一名叫巴布留斯的将军知道马略已年老,体质也大不如前。他故意向马略叫阵道:"马略,如果你真是一位伟大的将领,那么就放马过来与我决一死战。"马略则回答说:"如果你能说动我出来与你决战,那么你就是一位伟大的将领。"

在同盟国战争之前,马略已多年不过问罗马的政治,也不参与元老院的任何会议。

公元前100年,马略从执政官官位上退下来之后,立即找了个借口,离开了罗马的中心区域。据说他在远离罗马城的那不勒斯海边,建造了一座相当大的别墅,常年在那里消磨时光。

按理说,已属老年的马略,在国家危难时刻应征入伍,为国分忧,这可以理解。但国难已过,再硬要争夺指挥权就有点令人匪夷所思了。

普鲁塔克认为:马略喜爱荣誉和渴望名声已到疯狂的程度。虽然已到了知天命的年龄,身体也日益衰老,但脑子里仍然充满着抱负与幻想。

但也有分析认为,此次马略出来搅局,既为了权力,但更多的则是试图消除近年来社会各阶层对其的不良印象。

公元前105年年底,努米底亚战事结束之后,马略的声望在平民中如日中天。平民派以日尔曼入侵为由,强行选举马略为执政官。

这一做法是史无前例的,且明显违反共和国选举执政官的法则。按选举法,任何人出任过一任执政官之后,必须经过相当的年份才可再次竞选。如果战事需要,元老院会以资深执政官的名义,让前任执政官出任军队指挥官,这也是共和国建立以来的一种惯例。

但马略私下与保民官萨图宁串通约定,由萨图宁出面强行突破明文规定的选举法则,而马略则保证支持萨图宁提出的一切法案。

两人一拍即合,他们在此后的选举和其他各类事务中大演双簧戏。

萨图宁在选举演讲中公开声称:大家必须选马略为执政官,当前国家正处于危险时刻,如果马略放弃指挥军队的职责,就要称他为"卖国贼"。而马略则装模作样地表示不能破坏制度。

这种双簧戏一直演到公元前 100 年,这一年,马略已第六次当选执政官,刷新了罗马执政官任期的历史。

也就在这一年,那些在公元前 107 年响应马略号召入伍的无产者士兵面临退伍。他们等待着马略实现当初的承诺,即在退伍时可获一份养老土地。

在马略的授意下,萨图宁提出了授予退伍老兵土地的法案,该法案规定:凡是在马略军中服役七年的老兵都可从国家获得一百犹格赠地,即四百亩地。

这个数量是惊人的。

在古代中国,如拥有四百亩土地,绝对称得上是大地主了。

当年提比略·格拉古的土改方案是给每户无地农民三十犹格,此后,盖约·格拉古的海外殖民方案虽比其兄长多了不少,但每户也仅五十犹格。无论是提比略·格拉古还是小格拉古,他们的方案都是一次性的。但此次法案显然不同,如果批准这一法案,今后的退伍老兵将怎么办?是否也参照这一法案办理,如要参照,土地又从哪里来?一切都是问题。

此外,当年入伍的新兵中,还不仅仅是罗马公民,其中还有一些拉丁公民和意大利公民,如果这些人也得到了土地,这事实上等于让非罗马公民来分享罗马公民的蛋糕,这又会影响罗马公民的权益。

元老们一致抵制这一法案。

但萨图宁又通过了一个规定所有元老必须宣誓无条件执行"分配退

伍老兵土地法案"的法案。

马略当即表示,他绝不会为此而发誓,并称任何有见识的人,都不会这样做。于是,所有元老相约共同抵制该法案,决不宣誓。

可谁也没想到,到了宣誓指定日,马略的态度来了一百八十度大转弯。马略称:过去他在元老院所说的话完全是一片好意,大家不必理会他那时的主张;同样,他自己绝不墨守成规,对于如此重要的事情,他不会抱先入为主的看法,他将遵守法律,按法律规定进行宣誓。

于是,马略第一个进行宣誓。众元老面面相觑。

天下竟有如此无耻之徒,翻手为云,覆手为雨。

但元老们又畏惧法律制裁,只能一个接一个登台宣誓。

事后,他们了解到马略颠三倒四的真正的目的是要借此机会来除掉他的老上司梅特鲁斯,他知道梅特鲁斯性格耿直,一旦决定,决不会随大流。

果然,整个元老院除了梅特鲁斯之外全部登台宣誓。也有人劝梅特鲁斯好汉不吃眼前亏。可梅德鲁斯所秉持的人生信条是:"武德以诚信为本"。他表示,这类卑鄙苟且之事,哪怕刀斧加身也决不相从。

马略见梅特鲁斯已进入了自己设的套,他立即下令,禁止梅特鲁斯住在自己的住房内,以及不可洗澡、不可生火取暖等等。马略的这种做法,实际上就是要将梅特鲁斯流放到国外去。而一些暴民似乎还嫌此处罚不够,他们准备立即将梅特鲁斯杀死。

此时,一些敬佩梅特鲁斯为人的公民,对马略这种做法实在忍无可忍,他们自发组成人墙,围在梅特鲁斯住宅外面,防止暴民闯入其中谋害梅特鲁斯。梅特鲁斯看到罗马已变得毫无秩序可言,或许是为了息事宁人,他主动离开了罗马,自我流放。

萨图宁在马略的支持下,胆子越来越大。该年保民官竞选,他竟然指使人将竞选对手杀害。此事一经披露,舆论哗然。

元老们本来已对萨图宁恨得牙痒痒,自然不会放过此次机会,立即发布了"关于保卫共和国元老院的命令",即国家进入紧急状态,并令执政官马略对萨图宁采取一切必要的措施,恢复国家的正常秩序。

这种命令形式是因小格拉古事件创制的,事实上是授权执政官采用一切非常规的暴力手段来对付国内动乱。

这个命令下达后,马略立即陷入了极其尴尬的境地,萨图宁是其战略盟友,没有萨图宁的支持,马略不可能有今日的地位,元老院让马略去处置萨图宁,无疑是让马略挥刀自宫。

但马略又没有其他可选择的余地,萨图宁及其党羽所做的恶事早已人神共愤,而最关键的是,元老院已抓住萨图宁指使党羽杀人事件的把柄,如果马略对元老院的命令无动于衷,事实上,他等于选择了公开造反,这样做,恐怕马略想都不曾想过。

然而,如果执行元老院的命令,那么他的行动也就标志着他与平民派的彻底决裂。马略必须选择一种方案,没有中间道路可走。马略最后的选择是服从元老院的命令。

萨图宁在得知元老院发布"关于保卫共和国元老院的命令"的消息后,知道情况不妙,立即组织大批支持者带着武器登上了平民派的"圣山"——卡匹托尔山。

马略立即指挥部队将卡匹托尔山团团围住,并切断水源,令萨图宁缴械投降,同时保证不会伤害他们。

萨图宁与马略已合作多年,自然相信马略会采取措施保护他们。因此马略兵不血刃,即将萨图宁等人抓捕归案。

对于这些人犯,马略确实网开一面,他并未像正常的做法那样,抓捕后立即投入大牢,而是将他们全部关在元老院内等候传讯。

但这批人平时过于无法无天,早已激起民愤,如果他们是被正常关进监狱,民众倒也拿他们没什么办法。

此次,由于马略的特别照顾,关押他们的地点只是元老院的普通房间。于是民众爬上房屋,掀掉屋顶,并用屋顶瓦片砸向萨图宁及其党羽。萨图宁及其党羽就这样全部死了。

马略向元老院提交了一份出色的答卷,却成了罗马城中最不受欢迎的人物。在平民派的眼中,马略是叛徒。而在贵族派的眼中,马略则是一个十足的小人。

萨图宁死后,元老们做的第一件事就是废除萨图宁制定的退伍士兵可获赠土地的法案,称此法案存在缺陷,是通过暴力才得以通过的。

同时,元老院还准备将梅特鲁斯请回罗马,对此马略极力反对,但元老院还是通过了表决。在元老们看来,梅特鲁斯能否返回罗马,也是衡量元老院是否能战胜平民派、摆脱平民派控制的重要标志。

元老院的一系列做法,已让马略颜面扫地、尊严尽失。

马略实在不想看到梅特鲁斯像英雄一样荣归故里。他找了一个借口,离开了罗马,从此淡出公众的视野。

如前所述,同盟国战争开始后,马略重新披挂上阵,想以辉煌的战绩来唤起民众对他早年英雄形象的记忆,但此举基本失败了。在此次战争中,马略的战绩远不如苏拉,虽未有败绩,但也没有什么值得称道的胜战记录。马略实在不甘心在众人不屑的眼光中老去。他想找回自己的尊严,但他认为他的能量只有在战场中才能体现。

也许制造共和国的混乱并非马略初衷,马略要的只是罗马至高无上的权力以及万人景仰的名声。

为了权力与名声,他可以付出一切,无中生有,恶意中伤,出卖恩师,也可以与士兵同甘共苦,设计新的军队构架等等,好的坏的,只要有利于获取权力与名声,他什么都敢做。但有一点则是决无可能的,即马略试图通过破坏共和国制度来让自己成为一个独裁者,一个罗马王。

然而,历史的发展从来不会随着人的意志而转移。或许这才是马略真正的可悲之处,也是罗马共和国的可悲之处。马略对权力与名声无限制的追求,最终将罗马共和国拖入内战的泥潭,并使共和国万劫不复。

此次,元老院下令远征本都王国,马略认为,这是他再次建功立业、博取名声、找回尊严的最佳机会。第一,与亚洲那些王国作战,要远比同盟国作战更轻松,与同盟国作战,那些战争对象,原本都是同一个战壕内的兄弟,彼此都熟悉对方的战争套路。据说,马略在同盟国战争中的所谓胜利,大多还是靠他往日的名声。当对方听说来的是马略,大多不战而退,并非凭真实力。而亚洲那些小王国的军事素质显然要差好多。第二,亚洲那些小王国往往比较富裕。一旦战胜,战利品必然不少。因此,对于马略来说,获得此次战争的指挥权,是名利双收的好事。

马略决心采用一切手段来抢到此次远征的指挥权。

马略故技重演,他再次与保民官卢福斯勾结。

据普鲁塔克记载:卢福斯坏事做绝、无人能及,个性不仅卑鄙、贪婪,而且残酷。他把罗马的公民权公开发售给奴隶和外国人,在罗马广场公设柜台。而他的改革则更加激进,为了实施自己的改革方案,他指使暴民进行挑衅,杀害政敌。

现在有马略的支持,卢福斯自然高兴。

马略承诺支持卢福斯的法案,该法案规定同盟国战争后成为罗马新公民的全体人员分别加入三十五个老公民部落投票。罗马平民夺权成功后,罗马的投票单位从三个变成了三十五个。罗马选举制度规定,每一部落是一个选票单位,如果按卢福斯法案的做法,将新公民按比例插入各部落,由于新公民人数远远多于老公民,因此新公民的意见将成为决定性意见,而老公民的权力将丧失殆尽,因此所有老公民极力反对这一法案。也正因如此,马略的支持就显得尤为重要。

尽管马略在社会各阶层的名声已远不如早年,但他依然可以动员两部分力量,一是他的老兵,这些老兵本身就是罗马城内的流氓无产者,他们自然愿意跟随马略去攻打一个小王国,或者更确切地说,是去抢劫这个国家,这是他们梦寐以求的事;二是处于中间层的商人,他们并不信任马略的为人,但这与获利无关,他们认为马略打仗是把好手,他上去至少能速战速决,让战场以最快的速度成为商场。

而卢福斯对马略的回报则是在法案中加上由马略替代苏拉出任远征军总司令一职。因此,马略与卢福斯两人各取所需。

这是一个极其荒唐的提案,苏拉是该年度的执政官,由执政官领衔远征军司令是共和国成立后制定的规则。这样的提案显而易见是非法的,但此时的共和国已无所谓非法与合法。强权就是合法。

马略有退伍老兵和部分现役士兵的拥护,而卢福斯同样拥有一支三千人的武装部队以及六百人的贴身保镖。当这两支武装力量合流,一切政府的行为准则都成了儿戏。

元老院试图否决卢福斯的法案,这两支武装力量立即行动起来,他们杀死了部分公开持反对意见者,据说当时苏拉无处躲藏,只能逃进马略的住宅。好在此时马略还是想通过半合法半非法的手段来获得远征军司令一职,因此,苏拉总算保住了一条性命。

平民大会在真、假部队的共同威胁之下,很快就通过了卢福斯法案。

马略再次成功夺得远征军司令官一职,苏拉成了第二个梅特鲁斯。

最后的疯狂

马略再次成为远征本都王国的司令长官,但苏拉不是梅特鲁斯,苏拉绝不甘心成为马略野心的牺牲品。苏拉逃离罗马回到军营后,决心放手一搏。

苏拉认为共和国既然已经变得毫无理性,毫无法制,并以暴力和强权来代替公理,这与强盗拿把刀顶住商店营业员,同时命令其把钱柜内的钱全部放进强盗的包里又有何区别,总不能说,这是营业员自己将钱放到强盗包里的,所以强盗得到钱也是合法的?

作为执政官,面对马略等人明火执仗地控制选情,他又凭什么要遵守这种违反共和国宪法的决定?

但苏拉同样清楚,不管马略通过怎么样的阴谋手段得到了远征军司令一职,这种暴力恐怖下通过的所谓法律,事实上表明共和国宪政已被彻底摧毁。

但从程序上看,马略确实是通过平民大会得到了授权,这似乎又变成了合法的。更重要的是,平民百姓既理解不了这中间的内在逻辑,也不会思考其中所存在的深层次问题。

现在的情况是秀才遇到兵,有理也讲不清。

苏拉感到,他唯一的出路就是以其人之道还治其人之身。

退伍老兵以及罗马城内的现役军人之所以力挺马略,最关键原因是马略向他们承诺,只要他当上远征军司令,他将让他们跟随他去远征,确切地说,是跟随他去抢劫。能到一个富裕的东方国家去抢劫,这才是他们支持马略的真正内因。

苏拉的士兵与马略的士兵在这一方面的欲望并无差异,然而,如果马略的士兵去远征,苏拉的士兵就只能留在国内,这是必然的二选一。但这也是苏拉的翻盘机会。

苏拉立即召集全军大会,他向全军叙述了他在罗马的遭遇,并告诉他们,如果马略出任远征军司令,现在这支部队的远征使命将被取消,跟随马略远征的将是那些退伍老兵以及原属马略指挥的部队。

其实,这才是苏拉此次讲述的要点。

还未等苏拉讲完,全体士兵已怒火冲天。他们知道苏拉带回的消息意味着他们将失去一次极佳的抢劫发财机会,这或许是他们人生中唯一的一次机会。他们争先恐后地叫嚣,要为他们的司令官复仇。他们恳求苏拉带领他们打回罗马,夺回远征本都王国的指挥权。

士兵们的怒火与恳求,正是苏拉期待的。他微笑着承诺一定带领他们返回罗马,夺回远征指挥权。

但此支部队的军官们都出身于富裕家庭,想法自然也与士兵不同,他们考虑更多的是所谓的合法性问题而不是抢劫。结果全体军官中只有一人愿意与苏拉一同前往罗马。

而在此时,平民派的两名保民官奉马略之名前来接管部队。这两名不幸的保民官来得实在不是时候。全军士兵一肚子的怒火正没处发泄,偏偏遇上这两名前来夺权的保民官,于是两人当即被砍得血肉模糊。

苏拉率领的这支大军总共有六个兵团,人数大约有三万五千左右,在苏拉的指挥下,大部队迅速推进到罗马城脚下,但在台伯河桥、科林门和埃斯奎林门前,大部队突然停了下来。作为罗马公民,他们很清楚元老院的规定,任何罗马军队只要越过台伯河桥或者罗马城的任何一道城门,这支军队就属叛乱。他们开始犹豫,感到紧张,毕竟自罗马共和国建立以来,还没有一支部队以作战形式进入过罗马城。

此时苏拉心中更是明白,部队已到城脚之下,此时此刻,任何的犹豫都将带来灾难性的后果。

他立即命令部队直冲而入。

罗马人遭罗马军队的攻打,这还真是开天辟地第一遭。

一路上,一些平民爬上道路两旁的屋顶,向部队扔石块与瓦片,造成了部队不小的伤亡。苏拉一怒之下,下令火烧那些房屋。而闻讯赶来的马略,也立即指挥城内的退伍老兵以及护城部队严防死守,但这些临时拼凑的杂牌军终究无法和能征惯战的苏拉部队相匹敌。

马略的部队很快就开始溃退。看到情况不妙,马略立即呼吁奴隶们拿起武器,他承诺,如果奴隶能响应他的号召,在战争胜利后,他们都将成为罗马公民。

但对于马略的呼吁,几乎无人回应。

久经沙场的马略很快明白了,这仗如此打下去已毫无胜算,他乘罗马城尚未被全面包围时悄悄地退出战场,独自走了。而保民官卢福斯及其党羽毕竟不是职业军人,不像马略那样能及时准确地判断战场形势,并及时撤离战场,结果被苏拉部队一网打尽,全部成为俘虏。

苏拉大部队很快就全面控制了整个罗马城,苏拉下令将保民官卢福斯及十一名主要党羽全部就地正法。

从表面看,此次苏拉进军罗马的所有目的全部达到,马略已成被人追杀的过街老鼠,据说他东躲西藏,最后逃到了非洲。而提议夺苏拉兵权的始作俑者卢福斯也已被正法。苏拉继续领兵在法理上已无任何障碍。

但苏拉不是元老院内的那帮庸才,对于反对派的阴谋与阳谋,要么猛打猛杀,要么无所作为、顺其自然。

近几十年来,罗马共和国周期性的动乱给苏拉留下特别深的印象。苏拉认为,罗马共和国之所以会乱成一团,关键是元老院对共和国宪政中存在的明显漏洞熟视无睹,以至于元老院的行政行为越来越被动。

罗马动乱的重要根源是保民官一职的权力边界始终不清晰。从形式上讲,保民官只有法案创制权而无立法权,也就是说,保民官只有建议权而无决定权,一切决定权均在公民大会。

然而,一旦保民官成功操纵了公民大会,保民官手中的创制权就成了立法权。从格拉古兄弟到萨特宁再到卢福斯,无一不是通过这种方式来达到自己的目的。这种模式一旦确立,那么保民官就可以无所不能,他既可以通过立法来建立一切,也可通过立法来否定一切,破坏一切,整个社会的秩序可以在瞬间被破坏殆尽。而现有的公民大会又是极易被人操纵的。

罗马公民大会决议名义上是全体公民决策的结果,但事实上,它只是少数人的产物,绝大多数公民根本不可能为投一次票从罗马的各个区域以及各行省赶到罗马城来。罗马公民大会的投票表决,早就成了罗马城内少数人的专利,那些为数众多、整天游荡在街头的流氓无产者则成了投票的主角。因此保民官只要控制住这批人，也就控制住大部分的选票，进而控制住罗马的命运。

对于这些问题，苏拉认为必须采取断然措施，从根本上加以解决。

苏拉的策略包括两个方面，一是巩固根本，苏拉从自己的拥护者中挑选了一些人，将元老院的人数补满为三百人。二是国家的一切事务必须经过元老院的讨论，凡未经过元老院批准的事，一律不得交付公民大会表决。

苏拉认为，让一个毫无社会实践经验的群体，以极为仓促的方式判断和决定一个涉及全体国民的重大事项是不负责任的行为。元老院是一个集体决策机构，每一个元老都是从第一线退下来的精英，他们既有智慧又有实践的经验，任何一个工作预案，在提付表决之前，都有必要经过这样的集体讨论与研究，并加以完善。而保民官提出的任何法案，必须经过森都里亚大会表决后才可生效，即恢复当年塞维乌斯改革所形成的百人团投票制。这事实上取消了平民大会决定一切的做法。

苏拉在堵住了宪制上的重大漏洞之后，他感到必须带兵远征了。他很清楚，士兵们跟他来罗马对抗马略，名义上是为他复仇，实际上还是为了能确保此次远征。如果迟迟没有这方面的行动，说不准这些士兵还会闹出什么新花样来。

更何况，在亚洲方面，传来的不利于罗马的信息越来越多，这同样也必须亲征才能加以了断。

然而此时已接近年底，在临走之前，他必须确定下一年度的执政官人选，以防再次后院起火。

此次大选，对于苏拉是相当重要的，从表面上观察，现在的罗马已相当平静，没人敢对苏拉的新政说三道四，但苏拉心知肚明，这种平静同样是高压之下的平静。一旦压力减去，还真不知会闹出什么事情。

当然,如果两名新执政官都是苏拉自己的人,那么,新政维持下去的可能性就要大很多。可苏拉又不愿为确保新执政官是自己人而破坏宪政。他认为如果自己这样做,那他与胡作非为的保民官和暴民串通一气争权也没有多大的区别了。

客观地讲,苏拉的理想很不错,但很多时候,理想如若不能与现实相结合,带来的只能是更多的麻烦,甚至是灾难。

大选之前,苏拉全面动员,所有的士兵自然全部上阵,不过,苏拉大选的底线是用士兵,而决不用恐怖手段,更不准使用武力,所有士兵只能作为一般公民身份参与选举。

这是一次相当规范的选举,可也是一次令苏拉大失所望的选举。

此次当选的两名新执政官中没有一个是苏拉希望的人选。两名执政官中的一名是位著名的法学家屋大维,他毫无从政经验。他是个极端的保守派,喜欢从理论角度来思考问题,他认为苏拉新政有些随心所欲,是乱立法规。另一位当选者秦纳则是位典型的平民派。

对于这样的选举结果,苏拉自然极不满意。不过,作为理想主义者的苏拉,他还是表示遵从一切公民自由选举的结果。他只是要求两名新当选的执政官宣誓在执政期间决不违背新宪法。

对此要求,两名新任执政官自然不敢懈怠,唯恐苏拉一怒之下,撤除他们的执政官职务。据说秦纳在宣誓时捡起一块石头远远地抛了出去,他随后说,如果不遵守对苏拉的承诺,就让他像这块石头一样被罗马扔出去。

苏拉放心了,不久即带领部队离开了罗马。

然而,秦纳的誓言就像他扔出去的那块石头,只是扔了出去,扔给了苏拉,而不是作为承诺,长留于心。

公元前87年,秦纳公开推翻苏拉的新宪政,他召集公民大会,将新公民插入三十五个部落选举法案作为有效法案,并且大赦被苏拉定性为人民公敌的所有人员。这一举措,事实上是要让苏拉过去所做的一切全部清零。

对于秦纳的反攻倒算,执政官屋大维立即组织力量反击,结果表决场所成了战场,罗马的老公民在屋大维的领导下成了一派,而从意大利各地赶来的新公民在秦纳的领导下成了另一派,两派大打出手,最终秦纳落荒而逃。

如果在当时,元老院以及屋大维加紧行动,立即全方位通缉秦纳,此后的混乱也就能避免了。

遗憾的是,屋大维并不是一个能干的领袖人物,在最关键的时刻,他以为自己已赢得大局,现在的关键是恢复正常的法律秩序。

在屋大维的眼里,法律秩序是一切的根本,他将所有的精力都放到了增补一名执政官的工作上。而元老院仅仅宣布秦纳的行为为非法,并剥夺了秦纳的执政官职务。

历史就是这样,有太多的巧合与偶然组成。某个关键人物突然出了个昏招,某个关键人物死了,一切也就变了。

秦纳幸运的是,他的对手只是个书生。

屋大维的书生意气正好给秦纳有了喘息的机会。

秦纳一口气逃到了坎帕尼亚,该地驻军以新公民为主,秦纳逃进了那个军团后,即告诉军团的官兵,他为了争取新公民的权益,才落得如此下场,他希望该军团能服从他的号令,打回罗马,申张正义。

该军团的官兵极其同情秦纳的遭遇,他们认为秦纳是为了他们的利益才遭受不公正对待,这既是对秦纳的不公正,同样也是对所有新公民的不公正。他们立即表示将效忠于秦纳,并愿意追随秦纳返回罗马,攻打罗马城。

为确保胜利,这一军团的官兵开始联络其他地区的新公民军团,让这些军团与他们一起同步合围罗马。

而此时躲在非洲的马略,在获悉罗马的相关情况之后,感到新的机会又来了,他立即组织了几千人马,与秦纳会师。

　　按道理讲,此时的罗马元老院及执政官都应高度警惕起来,但罗马元老院并未因人数增加而效率翻倍,他们的反应极为迟钝,一切按步就班,只是当秦纳与马略大军临近时才慌了手脚。

　　而执政官屋大维不懂军事,却偏偏抓住军权不放。到了最危急的时刻,依然按法律条文办事,决不允许通过释放奴隶来补充兵源。

　　罗马城内毫无章法的管理最终使元老院错过了抗击秦纳与马略联军的最佳时机。罗马城不久即被秦纳、马略联军团团包围。元老院稍作抵抗之后,就感到力不从心,军心民心已彻底涣散,根本无法形成对抗的合力。于是元老院派使者向秦纳表示,只要秦纳同意不滥杀,即可无条件投降。秦纳表示不成问题,但不作宣誓。

　　元老院忘记了苏拉的遭遇。

　　秦纳的宣誓都可以是虚假的,更不要说不同意宣誓了,不同意宣誓其实就意味着要大开杀戒。但元老院一心只求太平,没做多想就打开了城门。

　　秦纳与马略进城第一件事就是杀人报复。

　　执政官屋大维是个倔犟的人,对秦纳、马略会杀人报复,他早就有预感,他曾表示宁死也不会对法外之人作丝毫的让步。因此,当得知秦纳部队进城时,他穿了一件干净的执政官官服,坐在执政官的象牙座椅上,等待秦纳派人来杀。

　　果不其然,大屠杀以杀屋大维作为开场锣鼓。此后,大屠杀进行了五天五夜,而对那些已经逃出罗马城的仇家,大追捕时间更是长达数月之久。在共和国各地,到处都是追捕者,没有一个地方是安全的。

　　据记载,马略进城时,专门挑选一些性格残暴的人组成他的卫队。有一次,担任过法务官的元老安查流斯前来见他,因为马略对安查流斯没有还礼,马略的卫士立即上前将安查流斯杀死。从此以后,任何人在任何地方向马略致意,只要马略没有回话或还礼,这就等于是格杀勿论的信号。

马略的这种嗜血报复行为是如此强烈,甚至连秦纳都感到有一些害怕。任何人只要引起马略的怀疑就难逃被杀的命运。

街头到处都是残缺不全的尸体。

马略下令,不许将这些人埋葬。久而久之,城内居民对一切灾难、一切残暴都变得麻木不仁,出门即使踩踏那些无头尸体也会无动于衷。

在这样一种充满恐怖的大格局下,马略卫队的行为也完全失去了控制,他们不再仅仅只按指令进行有目的的报复,而是随意屠杀、入室抢劫并强奸妇女,他们的所做所为与攻入一个异邦城市已无多大区别。

据说,秦纳对此感到大为惊恐,只能秘密派兵包围该座军营,并将这批人杀得一个不留。

秦纳与马略一方面尽情报复,一方面又要想方设法将自己的行为合法化,公元前86年,秦纳与马略双双当选该年度执政官。这是马略第七次当上执政官。

马略满意了,他担任执政官的次数超过了他所有的前任。然而好景不长,不久,马略就得到消息,苏拉已结束米特拉达梯的战事,正在返回罗马的途中。

马略大为恐惧。

在此之前,他与屋大维的战争中,他根本没有考虑过是否能赢的问题,因为对方是个学者而不是军人,更何况他带领的都是一帮乌合之众。但苏拉不同,他带领的是精锐之师,在苏拉面前,他是败军之将,他永远无法忘记那次痛苦的出逃,天天都处于被杀的恐惧之中,东躲西藏,却没人敢接纳他。

普鲁塔克在马略传记中这样描写他那时的生活状态:

他最怕无法成眠的夜晚,只有借酒浇愁,才能忘掉一切进入梦

乡,就他的年龄来说等于是饮鸩止渴。最后,从海上传来信息说,苏拉
的到达已成定局,他的忧虑急剧升到无法忍受的程度,对未来的畏惧
以及目前的负担,令他衰弱的身体得了一种肠炎。

在马略最后的一些日子里,他告诉他的朋友:他不想做一个瞻前顾后
的人,更不可能一切都听任命运的安排,他与这些一直追随他的人作别,
卧病在床七天,然后才逝世。

以血还血

马略死了,苏拉却并没有回来,一切都只是谣传。马略死得有些冤。

但不管怎样,对罗马城内的人来说,总是一件好事。随着马略的死,疯
狂的报复也由此停了下来,没完没了的报复毕竟不是管理的正道,这样持
续下去,必然人心向背,这才是秦纳最为担心的事。

马略死后,秦纳不再通过选举来确定同僚执政官,他直接指定一人成
为自己的同僚执政官。这样一来,他事实上成了独裁者。而元老院则纯粹
沦为他的工具,一切都得按照他的意志行事。

元老们当然明白,秦纳让他们活着已是最大的开恩了,法理是没法与
刀剑论理的。要继续活下去,听命就是最大的真理。

秦纳自然也清楚元老们的想法,他要的就是这种想法和氛围,只要元
老们将这种想法保持下去,他们就不会有任何麻烦。当然,秦纳现在要的
是稳定,他也不想再去找任何人的麻烦。

但苏拉大军不是元老院,光靠恐吓是不起任何作用的。

可秦纳同样也不是马略,马略是个战场上的英雄,在政治场上则纯属
弱智。秦纳正好相反,他不是领兵打仗的高手,也不是治国能人,但他会玩
政治阴谋。在坎帕尼亚的军营里,他已小试牛刀,他再次告诉新公民,自己
是新公民的代言人,而对于老公民,他则竭尽所能地进行恐吓,但这种恐

吓,不是让老公民害怕他秦纳本人,而是让他们害怕苏拉,他不断提醒老公民,如果苏拉回来,一场新的大清洗在所难免。

秦纳的意思很清楚,放在老公民面前有两条路,一条路是选择秦纳,选择秦纳就是选择平安,任何人只要安分,他的恐怖政策就是过去式。另一条路则是选择苏拉,选择苏拉就是选择大清洗,谁又能保证自己不是被清洗的对象呢?

老公民不喜欢秦纳,但同样也不喜欢苏拉,他们不会忘记上次苏拉攻打罗马时,火烧民房的情景。尽管秦纳进城时的大屠杀要远比苏拉严重,但这一切都已过去,死者亦矣。但苏拉回来,则是重新开局。

老公民对未来的恐惧远胜于对历史的回忆。

在秦纳的游说下,罗马城内的新老公民居然建立了反苏拉统一联盟。

苏拉在海外作战时,收到元老院的唯一信息是,元老院再次下令,剥夺苏拉远征军总司令一职以及有关他本人的一切法律保障,此命令最浅白的意思就是,从此之后,苏拉在部队中发布的一切命令均为非法,无论是谁杀死了苏拉都属无罪。

此外,元老院还派执政官芬布里亚率两个军团前去接管米特拉达梯战事。

无论是元老院的命令还是秦纳的小动作,这一切都让苏拉的行动变得极为困难。元老院的这道命令一下来,苏拉部队的作战即刻成了非法行动,粮草供应以及其他一切后勤保障也都成了大问题。

这无疑是釜底抽薪。

但苏拉很清楚,他没退路。如草率停止在东方的战斗,立即返师回击罗马,那情况将更糟。士兵们绝对无法接受经过如此激烈的抗争,长途跋涉来到东方,最终却是一场空喜欢。如硬要这样处理,其结果很可能就是直接引起兵变。

苏拉再次极其明智地将其目前的困境告诉了全体官兵,希望他们能克服目前的困难,先竭尽全力打败米特拉达梯,然后再班师回罗马,收拾城内的叛乱分子。

苏拉这些话的意思其实就是，只要大家同心协力，克服当前的危机，那么他保证帮助大家完成抢劫的心愿。

士兵们当然听得懂苏拉的话，他们最关心的就是能否继续在东方作战，这关系到他们的钱袋。当他们听司令官表示愿意继续作战时，他们已心定了一半，此后当他们又听苏拉叹苦经，因受到元老院的打压缺少战争资金时，所有士兵竟二话不说，纷纷解囊，将自己的积蓄全部拿出来，送给苏拉作战争经费，他们对苏拉确实很仗义。

其实，他们同样清楚，战争决定一切，只要战争能胜利，司令官苏拉定会加倍偿还他们。

当然，不到万不得已，苏拉是决无可能去向士兵的借钱的。对于苏拉而言，利用一切的机会向士兵叹苦经，这也是一种驾驭士兵的技巧。

此后，苏拉收复希腊的战争打得很艰苦，在合适的时机，苏拉又会放纵士兵们大肆抢劫一番，以满足士兵们对抢劫的期待。

只是苏拉心里明白，如果不尽快结束与米特拉达梯的战事，国内事务的变化将越来越复杂，越来越难以处理。

尽管苏拉一直在海外，但他的目光始终未曾离开罗马，他让情报人员定期向他汇报罗马城内发生的一切。他也清楚，经秦纳煽动，反对他重返罗马已成为城内新、老公民的共识，而拥护他的贵族派不是被杀就是逃亡隐匿了起来，在罗马城内早已不成气候了。

到了公元前84年，苏拉已收复了不少地区，而米特拉达梯也知道，与苏拉硬拼捞不到多少好处，于是倾向于趁罗马内乱，与苏拉签订一个比较划算的和约，然后打道回府，这正合苏拉的心意。

于是双方经过几个谈判回合之后，很快就和约内容达成了一致意见。米特拉达梯同意退出所有侵占领土、赔偿罗马两千塔伦以及将与罗马军队作战的军舰全部交给苏拉部队等等。

　　然而此和约一经签订，立即引来了士兵们的极度不满，他们责问苏拉，米特拉达梯在东方抢劫了这么多的财富、杀了八万多罗马人，难道就这样不了了之？

　　当然，这些都是士兵们堂而皇之的话，他们真正不满的是，好不容易打了一些胜仗，能够让他们痛快淋漓的抢劫才刚刚开始，苏拉却突然中止了他们在东方世界的战争。

　　苏拉也太不仗义了，他们为苏拉两肋插刀，苏拉却断了他们的财路。

　　或许苏拉对此早已作了准备，他的回答很巧妙：如果我们不与米特拉达梯签订这样的和约，据情报信息显示，米特拉达梯将与罗马派来的芬布里亚签订和约。一旦他们签订了这个和约，他们就会进一步联手攻打我们，对于这样的联手，以我们现有的实力，根本无法与他们抗衡。

　　这些话的潜台词十分清晰，这是目前所能得到的最好结果，如果再不满足于此，不仅一切都将归零，而且必将遇到极大的麻烦。士兵们立即转怒为喜，他们纷纷赞叹，苏拉不愧是司令官，比他们有远见。

　　这世界就是这样，无所谓好与不好，关键在于你是如何去解读的。

　　苏拉确实很厉害，他不是见好就收的那种人。看到士兵们已被降服，他立即要求全体官兵宣誓，在即将开始的内战中效忠于他，并且在国内必须做到秋毫无犯。

　　苏拉内心深处最大的担忧是，士兵们现已完成抢劫的心愿，他们一旦踏上意大利本土，即有可能一哄而散，都回到自己所在城市去了。毕竟，他的这支部队现在还属于非法部队，士兵们完全有理由离开。他同样害怕的是，士兵们积习难改，回到意大利本土还会像在国外或者在行省一样，这同样将惹来极大的麻烦。

　　在国内，秦纳正以贵族派无视新公民的利益为由挑动新公民团结起来对抗苏拉，而大量的新公民也确实已被动员起来了。

　　如果士兵回国后积习难改，依然抢劫，这必将成为新公民的战争理由。而新公民与老公民之间的裂缝也将难以弥合。

苏拉在完成这些最基础的工作之后,他又给元老院写了一封信。

苏拉的信写得很巧妙,口气似乎是自己从来未被革职。

信的内容包括三层意思,一是他已完成使命,正启程返航;二是他将尊重所有给予新公民的政治权益,他已要求全体部下宣誓,视意大利人为同胞和朋友;三是他回来后必将惩罚那些肇事者,但不会涉及民众。这句话的潜台词就是首恶必办,协从不究。

元老院收到此信后大为恐慌,甚至远远超出了对秦纳报复的恐慌。元老们根本没料到,苏拉在这样恶劣的条件下,居然还能征服米特拉达梯,收复所有的失地。苏拉的强悍超出了他们的想象,他们立即要求秦纳停止备战,妥善处理与苏拉的矛盾。

对元老院的要求,秦纳当然不可能照办,他知道苏拉所指的肇事者,非他莫属。苏拉可能宽容任何人,但这绝对不包括他。马略已死,他秦纳就是首恶。事到如今,他只有拼死一搏,这或许还有一线生机。

秦纳立即宣布,他是第二年的执政官。他先将位置占住,然后再赶往意大利各地召集军队。

秦纳的计划是组织一支规模远比苏拉部队更大的军队,将苏拉部队歼灭在回国途中。只是要实行此计划,首先要将召集到的士兵通过轮船运往利布尼亚去,那里是反抗苏拉的大本营。

但那段时间海上正起风暴,士兵们感到冒险渡海,只是为了去打一场内战,这不会有什么好的结果,他们公开拒绝渡海。

秦纳控制士兵的能力毕竟与苏拉无法相比。他根本没想到去玩弄一些小计谋骗士兵过海,而是勃然大怒。他立即召集士兵们开会,或许是想在会上威胁他们,迫使士兵们就范。

士兵们迅速集合起来。他们很清楚,这绝不会是次愉快的集会。他们已知道秦纳的态度,秦纳一定会恐吓他们,而他们同样也不准备作出任何让步,而是抗争到底。

不久,秦纳赶到了集会地点。当他准备穿过士兵人群时,为秦纳开道的一个侍卫竟殴打了一个来不及闪开的士兵,那个士兵本来火气已很大,立即加以还击。

而此时的秦纳,或许是由于焦虑过头,竟失去了最起码的理性,他根本没有注意到,他现在面对的群体已相当情绪化。他只是按通常的做法,下令立即逮捕这名士兵。

士兵们被激怒了,他们最初用石块去砸秦纳与他的侍卫,很快,靠近秦纳的士兵随即拔出剑,直接刺死了秦纳。

秦纳就这样死了。秦纳死了,渡海阻击苏拉的计划也就自然终止了。

按理说,秦纳的死应该给罗马的和平带来一线转机。此前,苏拉已在信中作了明确的表态,在他回来后,只处罚肇事者,与他人无关,以及会尊重与平等对待新公民等等。

现在肇事者马略死了,秦纳也死了。至于其他的人,如从宽容的角度去解释,大多不是受害者,就是被人利用者。此事应该可以和平解决。

但罗马似乎没法就此太平。就在这个时候,秦纳的同僚执政官卡尔博别有用心地提出,苏拉和平建议的关键点在于要有保证,这种保证就是各个新公民的城镇都要送人质给苏拉。尽管卡尔博的话毫无依据,但还是激怒了所有的人,或许元老院想起了秦纳之前做出的有关苏拉要进行大屠杀的警告。和平的大门就此彻底关上。

元老院立即让苏拉的使者带话给苏拉,要他放下武器,解散部队。

就这样,苏拉的使者连元老院的门都没能进,没能和元老院说上一句话,就被直接赶走了。

元老院赶走了苏拉的使者,一场大规模内战已不可避免。

元老院公开声称,现在国家有难,元老院将授于新执政官处理危局的一切权力。然而有意思的是,新当选的两位执政官的共同特点是无能,这等于是给苏拉送上一份大礼。

如从当时的战争态势看,尽管苏拉能征善战,可苏拉面对的是平民与新公民的共同仇视。

当年罗马与同盟国战争,罗马方面尽管有马略、苏拉、梅特鲁斯等一大批能征惯战的老将,他们全部上阵,全力以赴。但从实际战绩看,罗马方面并未占到优势。

从表面上看,罗马最终获胜,可这完全是靠同意同盟国民众成为罗马公民那个法案,从而成功地瓦解了对方阵营,削弱了对方的战斗力。

现在的苏拉,就其兵力而言,总共也就三万五千人。而与之对抗的一方,不仅仅拥有原同盟国的全部兵力,而且还有罗马的平民派和元老院的合法性。

如此悬殊的力量对比,谁胜谁负,应该是毋庸置疑的。这也是元老院最后敢于放手一搏的原因所在。

然而由于新当选的两名执政官既不懂军事也不懂管理,他们浪费了所有的优势资源。

公元前 83 年,苏拉部队登陆意大利本土时,苏拉惊讶地发现,他们登陆的布林迪西港竟无人守备,而且苏拉大军必定要经过的整个东南海岸线,同样没有一个士兵防守。

布林迪西是新公民的大城市,如果两名执政官提前在此动员并布下重兵,苏拉恐怕连上岸的机会都没有。但两名执政官居然什么都没做。

苏拉部队登陆后如入无人之境,当他们来到布林迪西城脚下时,该城的守军不知是惧怕苏拉还是本来就没有敌意,苏拉部队几乎没费什么口舌就进入城内。

此后,相当一部分城市纷纷模仿布林迪西,主动打开城门。而苏拉也充分利用这样的机会,展开大规模和平攻势,他令士兵入城后对任何一个新公民都必须做到秋毫无犯,同时他又利用各种机会向新公民宣传他对新老公民一视同仁的政策,决不会容忍任何以老压新的做法。

如此一来,苏拉军团几乎没怎么打仗,在舆论上即已占尽先机,传遍全罗马的言论是苏拉军团战必胜,攻必克。

庞培

苏拉上台将迫害新公民等等谣言不攻自破。而这些舆论又大大地鼓舞了那些在马略、秦纳大屠杀期间逃离罗马城、藏匿起来以及对秦纳统治不满的贵族,他们从罗马的快速变化中看到了机会于是纷纷现身,自建部队。

这其中,最典型的人物是庞培。

庞培的父亲斯特拉波在秦纳统治期间曾起兵反抗。秦纳知道斯特拉波的名声不佳,他很轻易就收买了斯特拉波的部下,那些士兵试图以暗杀方式除掉斯特拉波。

此事被庞培识破,斯特拉波逃过一劫,但不久遭雷击身亡。

斯特拉波死了,可庞培的麻烦没完。

由于斯特拉波在众人眼里是邪恶的化身,在斯特拉波火葬的那天,不知是否是秦纳的授意,民众竟将他的遗体从火葬堆的尸架上拽了下来。在当时,这是对死者的最大羞辱。

而让庞培更感到痛苦的是,斯特拉波的葬礼刚结束,法庭的传票就到了,理由是斯特拉波曾侵占公款,庞培作为继承者必须到庭替父受审。对此,庞培也无话可说,但让庞培感到忍无可忍的是,法庭审理结果是庞培的父亲无罪,而那些被法院临时封存的资产,却被秦纳的卫队洗劫一空。

此次,苏拉回罗马复仇,在庞培眼里,就如同为自己复仇,他感到必须助苏拉一臂之力。庞培立即将他父亲的老部下组织起来,形成了一个军团,此后竟连战连捷,部队也迅速扩充成了三个军团。

庞培的突然出现,立即引起了元老院的恐慌,元老们并不害怕庞培,他们是害怕庞培的做法会形成连锁反应,一旦如此,那将不可收拾。元老院指令三支部队同时出击,试图一举全歼庞培军团。

元老院派优势兵力围剿庞培军团一事很快传到了苏拉那里。对于苏拉而言,此事非同小可。

尽管苏拉与庞培素昧平生,庞培军团也只是一支规模不大的私人武装,但庞培已公开表明立场,他的部队归属于苏拉。元老院又以绝对优势兵力攻打庞培,言外之意是杀鸡儆猴,警告所有试图借苏拉之力进行造反的贵族派人。

如果苏拉听任元老院歼灭庞培武装,显然,从此之后,不会有人再向苏拉靠拢。

苏拉自然不会听任此事按元老院的意图发展。

苏拉立即率主力部队前去营救,然而赶到那里时,战争早已结束。庞培利用对方将领之间的不和,已将他们逐个击败。

当庞培听说苏拉大军前来营救时,他立即指挥他的三个军团整装列队,恭候在道路两旁。

在苏拉大军接近庞培军团时,苏拉这才发现,庞培只是一个二十三岁的小伙子,与他的想象完全不一样。

但苏拉并没有因对方如此年轻而丝毫怠慢,当庞培称苏拉为大将军时,苏拉竟也用同样热烈的声调,称呼对方为大将军。苏拉的做法让所有人都感到震惊。

在当时,能被称为大将军的只有那些战功赫赫、地位崇高的将军。

苏拉是个极聪明的人,一个真正的强者并不是一个语言上的强者,强者之所以强,靠的是实力。他越是谦虚,礼贤下士,他的吸引力就越大,实力必然会随之增强。

苏拉的这种处事方式,使他的形象越来越正面,归顺他的人也越来越多,在此背景下,苏拉又进一步强化了他的政治攻势,他声称,只要归顺,既往不咎。

苏拉的阵营在迅速扩大。

而元老院方面与苏拉的情景完全相反,两名执政官最初掌控的军队多达几十万,但由于无能,节节败退,他们掌控的军团不仅无法发挥正常的威力,兵力也在迅速减少。

不久,苏拉大军兵临罗马城下。

该年年底,民众新选出的两位执政官均是凶狠的角色,一位即秦纳的同僚执政官卡尔博,另一位则是马略的儿子。小马略年仅二十七岁,远未达到可以出任执政官职务的年龄,但罗马城内的平民已顾不了这么多了。

他们要的是赢,而不是这么多的规矩。

两名执政官的任务分配是卡尔博在外围机动作战,牵制试图包围罗马城的苏拉部队,并在恰当时机与城内部队联动,从而对攻城部队形成两面夹击的态势。

而小马略则负责守城,守城部队的人数多达四万。这样的安排对付苏拉应该是游刃有余的。

然而,小马略接管的城防部队基本都是新兵,毫无作战经验,但这不是主要问题。罗马城极其坚固,守城容易攻城难,一般而言,只要有充足的粮食,守上几年都不是特别难的事。

可问题偏偏就出在粮食上。上一年度,由于选错了执政官,一年下来,战争局势从完全有利于罗马执政当局一下子转为有利于苏拉,元老院的元老们整天在高度紧张的状态中,却忘了考虑他们的本职工作,储备粮食等一切必要的战略物资。只是到苏拉兵临城下时,元老们才想起这个至关重要的问题,但一切都已太晚。

由于缺少储备粮,断粮之日就是守城部队的大限之日,小马略唯一的希望就是苏拉攻城,只有苏拉发动攻城战,小马略才有机会借城防工事来削弱苏拉的有生力量。

然而,苏拉不是莽夫。苏拉感到没必要强行攻城,否则只会白白牺牲士兵的性命，得不偿失。

苏拉的战术是围而不攻，坐等其乱。苏拉有的是时间。或许他从当年汉尼拔的失败中得到了灵感。

苏拉所期待的，远比他想象的要来得快。

罗马被围后不久，城内粮食供应开始紧张。作为总司令的小马略完全清楚，只要粮食一断，城是肯定守不住的。小马略作了出逃的最坏打算。但与此同时，小马略感到，在撤离之前必须处死那些同情苏拉的元老。

这道屠杀令比起其父的屠杀令有过之而无不及。

那些被怀疑的元老全部被骗进一间会议室，随后即被埋伏在内的杀手全部杀死，他们的尸体则被拖过大街，扔入台伯河内。

也就在此时，一小批守城人员，或许因粮食危机感到绝望，他们开城向苏拉投降。苏拉大军一拥而入，此后即是一场血战，大部分守城士兵战死，而残余部队则在小马略的带领下逃到了附近的普雷内斯特城。这座城也以新公民为主。

苏拉得知小马略进入该城后，当即下令，不予理睬，而是继续采用类似于围困罗马城的做法，彻底切断普雷内斯特城与外界的一切联系。

执政官卡尔博得知小马略再次被围，开始从各个方向袭击苏拉部队，试图打破包围圈，但最终均被击溃。卡尔博看到大势已去，于是抛下大部队，自己逃到非洲去了。

一段时间之后，普雷内斯特城内粮尽，小马略感到无法逃离，他与他的副将相约互砍而死。而城中守军则向苏拉投降，但苏拉在他们集体投降后，依然下令将他们全部处死。

战争进行到此阶段，罗马内战已大致结束，苏拉完胜。

回光返照

苏拉胜利了,但武装夺取政权是一回事,如何进行有效的统治则是另一回事。对此,苏拉教训深刻。

公元前 87 年,他已夺取过一次政权。当时他的想法很简单,从制度入手,修正那些被保民官搞乱的法律,加强元老院的实力,让罗马元老院的工作逐步走上正轨。

但现实是如此无情,当他离开之后,罗马变得更乱了,如此多的人竟因为他的改革而丧命。

对于这次完全失败的改革,苏拉的总结是,改革不够彻底。

所谓不彻底,就是对反对派以及潜在的反对派过于仁慈,而缺乏对人性恶的提防意识,盲目相信秦纳的誓言,这种政治上的幼稚,带来的后果则是毁灭性破坏。

任何改革都是权力的博弈,都需要时间去巩固,改革初期就像一个初生婴儿,当其呱呱落地时,任何一个不当的管理措施,或者外界的一个恶意伤害,婴儿都有可能因此夭折。

再次进入罗马城后,苏拉要做的事很多,但他首先想到的是权力合法性问题。当然,他也可像秦纳一样,年年自封为执政官。秦纳在罗马的实力远不如苏拉,他都可以这样做,苏拉如果有样学样,凭他现在的实力,谁又敢说什么。可这不是苏拉的追求。

苏拉的梦想是让罗马回归到充满传奇色彩、充满活力的传统而古老的共和国中去,这种共和国的基本特点就是元老院总领一切,而不是个人独裁,这也是当初废除王政后的最重要特征。

然而,就目前共和国现状而论,苏拉要想推行和实现他的理念,则又必须实行独裁。对于苏拉来说,这是一个两难的选择。

如果以民主方式推行他的宪政理念,公元前 88 年改革所引发的灾难性结局就是最好的诠释,苏拉不仅将一事无成,而且还可能再次成为人民公敌。而如果以武力为后盾,以独裁方式来推行改革,则能确保改革的所有制度得以落实,但这又与改革的目的相背离。

这是一个悖论。苏拉选择了独裁。

公元前81年,苏拉进城后的第一件事就是给罗马元老院首席元老写了一封毛遂自荐的信,信中称:众所周知,国家处于非常危险的状态。为了更好地应对目前的状态,必须采用非常时期的对策。如果还是按照平常时期的执政官体制是不够的,必须按非常做法设置独裁官,而且独裁官的任职期不能像从前那样只有六个月,而是要给予其足够解决国家非常状态的充足时间,独裁官的任职应是无期限的,如果能孚众望,我愿担此重任。

苏拉所要的独裁官既是传统的又是创新的。

元老院当初设立独裁官主要就是为了应急,针对的是外敌入侵,但随着罗马共和国的日益强大,外敌入侵本土的现象已不复存在,执政官一职已足够应付各类复杂的情况。因此,独裁官一职已废弃了大约一百二十多年。

现在,苏拉所要做的独裁官是完全应对内事,而且是无限期的,这在过去是难以想象的,如果元老院同意苏拉的建议,这与同意苏拉为王并无本质差异。但此时的元老院已没有任何实力去与苏拉抗争。

元老们很清楚,苏拉写信给他们,请求他们授予他这一职位,这是给他们面子,如果他像秦纳一样,直接自己任命自己为独裁官,他们又能怎样?

但苏拉并不这么认为,他以为,罗马目前所遭受的灾难以及面临的威胁,已远远超过外敌入侵。现在的罗马只是徒具形骸,内在已彻底腐烂了,元老院不像元老院,倒像是办事机构,而保民官也不像保民官,倒像是神通广大的帝王。

如果再不有针对性地、大刀阔斧地切除那些腐肉,罗马没有任何希望。如果元老院不授予他独裁官的职位,这等于外科医生上了手术台,手中却没有手术刀。

苏拉要当独裁官就是要在上手术台之前,先得到一把锋利的手术刀。

元老院自然不会理解苏拉内心深处的想法,他们早已失去向暴力抗争的勇气,而是习惯于面对现实。他们毫不犹豫地任命苏拉为独裁官,并且是无限期的。

苏拉成了独裁官,他有了自由改造罗马的合法权力。在其位而谋其政。

苏拉的第一个决定是采用刮骨疗毒的方式来对付罗马各阶层存在的问题。

对于苏拉而言,公元前88年那次失败的宪政改革对他的刺激实在太大。防止重蹈覆辙无疑成了他此次改革的重中之重。

苏拉认为,要防止类似秦纳这样的人再次乱政,任何恐吓与警告都没有用,恐吓与警告或许能解决当下的困境,但绝无可能解决长远问题。

对于这样的人来说,只要机会成熟,他们定会出来兴风作浪。如要真正解决问题,唯有将这些人从肉体上加以彻底的消灭,以免他们成为今后的祸害。

疯狂杀人并不是苏拉的习惯与爱好,在公元前88年那次进军罗马、改造罗马时,苏拉的做法是可杀可不杀的,尽量不杀,但这种做法导致的后果是,他的不杀导致了更多人被杀。这或许是苏拉走向另一极端的真正原因。

苏拉自认为,他这样做与马略完全不同,马略杀人,纯粹是为了个人恩怨以及个人好恶,而他要杀的是共和国的敌人,他杀人是为了国家长治久安。

然而,杀谁,谁是好人? 谁是坏人?

苏拉设立了一个标准，凡拥护秦纳和马略改革而反对苏拉宪政的一切社会精英，此类人皆为人民公敌，人人都可得而诛之。任何公民杀掉这样的公敌，可从政府那里获得一万二千第纳尔的赏金。

反之，任何人收留这样的人民公敌，无论收留者与公敌是否具有亲属关系，一旦违令，一概没收所有家产，他们的子孙永远不得进入政界。

可出乎苏拉意料的是，此命令一出，立即引来了一场极大的混乱，一场恐怖大屠杀随之而来，这种大屠杀的恐怖程度令苏拉都感到意外，而引起如此恐怖的原因恰恰是苏拉命令本身。

苏拉命令的标准是抽象的，也就是无标准的，无论是拥护还是反对，这都是一种心理行为，无法定性，而很多人利用的就是这种无法定性，他们随意指认自己的政治对手为公敌，并加以杀害。这样做的结果就是人人自危，元老们立即提出了抗议。

苏拉马上意识到此问题的严重性，他立即叫停了原有的做法，而是改成张榜公布公敌名单。这种作法看似减少了随意性，但事实上问题依然很多，诸如，这些名单究竟从哪里来，是否来自于告密者，很多告密者往往害怕对手告密而先下手为强。

也有的是为了个人恩怨或者看中对方的财物而诬告对方。因此，这样的公敌名单根本不可能一次出齐，而是一批接着一批。据资料统计：公布的公敌，元老约为四十人，骑士约为一千四百人，而其他阶层的人数则更多。

不想成为屠夫的苏拉，最终还是成了屠夫，而且还是重量级的屠夫，或许这也是历史的可悲之处。

苏拉在完成了刮骨疗毒的强硬做法之后，或者说他扫除了改革障碍以及改革隐患之后，苏拉立即又将目光移到改革的具体项目上。

苏拉要改革，但改什么？从哪里入手？

治理一个问题众多、千疮百孔的国家，这与治疗一个重病患者的区别不大。关键是找准病源,然后对症下药,而不是先找一张所谓的好药方,然后不管病情,直接下药。

苏拉认为,近四十年以来,罗马反复动乱,关键原因有两个,一个是元老院不作为和乱作为,另一个则是保民官职务定位问题。

公元前 133 年,提比略·格拉古违反传统规则,直接将法案提交给人民大会,元老院不加干预,听其自然发展,这本身就很荒唐,如果当时立即阻止,那么此后的一系列问题也不会发生,更不会有格拉古兄弟被杀以及马略与保民官相互勾结、操纵民意等事。

如从这一点上去加以思考,罗马问题确系保民官所引发,却由于元老院不作为而一发不可收拾。元老院对保民官的违规不加干涉,听之任之,结果保民官违规又成了推倒罗马政坛多米诺骨牌的第一块牌。而此后,事情逐步朝失控方向演变,又以杀人收场,这是典型的乱作为。

对此,苏拉在公元前 88 年改革时,已经对保民官提交法案的路径作了明确规定,这事实上就是对公元前 133 年元老院懒政的迟到的补救。

但此后秦纳与马略的复辟,使苏拉对所有问题都有了新的认识。他感到,对于罗马共和国而言,小的改革已明显于事无补,元老院的懒政已引发多米诺骨牌效应,解决问题必须追根溯源,找到倒塌的第一张骨牌,但如果以为扶起了倒塌的第一张骨牌就万事大吉,那同样是荒唐的。

要真正解决问题,就必须将第二张、第三张以及之后倒塌的骨牌全部重新扶起,唯有如此,元老院才能恢复元气,重新步入正轨。

苏拉下决心正本清源。什么是本? 什么是源?

苏拉认为,共和国的本和源就是元老院,元老院垮了,共和国也就垮了,共和国与元老院是一体的,因此共和国的权力必须掌握在元老院手中。

苏拉改革的第一道法令是扩建元老院和规范行政体系。

罗马共和国自建立以来,元老院的人数一直控制在三百人,但早期罗马共和国只是一个蕞尔小城邦国,公民人数不足几万,三百人的元老院,管理这样一个小国，自然绰绰有余。但罗马共和国发展到今天已成了一个超级世界大国，依然三百人的元老院，管理上自然力不从心。

苏拉将元老院人数整整扩大一倍，即为六百人。对元老的权力也重新作了调整。在小格拉古时代，元老院元老的陪审权被彻底剥夺，完全交由骑士担任。苏拉将这种做法全部改了回来，陪审员必须由元老身份的人才可担任。

苏拉认为，这是一个完全不合理的法案，在司法审理的过程中，大量案件主要涉及商业经济，这个法案规定由那些具有骑士身份的商人决定涉案人是否有罪，这是变相的自我审理。这也意味着禁止作为第三方的元老干预所有的商业案件。而新的元老院包括了大量骑士，因此，实际上就是由元老和骑士共同出任陪审员。

苏拉在调整元老院的规模与权力范畴的同时，他将罗马高级行政管理人员的数目也作了相应的调整，以此与元老院的格局相匹配：执政官二人，维持不变，任职年龄起点为四十二岁；法务官，由原来的六名增至八名，任职年龄起点为三十九岁；财务官，由原来的八名增至二十名，任职年龄起点为三十岁。一个年经人如有志于从政，到了三十岁即可竞选财务官，如果竞选成功，在担任一年财务官之后，即可成为元老院候补元老，即元老院只要有空余名额，即可增补为元老。

在有了这些从政的最基本资历后，元老到了三十九岁，又可进一步竞选法务官。法务官的任职时间同样是一年，工作满一年后，他们将被派往各行省从事行政管理工作，这样工作到了四十二岁，他们就具备了竞选执政官的资格。任何一个人如成功当选为执政官，严禁第二年度再次参选，如有再次参选的意愿，必须经过十年间隔。

苏拉改革的第二道法令主要是针对保民官。

苏拉认为，在早期平民运动之后，元老院之所以继续保留保民官一职，无非是希望保民官在平民与官员之间起到一些平衡的作用，或者说是防火墙的作用，让他们能够监视政府官员的行为，保护平民不受那些无良官员欺压,同时平民也可通过保民官将自己的声音告诉元老院。

但现在,保民官一职早已变味,它成了通往高级职位的跳板,而它应有的职能则在无形中丧失殆尽。

按当时规定,凡担任过保民官一职的人,即可自动成为元老院的一员,这一规定本身已有足够的诱惑。此外,罗马是通过竞选来产生高级官员的,而竞选的基础是民意。

自从小格拉古开始在罗马城内向底层平民发放低价粮以来,这种做法已坚持四十多年了。在这个过程中,罗马各地的无产者为获得近乎免费的低价粮,大量涌入罗马,到了苏拉时代,这样的无产者人数已接近三十万。这个数字是惊人的。

在同盟国战争之前,全罗马有财产的公民人数从未达到过四十多万。而在同盟国战争结束后,全罗马共和国进行了一次人口普查,统计显示:有财产的公民数上升为九十一万。

如按这个数字加以推断,在苏拉时代,罗马城内无产公民数量绝不会超过二十万。

因此,当时的事实是,谁得到了这批人的拥护,谁就控制了民意,谁控制了民意,谁就控制了罗马。

而这批人的最大特点是:白吃饭,不干活,谁能带来最大利益,就拥护谁。

他们是一帮没有钱的特权者。后世将这帮人定义为典型的流氓无产者。所谓流氓无产者,他们首先是流氓,其次才是无产者,他们与近现代无产者是完全不同的两个概念。

罗马的一些年轻人去竞选保民官,其根本目的就在于获取民意,为今后晋升更高一级的职务作准备。

那些血气方刚的青年人取得了这个职位,他们便开始通过抨击元老院鼓动民众,用施舍和许诺煽起他们的情绪,从而使自己变得既出名又有影响力。

如果按公元前88年的改革方案,保民官只是失去法案创制权,而不作其他任何变动,那么他们为得到平民拥护,必然会采用极端方式来挑动底层平民与元老院的矛盾,以示他们的支持与关爱。

保民官的这种负面作用,在苏拉看来,唯一办法就是抽掉保民官与高级行政官之间的那块跳板,同时减少长期在罗马寄食的无产者。

苏拉的第二道命令包含了四方面的措施:一是担任保民官之后,即取消出任高级行政官员的资格;二是凡出任过一任保民官后,十年内不得参选同一职位;三是取消保民官卸任后即可成为元老的这种权利。这三条措施事实上废除了保民官成为出任高官的跳板功能。而第四条措施则规定罗马取消低价粮。

但是,苏拉保留了保民官对官员行政行为的否决权,这是让保民官将工作重点放到监督无良官员之上。但苏拉又规定,如果保民官滥用否决权,他将受到高额罚款,情况严重的还会被剥夺该保民官的公民权。

老年苏拉

苏拉的第三道命令则是对其他一系列问题改革,诸如严禁部队跃过卢比孔河,否则即是造反等等。

公元前81年,苏拉改革法案全部完成,苏拉提出不再担任独裁官。公元前80年,苏拉根据自己的改革方案,与梅特鲁斯共同担任执政官,形成一个过渡期。

该年年底,苏拉明确提出,自己不再竞选下一年度的执政官,并彻底退出政坛。

对于苏拉的引退,后人纷纷议论,有人认为苏拉在获得了无限期的独裁权后,仍能还政于民,实是明智之举,有人说他是由于改革无望而急流勇退,更有人认为他是因患了严重的皮肤病,无法亲理朝政而无可奈何地放弃了政权。而罗马史学家阿庇安分析认为,他是在满足权力欲望后厌倦战争、厌倦权力、厌倦罗马而向往田园生活。

其实,这些议论大多是不看史实而作的臆想。如果苏拉想做一个永久的独裁者,他大可不必去进行什么宪政改革,他已得到了元老院的授权,完全可以名正言顺地独裁下去,直到离世为止。但这与他的理念不符,苏拉出身于罗马最有权势的科奈里乌斯家族,罗马有相当长的一段时间是由他的家族所控制,他的所有理念就是要恢复罗马古老的统治模式,这种模式确系由少数家族来统治,但绝不是独裁式统治,苏拉的改革,也不是对古老模式的简单恢复,所有这一切都反映在他制定的宪政之上。

苏拉的宪政最大特点就是环环相扣,以防独裁。一个想独裁的人不可能制定出一部反独裁的宪法。

更何况,到了公元前81年,他已宣告终止他的独裁官使命,并在公元前80年与其他人一起当选为该年度的执政官。

其实,从苏拉辞去独裁官改为执政官那一刻起,已经决定了苏拉不可能谋求下一年度的执政官,如果他要继续谋求这一职位,那将成为一个最大的笑话。一方面苏拉郑重其事地规定,执政官在十年内不得连任,另一方面自己却马上连任,这种自寻开心的事,任何一个正常思维的人都不可能去做。

对于苏拉来说,与其贪恋执政官的位置,还不如不放弃独裁官的职位,这样做远比继续做执政官更合法。

苏拉之所以要做一年的执政官,然后彻底归隐,既是要向后来者作一个示范,同时也是想表明,罗马共和国以及罗马古老的传统从他手里得到了恢复。

但是,他心里应该很清楚,他所要恢复的罗马共和国已是不可能了。

苏拉卸任后，有一次，一个年轻人跟在苏拉背后不断辱骂苏拉，苏拉只是默默地听着。事后，他讲了这样一句发人深醒的话："这个青年人将使以后任何一个掌握这个人都不会放弃它了。"

这句话看上去是在讲这个年轻人，实际上则是暗指他所处的时代。

苏拉一语成谶。

第四部分

苏拉悖论

第1章/苏拉的门徒

苏拉是个共和主义者,共和的特点是众志成城,但苏拉最缺的是志同道合者。

苏拉的门徒中最有发展前途的有三人。

在苏拉看来,卢库鲁斯是圣人,但独木难成林;庞培是年少英才,却贪慕虚荣,迷恋权力;而克拉苏则是个财迷,为了财物可以不择手段。

这样一种权力基础,苏拉如何去维护共和?

独裁可以维护共和,但独裁不是共和,这就是苏拉的悖论。

独木难成林

苏拉在颁布全面改革罗马法案之后突然意识到,他钻进了一个自己设计的怪圈,或者说陷入了一种悖论之中。

他要拯救共和国,可罗马的现状是,唯有独裁才能拯救共和国,才能确保共和体制的有效运行,然而独裁本身又是与共和观念相对立的。

长期领兵打仗和从政使苏拉早已明白一个十分浅显的道理,任何一个国家的和谐与稳定实际上取决于法律、管理者与社会群体这三方的平衡。如果在这三个方面中,两方面强,一方面弱,这三角平衡或许还能成立,但若三个方面中,只有一方面强,而另两方面均弱,这三角平衡肯定是无法形成的。

苏拉感到痛苦的是,罗马的三角平衡显然是大有问题的,在这三方面中,明显是法律一方强而另两方面弱,而且还不是一般意义上的弱。苏拉所能做的只是制定宪法,而其他两个方面,除非他独裁,否则他无法控制。

对于长期存在的社会群体问题,尽管在新宪法中,苏拉已极尽可能地

削弱了保民官的权力,也终止了在罗马免费发放粮食。但苏拉心知肚明,
问题并未得到真正的解决,罗马城内三十万整天无所事事、百般无聊的无
产者大军依然还在。只要罗马继续以人民大会的决议为最高决策,这批
投票专业户的决定就是罗马的最高决定,罗马的任何野心家都会试图操
纵和利用这一群体。

在独裁体制下,这些流氓无产者自然不会多说什么,也无人敢去引诱
他们多说什么。

然而,一旦回归正常,即便没有保民官去利用他们,那些别有用心者
也会想方设法去利用他们,并以人民的名义来制衡政府,对此,元老院根
本没有对抗的能力。

在这样的特殊背景下,如果管理者的能力强一些,私心少一些,问题
或许还不是最大。管理学中的一个经典法则是,当制度确立之后,管理者
决定一切。

苏拉现在面临的问题是,制度已经设计好了,但缺少具体执行的人。

虽说苏拉手下将领众多,但大多数人只能说是同路人,真正同心同德
的人实在是凤毛麟角,在苏拉部下中,最具实力、最有发展前途的人只有
三个,他们是卢库鲁斯、克拉苏和庞培。

对此三人,他能信任的只有卢库鲁斯一人。

苏拉退出政坛后,潜心于撰写自传。他在这本自传的扉页上写着献
给卢库鲁斯。此外,苏拉在遗嘱中也指定卢库鲁斯为其遗嘱执行人,并希
望卢库鲁斯在他去世后能照顾他的两个儿子。

卢库鲁斯各方面确实都不错,能文能武,尤其是他的品行,在那个时
代可以说是罕见的。

早年,卢库鲁斯曾奉苏拉之命前往埃及和利比亚采购军粮,埃及国王
由于仰慕卢库鲁斯的能力与为人,或许也想与卢库鲁斯结交,所以在接待
中,国王赠送卢库鲁斯的礼品价值竟远远超出了常规标准。这些贵重物

品的价值高达八十塔伦。

按当时标准,一塔伦为二十五千克白银。在亚历山大即位的时候,马其顿国库也只有六十塔伦。但令埃及国王感到意外的是,卢库鲁斯除了接受一些日常生活必用品之外,其他财物一概拒收。

以往,罗马将领或使者往来埃及,埃及国王或多或少都会送些礼物,但被拒收还是第一次。为使卢库鲁斯难以拒绝,国王叫工匠重新制作一个镶嵌珠宝并带有卢库鲁斯头像的黄金饰品。临行时,国王郑重地将该饰品献给卢库鲁斯,可卢库鲁斯依然拒绝。国王无奈地说,礼品上有卢库鲁斯的头像,不收不妥。

此事传回国内,不少人暗讽卢库鲁斯如此标新立异只是为了博取名声,但卢库鲁斯毫不在意。

此后,卢库鲁斯出任西里西亚总督,并对周边一些反叛王国进行全面清剿,他多次以少胜多,屡战屡胜,大规模收复了失地。

在卢库鲁斯那个时代,罗马的战斗力已与早期不可同日而语,战败已不再是新鲜的事。

当时元老院极其兴奋,大笔一挥,增补其军费三千泰伦。但卢库鲁斯的回复则令元老们大吃一惊,"一个泰伦也不要,自己能够解决补养。"

卢库鲁斯的做法在罗马共和国史上可谓破天荒。历来都是将领向元老院索要军费,元老院则想尽办法,找各种理由少给或不给。

元老院主动拨款已是怪事一桩,而面对如此巨额军费,将领居然不动心,更是奇闻怪事。面对这样的怪事,一些元老提出了质疑:卢库鲁斯一定是在行省搜括太多了,不好意思再收元老院给他的补贴,否则无法解释。

当然,这些元老的想法也是可以理解的,当时行省总督贪污已成为罗马官方的一种时尚风气,不贪污反倒成了一件怪事。

据记载,西塞罗出任西里西亚总督时以清廉著称,他曾愤怒地控诉前任对人民的压榨:"人民无力支付人头税,被迫出售自己的货物,城镇的人民在呻吟和悲叹中度日——而这一切又都是那位不是人而是野兽的畜生行使暴力的结果。"

但在西塞罗本人离任时,他还是从贫瘠的西里西亚那里获得二百二
十万塞斯特斯的财富。按西塞罗自己的解释,任何具有通常品德的总督
都能保有这样的收入。

西塞罗以清廉闻名,但离任时仍从西里西亚捞走了巨额财富。也正
因如此,卢库鲁斯这种异于寻常的做法自然要引起众元老的怀疑。如果
卢库鲁斯不贪,那么他是否在其总督任上,像西塞罗所说的那样,只是按
通常品德的做法来收取财富?

另据记载,卢库鲁斯出任西里西亚行省总督后,他发现西里西亚的居
民生活状态远比其想象的更糟糕,底层平民卖儿卖女现象极其普遍。而
行省居民的灾难主要来自包税商和高利贷者各种无法无天的搜刮手段。

那些包税商为了获取高额利润,将税额定得极高,甚至不惜采用极端
手法来逼迫民众交税,而民众的唯一出路就是卖儿卖女,以维持生计。甚
至有些城镇也被包税商逼得走投无路,只能公开出售献给神明的祭品、图
画与雕像等等。

在罗马各行省,相对于官僚来说,民众往往更痛恨包税商。

为打击高利贷者,卢库鲁斯下令,每月利息不得超过百分之一,凡违
反这个规定的债权人,双方债务关系即刻取消。同时他还规定,债权人可
以从债务人手中拿走的金额,不得超过债务人全部收入的四分之一。这
一条是所有政策中最为有效的。它实际上保证了民众维持生机的最基本
条件。

这些规定实施后,西里西亚在不到四年的时间里恢复了生机,大多数
农民还清了债务,一些曾作为抵押品的农田也还到农民的手中。

卢库鲁斯保护了广大农民,却得罪了高利贷者和包税商。

苏拉规定西里西亚应支付两万塔伦税金,那些包税商通过投标竞价,

以四万塔伦的金额得到了包税权。

在卢库鲁斯上任之前,他们通过高利贷等方式,每年实际征收到的税款高达十二万塔伦。也就是说,这些包税商除了每年上交给国家四万塔伦之外,他们自己可以得到八万塔伦的收益。也难怪那些包税商声称:哪怕用天使的职位与他们交换,他们也不会同意。

卢库鲁斯的政策使这些包税商损失惨重。包税商们一方面到元老院集体上访,控告卢库鲁斯管理不当。另一方面则收买一些有权势的元老与卢库鲁斯作对。

但西里西亚民众对卢库鲁斯的赞誉实在太多,他们甚至公开声称,在卢库鲁斯管理下的民众是那个时代最幸运的民众。

卢库鲁斯是个难得的好官,但独木不成林,卢库鲁斯一人根本不足以支撑起罗马这座大厦。

苏拉的第二位有实力的部下是克拉苏。克拉苏是一个复仇者,更是一个投机者。

克拉苏家族属于罗马显赫家族之一,其父亲曾公开反对马略,在马略进城后的那场大屠杀中,其父亲和哥哥双双遇难。虽然克拉苏逃过了那次大屠杀劫难,但他逃到西班牙时发现,他早已成了马略的通缉对象。他只能躲进一个山洞,以躲避追杀。

此后,当克拉苏听说苏拉杀回了意大利本土,他立即走出了山洞,像庞培一样,组织起一支队伍,投靠苏拉。

克拉苏投靠苏拉,只是为了复仇,而不是为了复辟古老的罗马传统,他根本就没有丝毫的此类想法。他只要利益,为了利益,他什么都愿干,什么都敢干,但前提是确保自身的安全。

克拉苏

在苏拉进军罗马的途中,苏拉给了克拉苏一个头衔,要他穿越敌对阵营,到敌人后方去组织力量,打击对方。克拉苏马上对苏拉说,希望给他一支卫队保护他前往该地。苏拉大怒道:你的父兄都死于马略之手,你不考虑如何复仇,却考虑让别人来保护你的安全。

在苏拉开始屠杀"人民公敌"时,克拉苏巧取豪夺各种珍宝和房产,甚至私下将一名无辜的富豪加到"人民公敌"名单中去。苏拉甚至公开表示,他对克拉苏如此贪婪感到震惊和愤怒。

苏拉的第三位有实力的部下是庞培,庞培年纪轻,能征善战,苏拉也很器重他,他将他妻子梅提拉与前夫所生的女儿强行许配给庞培。苏拉提此建议时,庞培已婚,苏拉要求庞培先离婚再结婚。

但苏拉的这种器重只是表面上的,在苏拉内心深处,他并不认同庞培的为人,他认为庞培年少轻狂,以自我为中心,做事不计后果,缺少社会责任感。

庞培曾要求苏拉给他举行凯旋仪式,但这是明显违反罗马的传统与法律的,按罗马法规定,除了执政官和法务官之外,任何人都不得享有这一仪式。当年小西庇阿征服迦太基,功绩远比庞培要大,只是因没有执政官或法务官的头衔,他从来也没有提出过要举行凯旋式。

苏拉婉转地告诉庞培自己的想法,希望他打消这一念头。庞培非但没有退让,相反请人转告苏拉,"人们顶礼膜拜东升的旭日而不是西下的夕阳。"此话无非是告诉苏拉,他的权势逐渐高涨而苏拉日益衰微。

对庞培的无理,苏拉极为愤怒,但没有发作,只是按规定剥夺了庞培的军权。

或许是因庞培年纪太轻,或许是苏拉惜才,苏拉不仅忍受了庞培的张狂,而且还真给他举行了凯旋仪式。

但在苏拉心目中,已没有了此人的位置。

在苏拉的遗嘱里,他对所有的朋友都赠送遗物,但庞培的名字甚至未出现在遗嘱里。

苏拉手下三个最有前途的将领,靠得住的却只有一人,苏拉如何管理?

苏拉清楚,再好的宪法,如果没人来执行,这样的宪法最后的结局只能是一纸空文。

整个社会的肌体已溃烂,任何强心针只能管一时,让垂死的身躯回光返照,却是回天乏术。

拯救罗马,除非独裁。

苏拉没有其他的选择,但他又无法接受独裁者这一角色,这违反他的祖训,也违反他的家族传统。

苏拉属于罗马首屈一指的科尔内利乌斯的家族成员,在历史上,该家族成员担任执政官人数在各贵族家族中排名第一,可以说,该家族与罗马共和国的成长与繁荣息息相关。

古罗马的传统特别重视家族文化和家族历史,在每个大家族中,那些有名望的、担任过执政官的祖先的面容,都会按真人比例被制成蜡像,挂在家族正厅的墙壁上,以供子孙后代景仰。

尽管苏拉的上一代像很多其他老贵族一样早已败落,也根本没有什么正厅去供奉这些有名望的祖先,但他的血管内流淌的还是科尔内利乌斯家族的血。当他由穷而富、由富而贵时,他的这种家族荣誉感甚至比家族中那些从未尝过贫穷滋味的有钱人更强烈。

西塞罗对罗马人的这种家族荣誉感作了一个很好的总结:"如果一个人的生命不是通过一种历史的观念与先人联系在一起,那还算是什么生命?"

苏拉的这种特殊家族背景,促使他不顾一切地去维护共和国的传统。哪怕他早已清楚,共和国当下最缺的是人才,没有人才,一切都是空的。

共和国已到非独裁无法治理的地步。

然而,苏拉无法接受共和国终止在自己手上这个后果,同样他也不可能让卢库鲁斯去担当独裁者这一角色。

或许独裁对整个社会更好一些。

美国学者、《世界文明史》作者威尔·杜兰就曾这样感叹："他退休得太早，要是他的耐力和眼光及得上他的残酷和勇气的话，他可能挽救罗马混乱半个世纪的局面，而早在公元前 80 年就给罗马带来和平、安乐和繁荣了。他只重复古，其实他更应创新。"

其实，这都是我们用现代人的眼光以及思维方式去思考古人。如果他这样做，他就不是苏拉了。在苏拉看来，所有这一切又算什么呢？

或许他自己也想不通，他唯一能做的就是让卢库鲁斯保护好他两个幼小的儿子。其他的一切，他都无能为力了。

也许，苏拉早已洞悉他身后的一切。

庞培的背叛

庞培背叛是必然的，或许苏拉在去世前已料到庞培背叛的必然性，毕竟苏拉十分清楚，他制定的宪法对庞培的制约太多。

苏拉在公元前 81 年完成新宪法的制定工作，这一年庞培只有二十四岁。根据新宪法的规定，罗马的高级官员应从财务官开始起步，而财务官的年龄起点是三十岁。庞培此时离竞选财务官的年龄尚有五年时间，更不要说他当法务官和执政官了。

如按新宪法的规定，可参加执政官竞选的起点标准为当过财务官且年龄已达四十二岁，那么，即便不论财务官问题，庞培也得再等十八年。

在庞培面前只有两条路，第一条路是遵守权力游戏规则默默老去，但曾经沧海难为水，已被称为伟人的庞培，怎肯默默老去，心甘情愿再等上十八年！

在凯旋仪式的问题上，庞培的心态已暴露得淋漓尽致。

第二条路则是反叛，就像蚕蛹破茧成蝶那样。

对于庞培未来的种种可能，苏拉心知肚明，他也不是没办法将庞培从肉体上加以消灭。对于苏拉而言,那只是一句话的事情。

公元前 79 年,苏拉的部将菲欧拉希望竞选该年度执政官,他认为自己战功显赫,绝对有资格出任执政官。但苏拉感到他连个元老都不是,不符合新宪法规定的条件。

苏拉再三劝他不要参与。

或许菲欧拉认为苏拉马上要下野了,不该再多管闲事。他照样带着一大群随从去市民广场发表施政演讲。苏拉立即派了一名百夫长跟上去,一刀将其砍死。

而此时,苏拉就坐在卡斯特神庙的审判台上,亲眼目睹这场谋杀的整个过程。在场的市民看到参与竞选的将军被暗杀,蜂拥而上,抓住了那位百夫长,并将其直接拖到苏拉跟前。

苏拉当即表态说,百夫长是根据他的命令才动手的,他要大家立即松手放人。

显然,任何人都能想到,苏拉这是在杀鸡儆猴。

或许苏拉此后又想开了,这样做又有多大的意义呢? 杀了菲欧拉,还会有第二个、第三个菲欧拉出现,他杀得过来吗?

在他的部将中,小人太多了,又有几个是真正靠得住的。此后,即使他心目中的典型小人雷必达参选执政官,他也懒得再管了。

苏拉的这种心态,自然不可能再去杀庞培,他能做的,只是管住当下,甚至可以说是管住他自己的野心,至于身后事,他已管不了那么多了。

公元前 78 年,苏拉死了。

对于如何处理苏拉的丧葬问题,该年度的两个执政官的意见截然相反,执政官卡图鲁斯认为应该予以国葬,而执政官雷必达,也就是苏拉眼中的那个小人,果然显出了小人本色,他认为苏拉已不再是国家的公务人员,国家不应过问有关苏拉的丧葬问题。

雷必达出生于贵族家庭,他也曾是苏拉最忠实的支持者之一,大清洗时期,他大批收购被拍卖的人民公敌遗产,得了不少好处。此后苏拉任命他为西西里省总督,他又横征暴敛,搞得名声狼藉。

现在苏拉死了,或许雷必达感到,没有必要再去看任何人的眼色行事,他需要调整立场,重新站队,以利于今后得到更多人的支持。而对于苏拉的丧葬问题的表态,即是个重新站队的极好机会。

苏拉尸骨未寒,原跟班即开始调整立场,这种自作聪明的做法实在难以得到平民大众的喝彩。

或许罗马的老兵已闻讯雷必达的这个意图,他们立即全副武装开进了罗马。

元老院发现,对于苏拉的葬礼问题,如果听任两位执政官争执而不作明确表态,弄不好会闹出天大的事情来。

老兵进城就是一个信号。

元老院当即宣布为苏拉举行国葬。

而此时,庞培的角色极为尴尬,他曾不顾苏拉的劝告,在执政官的选举中,极力为雷必达拉票。在雷必达成功当选后,苏拉曾半开玩笑地警告庞培说:

> 太好了,年轻人,我看到你获得胜利竟会这么高兴。老实说,这件事错得离谱,竟然把执政官的职位送给那个卑劣小人雷必达,而不是正人君子卡图鲁斯,这难道不全是你在操纵民意吗?不过,要是你让对手的实力强过自己,最好还是提高警觉,否则所有的好处就会被人从手中夺走。

庞培当然听得懂苏拉的警告,这个警告也在苏拉派中广为流传。现在苏拉派的眼睛可以说都盯着他,看他下一步究竟还会干出一些什么出格的事来。

其实无论是苏拉还是雷必达，他们两人都未必真正了解庞培，庞培既在愚弄苏拉，其实也在愚弄雷必达。他根本不可能公开站在雷必达一边。

他当然清楚，如继续站在雷必达这一边，其后果是与苏拉派公开为敌，这对于庞培来说，可不是件好事，至少庞培透过苏拉的丧葬问题，已清楚地了解到了苏拉派的实力。

苏拉的影响力依然不可小觑。

出丧的那一天，据记载：苏拉的遗体被安置在涂满黄金的灵床上，灵车沿着阿皮亚大道向罗马行进。走在灵车前为先导的是一队军乐手，灵车后是老兵的队伍，这些老兵不只是简单地排成长队，而是按他们当初在苏拉手下时的编队排列，完全就像军团行军打仗一样。

进入罗马城门后，军团旗、大队旗、中队旗全部整齐地举了起来。紧随着老兵军团是大批从各地赶来的那些对苏拉的感恩者，他们抬着各市、镇、村以及行省赠送的两千多个黄金冠缓缓而行，再后面则是自发前来的各界人士。当送葬队伍到达罗马广场时，全体元老院元老以及两名执政官早已整装恭候在那里。

那一天，庞培早早就来到了罗马广场，这也是他对此次葬礼的一种表态，庞培明白，在支持雷必达的问题上，他该做的都已做了。如果再在葬礼问题上，态度模糊不清，他必将惹上极大的麻烦，整个苏拉阵营都会将他看作异类。

在苏拉的葬礼问题上，庞培与雷必达切割得很干净。

所有的苏拉党以为庞培总算改邪归正了，现在不应再继续纠缠庞培公开为雷必达竞选站台一事。

然而，这一切正是庞培所需要的。

庞培知道，雷必达的好戏还只是刚刚开始，他期待着这一切。

一切就如同庞培所预料的那样，在苏拉葬礼过后没几天，雷必达就彻底反了，他的党徒公开表示要为秦纳和马略党人平反，要废除苏拉新宪政以及恢复保民官制度等等，而那些躲在海外与秦纳和马略案有关的人士，也纷纷回国造势。

而此时，元老院的元老们，人数虽然翻了一番，但昏庸无能的德行基本没变。罗马元老院在短短的十几年中，先后经过了两轮大清洗，在元老院中，真正通过晋级而成的元老，数量已经很少了。

此后，苏拉对元老院进行了大规模的扩容，但这次扩容，苏拉并未一股脑儿地将自己信得过的人全都塞进去，而是将各阶层中一些知名人士作为选择的对象。因此，老贵族并未因苏拉的改革而特别获利，从某种角度上讲，他们所占元老总数的比例实际上比过去更小了。这些被晋升的对象确实具有广泛的代表性，但有代表性未必等于具有行政能力。

雷必达的真面目暴露后，除少数贵族派元老和执政官卡图鲁斯表示应立即干预以绝后患之外，大多数元老根本没想过要去认真处理这些事，或许他们只是因为缺少行政行为的一些基本常识，他们想当然地认为此类事不宜过于刺激对方，这帮人折腾一阵子后也就过去了。

可事实是，元老院的不作为进一步刺激了那些在内战期间遭到重创的地区，那些在大清洗期间受到牵联的人迅速开始串联暴乱。

在这些暴乱地区中，闹得最凶的是伊特鲁里亚。

在内战中，秦纳政府对罗马一些地区的分裂倾向几乎放任不管，而这些地区对秦纳政府的回报就是在军事上鼎力相助，伊特鲁里亚就属于这样的地区。

战后，伊特鲁里亚的大批土地被充公，分配给了苏拉老兵。这些老兵的定居点自然成了暴乱首当其冲的目标。不久之后，元老院就得到新的信息，有好几名苏拉老兵已死于暴乱。

在得到这一信息后，元老院开始有些紧张，但他们的反应却离谱到了极点。

元老院居然派动乱的始作俑者雷必达组建一支大军前往镇压。在出发前,元老们或许想到了雷必达本身就是个麻烦制造者。他们要雷必达宣誓忠于职责,忠于元老院。但他们偏偏忘记当年秦纳发毒誓的故事。

可誓言只对看重誓言者有效。

元老院派雷必达出征如同放虎归山。

雷必达一到伊特鲁里亚,立即与那里的造反派勾结起来,而一些逃过苏拉追杀的人士,也迅速汇集到他那里。很快,伊特鲁里亚成了平民派的大本营。

雷必达向元老院下了最后通牒:或者任命他为永久性的独裁官,或者他将像苏拉那样用武力来征服罗马。两种方案听凭元老院自选,没有任何讨价还价的余地。

雷必达如此激烈的反叛,元老院中的元老,除庞培之外,无不惊讶万分,难以接受。

但庞培的感觉相当不错,一切尽在预料中。他早就知道雷必达的很多真实想法,在雷必达竞选时,他甚至暗示雷必达,对于他的这些想法,他庞培不仅认可,而且将鼎力相助。

从某种程度上讲,雷必达的造反,与庞培脱不了干系。

雷必达自然不会明白庞培鼓动他造反的真正意图,他以为庞培与他志同道合,有了庞培这样的同道,他何愁大事不成。可雷必达做梦也想不到,他只是庞培重掌兵权的工具,庞培的真实意图是利用雷必达造反来重返军界。

公元前82年,庞培在征服努米底亚叛乱后,接到了苏拉的命令,要求他留下一个军团等待新将领来接管,其余部队就地解散。尽管这是罗马的传统,战争一结束就即刻解散部队,但这也不是必然的做法。

庞培心里极不痛快。庞培是靠部队起家的,部队就是他的一切,失去了部队,他就等于失去了一切,但如若拒绝苏拉的命令,那就等于造反。

庞培不是不敢,他的士兵就在鼓动他造反,甚至逼迫他造反,整个兵营都在咒骂苏拉。但他知道,以他现有的实力去与如日中天的苏拉部队抗衡,不仅名不正言不顺,而且是以卵击石,自取灭亡。

但这些话是绝不能对外人道的,他只能对士兵们说,如果大家一定要他造反,他只能自戕以谢众将士了,如此才勉强解决了问题。

庞培回罗马后,苏拉亲自来迎接他,称呼他为大将军,并要求所有的人都以此来称呼庞培,此后又破格为他举办了凯旋仪式。但所有这一切,在庞培看来,只不过是应景而已。

庞培要的是实权,他感到他手中必须控制一支强大的军队,有军队才有一切。

庞培鼓励雷必达造反,无非就是想利用雷必达的野心来为自己提供重新掌握军权的机会。

庞培如此算计一切,这也难怪英国罗马史学家塞姆在《罗马革命》一书中就此评论说:"庞培的政治生涯从一开始就充满着欺诈与暴力,无论是在战争中还是在和平年代,他都会利用非法手段和阴谋诡计开展政治活动。""在支持雷必达当选执政官,并怂恿后者制订颠覆现政权的方案后,他转而投靠自己后来的盟友并拯救了现政府。"

庞培的这一切行动,或许与他父亲邪恶的遗传基因有关。

但塞姆称:庞培是转而投靠自己后来的盟友。这一叙述是值得探讨的,如果塞姆的叙述是一种真实的表达,那么庞培就是临时才改变了思路。

在当时,就凭雷必达手中这点实力,再加上秦纳余党,要立即推翻现政权,几乎没有可能,即便加上庞培这一重大砝码,也依然是个未知数。而庞培站在现政府立场上,他则可以轻松取胜,两者相较,庞培怎么可能去简而从难,将自己置于一种极其危险的状态之中呢?

所有这一切都在庞培的计划之中。

庞培开始盘算如何对雷必达反戈一击,他知道元老院现在手中无大将,他等着元老院对他的召唤。

一切都不出庞培的意料。

不久之后,庞培接到了元老院的命令,要求他率兵攻打伊特鲁里亚的叛军。庞培很得意,他既成功地唆使雷必达打击了苏拉派,又依靠雷必达的造反夺回了兵权。

一切天衣无缝,一石二鸟。

机关算尽

对于庞培来说,前往伊特鲁里亚围剿雷必达部队并不是一件十分困难的事,毕竟雷必达也不是什么能征善战的名将。

更何况在庞培出征前,雷必达已兵分两路,一路由他自己带领,直接攻打罗马,或许他希望自己能成为苏拉第二;另一路则让他的副将布鲁图指挥,主要是防守伊特鲁里亚大本营。据传,这个布鲁图就是共和国第一任执政官的后裔。

元老院对庞培和执政官卡图鲁斯的作战方向,同样也作了分工,卡图鲁斯守罗马城,庞培则奔袭伊特鲁里亚。

这场战争纯属有惊无险。雷必达志大才疏,他与他的副将一战即溃,双双战败,他的副将被庞培所杀,而他自己则逃往了西班牙。

对于元老院来说,目前西班牙是一块极其麻烦的地方。

在苏拉战胜了罗马的平民派后,秦纳派将领塞多留看到大势已去,立即带了三千多人马逃到远离罗马的西班牙行省,他将西班牙作为反抗罗马的大本营。

元老院派老将梅特鲁斯率大部队前往围剿,但始终难见成效。

塞多留是那个时代的名将,他不仅擅长军事,对行政管理同样是个内行。

塞多留到了西班牙后,在西班牙土著人当中推行罗马军团的管理模式,他与平民派将领的一个最大区别在于,他极其强调纪律与服从。在很短的时间内,他造就了一支纪律严明、训练有素的军队。

塞多留更高明的做法是,他对那些土著酋长子女的照顾可以说是无微不至。他将这些人的子女集中在一起,并指派老师教他们希腊和罗马课程,他承诺等这些儿童有了足够的知识并且成年后,他们可以与他分享统治的权力。

塞多留的这一系列做法,不仅赢得了西班牙人的尊重,而且得到一大批西班牙人的绝对效忠。

如果说塞多留仅仅依赖于对西班牙人进行一些现代化的管理,就想在西班牙生存下去,那纯粹是异想天开。塞多留真正依靠的还是军事实力。

据说:塞多留刚到西班牙时,西班牙有个叫卡拉西塔尼来的部落决不服从塞多留的指挥,而且认为塞多留只是一个逃亡西班牙的败兵之将,不会有多大的能耐。

塞多留感到,如果无法征服这个部落,其他的部落也会纷纷效仿。

塞多留对这个部落作了全面考察。

这个部落的人全部住在一座大山的岩洞里面,这些岩洞的洞口全都面朝北方。每当土著人感到面临战争危险时,他们就会将抢来的东西和猎物全部放入山洞的深处。此山山势极险,易守难攻,住在这些山洞里是极其安全的。

此外,这座大山的所在区域属于低洼地带,该地区的土壤成分是质量很轻的细泥,在干燥季节,这些泥土很容易形成粉末状,只要轻轻接触就会飞扬起来。这里的北风特别厉害,经常在这地区肆虐,而北风的风带正好经过那些敞开的山洞。

塞多留立即命令士兵面对土著居住的山洞,建造一条长长的土堤。

这些土著人看到后,以为塞多留是在建造进退两用的防御工事,他们感到塞多留实在是个无用之辈,难怪兵败逃到了西班牙。

但出乎他们意料的是,第二天一早,台风又起,士兵们不断地翻动土堤上的泥块,并将泥块打得粉碎,这些泥土粉末随着狂风向山洞内直灌。与此同时,塞多留又命令他的马队,在山前来回疾驰,激起更多的尘雾进入风带。

由于卡拉西塔尼人住的山洞没有其他出口,很快,山洞内的空气中充满了尘土和泥粉,而且浓度越来越高,他们的眼睛无法张开,肺部难以呼吸,所有人都感到山洞内窒息难忍。

在这样的环境中,卡拉西塔尼人坚持了两天,到了第三天只能表示屈服。对于西班牙土著,塞多留采用一系列极其特殊的方法,不费一兵一卒即让他们口服心服,土著人愿意无条件地听命于塞多留。

塞多留对于前来围剿的罗马大军,他的打法同样是新型的。

前往西班牙指挥围剿的是老将梅特鲁斯。

梅特鲁斯军团习惯于大兵团作战,以及方形阵式对战。

但在西班牙,这一切似乎都用不上了。那些西班牙人在塞多留的指挥下,来去飘忽不定、进退自如。时而切断军团的水源,时而截断军团的粮道,罗马大军追击他们,他们逃得无影无踪,而大部队一旦驻扎下来,他们在半夜三更又冒了出来,进行恐吓与骚扰。

如用现代术语讲,就是敌进我退,敌退我进,敌疲我扰。

梅特鲁斯的军队在西班牙,不仅适应不了高原区域的攀爬,更适应不了塞多留那种毫无套路的战术。也正因如此,罗马军团在西班牙始终占不了上风。

而雷必达看中的也正是这样一点,兵败后,他决定逃往西班牙,投靠塞多留。

庞培得知雷必达逃往西班牙后,他立即感到自己继续领兵的理由更充分了。此次庞培挖空心思重掌兵权,他根本没想过会被解除兵权。

他早已得知西班牙战事长期处于胶着状态,看不到任何起色。对于庞培来说,赴伊特鲁里亚作战只是预热赛,他的真正着眼点一直是在西班牙,只要能带兵赴西班牙作战,他的计划才算真正成功。

对于元老院来说,临时派个人带兵,处理一下意大利半岛的反叛事项,这相当于处理内部事务,在没有合适人选的前提下应急,这很正常,也没什么特别讲究。

但让人带兵去行省作战,这历来是执政官的事,如果执政官无法分身,那也应派卸任执政官才合乎规则。

庞培就连低级的财务官都未当过,更不要说当执政官了,按理,这怎么都轮不到庞培的头上。

但庞培就是想突破这一障碍,只要元老院让他带兵前往西班牙,这就等于元老院承认他的地位相当于执政官一级了。

庞培清楚,如果没有雷必达事件,他向元老院主动请缨赴西班牙与塞多留作战,他会被那些元老当成笑料的。

对庞培而言,伊特鲁里亚战事是他前往西班牙的跳板。这也是庞培挑动雷必达造反的不可告人的秘密。

伊特鲁里亚战事结束后,执政官卡图鲁斯令庞培解散部队,并立即返回罗马。庞培的回复是不能接受。他表示,元老院应继续任命他为清剿西班牙反抗势力的司令官。

这种回复和要求都是极其荒唐的,元老们极其愤怒,一个什么都不是的白丁将领,居然敢拥兵自重,公开向元老院索要兵权,这显然是对执政官和元老院权威的蔑视,在历史上还从未有过这样的先例,更何况梅特鲁斯还在那里,这对梅特鲁斯也是一种不公。

但元老们又相当害怕,如不同意,万一把庞培逼反了,罗马又将大乱。

元老院无奈,只能再次破坏苏拉的新宪法,任命庞培率兵赴西班牙。

庞培对元老院的讹诈成功了。

庞培在接受了新的任命后,毫无紧张的感觉,他认为,西班牙的战事与以往的战事不会有什么大的差异。

但此次,庞培的自信显然过了头。

据记载,庞培接受新任命的时间是在公元前77年的夏天,他并没有带部队直奔西班牙,反而是慢悠悠地在赴西班牙的途中干预一些与其职责毫不相干的治安问题,以及筑一条通往阿尔卑斯山的道路,就这样,他用了将近一年的时间,到了该年年底,庞培才带领部队翻越比利牛斯山进入西班牙。

庞培到了西班牙,有的被围城市得知庞培已率大军进入西班牙,急忙向庞培呼救。但庞培根本不预理睬,一切按他原定计划行动。

已与梅特鲁斯相持多年的塞多留部队,听说庞培前来协同梅特鲁斯作战后,不少塞多留的罗马士兵开始不由自主地紧张起来,他们认为大将军庞培亲自前来围剿,他们部队人数太少,而西班牙土著部队的素质又相对较低,他们如何与庞培相抗衡。一时之间塞多留部队人心慌慌。

塞多留立即将部队分成两路人马,一路人马继续与梅特鲁斯周旋,而自己则带队去与庞培大军直接对抗。塞多留清楚,如果他的部队无法打几次胜仗,他那些部下将被庞培的名声吓得失去战斗力。

塞多留不愧为罗马名将,庞培在其他地方几乎是战无不胜,而与塞多留交战竟屡战屡败,极为狼狈。

在公元前75年,庞培发誓要一雪前耻,据记载:两军在苏克罗河激战,庞培大军再次大败,庞培本人也身负重伤。

据说,庞培负伤后,只能放弃了他的坐骑徒步逃走。如按正常情况,庞培此次肯定在劫难逃,但出人意料的是,此次,他的坐骑竟然帮了他的大忙。追赶上来的那些西班牙土著,在掳获庞培的坐骑后,他们发现该匹马的马具非常名贵,全部用黄金装饰,他们为了分这战利品,居然放弃了追击庞培。

负伤的庞培逃脱了西班牙士兵的追击,但庞培大军依然面临全军覆没的危险。幸运的是,梅特鲁斯及时前来营救,庞培大军逃过一劫。

据说,当塞多留发现梅特鲁斯赶来时,一边下令收兵,一边对他的部下说:"要不是老太太急着赶来,我会好好鞭打这个顽童,然后把他送回罗马。"

此战以后,庞培情绪一度极其低落,曾要求元老院将其调到其他战场,他抱怨称:士兵两年都没有得军饷了,再这样下去士兵都有自行解散的可能。

与庞培的情况相反,梅特鲁斯自庞培来了以后,却鸿运高照、屡战屡捷。

公元前74年,梅特鲁斯不仅战胜塞多留最信任的助手、他的副将赫图勒乌斯,而且赫图勒乌斯与他的弟弟一同战死。

据说,塞多留听到此消息时,竟将报告的使者杀了,或许是为了不让此消息传开。

在西班牙,庞培与梅特鲁斯两人的战绩形成了鲜明的对照。

庞培来到西班牙,尽管挫折连连,但他又是幸运的,他幸运的是老将梅特鲁斯那里总能传来捷报,失败与胜利两者一叠加,西班牙的总体战事至少看上去不那么令人难堪了。

此外,庞培最大的幸运还来自塞多留方面的内乱,这也为庞培最后的胜利打下了伏笔。

梅特鲁斯与庞培两人联手都无法打败塞多留,塞多留名声大振,其他一些秦纳和马略余党也纷纷从罗马逃到了西班牙。塞多留将这些人组织起来,组建了一个类似罗马的元老院,该元老院建立初期,这些人感觉尚不错,但时间一长,特别是他们看到塞多留与罗马的交战中,赢多输少,罗马大军已很难对他们构成真正的威胁时,他们的心态开始变化、开始失衡。

那些人感到,他们才是真正的老大,而不是塞多留,他们中间有一个叫帕平纳的,他很想取代塞多留的职位。

帕平纳到处煽风点火,他对那些元老说:

> 塞多留只是一位放逐者,我们还得追随在他后面,心甘情愿要做他的奴隶。从表面上看,他将我们这群人称为元老院,这个名字却令听到的人都感到荒谬。他不仅要我们从事辛劳的工作,还逼迫我们听命于他傲慢的指示和无礼的态度,好像我们跟西班牙人没有什么两样。

这些所谓的元老,早已忘记自己是怎么来到西班牙的,也搞不清自己究竟有多大的能耐。在帕平纳的反复鼓动下,他们完全失去了自我,似乎塞多留才是他们的最大敌人,只要除掉塞多留,他们的幸福就会不期而至。

他们开始在西班牙人那里做反叛的工作,挑拨那些土著与塞多留关系,凡有利于破坏西班牙人与塞多留关系的事,他们决不会犹豫不决。

一些地区终于被激怒了,纷纷起来造反。

塞多留在内外夹攻下,开始败退,而这又进一步引发那些立场坚定的西班牙人的质疑,他们开始认为塞多留战无不胜只是一个神话。

面对如此糟糕的内外局势,塞多留只能以酒浇愁,他明显意识到,他最危险的敌人并不是来自罗马的梅特鲁斯和庞培,而是他收留的那些平民派领导人。此时,他忽然想明白了,苏拉为什么要追杀这些人。

他只能长长叹息,自己通晓军事谋略,在识人与用人上却是无能。他将他的罗马卫队全部改为西班牙人,但他最终还是难逃一劫。

公元前72年,帕平纳谎称他的部队在与罗马人的交战中获得了大捷,罗马部队伤亡惨重。他们邀请塞多留前去参加庆祝晚宴。在宴会过程中,帕平纳令人趁塞多留不备一刀将其杀死。

塞多留被杀后,相当一部分的塞多留部下立即向梅特鲁斯和庞培投降。而帕平纳在杀害了塞多留之后,也确实当上了总指挥,但像他这样的人,是阴谋高手而非大将材料,仅仅一次战斗即全军覆没,他自己也被活捉。

帕平纳为了求生,立即将塞多留的所有书信全部献给庞培。他的意思很明白,这些书信文字很多都涉及罗马的达官贵人,可以用作打击政治对手的工具。

庞培自然明白帕平纳的意思,但他拿到书信之后看也没看,立即令部下将这些书信全部烧了,同时下令将帕平纳处死。

这是庞培人生中所做最光明磊落的一件事。

此后大批西班牙城市,有的稍作抵抗,即告投降,而大多则是望风而降。

公元前71年,西班牙战事彻底结束。

克拉苏的追求

庞培胜利了,这胜利似乎与梅特鲁斯毫无关系。

在返回意大利的行军过程中,庞培下令在比利牛斯半岛的佩尔图斯山口竖立了一块雄伟的纪念碑,在碑文中,他将"自己的"战功大大吹嘘了一番,碑文介绍说庞培在阿尔卑斯山和大西洋之间攻下的城池不下八百七十六座。

庞培的部队进入意大利区域后,又接到元老院的命令,立即配合克拉苏,围歼斯巴达克斯起义。

而此时,克拉苏的部队事实上已歼灭了斯巴达克斯部队的大部分人马。克拉苏实在后悔请求元老院出面,令庞培配合围歼,平白无故将自己辛苦得来的战功与人分享。

事实上，斯巴达克斯起义在罗马已有两年。

公元前 73 年，斯巴达克斯和二百名角斗士不甘心自己的生命终止在角斗场上，他们从自己所在的卡普亚角斗士训练营厨房中抢了很多切肉刀，杀死了一些警卫人员后逃了出来。

但最终摆脱营地警卫追杀的只有斯巴达克斯和其他七十七名角斗士。

在逃跑的路上，他们又碰巧遇上几辆向训练营地运送武器的车子，他们顺手抢劫了这些武器。

此后，角斗士们一致推荐斯巴达克斯为他们的首领。

斯巴达克斯本是希腊东北部的色雷斯人，他武力过人，在一次反抗罗马人的战斗中被俘，沦为奴隶。他的主人将斯巴达克斯送进了角斗士学校。

在早期，如果一个人被送进角斗士学校方，那人一定会感到自己是个幸运儿，但斯巴达克斯和他伙伴们的想法正好相反。

角斗源于坎帕尼亚，它原是贵族墓地葬礼上的一种宗教仪式。

当一名贵族落葬结束后，在新墓地前，死亡贵族的家族人员往往会安排一对或二对死囚，进行生死决斗，以一方被杀为终结。

这种角斗仪式所表达的内在含义是：通过角斗士的鲜血，来达到祭祀亡灵与祖先的目的。这种以鲜血祭祀亡灵的现象，在人类的原始时期，曾是极流行的做法。

早期人类对人的生命现象并不了解，但他们也像近几千年的人们一样，关注生命的起源与终结，生命是什么？从哪里来？又到哪里去？

在现实生活中，他们发现，无论是动物还是人，体内的血流光了，生命也就终止了。因此，原始人得出结论，生命就在血液里，血液就是生命。用鲜血祭祀就是给予亡灵新的生命。

在上古时代，绝大多数民族的人祭就是祭司将人直接宰杀在祭台上。但坎帕尼亚想出了新花样，他们让死刑犯自行角斗来替代祭司的宰杀。

他们达到了祭祀与观赏两不误的目的。

在早期,对于死刑犯来说,能被选中为角斗士,无疑是种庆幸,至少不会被立即处死,而且还可获三年时间的训练,这三年时间,也就等于延长了三年的寿命。如果在角斗中战胜了对手,那么他的生命还可继续下去,如果运气更好一些,他还有可能获得特赦。

但随着罗马对外战争的节节胜利,罗马人越来越热衷于观赏角斗,角斗士的需求量随之大幅增加。

在这样的背景下,数量不多的强壮死囚犯就远远无法满足罗马角斗表演的需求。罗马人开始在奴隶和俘虏中物色壮实的汉子,并进行强迫训练。经过三年训练后,他们被组合成对,在角斗场上进行生死大战。此前,哪怕他们是同室好友,也无法摆脱相互搏杀的命运。

同样一件事,对象一改变,性质也就发生了根本的改变。

如果说死刑犯被角斗士训练营看中是种幸运的话,那么,无论是奴隶还是俘虏被角斗士训练营看中,则是一种灾难,一旦被选中,也就相当于被判死刑,缓期三年执行。

这三年,人生是在倒计时。

斯巴达克斯和他那些逃出来的伙伴们一样,都是战俘。他们感到与其在训练营里等死,等待着最后的那一刻,三年共处一室的伙伴自相残杀,还不如拼死一搏,即便是被罗马人追杀了,也死得轰轰烈烈。斯巴达克斯等人原来只是想换一种死的方式。

但出乎他们意料的是,他们的出逃成了起义,而且无论是起义队伍的扩张还是对抗罗马军团,一切都比他们想象得更容易。

首先是队伍的扩张,一路上,不断有新的角斗士参加进来,这些角斗士大多是模仿他们的做法,集体暴动出逃的。此外,不少奴隶也想方设法加入进来,起义队伍迅速扩大,不久后,人数便达到了七万。

其次是对抗罗马军团,这同样也比想象中要简单,他们一路冲杀,竟所向无敌,元老院所派的部队一而再地被斯巴达克斯击败。

　　如果说,斯巴达克斯等人没想到他们的出逃会演变成一场起义,那么元老院更没想到这支起义队伍会在如此短的时间里,变得如此强大,所向披靡。

　　元老院开始感到恐慌,并命令两位执政官亲自率兵围剿。面对罗马的全面围剿,斯巴达克斯感到,他的作战缺少后方基地的支持,绝无可能战胜罗马,唯一出路是离开意大利返回家乡。

　　但斯巴达克斯的想法引起了起义队伍中意大利人的不满。

　　显然,作为意大利人来说,他们并不愿追随斯巴达克斯去那一无所知的异国他乡。

　　在世界史上,农民起义大凡都有这样一种通病:义气用事,一哄而起,一哄而散。

　　斯巴达克斯的队伍也逃脱不了这样的宿命,这支队伍立即一分为二,大约有两万多人分裂了出去,但分裂出去的部队很快就被罗马军团全歼了。

　　与此相反,斯巴达克斯的部队却极为顺利,他们不仅击败了两名执政官所带的军团,而且还击败了前来狙击的山南高卢总督的部队。

　　而起义部队的人数还在不断增多,据说当起义部队到达阿尔卑斯山脚下时,人数已多达十二万。

　　然而也就在此时,斯巴达克斯突然下令,部队停止前进,回转向南,重新进攻意大利。

　　这是一个让人完全无法理解的决定。

　　再往前一步,越过天险,他们就离开意大利了,自由就在前方。

　　后人分析认为,或许是起义军遇到了波河河水猛涨的季节,浓雾弥漫,河水暴涨,无法渡河。

　　这种分析十分牵强,波河的涨落潮是有规律的,斯巴达克斯不可能到了河边才发现无法渡河。更何况,即使当时因涨潮而无法过河,过一段时间再过也不晚,毕竟罗马的军团已全被击败。

此外,也有人推测,由于斯巴达克斯的节节胜利,他认为自己真的有力量把罗马灭了。

这就更不可能了,这完全不符合斯巴达克斯谨慎的思维习惯。起义部队在这一时刻向后转,向罗马挺进,只会逼罗马元老院狗急跳墙。

事实也确实如此,元老院看到起义部队转身向南,感到形势已失控,于是立即宣布罗马处于危急之中。紧接着,元老院又下达两条命令,一是撤除两名无能执政官的官职;二是授权克拉苏全权负责对斯巴达克斯的战争。

克拉苏上任后,他最担心的是起义部队直接攻击罗马城,一旦斯巴达克斯像苏拉一样,围住罗马城,并采用围点打援的方式,罗马共和国将遇到真正的大麻烦。

克拉苏在通往罗马的方向上驻扎了大量的部队,并形成一个口袋,只要斯巴达克斯部队进入伏击区域,即予以围歼。

或许斯巴达克斯发现了克拉苏为他设置的陷阱,他带着部队只是擦口袋边而过,直奔意大利南部。

克拉苏令他的副将穆米乌斯率两个军团尾随起义部队,并叮嘱:千万不要与斯巴达克斯的部队正面冲击。但穆米乌斯并未将克拉苏的话当回事,在与起义部队接触后,立即展开全面的进攻,结果被打得丢盔弃甲,狼狈不堪。

克拉苏感到,如此打法,他将难逃此前两名执政官的覆辙。

他下令对最先临阵逃脱的五百名士兵恢复古老的十一抽杀法,即十人一组,每个组用抓阄方式抽出一人,凡抽中的人选将当着全军将士的面处死,以起到杀鸡儆猴的目的。

就在克拉苏狠抓军纪的同时,斯巴达克斯并未放慢向南挺进的速度,他们的目的也已越来越明显,斯巴达克斯想渡海进入西西里岛。

西西里岛在公元前137年和公元前104年曾发生过两次规模巨大的奴隶起义,两次起义尽管最终都归于失败,但两次起义都建立起自己的政权,组建了完整的王国。

显然,斯巴达克斯想重燃西西里岛的战火。

此时,西西里总督维列斯已比元老院还要紧张,一旦斯巴达克斯过海,他的麻烦就大了,为了防止斯巴达克斯通过意大利的脚尖渡海进入默西拿,维列斯不惜代价,收买了沿海的海盗。

此后,不出维列斯所料,斯巴达克斯请海盗帮忙渡海,但海盗收了定金后,就此音讯全无。

斯巴达克斯试图自造船只,然而起义部队中的士兵都是旱鸭子,根本没人会造船,即便造出了船,恐怕也没人会驾驶。

斯巴达克斯只能再次向后转。但战略主动变成战略被动,这是兵家大忌。

可此时,尾随在斯巴达克斯部队后面的克拉苏并不想与斯巴达克斯进行大会战。或许他感到,他的部队未必是斯巴达克斯的对手。

克拉苏的对策是,利用意大利南端的地形,以最快的速度挖一条从海到海的五十五公里长,宽和深均为五米的深沟,并在沟的一方筑起高墙。

克拉苏的目的很清楚,就是要将斯巴达克斯困死在这个人工小岛上。

但克拉苏防线并未能阻止斯巴达克斯的行动。

在公元前71年春,斯巴达克斯利用一个暴风雪的夜晚,全面突破了克拉苏防线。

克拉苏大为恐惧,他感到,如若他的部队与斯巴达克斯的部队正面对抗,他统帅的那些杂牌军必输无疑。

尽管他已采用了最严厉的十一抽杀法,但这最多也就起到一些恐吓作用,阻止那些胆小的士兵一看到斯巴达克斯的部队立即弃械逃跑而已。而部队整体的战斗力则很难在短时间内得到大幅度提升,这需要锻炼的时间,任何人都一样。

克拉苏立即报告元老院,请求元老院火速派兵支援。

元老院不敢懈怠,立即命令正在返回意大利的庞培,以及在马其顿作战的卢库鲁斯火速增援,对斯巴达克斯形成新的包围圈。

但克拉苏怎么都没想到,此时的斯巴达克斯阵营,又开始暴发内乱,起义军再次一分为二。

如果说斯巴达克斯部队第一次分裂,并未给起义部队造成多大影响的话,此次分裂所带来的后果则完全不同。第一次分裂时,斯巴达克斯的进军目标很清楚,而且之前一路凯歌。

但此次分裂的背景是起义部队已陷入了战略困境。在这样的状态下分裂,最受伤害的必是士气。这与自杀无异。

任何一支起义部队,一旦没有了士气,没有了心理支撑,也就等于没有了一切。这是一般的规律,斯巴达克斯的部队自然不可能跳出这样的规律。

没过多久,克拉苏部队就与斯巴达克斯的部队大战了一场,战争结局完全出乎克拉苏的意料,他甚至感到不可思议。他仅以损失一千人的代价,彻底打败了斯巴达克斯的大军,与斯巴达克斯一起战死的起义军士兵人数多达六万,被俘人数也多达六千。

克拉苏清楚,他取得这样的战绩,绝不是他的将士突然之间变得勇武了,根本没这种可能。而是斯巴达克斯的部队出了大问题。他的这场会战,根本不像是在战斗,而像是在对一批手无寸铁的人进行大屠杀。如果斯巴达克斯的部队能发挥一半正常的作战水准,此次战役,他完全有可能步两位执政官的后尘。这也是他紧急请求支援的根本原因。

但同样一支部队,突然之间会变成这样,这实在让克拉苏难以理解,这就像斯巴达克斯到了阿尔卑斯山脚下,突然下令向后转一样,永远是个谜。

不过,有一点是肯定的,斯巴达克斯足智多谋,善于领兵打仗,但他却未必善于识人和用人。一个统帅、一个领导人,哪怕他本人各方面的素质都过硬,如果不善于识人与用人,那么,即使家大业大,最终也会被败光的。

塞多留是如此,斯巴达克斯恐怕也是如此。

但不管怎样,克拉苏要的只是结果,他赢了。

克拉苏下令将这些俘虏全部钉上十字架,这些十字架被竖在卡普亚通向罗马的大道两旁,形成一种极为恐怖的形态。

克拉苏赢得了战争,但又后悔了,他感到自己莫名奇妙地将胜利果实送给了庞培,似乎没有庞培,他就赢不了此次战争。

庞培确实是个福将,当他赶到指定地点时,几千逃离战场的残兵败将正好和他部队迎面相撞,他不废吹灰之力就收拾了这些失魂落魄的残余部队。

现在,庞培更狂妄了,他不仅赢得了西班牙战争的胜利,而且他一出手,即战胜了斯巴达克斯。

庞培立即写信给元老院,希望元老院满足他三点要求:一是给他的士兵分土地;二是为他举行凯旋仪式;三是同意他竞选公元前70年度的执政官。他向元老院提这三点要求,与其说是要求,还不如说是强行索取。他的部队按罗马的法律规定,战争结束后应立即解散,但庞培将部队驻扎在罗马城外,根本就没有解散的意思。

这明显是在利用部队公开威胁元老院,这个做法的潜台词是显然的,如果元老院对他的要求不予采纳,他很可能对元老院动武。

元老院的这批元老,尽管能力有限,对很多问题考虑也不周,但对庞培这种兵临城下请愿的做法所表示的含义,他们还是看得懂的。他们异常愤怒,刚刚平定斯巴达克斯,现在庞培又上演这样一出戏,如果这仅仅是要求的方式问题,也就罢了,关键是他要求的三点都有很大的问题。第一点是不妥,如果以后退伍军人的安置都由将军说了算,那么元老院的权威何在?这军队是私人武装还是国家的武装?

当然国家理应做好那些为国参战的士兵退伍工作,因此,这一点只能说是不妥，而后两点则是不法。

无论是按罗马传统还是苏拉宪法，只有那些具有执政官身份的将领才有资格举行凯旋仪式，但庞培连财务官都没做过，怎么可以违制举行凯旋仪式？此前苏拉已破例为他举办了一次凯旋仪式，可那是苏拉出任独裁官时作出的决定，这是独裁官的权力。独裁官非常任官，有权破例。但现在属于正常时期，谁也不是独裁官，凭什么再去破这个例？第三点就更没有道理了，按苏拉宪法，凡出任执政官的前提条件是必须担任过财务官，姑且不论他是否做过财务官，即便做过，他的年龄也只有三十六岁，远未到达四十二岁方可参选的起点年龄线。

然而，元老们虽然愤怒，他们还是不得不冷静下来面对现实，元老院又有什么实力去对抗这支近乎造反的部队，如果坚决不同意，再次内战恐怕在所难免，即便元老院敢于放手一搏，但他们手上原本可以立即调动的兵已经没有了，贵族派的梅特鲁斯严格按照游戏规则行事，他的部队到达阿尔卑斯山时就已解散了。除此之外，他们只有一个近在眼前的将领克拉苏可以调遣。

可克拉苏的行为同样让他们大跌眼镜，或许克拉苏已获悉庞培向元老院提出的三点要求以及屯兵罗马城外，克拉苏也将部队拉到罗马城外驻扎下来，并提出也要参选下一年度的执政官。

克拉苏与庞培的情况基本一样，同样没有出任过财务官。本来，元老院如若要抵制庞培，它手中可出的最后一张牌就是克拉苏了，这就像对付斯巴达克斯的情况一样。

但现在克拉苏也是兵临城下，要求出任执政官。这样一来，要么完全同意，要么完全反对，没有中间选项。

元老院只能彻底投降，一切听天由命。一些元老甚至自我安慰地认为，无非也就是让庞培破例一次，举办一次凯旋仪式，让他风光一下，并且再让他当一年执政官，然后他就像所有元老一样，就此沉沦下去。

功利与背叛

元老们太天真了，庞培的志向决不是简单追求做一任执政官，他有着更高的追求和目标。

元老院同意庞培和克拉苏两人破格竞选执政官后不久，元老们马上发现，他们的麻烦只是刚刚开始。

庞培在市民大会中公然宣布，如他当选执政官，他将遵守平民派的行为准则，放弃苏拉宪政中的一些最核心条款，这些核心条款大致包括五个方面：一是恢复保民官原有的权利；二是恢复包税制；三是恢复骑士陪审制度；四是恢复监察官；五是恢复罗马城中的低价粮供应。

如果苏拉宪政中的这些条款全部被否定，那么这就相当于将苏拉所做的一切全部否定了。

后人曾评论说，苏拉的改革想到了一切，唯独没想到为元老院提供一支能保卫它的军队。

但这只是后人说的风凉话，任何军队都是要靠人来指挥的，如果没有合格的指挥官，即使提供了这样一支专职的军队，又有何用呢？到了此时，元老们有再多的想法也是自寻烦恼。

庞培和克拉苏毫无悬念地上台了。

庞培上台后，第一件事就是遵守诺言，立即推翻苏拉宪政。

保民官又有了实权，市民广场又再度活跃了起来。

当时，有一个骑士身份的人，以旁观者的角度真实记录了市民广场的场景：

> 从早到晚，无论节假日还是工作日，所有平民和元老都毫无例外地在市民广场活动，其他任何地方都不去，所有人都利欲熏心，希望自己可以肆意欺诈却又逃脱惩罚。人人都巧言令色，勾心斗角，假装

"好人",伺机而动,似乎所有的人都彼此为敌。

而西塞罗在其政论文中也以与其弟弟讨论的方式谈到了庞培恢复保民官的这一做法,他的弟弟说:

> 在我看来,它只是瞎胡闹,是内乱的产物,也必然滋长内乱。我们不妨回顾一下它的起源,就会发现,它是在罗马城部分被军队占领或包围之后,在民众的纷扰争执中产生的……提比略·格拉古的保民官制给最好的公民留下了什么权利? 在格拉古改革之前五年,平民保民官库埃提乌斯这个最为卑鄙邪恶的人,干了一件绝对史无先例的坏事。他把执政官布鲁图和西庇阿投进监牢,可他们是多么好的人啊! 再者,不正是盖约·格拉古被推翻,辩论会场一片刀光剑影,民众相互残杀,给国家带来了一场彻底的变革吗? 是保民官制引发了这场变革。我还有必要接着谈谈萨图宁、苏尔皮奇乌斯和其他保民官吗? 国家唯有诉诸武力才能保证安全……因此,我衷心赞成苏拉在这个问题上的立法,不让其胡作非为;至于我的朋友庞培,尽管在其他事情上,我都对他不吝赞美,但是,就其对待保民官制的态度而言,我无话可说。

此外,恢复包税制后,行省又成了包税商的天下,行省的民众再次成为包税商口中的鱼肉。

可那些包税商和高利贷者对此似乎还不满足,他们心中的气还没出掉。在所有的行省中,对付高利贷者和包税商最严厉的就是苏拉最看重的将领,西里西亚总督卢库鲁斯,尽管在卢库鲁斯的管理下,西里西亚出现了难得的和谐,民众对卢库鲁斯也是赞美不已,在西里西亚百姓的眼里,卢库鲁斯就是他们的青天大老爷。

但在包税商和高利贷者的眼里,卢库鲁斯就是一个十足的恶魔,他剥夺了他们的饭碗。他们再次联名上诉,要求严惩卢库鲁斯,最终元老院顶不住压力,卢库鲁斯总督一职被罢免。

对于这些不断显现的问题,那些本来就麻木不仁的元老们,因为还未直接涉及他们的自身利益,他们只是对卢库鲁斯的遭遇表示同情,对其他一些问题表示遗憾。

然而,监察官的恢复让他们感到心惊肉跳。

罗马共和国后期,监察官的权力越来越大,这个官职最让元老害怕的是,监察官有权将元老院中的元老除名,如果这个权力是建立在事实的依据上,这自然合理,这样的职位自然也是不可或缺的。

但罗马的监察官可以随心所欲,对他们来说,要想赶走某一个元老,找一个理由还不容易?最简单的方式是指责对方品行不端,在当时的文化背景下,这顶帽子可以套到任何一个元老的头上。

普鲁塔克就记载了这样一件事,老加图欲剥夺一名元老院元老的身份,其理由仅仅是,这名元老当着他女儿的面亲吻他的妻子。老加图称:他不会允许自己的妻子投入到他的怀抱中,除非当时雷声大作,妻子在受到了惊吓之后,这样的行为才是可原谅的。

对于监察官的这种随心所欲,当时的元老们早已习以为常。因此,老加图这种心血来潮、莫名奇妙的处置,没人抗议,也没人敢抗议,元老们唯一敢做的就是取笑那位被革职的元老:只有朱庇特的雷声隆隆才会给他带来好运。

正是由于这些乱象,苏拉才决定彻底废除监察官这个职位。

监察官职位恢复后,市民们似乎为了专门戏弄元老院,他们选择的新监察官居然是斯巴达克斯战争期间被元老院下令革去司令官资格的那两名执政官。现在他俩因祸得福。市民选举他俩不是因他们的廉洁,或者说是因他们有能力,而恰恰是因他们刚刚被革职,心中有怨气,有一股报复元老院的强烈愿望。

两位复仇者上任后,确实没有辜负平民的期望,一下子将六十四名元老除名,据说,当时元老院内的元老总人数不足五百,一下子将六十四名元老除名,这意味着元老院一下子减少了至少八分之一的人数。这是史无前例的。

也有一种说法是,这样做是得到了庞培的暗示。如此一来,元老院被废得差不多了。

面对这突如其来的变故,元老们的困惑也越来越大。

按理说,庞培完全是靠打击平民派,并投靠苏拉才得以快速崛起的,他为何要如此急吼吼地背叛苏拉,不顾一切地废除苏拉宪法,打击元老院? 并且非要将好不容易稳定的社会重新搅乱,庞培这样做的真实意图究竟又是什么?

元老们只能胡乱猜测,自然也不可能会有人告诉他们事实真相,而等到他们恍然大悟时,时间已过去三年了。

庞培和克拉苏上任后,一年执政期很快就过去了,在这一年中,庞培除了废除苏拉宪法的那些最主要条款之外,几乎没做过什么值得称道的事。当时人们称,如果一定要让人回忆在那一年里,两位执政官还做了什么能让人印象深刻的事,恐怕任何人都会说,那唯有庞培和克拉苏的不和。

庞培和克拉苏两人在参选之前,由于情况类似,都属于不合法的参选者,彼此同病相怜。因此,在参选中他们联手共进,相互吹捧。然而,一旦参选成功,他们俩立即形同陌路。他们为何翻脸比翻书还快?

有种说法是,这与元老院背后的小动作有关。在这两人中,元老院明显愿意与克拉苏亲近,在对付斯巴达克斯的起义中,元老们在无可奈何的情况下选择了克拉苏,他最终也为他们解决了难题。

相反,庞培的想法实在太多,而且对元老院刀刀见血,元老院对庞培的怨恨早已到了无以复加的地步。他们喜欢在克拉苏面前不动声色地诋毁庞培。克拉苏与庞培最后闹得不共戴天,他们也就心里平衡了。

好在执政官的时间只有一年,庞培与克拉苏二人本身都是罗马城内数一数二的大富翁,他们并不在乎到行省去捞好处,他们表示宁愿在家赋闲,也不会去行省就任总督。

元老们总算松了口气,他们以为,这两位混世魔王总算走了。

然而,他们没想到,仅仅过了两年,保民官盖比尼乌斯突然提交了一个法案。该法案实际上是一项军事任命书,主要是针对近年来地中海沿海一带海盗日益猖獗。自公元前1世纪初以来,罗马便与海盗展开了一场持久战,元老院曾屡次三番派兵围剿,但始终不见成效,近年来已有尾大不掉之势。

该法案要求元老院指定一名前执政官为此次围剿的总司令,并为该总司令配备二十五名具有副执政官权限的副官,同时,总司令可征集步兵十二万人,骑兵七千人,战船五百艘。并且沿海各行省和意大利本土的所有海岸线向内延伸的五百公里范围全部属于该总司令管辖,管辖时间预定三年。

该法案一经提出,元老们幡然醒悟,他们过去对庞培那些不理解的问题,现在都有了答案。

为什么庞培一当上执政官就要废除苏拉宪法中那些重要条款? 显然,庞培已从争取举办凯旋仪式以及当选执政官等一系列事情中得出结论,他要继续从贵族派那里得到好处的可能已越来越小,相反,贵族派对他的行为限制只会越来越大。而平民派可以给他一切他所希望的。

可苏拉宪法已像镇住孙悟空的五指山那样,紧紧地压住了平民派。如保民官的法案创制权被废,保民官就再也无法利用法案来与元老院抗衡,罗马城内的三十万平民也就没有了市场,最多也就是胡言乱语一通了。

然而,只要废除了苏拉宪法,一切又会发生翻天覆地的变化,庞培只要能与保民官联手,只要能有三十万流氓无产者的支持,他就无所不能。这就是庞培不顾一切废除苏拉宪法的答案。

废除了苏拉宪法,既可拉拢保民官,又可在平民中建立声望,一箭双雕。

元老们明白了，庞培当初极力恢复保民官的权限，就是在为今天的提案打伏笔。

保民官盖比尼乌斯曾是庞培的财务官，他与庞培之间建立了特别紧密的义务关系，这是众所周知的。尽管提案中没有提及庞培的姓名，但所有人一看就明白，这次提案是为庞培量身定制的，甚至所有的数据也都是庞培交付给盖比尼乌斯的。一个保民官根本不可能掌握如此多的数据，即便有了数据也是不得要领的。

所有的问题已如此明显，如果元老院同意这一法案，这就等于将全国的管理权限全部交到庞培一个人手中，庞培可以根据这一法案，随意支配任何一个行省，以及意大利的任何一个地方。他的军费开支是无底线的，时间说是三年，事实上也可无限延长。这样的权限实际上远远超出了当年独裁官苏拉的权限。这是一种变相的夺权，变相的做王。

一时之间，元老们变得异常激愤，元老院只有一名元老支持，其他元老一致表示反对，如此激烈程度是难以想象的。

在所有的反对声中，执政官庇索反对得尤为激烈。

他警告庞培，如果他无视元老院的权威，试图成为新的罗慕路斯，那么他将获得与罗慕路斯相同的下场。

据记载，一些元老竟当场试图去掐死盖比尼乌斯，盖比尼乌斯挣脱后逃出了元老院，并立即煽动大批平民前去攻打元老院。

当那些平民赶到元老院时，恰逢元老院会议结束。元老们刚走到门口，那些平民直冲过来，又打又砸，并抓住了执政官庇索，一顿暴打。

盖比尼乌斯感到，这样打下去，庇索必死无疑。事情到了这一步，他发动政变的罪名是逃不掉了，格拉古兄弟的结局就是他的结局。

他赶紧喝住那些暴民，他声称给庇索一点教训，点到为止即可。

庇索总算逃过一劫。

面对如此混乱的局面，庞培始终不置一言，倒像一个局外人。第二天，他索性离开了罗马,外出逍遥去了。

庞培走了,问题却留了下来。

此后,在公民大会上,一些元老还想作最后一点努力,当时威望最高的前执政官卡图卢斯上台再次重申他的反对意见:没有人能够连续执行如此多的任务,而且过多的权力集中在一个人的手中,这对共和国来说是极其危险的。

然而,那些街头无产者根本不去理会那些理性的忠告,他们的逻辑很简单,庞培恢复了他们的权力,他们则投桃报李,因此,再多的反对也是徒劳,法令最终还是通过了。

很显然,元老院的统治地位实际上已被罗马城内的三十万流氓无产者取代。

好在此次庞培的大动作,只是让元老院虚惊一场。庞培仅仅围剿了三个月,就大功告成了。

这样一来,那些元老们反而有些糊涂了。

庞培究竟在玩什么花样?

对于这个问题,蒙森的分析还是一针见血的。

"攫取王冠,庞培不缺少别的条件,所缺少的只是真正王者的胆量。他既想做忠实的共和派,又想做罗马的主人,态度不明,意志不定,表面上自夸独断专行,骨子里却是易于驾驭。这是命运给他的一次大考验,他没有及格。"

庞培确实不想当王,但他要权力,要荣誉,而且为了获得权力,他可以不择手段,不计后果。他不像苏拉那样,对共和国有一种特别的情结。他没有这方面的欲望,他对共和国的认识仅限于文化层面。

对于庞培来说,共和国只是一种象征符号。或许他认为,只要没人宣称当王,这就是共和国了。所以他自认为他是维护共和体制的,他不是独裁党而是共和派。

正是出于这种古怪的心态,他一方面解除了共和国进入危急状态的警报,另一方面又不断地惹出一些令人反感、令人恶心的新花样。

也就在这一年,在庞培尚未全面结束围剿海盗之时,他的合作伙伴保民官又提出了新的法案,法案建议庞培全面接管卢库鲁斯的西里西亚军事指挥权。

卢库鲁斯遭包税商弹劾,先后失去了总督职务和军事指挥权,由于没人接棒,卢库鲁斯还一直在那里维持着。元老们本来已有一种强烈的兔死狐悲的感觉,更何况他们感到此事对于卢库鲁斯本身就是一桩极不公允的事。

现在庞培再次乘火打劫,在卢库鲁斯与米特拉达梯作战进入尾声时横插一杠,窃取战争的胜利果实。不仅如此,庞培一面鼓动保民官提出相关法案,另一方面却又装出极其无辜的样子。他放风说:他不想接受这个指挥权。他希望和妻子一起享受家庭的宁静生活。

其实,元老们早已习惯了庞培的这种口是心非,他们为卢库鲁斯感到不平。或许因围剿海盗一事让他们放心了不少,因此,此提案尽管令人反感和愤怒,但在公民大会上,倒也没有什么特别的反对声音。提案通过时,更没有出现什么大的波澜。

不过,让作为当事人的卢库鲁斯心平气和地接受这样的事,也实在是不可能的。

卢库鲁斯自公元前73年出任西里西亚总督后,即开始与米特拉达梯交战,至今已有整整七年,该收复的领土也已基本收复。然而近几年,他的权力却在被不断剥夺,他所攻下的那些地区也被一个接一个地划归其他行省管辖,最后竟剥夺了他的一切权力。

在庞培前来接管时,卢库鲁斯尽管心里十分伤感,但依然想以十分绅士的方式作交接。据记载,卢库鲁斯看到庞培的权标上装饰的月桂叶已枯萎,他让侍从送上新摘的叶子给他们更换,从而看上去生气勃勃。

他们最初的谈话也能保持礼仪,彼此肯定对方的作战与成功。

可当他们的谈话进入实质性的讨论时,庞培直截了当地表示,卢库鲁斯之前所颁布的政策将被全部废弃,此后的一切也均与卢库鲁斯无关。这实在是句相当无脑的话,是莫名其妙的挑战。

卢库鲁斯再也忍不住心中的愤恨,他直接指责庞培就像一只腐食的兀鹰,停立在别人所杀的尸体上面,把战争的遗骸啄得七零八落。

其实,卢库鲁斯早就知道庞培会这样做,他被撤职的根本原因就是他得罪了高利贷者和包税商,此次庞培取代自己,就是要恢复包税商的权利。

如果庞培不谈这些事,他肯定不会自找没趣去谈这些问题,在交接中,大家面子上过得去也就可以了。可庞培偏偏是个对政治文化一窍不通的人,他以为,既然交接,那就要把一切都讲得清清楚楚。

庞培的这种做法,等于是在卢库鲁斯的伤口上撒盐。卢库鲁斯感到自己是在当众受辱,他由此联想到庞培专门在关键时候摘取别人胜利果实的禀性,卢库鲁斯气愤至极。

卢库鲁斯进一步指责庞培将与塞多留和斯巴达克斯的战争成果全部据为己有。他声称:在与塞多留的战争中,如果没有梅特鲁斯的胜利,哪会有庞培的所谓胜利,更不要说斯巴达克斯一战了,庞培部队打败的只是几个逃离战场的残兵败将,这也能称为战胜了斯巴达克斯?

而庞培则反唇相讥,称卢库鲁斯的会战只能算是舞台表演,讲究耀人眼目的排场,陈腐而且迟缓,一无是处。

他们两人彼此怒斥对方,痛快似乎也痛快了。但两人互斥的内容传到罗马后,庞培所受的伤害要远比卢库鲁斯更大。

人们历来习惯于同情弱者,卢库鲁斯已经被解职,再多加一些指责已无多大的意义。相反,庞培则处于事业的顶峰。并且卢库鲁斯的指责,又有相当的事实依据,因此,这些指责对庞培的杀伤力就相当大。

贵族派对庞培本来敌意就很大,听到了卢库鲁斯对庞培的那些指责,即刻兴奋异常,到处绘声绘色甚至添油加醋地加以传播。

面对沸沸扬扬的舆论，平民派也开始趋于冷静，他们本来就是实用主义者，没有永久的敌人，更没有永久的朋友，只有永久的利益。他们开始担心庞培利用他们达到目的之后，再往前走一步，寻求永久的独裁。

这对于平民派来说，同样是一场灾难。

平民派越来越担心，此次庞培回来后，他将以什么样的身份回来，是以独裁者还是王者的身份？如果这样，他们的好日子也算是到头了。

但此次庞培的行为又让所有人大跌眼镜。

在与米特拉达梯的战争结束后，罗马民众越来越坐立难安。

据记载：庞培将从米特拉达梯返回的消息传到罗马时，各种各样有关庞培的谣言立即散布开来，说庞培要率领大军直抵罗马城，建立一个唯我独尊的专制政权。这些传言在各阶层激起了轩然大波，而反应最强烈、行动也最快的是克拉苏，他立即带上他的子女和财产离开了罗马。

然而有意思的是，庞培此次回来，似乎是有意要颠覆人们对他的感观，他一登上意大利的土地，就马上召集部队，发表演说向士兵们告别，并特别叮嘱大家，离开军营后一定要回到自己的家乡，但务必不要忘记在凯旋式上大家再次相聚。

这是罗马军队归国后的标准模式，一进入意大利本土，立即解散部队。

此消息传出后，最初城市民众并不相信，以为这是谣言，然而，当他们看到庞培通过田野时，后面并未有武装部队相随，只有一小群贴身幕僚时，民众立即倾城而出，向他表示敬仰和拥戴，并一路陪伴和追随他抵达罗马，声势之大远远超过了解散的军队。

普鲁塔克评论说："如果他想要对国家进行改革或者别有用心，可以说不费吹灰之力。"

但庞培只是一个将军，一个喜欢荣誉的将军。他不是一个政治家，也根本不懂那些政治技巧。

就像他去米特拉达梯接管卢库鲁斯的部队，作为胜利者，他完全没必要去刺激卢库鲁斯，最后成了自找没趣。当然，也彻底破坏了卢库鲁斯的心情。

绝望的卢库鲁斯

卢库鲁斯回到罗马后,性情大变,他不再关心罗马的政治。贵族派曾恳请他重新出山,重振江河日下的元老院。卢库鲁斯坚决不同意,他甚至连元老院会议也懒得参加。

可若干年之后,元老院吃惊地发现,卢库鲁斯不知从什么时候开始特别热衷于饮食消费,而且这种消费极为夸张,极度奢糜。

外面还盛传,他曾用五百个黄莺的舌头做一盘菜。有一次,他独自一人用餐,厨房里只给他上了几盘菜,他立即将管家召来责备,管家解释说,今天没有客人,所以没有特别费心去准备。卢库鲁斯当即大声说:"什么!今天是卢库鲁斯请卢库鲁斯吃饭,难道你不知道?"

对卢库鲁斯而言,是否浪费,浪费多少,不是他考虑的事,他唯一考虑的是如何才能开心。

西塞罗是卢库鲁斯的好朋友,他搞不清卢库鲁斯为何会变得如此夸张,并且夸张到了这种地步。

一天,西塞罗和卢库鲁斯两人在市民广场散步,西塞罗很想知道,卢库鲁斯的饮食是否真的像外界所传闻的那样奢糜得离谱。

西塞罗对卢库鲁斯说:"我们今天想与你一起用餐。"卢库鲁斯答道:"一点问题都没有,但要做一天的准备。"西塞罗说:"不要作任何准备,也不要告诉厨房有客人,我们就是想看看你在家里平时吃些什么好菜。"

卢库鲁斯答应西塞罗不作任何准备,他只是简单地吩咐身边的奴仆,今日午餐在阿波罗厅。西塞罗不清楚,在卢库鲁斯家里,有好几个不同档次的餐厅。各餐厅的菜谱是根据档次相对固定的,而阿波罗厅是所有餐厅中档次最高的,卢库鲁斯指定阿波罗厅,这就意味着,在中午,西塞罗吃到的是卢库鲁斯家最高档的菜了。

这顿午餐,据普鲁塔克记载,价值约在一万五千德克马拉,超过社会上最高档的餐馆中最高酒宴价格的一倍,根据当时法律规定:所有的衣服、车辆、女性的饰物和家具,只要单价超出一千五百德克马拉,税率以百分之十计算。然而,这顿午餐则是该标准的十倍。

最令西塞罗吃惊、感到不可思议的不在于费用,而是卢库鲁斯居然能在这么短的时间里,准备好如此豪华的宴请。当然,作为好朋友,西塞罗真正关心的并不是卢库鲁斯生活奢侈到了什么地步,令他感到困惑的是,卢库鲁斯为什么会走到这一步。在西塞罗看来,在他所有朋友当中,任何一个人变成了今天卢库鲁斯的样子,他都不会感到吃惊,唯独对卢库鲁斯,他无法接受这一转变。

卢库鲁斯确实变了。

卢库鲁斯的改变在于他无奈地接受了社会的残酷现实,他只是停止了他的抗争。

一直以来,卢库鲁斯始终与社会时尚格格不入,甚至普鲁塔克对他的行为也无法理解,他曾这样评论卢库鲁斯:

"其中最不可原谅的行为,就是他对于那些职权相等、阶级相同的人士,根本谈不上'合作'二字。他瞧不起当代所有的人物,认为他们都不够资格与他相提并论。"

这种瞧不起,当然也包括他的好朋友西塞罗。

如果卢库鲁斯这种瞧不起只是建立在自命清高、自以为是的基础上,这无疑是极成问题的。但如若这种瞧不起只是因那个时代所有人的价值观都已严重扭曲,唯独卢库鲁斯还保持着一些传统的纯真,那么他内心深处的这种瞧不起则是必然的,甚至可以说是难以避免的。

但正是卢库鲁斯的这种瞧不起以及这种不"合作",最终让他成了一个罗马时代的局外人,他想通过他的努力来改造罗马,但他最终发现,在巨大的社会思潮面前,他是如此渺小,如此不堪一击。他根本改造不了这个社会,他所能改造的只有他自己。

公元前74年,卢库鲁斯刚刚接任西里西亚总督。在上任接管军队后,他发现部队的状况非常恶劣,士兵过的是淫乱不堪的生活,他们除了抢劫,根本无力进行正常的作战。当地人把他们称为"费布里亚帮"的老兵油子。对于这些士兵来说,他们根本不知道什么叫纪律,也不接受任何管制与约束。据说,前任执政官就是被这帮人害死的。

放在卢库鲁斯面前的难题是,如果他无法将这帮兵油子镇住,他作为将军的职业生涯也就此结束了。但卢库鲁斯懂得,任何严厉的语言都不及一个微小的行动。

此后不久,卢库鲁斯的部队与本都国王米特拉达梯发生了一次小规模遭遇战,这帮老兵油子自然是一触即溃。

战后,卢库鲁斯立即召集全军,他命令将所有临阵脱逃的士兵全部剥光衣服,让他们赤裸着在全军将士面前挖掘一条十二尺宽的壕沟。同时,他警告全体将士,此次处罚,仅仅是一个警告。如果在下次战争中再发生类似情况,他将被迫恢复古老的十一抽杀法。

此后,卢库鲁斯的部队一路打胜仗。在罗马,卢库鲁斯已成为最出名的将军。但胜利越多,卢库鲁斯的困惑也越多。

卢库鲁斯军纪极严,将士打仗自然听命。

然而,打了胜仗之后,士兵唯一的希望就是卢库鲁斯放纵他们烧杀抢掠,而卢库鲁斯根本无法接受这种类似土匪的野蛮行径。对此,士兵的怨气自然不断增加。

平民党执政后,罗马的军纪开始败坏。到了卢库鲁斯时代,罗马的军纪已败坏到极点,可以说与土匪强盗并无多大区别。任何对外战争,一旦打赢,则必纵兵抢掠。这已成了部队的一种惯例,罗马的很多名将也难以免俗。所谓名将或非名将,区别在于部队战斗力的强与弱,而战后烧杀抢掠,似乎早已成了一种惯例。打仗不抢劫,不如不打仗。

卢库鲁斯现在的难题是,他可以用严刑峻法对付逃兵,但对于士兵抢劫的愿望却束手无策,他无法禁止罗马的这种军队文化。

在公元前 70 年,卢库鲁斯领军攻打被米都国王占领的原雅典殖民地阿米苏斯,阿米苏斯的驻军眼看守不住城时,守城的司令官竟下令纵火焚烧城市,他的目的很简单,一方面可以掩护驻城军出逃,另一方面不让罗马人得到任何战利品。

卢库鲁斯率领部队冲击城市后,他下令部队全体人员全力救火,但部队士兵竟无动于衷,他们只是用手中武器不断敲打盾牌,同时发出不满的喊声。士兵们的意思很清楚,除非卢库鲁斯同意他们在救火后抢劫,否则他们决不动手救火。卢库鲁斯救城心切,被迫同意他们救灾之后抢劫。

然而,卢库鲁斯每退一步,士兵们的要求则步步紧逼,甚至到了不是允许抢不抢的问题,而是抢多抢少的问题。

在向米都王国进军的过程中,士兵代表竟向卢库鲁斯提出公开质问。

> 为什么你夺取城市都让居民开城投降,不用强攻硬拔的方式,这样一来,怎么让我们靠着抢劫发财?的确如此,你现在把阿米苏斯留在后面,这是一个繁荣而富裕的城市,况且非常容易攻取,只要能够实施水泄不通的包围,城破以后让我们大肆洗劫,你就可以率领我们前往泰巴里尼人和迦劳勒底的旷野,与米特拉达梯决一死战。

到了这一地步,卢库鲁斯内心对这种军队抢劫文化再怎么抵触,也只能顺其自然,他只能想尽办法在战争中尽可能减少对市民的骚扰,让自己能够稍微心安理得一些。

据记载:卢库鲁斯带领部队,即使进入盟邦区域,也是在空旷的原野宿营,限制在帐篷里面不能任意外出。卢库鲁斯从来没有让他的军队进驻希腊联盟的城镇。

但如此做法不仅无法赢得士兵们的认可,反而进一步激化了他与士兵之间的矛盾。

卢库鲁斯感到很无助，毕竟他很清楚，军队文化是社会文化的一种侧面反映，当罗马社会伦理与社会文化整体崩塌时，军队文化怎么可能独善其中，他一个人又怎么可能顶得住罗马整体文化的颓废。

在第二次布匿战争之后，罗马人经过一轮新的文化洗礼，此后又经过一轮家庭财富的暴涨。罗马开始发生颠覆性的变化。

罗马人既不像大西庇阿时代那样狂热并且盲目地追捧希腊文化，但也不否定希腊文化，从而回归传统文化。

罗马人已对文学——无论是希腊文学还是罗马文学——完全失去了兴趣，更不用说那些高深的哲学了。

罗马人的兴趣转向娱乐和消费文化，罗马人要的只是开心。

什么能使自己开心，什么就是好的文化形式，社会大众议论的永恒主题就是如何快速获得新的财富。他们不需要情怀，不需要深沉，更不需要理想。当然，由此带来的最直接后果是价值观的彻底改变。

在罗马，文学不值钱了，与文化相关的文学创作人员以及各种技术人员就更不值钱了。

相反，那些原本备受政治歧视、连服兵役都被禁止的演员，他们的身价开始直线上升，其中反差最明显的是那些原本不登大雅之堂的艺人，或者说娱乐明星，他们的身价可以说是在暴涨。有人作过这样的比较，一个著名语法学家的身价大约在六十万塞斯特斯，而一个小有名气的艺人，每年则可收入五十万塞斯特斯，而在当时，成为一名骑士的财产标准起点是四十万塞斯特斯。另据记载：有一个著名艺人竟用五千万塞斯特斯买一名阉人。如此一来，娱乐明星的一举一动都成了社会关注的中心，同时，这些娱乐明星也成了社会的楷模，无论是儿童还是成年人，最向往的就是成为一名娱乐明星。

而与娱乐明星最相似的是厨师。

过去，罗马的厨师是最不值钱的，是最没人看重的奴隶做的事。但到了卢库鲁斯那个时代，烹饪在罗马人眼中成了一门艺术，成了一份高贵的职业。在当时,哪个贵族要是能够买到一个烹饪高手,就等于增添一份可以对外炫耀的资本。

只要主人对厨师的手艺满意,主人都会给厨师送上一份厚礼,既是表示关爱,也是防止厨师被别人挖墙角。

据记载,有贵族曾因高兴而送厨师一整套房子。

在这样的背景下,美食成了一种高雅文化。

宴会场所则被改造成了文化活动中心与政治交流中心。

那些豪华的宴会厅,天花板被画成天堂的世界,而地面则被认定为是冥界。

罗马人认为死者就长眠在餐桌下,用餐时掉落在地上的食物是亡人的食物,因此最初打扫餐厅被认为是对已故亡人的不敬。后来,罗马人在铺地用的马赛克上设计了食物的图案,才改变了饭后不打扫餐厅的习俗,但在用餐时打扫地面仍被禁止。

各类食客,一旦进入餐厅,犹如进入了一个特定的世界,上有天堂,下有冥界,而中间则是人世间。

食客们在餐饮中感受着整个世界,整个宇宙。由于餐厅的内涵在悄无声息中发生了巨大的变化,餐厅担负起了一种特殊的文化使命。进入餐厅的规则自然也越来越多,越来越细,越来越程序化、规范化,从而使餐厅的功能与这样的使命相吻合。

据记载,食客进入餐厅时必须先跨右脚,再跨左脚。进入餐厅之后,便有奴隶上前给客人洗手和洗脚。在完成了所有准备工作之后,所有人再按惯例祭酒奉神。等这一切庄严仪式结束之后,用餐才正式开始。

同样,用餐也是严格程序化的。第一道菜通常是餐前小吃,相当于今天的开胃菜,一般会有蔬菜、鸡蛋和橄榄。

第一道程序结束后,则开始上正菜,正菜至少有三道,第一道正菜是常规的,由用于祭神的肉做的,有时是一头猪或是牛肉,有时则是一只山羊。但从第二道正菜起,主人们则开始各显神通,较为一般的往往是野鸡、鹅、兔子以及鱼类等等。而那些新老贵族则挖空心思地品尝制作独特的菜肴,如把海鱼肝、野鸡和孔雀的脑髓,以及红鹤的舌头和鳝鱼的乳汁在盘中拌在一起吃,把猪乳房做成鱼、把动物肥脂做成鸽子、把火腿做成山鹑等等。

在正餐结束之后,罗马人的宴饮进入高潮,即进入第三套程序:酒宴。

中国人酒宴和餐饮是合为一体的,而罗马人则是将酒宴与餐饮完全分离,酒宴必须在正餐之后,在正式酒宴之前,所有宾客都要将手洗净并换上整洁的托加袍。通常,客人们还会戴上花环,涂上香水(据说戴花环主要是作为一种酒后治疗头痛的方法),然后进行祭酒仪式。

完成祭酒仪式之后,通常的情况是,宾客合唱一首献给神的颂歌,也可一个个轮流唱。之后酒宴正式开始,主客开始相互敬酒,直至烂醉。

那些贵族和有钱人每天都将大量的时间耗在宴会厅里。宴会时间往往从下午三、四点就开始,结束时往往已是子夜了,而时间更长的宴会则要持续到第二天凌晨。

那些食客为了能够连续进食,想出五花八门的消食方式。一种方式是用羽毛刺激喉咙,从而引发呕吐,他们将胃中食物全部吐清后,再重新开始新一轮进食。另一种通用方法则是蒸汽浴,也即通过热蒸汽使自己大量出汗,以此来进行快速消化。

这些肆无忌惮的饮食方式,使罗马有钱人成了吃的动物,人们成天为吃而吐,又为吐而吃。罗马人已成了美食文化人。

面对整天醉生梦死的罗马人,卢库鲁斯极度不满,他曾想以希腊文化来拯救罗马,改造罗马人。

从某种程度上讲,卢库鲁斯更愿把自己视作一个文化人而不是军人。卢库鲁斯年轻时就酷爱希腊文化。

普罗塔克在他的传记中记载了这样一段他年轻时的小插曲:"有一天他与演说家贺廷休斯和历史学家西森纳开玩笑,说他要写一部马西人的战史,不知是用希腊韵文还是拉丁散文好,倒是可以用抽签来决定。他们听了以后要他说话算数,抽签的结果是用希腊文。结果,他写的这部战史现在还是传世之作。"

在战争中，卢库鲁斯更是将对希腊文化的偏好转换成了对希腊人的关爱。前面曾提及罗马攻打原雅典殖民地阿米苏斯。当罗马人占领了阿米苏斯之后，卢库鲁斯立即召集所有幸免于难的希腊人，向他们提供所需的衣物，并且每人分发二百德拉马克，然后再将他们全部安全送回故乡。

当然，卢库鲁斯主要的关注点还是在希腊文化上面。他命令士兵，凡在攻陷的城市中，一旦发现希腊文本，不论品质好坏，一律上交。由此，他收集到了不少希腊手抄本精品。

此后，他又在自己居住的别墅旁边，建立了一座有相当规模的私人图书馆，四周芳草绿地，一览无余，回廊围绕，可供读者休闲、讨论。卢库鲁斯将那些收集到的手抄本全部放在里面，供公众自由阅读。任何人都可自由进出图书馆的回廊和阅览室。

卢库鲁斯是个希腊文化的爱好者，但他反对罗马早期将希腊文化不分优劣地全部引入，更反对像老加图那样，将希腊文化视作洪水猛兽，拒之于千里之外。

在他看来，任何文化都不可能完美无缺，精华与糟粕永远共存。有些人看到精华就以为一切都是精华，或者看到糟粕则断定一切都是糟粕。这两种极端的思维方式其实并无本质差异，都带有极大的盲目性，对罗马的发展，无异都是有害的。罗马人要做的，事实上就是留下希腊文化中的精华而去除其中的糟粕。他认为，如果罗马人能够做好这样一件事，那对罗马来说是功在千秋的。

因此，卢库鲁斯经常将一些希腊哲学问题作为辩论主题，邀请各类学者参与辩论，尤其是那些对社会明显有害的命题，卢库鲁斯则利用辩论的形式来对其进行批判。

这样一来，卢库鲁斯的图书馆成了希腊学者的天堂，而那些前来访问罗马的希腊文人，则把卢库鲁斯的居所当成聚会的公共会堂。

　　但卢库鲁斯逐渐发现,这个图书馆内的各样辩论,以及对是非善恶的引导,看似热闹非凡,实则犹如茶杯里的风浪,根本无法对罗马社会的整体文化氛围产生丝毫影响。

　　任何人,如果他的愿望与他面对的现实相差太远,这不仅意味着一事无成,而且还意味着残酷的现实必将给当事者带来难以愈合的心理创伤。

　　但即使面对这样的一切,卢库鲁斯依然没有被彻底击垮。

　　而真正给予卢库鲁斯致命一击的是他身边的人,是他亲属的无底线行为。

　　卢库鲁斯的妻子是克洛狄乌斯的家族成员,他的妻兄克洛狄乌斯曾在卢库鲁斯的军队里担任下级军官,他一直希望通过卢库鲁斯的关系飞黄腾达。但卢库鲁斯则因其无军功而不肯予以提拔,他认为不能因私而破坏规矩。对此,克洛狄乌斯极度不满,他认为卢库鲁斯是存心让其难堪。

　　于是他在军营里到处散布说卢库鲁斯只关心自己的名声,不顾士兵的死活。他告诉士兵,罗马的任何部队都不会像卢库鲁斯的部队那样艰苦,将领也更关心士兵的生活。

　　据普鲁塔克记载,卢库鲁斯部队的军纪变坏,事实上与克洛狄乌斯的不断煽动有直接的关系。

　　但令卢库鲁斯痛彻心扉的远不是他妻兄的这些小动作。

　　卢库鲁斯离开部队回罗马后,他惊讶地发现,他妻子在罗马早已是恶名远扬,甚至与她的兄长克洛狄乌斯也有暧昧关系。

　　而卢库鲁斯对此又毫无办法。

　　在早期罗马,卢库鲁斯妻子的所做所为是要被处死的。

　　那时的妇女相当保守,出嫁之前,她们受父权约束,出嫁之后,她们又受夫权约束。当子女尚小时,她们协助丈夫管理家庭、培养子女。历史学家塔西佗曾这样介绍罗马早期社会母亲在培养子女过程中的角色:"在古代每一个受人尊敬的孩子都不是在奶妈的房屋里长大的,而是在他们母亲的膝下。照料家务和照顾孩子是她最大的荣耀。"因此,相夫教子、尽职尽力的母亲是那个时代妇女的写照,而罗马妇女也将其认作一种天职。

在那个时期,如果妻子不守妇道,与人通奸,作为丈夫,有权将其处死。这也是当时所谓的夫权内容之一。

但在第二次布匿战争之后,随着社会财富的猛增,罗马妇女再也不甘心呆在家里,相夫教子,纺纱织布。

据记载,第二次布匿战争结束后,仅过了四年,罗马妇女就集体上街游行,她们包围元老院,请求元老院废除约束妇女行为的奥亚匹法。

奥亚匹法是在第二次布匿战争开始后不久,罗马人面临坎尼会战的惨败,家家都在为战场上失去亲人而哭泣这样一个背景下出台的。该法案规定,任何妇女不得佩戴半温斯(1温斯相当于0.91盎司)以上的金器,衣着必须朴素,色彩必须单一;在罗马城内和外省城镇内以及离城一里以内的地方,除公共祭祀以外,一律不得乘坐马车。

元老院当时出台该法的目的,主要是让穷人不因自己衣衫寒酸而无地自容,而富人们也不能奢望自己的服饰高于别人。在当时,几乎所有人都拥护这一法案,也自觉执行该法令。

但第二次布匿战争结束后,随着社会财富的迅猛增加,以及大批奴隶进入罗马社会,尤其是当罗马妇女看到战俘身上的华丽服饰,这使她们感到,自己作为主人反而相形见绌。她们认为,当初制定此法,是因战争需要,因此,所有妇女都无条件地支持这一法案。但现在,时过境迁,战争已经结束,继续执行这一法案显然是不合时宜的。战争胜利了,男人们要享受战争胜利的果实,同样,妇女们也应得到相同的回报。

老加图对此很反感,他认为,妇女们要佩戴黄金饰品,穿华丽服装,宗教节日与平时都乘马车穿过市区,像庆祝胜利似的,这些都是为了享受更奢侈的生活。

但面对来势汹汹的妇女运动,元老院只能步步退让,准备废除该禁令。据记载,针对这个情景,有两个保民官准备行使他们的否决权。消息传出之后,大批妇女立即包围了他们两人的家,声称如果他们不撤回否决就不离开他们的家门,最终这两个保民官也只得屈服。

罗马妇女在突破了一系列禁令后,又开始流行无夫权婚姻。这种婚姻的特点是女子依然属于原来的父系家族,同时她在丈夫家仍然具有母亲的身份和资格。但是,如果妻子受到丈夫的虐待,便可以申请颁发"接回子女状",回到自己本家。

但一段时间之后,罗马自由民的离婚案开始急剧增多,有人甚至当天离婚又结婚。许多公民不愿结婚,但又并非禁欲,只是为了逃避责任。一些女性则索性公开反对结婚,反对生子。

紧接此后的现象是,一些有文化的妇女开始倡导性自由,并宣称性欲与食欲一样,是人的一种极其正常的欲望,满足这种欲望是一个社会文明进步的表现。随即,妻子出轨成了社会的普遍现象,而良家妇女卖淫也成了社会中一件十分平常的事。

任何事物,一旦形成风气,一种社会理念,如仅仅试图以几个法律文本来解决问题,往往是徒劳的。

在当时,尽管元老院三令五申禁止贵族妇女卖淫,但是仍旧难以阻止她们为性爱自由而自愿做妓女,一些贵妇人偷偷穿上妓女的衣服去妓院卖淫。甚至一些贵妇人为逃避法律制裁,竟然主动放弃贵妇人地位,公开宣布自己是妓女。

古罗马诗人朱维纳叹息道:一个好妻子,如同黑天鹅一样少见。但另一位古罗马诗人奥维德却认为:一位关注妻子通奸的男子是一位令人生厌的人,因为他不懂得罗马的社会习俗。

古罗马著名诗人普罗佩提乌斯写过一首诗来描写那个时代:

> 在这淫荡的世界谁还去问:
> "她怎么发财的?

　　谁给她钱？

　　为什么给她钱？"

　　啊，罗马，

　　如果只有一个女人违反道德准则，

　　这一代人将站起来称你为有福之人。

　　在我夫人之前，莱斯比娅已经堕落，

　　而且无所畏惧。

　　如今模仿她，肯定少受诅咒。

　　最近来了个老实的傻瓜，

　　要寻找高尚的农民老祖宗。

　　然而要我们的女人清清白白，

　　简直比抽干翻腾的大海，

　　摘取天上的星星还要难。

　　那是农神治理天下的黄金时代，

　　当人间遭受洪水灾害，

　　丢卡利翁上亚拉腊山之后，

　　请问哪个丈夫的床上还有清白女子！

　　卢库鲁斯是个传统的人，对他妻子的行为很愤怒，但他发现这种行为已是这个社会的常态，他又能怎样？他只能选择离婚。

　　此后，为避免重蹈覆辙，卢库鲁斯再次结婚的对象出自当时罗马家教最严的家庭——老加图的曾孙女、小加图的妹妹塞维利亚。

　　或许卢库鲁斯认为，即使罗马的社会风气问题再多，但在老加图的传统家风熏陶下，他的后人怎么也不可能再出现类似的问题，更何况他还是小加图的朋友。

　　卢库鲁斯并不了解塞维利亚，但他了解小加图，小加图与克洛狄乌斯两者素质可是天壤之别。

　　卢库鲁斯认为，小加图和塞维利亚出自同一个家庭，接受同一种家庭文化的熏陶,即使她不能像小加图那样优秀,至少也不会太放荡出格。

但卢库鲁斯仍然是想当然了。卢库鲁斯娶了塞维利亚之后,不久就发现塞维利亚与他前妻相比,除了没有与其兄弟通奸,其他的恶行应有尽有。

面对这样的恶妻,卢库鲁斯近乎崩溃,最初,卢库鲁斯还碍于小加图的脸面,希望能够得过且过,但这场想象中的美好婚姻最终还是得不到善终。到了此时,原本洁身自好的卢库鲁斯,他的内心支撑已经完全崩塌。

从军队文化到社会文化再到家庭文化,对所有这一切,卢库鲁斯都格格不入,他失去了对社会的任何信任,他已经完全看不懂近在眼前的罗马世界。

应该说,塞维利亚只是压垮卢库鲁斯的最后一根稻草。卢库鲁斯对罗马的未来不再抱有任何希望。他已经看到罗马这艘巨轮开始下沉的迹象。

卢库鲁斯无力改造社会,他只能改造自己,他把自己改造成美食家,以此来消磨时间,麻痹自我。

对卢库鲁斯来说,罗马的党争,罗马的生活,一切都已毫无意义。

苏拉最好的门生卢库鲁斯,他的结局是悲惨的,他疯了,或许,变为疯子是他最好的出路。

第2章/火中取栗

　　苏拉走了,悖论却留了下来。

　　凯撒为了有朝一日能独裁,特立独行,广泛结交。

　　西塞罗为了确保共和体制正常运行,更为了自身荣誉,不惜制造阴谋。

　　以阴谋方式来维护共和,伤害最大的恰恰是共和国本身。

　　而阴谋本身只会制造更大的阴谋,或许这是西塞罗阴谋的副产品。

　　凯撒秘密牵手庞培和克拉苏,建立三头政治,元老院被彻底架空。

凯撒与克拉苏

　　卢库鲁斯看破了红尘世界的一切。

　　但庞培正好相反,他越来越迷恋红尘世界中的一切,为了名誉与地位,他不惜要弄各种阴谋,通过这些阴谋,他确实达到了他的主要目标。在罗马,庞培的权势无人可比。

　　但要阴谋与掌控国家政治毕竟不是一回事。要阴谋者的最大特点是格局小,凡事斤斤计较,而善于掌控国家政治者的最基本特征则是追求长远和整体利益,大处着眼,小处着手,并且不在乎一时一地的得失。

　　掌控国家政治是要有悟性的,政治不是一种标签,不是一种口号,不是一种姿态。显然,庞培缺少这方面的悟性,或许是因年轻时太顺,少有挫折,少挫折则少思考,或许这也是中国那句古话"少时了了,大未必佳"的写照。

　　因此,他很难理解那些复杂的政治问题。可他不懂并不等于所有人都不懂,而且有人还会从他的不懂中汲取养料,最终他的所有一切都成了滋养别人的肥料。

就在庞培与元老院斗得你死我活时,元老院中一名年轻元老凯撒自始至终站在一旁冷眼旁观。

他一面旁观,一面盘算着在这样的乱局中,怎样做才能脱颖而出。当保民官盖比尼乌斯提出有关组建权力无边的围剿海盗指挥部时,整个元老院被激怒了,元老们声称决不会让这一法案通过。

然而此时,凯撒似乎找到了感觉。

在元老院对此问题进行内部表决时,凯撒公开表示支持这一法案。在元老院五百多名元老中,他是唯一支持该法案的。

元老们对凯撒的做法自然不会说什么,这是他的自由,或许元老们早已习惯于凯撒的另类行为方式,毕竟凯撒的身世过于奇特。

有意思的是,凯撒的早年身世与庞培的早年身世正好相反。凯撒的早年身世极度跌宕起伏。

凯撒出身于显赫的贵族世家,这个贵族世家可以上溯到特洛伊王子埃涅阿斯及其生母维纳斯女神。但近半个世纪以来,在凯撒的直系亲属中竟无一人出任过执政官一职。这显然与他家族的声望名不副实。

在凯撒出生前,他姑姑就嫁给了马略,他的家族以及他自身的命运也随之发生了根本性改变。

凯撒出生于公元前 100 年 7 月 12 日,正是在那一年,他的姑夫马略与保民官萨图宁相互勾结,第五次当上了执政官。次年,在凯撒两岁时,马略因萨图宁事件黯然离开罗马。

公元前 91 年,凯撒九岁时,罗马同盟国向罗马发起全面进攻,罗马进入危急状况。

公元前 88 年同盟国战争结束,此时凯撒已十二岁,也就是在这一年,马略再次与保民官波普里乌斯勾结,采用非法手段取代苏拉出任远征米特拉达梯司令一职,此后,苏拉率军攻入罗马城,马略逃往阿非利加。

公元前 87 年,凯撒十三岁,马略与秦纳杀回罗马,在罗马实行恐怖大屠杀。

公元前 86 年,凯撒十四岁,马略第七次出任执政官,但上任后不久,因恐惧而死。

公元前 84 年,凯撒十六岁,娶秦纳女儿为妻。也就在这一年,凯撒的父亲在一个早晨突然猝死,其岳父秦纳则在兵变中被杀。

公元前 82 年,凯撒十八岁,苏拉打回罗马,以宣告公敌的形式大批屠杀政敌。凯撒虽然谈不上是苏拉的政敌,但他是苏拉两个头号政敌的亲属,形势对他极其不利。

凯撒

好在苏拉开始并未特别在意凯撒,只是提出了一个简单的要求,即凯撒必须与秦纳的女儿离婚,这也是一种表明与秦纳划清界线的做法。或许苏拉感到,对于这样一个小孩,只要做到这些也就可以了。但令苏拉大感意外的是,凯撒居然表示不肯离婚。

凯撒的表态大大刺激了苏拉,苏拉对凯撒的看法瞬间发生了改变。

后世不少人认为,凯撒作出此举动的内在原因是他对爱情的忠诚,其实在那个时代,无论男女,很少有人对爱情十分忠诚的,尤其是在上层社会,婚姻只是一种政治工具,或者说是一种政治取向,而不是感情的果实。凯撒同样也不例外,更何况,比起一般人,凯撒还更风流一些。

也有学者认为,凯撒认定苏拉掌控罗马是师出无名,拒绝苏拉的提议无非是借此向独裁者发出挑战,以换取敌对阵营的认同。这更是一种事后诸葛亮式的臆想,没人会傻到以命来搏取一个完全不知道从何而来的名声。

对于苏拉来说,如果凯撒只是纠结于爱情,或者说是执着于爱情,苏拉大可一笑了之,任何一个政治家不会关注爱情的是是非非。

但苏拉从凯撒的拒绝行为中,不仅看到了凯撒对权威的反抗,也看到了凯撒那种决不受人摆布的独立性格,这种独立性哪怕生命受到威胁也决不妥协,这样的人,如果再才气过人,那将是极其可怕的。

凯撒立即被宣布为不受法律保护的对象,也就是说成了人民公敌,人人可得而诛之。他的财产和妻子的嫁妆即刻被全部没收。

此时的凯撒虽然年少,但他在作出这一决定时,他就清楚,这样的表态无疑是在找死。他不等苏拉反应过来,立即躲了起来。

然而,尽管他整天东躲西藏,还是被搜查的士兵抓住了,好在那些搜查的士兵也就是为了赏金。

凯撒拿出两个塔伦的巨款行贿他们的百夫长,在那时,两个塔伦相当于一个士兵一百年的工资,估计要远高于苏拉给他们的赏金。

凯撒获得了自由。但这个自由仍然不是真正意义上的自由,一个百夫长受贿放过了他,其它没有受过贿赂的依然要抓他。只要他还是人民公敌,他就会继续被通缉。

历史有时真的很有意思,凯撒的父系亲属是苏拉的死对头,而凯撒的母系亲属却是苏拉的得力干将。

凯撒的母亲立即行动起来,她一方面拜托她的堂兄科塔以及雷必达出面斡旋,他们都是苏拉的重要部将,另一方面则请维斯塔贞女出面帮凯撒说情。

由于维斯塔贞女的特殊地位,这些贞女一般不会轻易为人说话,凯撒的母亲能搬出维斯塔贞女作说客,本身也说明了其能量非同一般。

对科塔、雷必达及维斯塔贞女的先后劝说,苏拉只能作出让步。据说,苏拉当时的表态是,"你们要提防那个不把腰带系紧的小子。"

　　青年时代的凯撒穿着喜欢不拘一格，在人群中往往特别引人注目。当时元老的常规穿着是短袖短袍，白底且带有一道紫色条纹，穿这种短袍一般是不系腰带的。

　　但凯撒的短袍却是长袖的，袖子一直到手腕处，袖口还有流苏。他还别出心裁地给自己的短袍配了腰带，并且刻意将腰带束得非常松。

　　苏拉就是用他穿着的典型特征来指代凯撒。"但是请记住，就我个人来说，你们请求赦免的那个人，损害了我们的统治，他比马略更危险。"

　　当然，这样的说法，难免不包含夸张的成份，这种话语的潜台词无非是，我同意放过这样的危险人物，是给足了你们面子。

　　凯撒安全了，可以留在罗马。

　　但经过此事，凯撒变得更为谨慎，他并未留在罗马，而是去了亚细亚行省从军。

　　公元前 78 年，苏拉去世，凯撒的亲戚雷必达在当上执政官后公开反对苏拉宪政，原平民派的流亡人士大规模返回罗马城，并形成了相当声势的复辟运动。

　　当时，凯撒也返回了罗马。

　　由于雷必达与凯撒家族原来就有一种较为特殊的关系，雷必达邀请年轻的凯撒加入他的阵营，并许诺让凯撒出任高级职务。

　　按常理，凯撒无论如何都应是个坚定的平民派，况且，雷必达也有恩于他，他理应与雷必达同舟共济，全力支持雷必达。

　　然而凯撒所经历的大喜与大悲远多于一般人，他的特殊经历决定了他的早熟。或许是他从平民派与贵族派的不断斗争中，看到了两派各自的不足，而相对于贵族派来说，平民派自身的问题远多于贵族派，前文谈到过所谓的平民运动，只不过是一些权贵将平民作为手中的工具，来达到自己获取权力的目的，这种没有明确目标的运动，显然很难成就大事。

　　对于凯撒而言，他同样会利用平民派，但他决不会轻易将自己直接绑上平民派的战车，与平民派同生死，哪怕平民派给他再多的好处。

凯撒婉言谢绝了雷必达的邀请,他宁愿走正规的晋升之路。

公元前 70 年,凯撒已三十岁,按苏拉宪法,他有了竞选财务官的资格。凯撒遵守竞选规则,一次竞选成功。

凯撒在当了一年的财务官后,第二年,他按规定成了一名最年轻的元老。

到了公元前 67 年,保民官盖比尼乌斯提交有关围剿海盗法案时,凯撒三十三岁了,他已做了一年多的元老,对元老院的行为准则也已相当熟悉。但凯撒考虑问题的方式决不会按元老院的习惯思路去做,更不会人云亦云。

用现代话语讲,凯撒奉行的是机会主义路线,哪一种行为方式有利于他未来的发展,他就采用哪一种行为方式。他要的是以最快的方式成名,掌控最大的权力。至于那些虚无飘缈的概念化的东西,他毫无兴趣。

当所有的元老都对保民官盖比尼乌斯的提案义愤填膺时,凯撒却从中看到了机会。

此时的凯撒,在元老院中可以说是资格最浅的小人物。要让庞培这样的大人物注意到自己,实在不是一件容易的事。

凯撒感到,此次对保民官法案的表决是他最佳的自我推荐机会。

凯撒投出了元老院中唯一一张支持法案的赞成票。

凯撒当然知道,仅凭这一张赞成票,对帮助庞培获得权力毫无作用。但正是这张赞成票的唯一性,才会使它有特殊价值,才能引起庞培的注意,这就是凯撒要的效果。

凯撒让元老院全体元老的反对成了他向庞培自我推荐的陪衬。

然而,出乎凯撒意料的是,凯撒与众不同的行为方式,不仅引起了庞培的注意,也引起了克拉苏的注意。

其实,当凯撒千方百计地想引起庞培的注意时,克拉苏同样也在关注着一切与庞培有关的事情。克拉苏关注庞培的原因与凯撒的用意正好相

反,克拉苏是庞培的政敌,尽管在公元前 70 年末,在他的执政官任期即将
到期时,他在大庭广众中主动向庞培示好,庞培也表示接受。

那天,克拉苏与庞培共同参加一个市民集会,会上,一个骑士身份的
市民突然跳上讲坛,声称朱庇特托梦给他,命令他在集会上向大家报告,
要让两位执政官在交班下台前恢复友谊,这是所有公民的责任。

那位骑士一讲完,台下的人立即高呼起来,请两位执政官和好。

此时,庞培站在那里极为尴尬,一言不发,而克拉苏则向庞培伸出手
说:"各位同胞,要是我先向庞培致敬表示友善,我一点都不会感到自惭或
羞愧。当庞培还是少年时,他就被各位封上'大将军'的头衔,即便在元老
院还没有席位时,就已获得举行凯旋式的荣誉。"

此后,克拉苏与庞培似乎一笑泯恩仇。但这无非也就是嘴上不斗了,
心里并没有和好。江山易改,本性难移。

克拉苏对庞培的一切始终极其关注,他要把握庞培的一切动向,他
希望自已在某些方面能超越庞培。克拉苏知道,在战场上已无法与庞培
比拼。庞培领导的对外战争一场接着一场,而自己好不容易打赢的斯巴
达克斯战争,却因莫名奇妙的恐惧,到口的肥肉,最终又给庞培分去
不少。

克拉苏只能将他的功夫下在罗马的人脉上。

在罗马这块神奇的地方,人脉与权力是相等的,获得了人脉也就获得
了权力。但没钱是不可能获得人脉的。

因此,克拉苏抓两手,一手赚钱,一手则是以钱换人脉。

克拉苏的第一桶金来自苏拉大清洗时期,那个时期,大多数人都将精
力放在报私仇上,他却将精力放在低价收买那些公敌的产业上。此后,他
又将他的奴隶组成一支消防队。

据说这是世界上第一支专业消防队。

在当时的罗马城内,由于人口众多,建筑物过密,经常发生火灾。但

克拉苏的消防队赶到现场后,并不急于救火,而是与着火房主商谈救火的价格,面对可怕的大火,房主往往以极低的价格将自己的房产转让给克拉苏。

据记载,罗马城内一半以上的地产落入到克拉苏手中。另外,克拉苏又组建了一支规模庞大的建筑工程队,他们同样是由清一色的奴隶组成。

据普鲁塔克介绍,在这个工程队中,仅建筑设计师和运营商的人数就多达五百人。

就这样,克拉苏一面收购房产,一面建造新的住宅。不久之后,克拉苏成了罗马城内的超级大富翁。据普鲁塔克估计:克拉苏的资产多达七千一百塔伦。克拉苏富可敌国。

但克拉苏赚钱的主要目的之一是以钱来换取人脉。就他的禀性而言,他对吃喝玩乐等生活享受类的事情兴趣并不大。据说他的穿着和饮食都很一般,并不像当时那些贵族那样整天泡在餐厅里,吃了吐,吐了再吃。他同样时常举行盛大的宴会来招待民众,尽管宴请的菜肴只是大众的家常菜,可他的目的在于创造一种无拘无束、轻松自在的氛围。一种让人久久难忘的氛围。

有的时候,克拉苏突然来了激情,他会发三个月的粮食给每位住在罗马的市民。对于那些外乡人,凡找到他的,他是来者不拒,一概给予妥善的安排。

克拉苏最绝的一招是,他走到马路上,凡与他交往过的人,无论是贫穷者还是富有者,哪怕仅仅有过一次简单的交往,当他们向他打招呼时,他都能立即叫出对方的姓名,并极具礼貌地向对方问候致意。

那些身份卑微的平民,每当克拉苏叫着他们的姓名,并伸出双手,以无比亲切友好的姿态紧紧握住他们的手问长问短时,他们往往会感动异常。

他们无法想象,像克拉苏这样的大人物居然还会记得自己这样一个微不足道的小人物,他们立即成了克拉苏最忠实的支持者。他们奔走相告,克拉苏是一个伟大的人物,一个值得信赖的人物,要不惜一切地支持他。

　　当然,克拉苏绝无可能有这样好的记性。据说,他买了一个记性极好的奴隶,一直跟随在他身边,他的主要任务就是做克拉苏的活字典,只要有人向克拉苏打招呼,他立即会将对方的姓名悄悄告诉克拉苏,如果需要,他还会向克拉苏介绍对方的相关情况。

　　克拉苏对于朋友,同样也是慷慨大方,凡向他借钱的,他一概不收利息,他唯一的要求是准时归还。

　　在克拉苏看来,借钱是经济问题,而是否准时归还则是人品问题,如果一个人言而无信,不管是有什么样的理由,这样的人是不可交往的。

　　普鲁塔克记载过这样一件事,当时的著名学者亚历山大曾陪克拉苏到外国考察。在考察途中,克拉苏借给亚历山大一件斗篷御寒,等到回国后,克拉苏立即要求亚历山大归还这件并不值钱的斗篷。

　　克拉苏的逻辑是,借就是借,送就是送,两者之间有着本质的差异,决不可混为一谈。

　　但是,克拉苏在发现凯撒这个极为特殊的人才后,他的借款理论就此失效,而且是克拉苏主动打破了自己的禁令。

　　此次,凯撒在是否授权庞培的问题上,敢于冒元老院之大不韪,再次引起了克拉苏的关注。这个年轻人究竟是个何等样的人?

　　其实,克拉苏早就开始关注凯撒了,或者与其说是克拉苏关注凯撒,还不如说凯撒各种别具一格行为的曝光率实在太高。

　　在大清洗时代,当苏拉要求凯撒与妻子离婚,凯撒公开拒绝,此后,凯撒被追杀,以及苏拉最终赦免凯撒,这些都成了罗马上层社会茶余饭后的佳话。对此,克拉苏早有耳闻,并在心中暗暗称奇。

　　同样的事发生在庞培身上,苏拉要求庞培与自己的妻子离婚,毫无缘由,无非是要将自己妻子与其前夫所生的女儿嫁给庞培,并且这个女儿已经怀孕。庞培什么也不说,照做了。

两者相较，天壤之别。

公元前 69 年，凯撒的姑姑和妻子相继去世。凯撒违反规定以及无视习俗的做法又在罗马引起了极大的争议。

在凯撒的姑姑，也就是马略的妻子的葬礼仪式上，凯撒盛赞自己的姑姑，这很正常，毕竟古人讲究的是死者为尊，但凯撒在葬礼仪式现场抬出了马略的画像。这是违反禁令的事。

自苏拉主政以后，不仅马略派的人士被宣布为国家公敌，而且罗马城内的马略雕像和画像也被清理得一干二净。

凯撒此时展出马略的画像，明显是有意挑战元老院的禁令。据说，当时马略派人士看到了马略画像时，喜极而泣，而元老院则为此专门召开了会议。

当时元老院中最重量级的人物卡图拉斯以极其严厉的语言对凯撒的行为进行了抨击，他说凯撒不是在暗中破坏现有体制，而是公开装设投射武器开始推翻政府。凯撒则从亲情的角度，极力为自己辩解，此事总算勉强过关。

但在同一年，凯撒的妻子也去世了。凯撒再次为自己的妻子科尔内利亚举行隆重的葬礼仪式，并在仪式上高度赞扬科尔内利亚。

在古罗马，为一个高龄贵妇人举办盛大的葬礼仪式很正常，但为一个少妇举办高规格的葬礼仪式却是罕见的。而问题还不仅止于此，关键还在于科尔内利亚的特殊身份，她是秦纳的女儿。

苏拉派人士认为，凯撒是醉翁之意不在酒，而是借题发挥。但此次元老院很难再说些什么，毕竟凯撒的这种作法只是不同于常规做法，并未触及任何法令。

此次，元老们如此一致地反对庞培出任围剿海盗总司令，凯撒却敢于独自一人公开支持。凯撒所做的一切，需要有种远超常人的胆量。

而具有这样胆量的人，要么是天才，要么是疯子。在克拉苏看来，凯撒绝对是个天才。

尽管克拉苏也像庞培一样,是靠跟随苏拉反平民派而起家的,但克拉苏身上更多的是商人元素而不是政治元素,只不过他的商人元素是通过政治元素来表达的。

克拉苏自然清楚凯撒身上的平民派基因,以及凯撒试图利用马略、秦纳的影响来网罗各方面的平民派人士,并成为他们的领袖。但克拉苏既是个实用主义者,也同样是个机会主义者,他无所谓信仰,更不会纠结于父兄死于马略之手的那些陈芝麻烂谷子的事。

他要的是让自己能够迅速强大起来,凡有利于这个目标的事,他都愿尝试。

此次,凯撒如此特立独行的举措更令克拉苏刮目相看,克拉苏似乎读懂了凯撒的行为语言。当然,他并没有因凯撒的投资对象是自己的对手庞培而产生任何反感,相反,他对凯撒更加欣赏有加,像凯撒这样有胆有识的人物,尽管地位不高,但他愿意与其结交,并为其有所付出,这也是商人的一种特殊投资。

克拉苏知道,凯撒喜欢结交朋友,也喜欢向朋友大把撒钱,但凯撒并没有钱,他撒出去的钱是借的。

因此,克拉苏向凯撒暗示,只要凯撒开口,他一定如数奉上,并且对归还日期不作明确的规定。对于克拉苏的示好,凯撒当然求之不得。尽管克拉苏的名声与地位都不及庞培,但在罗马,他怎么也算得上是个数一数二的人物。能得到这样的人物青睐,算是一个意外的收获。

二人各取所需,一拍即合。

谁是阴谋制造者

克拉苏与庞培,不知是否由于性格原因,他们二人怎么都合不到一起,哪怕是罗马市民的集体呼吁,他们最多也只是做做表面文章。

但克拉苏与凯撒不同,他俩似乎天生有缘。

克拉苏与凯撒私下接触后不久,从史料记载看,他们二人都为对方的事业尽心尽力。

公元前 65 年,克拉苏当上监察官,同年凯撒当上营造官。公元前 64 年,凯撒当上罗马法务官,也就是刑事陪审法庭主席。公元前 63 年,凯撒又当上了大祭司长。

在罗马,大祭司长一职不仅地位显赫,而且权力极大,大祭司长任职是终身的,在罗马的官职中,唯有大祭司长享有官邸,他有权管理负责看管公共灶火的维斯塔贞女。同时,大祭司长可以废除法律和各种任命,甚至可以阻止商业活动。

凯撒与克拉苏交好之后,一路顺风顺水。

或许是他们二人的友谊过于明显,就在这段时间里,他们两人遇到了极大的麻烦,而且还是个讲不清的麻烦。

就在公元前 65 年克拉苏与凯撒双双通过竞选,当上了监察官和营造官后,罗马城内突然开始流传一些消息,说克拉苏、凯撒和他们俩的朋友喀提林试图谋反。具体计划则是:在公元前 65 年 1 月 1 日,也就是新执政官就职的那一天,克拉苏、凯撒等人将发起政变,并会将元老院内的政敌全部杀光。

此计划一旦成功,克拉苏将出任独裁官,而凯撒则成为克拉苏的副手,出任骑兵司令。据说,按照计划,举事当天是由凯撒发出开始屠杀的讯号——让托加袍从肩膀上落下。

但当时,或许是克拉苏由于良心不安、心存恐惧而没有露面,于是凯撒被迫放弃计划。

此后,在 2 月 5 日,克拉苏与凯撒准备了一次规模更大的起义。但由于喀提林命令下得太早了,一切都来不及准备,因此,此计划再一次落空。

虽说此消息传得有鼻子有眼的,但事实上,这样消息的真伪是不难辨析的。

凯撒若要急于做大官,雷必达请他加盟时,他就应加盟入伙了。雷必达毕竟是手握重权的执政官,造反条件也远比现在要好。当年凯撒之所以拒绝参与，并不是他对现政权有所认同，而是他并不认为这是一种攫取权力的好路径。

至于克拉苏参与此类阴谋，那就更显得可笑了。克拉苏是权力的痴迷者，他竭尽全力讨好各阶层的人士，无非就是希望通过合法途径来取得权力，而且，他也刚刚通过竞选成为监察官，这已是罗马地位最高的人物之一了。

此外，更显而易见的是，只要克拉苏与凯撒两人还未丧失理智，他们就不可能在罗马推动革命，如果他们推动革命，那么最终的获利者，或者说最后的赢家，必然是庞培，而不可能是克拉苏与凯撒两人。

在公元前 66 年前后这个时段里，克拉苏与凯撒两人手中没有任何兵力。此外，此时的凯撒还未曾指挥打仗，没人知道凯撒是否善于指挥作战，这同样包括凯撒本人。

而此时的庞培则正相反，此时是他各方面都最成熟的时期，并且他指挥的部队规模也是罗马建国以来最大的。如果克拉苏与凯撒在罗马推动革命，这无疑送给庞培进军罗马一个最佳理由。无需认证，克拉苏与凯撒临时凑起的新兵与庞培能征惯战的老兵对阵必输无疑。

克拉苏与凯撒不可能不明白这一点，但克拉苏与凯撒两人对此却尴尬无比，他们既无法对这件事进行解释，也无法自证清白。因为此谣言听上去至少是有一些道理的。

克拉苏与庞培始终不和，根本原因是都想掌权，所谓克拉苏要造反，就是想在庞培返回罗马之前，抢占先机。而凯撒则经常做一些与现行体制相对立的事，这也是两人尴尬与被动的真正原因。

然而相比之下，比起克拉苏，凯撒所处的位置更为微妙。

该年，凯撒是法务官，作为审判刑事案件的最高长官，他对刑事案件肯定是无法回避的。而这一年，他们的朋友喀提林，也就是阴谋论中的第三主角，又恰恰成为被告。

喀提林出身于一个破落的贵族家庭,内战期间他是苏拉的忠实支持者。喀提林在公元前 67 年出任阿非利加行省总督时,被控犯有勒索罪。到了公元前 66 年,喀提林竞选下一年度的执政官时,因勒索一案尚无定论,他的候选人资格被取消。

罗马民众无法判断传言真伪,但他们很希望通过此案例的判决来推断克拉苏、凯撒等人造反的可能性。似乎只要凯撒判喀提林有罪,凯撒就能自证清白了,凯撒与喀提林是没有瓜葛的。

但喀提林偏偏被无罪释放了。一切又变得扑朔迷离起来。如果此后什么都没发生,这种讲不清楚的悬案过一段时间也就烟消云散了,民众的记忆向来是短暂的。

但事情并未到此为止。

在公元前 64 年,喀提林再次竞选执政官,他此次竞选的纲领是：取消债务,分配土地,推翻贵族寡头统治。

喀提林的口号相当激进,赢得了大量底层平民的支持。

而克拉苏与凯撒则在幕后支持策划指挥,尤其是克拉苏,他借给喀提林足够的竞选经费。

对于喀提林如此激进的竞选纲领,元老们开始忧虑重重,尤其是联想到一年前的传言,他们更是惶恐不安,他们决心联手阻止喀提林。

在此次竞选中,竞争力靠前的一名参选者西塞罗只是位骑士。按常规,像西塞罗这样的新人,是根本不可能当上执政官的,否则就破坏了罗马上层社会约定俗成的规矩。但元老们面对喀提林这样的挑战者,只能是两害相权取其轻。

元老们决定全方位支持西塞罗,打压喀提林。

西塞罗是个"新人",所谓的"新人",就是指单单的依靠自身实力,挑战罗马的最高权力。西塞罗的祖上与权力无关,他的家乡直到公元前 88 年才获得完全的罗马公民权。他的父亲也只能算是个骑士。

西塞罗作为一个意大利市镇的"新人",在参选前曾出任过法务官一职。一般而言,一个"新人",能做到这样的职位,已是触及职务的天花板了。

但西塞罗自信,凭他的才能,他能顶破天花板。在罗马,西塞罗以善辩闻名,有第一律师的美名。

西塞罗确实顶破了天花板,然而,他所不知的是,并不是他有多大能耐顶破天花板,而是因喀提林的因素,才有了元老们的鼎力相助,使他有机会当上执政官。

西塞罗

喀提林出局了,但喀提林并不甘心。

一年后,喀提林再次参选。元老院再次如法炮制,喀提林被以同样的方式淘汰出局。

喀提林意识到了其中的奥妙,他绝望了。

两次失败的竞选,他不仅用掉了所有的积蓄,而且还借了巨额债务,如按正常方式,他永远也无法还清这笔巨款。

然而,喀提林完全没想到的是,债务问题还远远不是他的真正麻烦。

他再一次被指责阴谋推翻现政权。

在公元前 66 年的阴谋故事中,故事主角是克拉苏和凯撒,他只是配角。而此次阴谋中,喀提林则成了主角。

此次阴谋的目的与两年前大同小异,此外,与上次阴谋类似,整个阴谋细节同样被掌控得一清二楚。如果说第一次阴谋的细节是以小道消息的方式传播的话,那么此次可以说是完全的官方版本。

执政官西塞罗不定期地向元老院报告喀提林阴谋推翻政府活动的最新进展。最令人发笑的是,西塞罗在作这样的报告时,喀提林每一次都在现场。

喀提林提出抗议,要求西塞罗拿出证据。

西塞罗称他有内线情报员,是他的情报员向他通报了所有的情况。他怎么可能将他的情报员公开曝光?这不是要他出卖他的情报员?

此话似乎也不无道理。

喀提林表示,他所做的一切都是公开合法的,他确实是想改变政府的现状,他也从来不隐瞒自己的观点。

西塞罗当场要求喀提林解释他的观点。

喀提林说:国王有两个身体:一个身体虚弱,长一个缺乏决心的头脑;另一个身体强壮,但没有头脑;对此,如果国家要求他做什么,他会献出国家缺少的器官。

对于西塞罗滔滔不绝的指责,元老们反应冷淡,兴趣也不大,毕竟已上当过一次。

一些元老甚至嘲笑西塞罗是个臆想狂,纯粹是无事生非,危言耸听。有的元老甚至嘲笑西塞罗在竞选时还穿护身的胃甲。

但此后不久,事情似乎朝着有利于西塞罗的方向发展。

公元前63年10月20日晚,克拉苏和另外两名贵族来到西塞罗的家里,他们让西塞罗看一些匿名信件,这些信件的内容大致相同,都是提醒贵族防止大屠杀。

两年前,有关克拉苏与凯撒、喀提林一起密谋造反一事的谣言一直是克拉苏的一块心病,但他始终苦于无法自证清白。当克拉苏收到这些匿名信时,克拉苏立即感到,这是他自证清白的最佳机会,只要他交出这些匿名信,即可撇清与喀提林的所有关系。

克拉苏立即将匿名信交给了作为执政官的西塞罗。

当然,从此以后再也不会有人将阴谋与克拉苏挂上钩。

克拉苏自证了清白,也连带证明了凯撒的清白。

但这些匿名信却坐实了喀提林阴谋的"真实性"。

没人去认真思考这些信件的来历,写信人的动机究竟是什么? 写信者为什么要给克拉苏以及其他几个贵族写这样的信?

这是一些很蹊跷的信件。

在竞选执政官时,克拉苏与凯撒支持喀提林是众所周知的事。喀提林再疯狂也不可能去杀克拉苏或凯撒,同样,喀提林阴谋的知情者完全没必要去写这些匿名信来提醒克拉苏。

究竟是谁写了这些匿名信?

事实上,最值得怀疑的就是西塞罗本人。

据事后西塞罗的介绍,他所谓的线人是喀提林重要支持者库里乌斯的情妇。

库里乌斯是名赌徒,据说他的情妇富尔维亚对库里乌斯沉迷于赌博却又总是输钱极为不满。库里乌斯为了安慰富尔维亚,便劝她只要再忍耐一些日子,一切都会变得美好起来。

富尔维亚以为库里乌斯只不过是重复过去那些哄她的老套谎话,根本不予相信。

库里乌斯见富尔维亚不相信他的承诺,只能将谋反计划和盘托出,并表示,此次承诺绝无半点虚假成分。

富尔维亚听到这一信息,或许她感到这样的谋反将是罗马的灾难,她最终向执政官西塞罗透露了喀提林的谋反计划。

西塞罗的情报来自富尔维亚,富尔维亚的消息则来自库里乌斯,而库里乌斯又是喀提林的重要支持者,参加喀提林的一切重要传言,会后又被富尔维亚采用各种方式套取了会议内容。

这一逻辑似乎很合理。可事实上,这只是理论上合理。

如果西塞罗不暴露他有内线,或者只是向部分重要的元老暴露喀提林会议的全部内容,而喀提林则对会议内容已泄密一无所知。只有在这样的前提下,西塞罗通过富尔维亚源源不断地了解喀提林秘密会议的内容才是正常合理的。

但荒唐的是,西塞罗声称他通过他的情报得知所谓的喀提林阴谋的时间是在公元前 63 年选举执政官期间,为了加强他话语的可信度,在选举的过程中,他穿着护胸甲,反反复复地警告元老:"有人已经通报我了,喀提林要谋反,要杀元老。"

如果真有西塞罗所谓的那些秘密,没人会傻到明知参与会议的人中有间细,仍然不管不顾、没完没了地召开所谓的秘密会议,这样的秘密会议与在市民广场开大会又有什么区别?

按正常情况,当库里乌斯得知会议内容被曝光,就应该猜到他的情人出卖了自己,如果他无法断定,只要向富尔维亚透露一条假的重要消息测试一下即可。

但西塞罗似乎根本没有这方面的任何顾虑,而是大张旗鼓、信誓旦旦地宣称,他已得到喀提林谋反的重要信息。

西塞罗没有顾虑是因为根本没有所谓的富尔维亚告密之事,所以也就不可能伤到子虚乌有的线人。

西塞罗的目的就是要打草惊蛇,逼喀提林造反。

三人成虎,谎言千遍就成了真理,这就是社会的现实。

因此,所谓的匿名信也就只能是出自西塞罗之手,西塞罗要以此来增加他手中的砝码。

当然,将匿名信寄给克拉苏的用意也很容易理解。

写匿名信者不是要解救克拉苏,他很清楚最想自证清白的就是克拉苏。因此克拉苏收到匿名信后,必然会在第一时间拿出这些匿名信,这样也就增加了西塞罗那些空穴来风传言的可信度。

匿名信果然起到了作用。

第二天,西塞罗立即在元老院宣读了这些匿名信。

有了这样言之凿凿的"证据",元老们自然不会再把西塞罗的话当儿戏,于是立即通过了"最后裁决",并授予西塞罗全权处理此案。

西塞罗立即武装了一支强大的军队,四处巡逻。

喀提林指责西塞罗为了增加自己的荣誉,不择手段。

同样,喀提林为了自证清白,他要求元老院专门派人监视他的一举一动。这是一个合理的要求,否则他无法自证,而西塞罗则可信口开河,凭空捏造。

但西塞罗一口回绝了监视喀提林的要求。

一旦进行监视,他就没法造谣生事了。

到了11月7日,西塞罗又向元老们报告,称自己又一次粉碎了喀提林的阴谋。

西塞罗称,在11月6日,他得到情报,喀提林在当晚召开了一次秘密会议,在这次会议上,喀提林同意占领意大利其他地区的计划,并提议他本人应当离开罗马前往他的盟友曼里乌斯的军队中去,这支军队不能没有他的领导。并且指出,应当首先杀死西塞罗。暗杀计划是,两名刺客利用清晨拜访之机进入西塞罗的宅邸,并将西塞罗杀死。但11月7日,当两名刺客来到西塞罗的家门口时,发现那里已有大量士兵把守,只能无功而返。

西塞罗每隔几天就要当着喀提林的面向元老院公开一下喀提林此前一天秘密会议的内容,这让喀提林完全没了方向,他的一切抗议均告无效。

11月8日,西塞罗再次召开元老院会议。喀提林同往常一样出席了会议。

在此次会议上,西塞罗以最严厉的语言抨击喀提林:

> 喀提林哪,你滥用我们的忍耐要继续走多远呢?你这个疯子,你对我们的复仇要嘲笑多久呢?你那放纵不羁的无耻行为有没有尽头啊?帕拉丁夜间设岗,满城的巡逻队,平民们处于恐惧之中,所有正直的人都集合起来了,元老院在这个据点开会,元老们带着恐惧的表情注视着你,难道这一切对你无关紧要吗?你的所有计划都被发现了,难道你没有看见吗?这里的每一个人对你们这些阴谋者都了如指掌,

西塞罗在元老院会议上宣称他掌握了喀提林的阴谋。喀提林孤独一人

你们的手脚被捆绑起来了,难道你没有意识到吗? 昨夜或前天夜里你干了些什么,你在哪里,你召集了哪些人,你制订了什么计划,你以为我们当中的任何人都没发觉吗? 知道吗,我们生活在什么时代,我们在容忍怎样的丑事啊! 元老院了解这些事情,执政官发现了这一切;可是此人还活着。

据说喀提林没等元老院的会议结束就走了。此后他给他的朋友卡图卢斯写了封信,信中谈到自己内心深处的绝望。

　　一直以来,我都决心不为对自己的指控作任何辩解,因为我没有负罪感。我相信你会认为我的解释是合理的,含冤受屈,遭人轻慢,让我几近疯狂。辛勤劳动的成果被无端剥夺,荣誉更是与我无缘。我于是遵循自己的一贯做法,为那些不幸的人们代言,并非我不能拿自己的地产来偿还债务,而是因为我看见那些一无是处的家伙得到升迁,自己却被无端怀疑,惨遭驱逐。正因为如此,为了留下一世清名,我再也无法含垢受辱了。

这封信其实已很委婉地讲了喀提林的心路历程,同时也间接地驳斥了有关他和克拉苏、凯撒联手反叛的传言。

喀提林只是想通过正常的方法得到权力,如按喀提林的原有计划,即便失败一次,问题也不是很大,只要当上执政官,一年以后,他将按规定出任某个行省的总督,一旦当上行省总督,按当时的习惯做法,再多的债务都算不了什么。

现在他发现,他竞选难以成功的原因是整个元老院在联手阻击他。

喀提林感到,除非这种情况发生根本性的改变,否则他没有成功的可能,合法化的道路已被元老院彻底堵死。

此外,西塞罗一而再地将阴谋叛乱的帽子硬扣到他头上,他百口莫辩,他已被逼进了死胡同。

或许喀提林认为,既然元老院那么相信这个传言,那么就让传言变成现实,他决定孤注一掷,与元老院拼个你死我活、鱼死网破。

喀提林立即行动起来。他串通了所有对现政权不满的人士。他的计划是,以伊特鲁里亚的苏拉老兵为主力,从外围向内进攻。

内战结束后,苏拉将伊特鲁里亚大量的土地分配给他的那些老兵,希望他们在那里能安度晚年,但这些苏拉老兵的日子过得并不好。一方面,这些老兵长年作战,早已不善耕作,另一方面,当年雷必达刚开始着手废除苏拉宪政,伊特鲁里亚紧接着就发生暴乱,在那里的一些苏拉老兵被活活打死。

此后,雷必达造反失败,伊特鲁里亚人似乎消停了些。但庞培上台后,再次废除了苏拉宪法中一些核心内容,伊特鲁里亚人的不满情绪又被激发出来。

尽管没发生类似于雷必达时期那样的暴乱,但伊特鲁里亚人与苏拉老兵之间的小规模冲突持续不断,苏拉老兵认为这一切都是元老院违背了苏拉路线所造成的后果。

因此,喀提林提出要带领那些苏拉老兵反抗昏聩颟顸的元老院时,苏拉老兵一口答应。

喀提林计划的第二个方面是秘密动员罗马城内的底层平民,将他们组成军团,在城内起义,配合城外的苏拉老兵,里应外合,一举拿下元老院。

喀提林的计划是周密的,只要不出现意外,占领罗马城,控制元老院,只是一个时间问题。但喀提林同样清楚,他的这种做法,即使成功了,也只是出口恶气而已,他不可能成为罗马的主人,无论他怎样组建部队,他都不可能战胜庞培,只要走出了谋反这一步,他只能以悲剧收场。

但此时的喀提林,似乎对一切都已无所顾忌了。

正常竞选之路已被彻底堵死,而他又借了巨额债务,不当执政官,他永远都还不起,这样活着还不如死。

喀提林与其说是造反,不如说是求死,求得一种轰轰烈烈的死。

而西塞罗,尽管已成功地将喀提林逼上了梁山,但由于西塞罗此前的所谓情报网纯属虚构,因此当喀提林真的准备对元老院动武时,他却对喀提林的行动方案一无所知,更不要说有关喀提林谋反的真凭实据。

西塞罗可以虚张声势,凭空造谣,运用他那如簧之舌颠倒是非黑白,但不敢冒然对喀提林的党羽下手,毕竟他心知肚明,他没有任何真凭实据,但作为"新人"的西塞罗又太希望能建功立业了,可他又没其他办法,他只能等待,再等待,等待喀提林上钩,等待喀提林的同伙出错。

但只是等待也不是个办法,西塞罗又让元老院颁布了一个特赦令:

"如果有谁揭发共和国的阴谋,奴隶将取得自由和十万塞斯特斯的奖赏,自由人则免于追究其参加阴谋的罪行并取得二十万塞斯特斯的奖赏。"

这是一个花血本的重奖,当时只要拥有四十万塞斯特斯即可成为骑士。但令元老院感到沮丧的是,喀提林阵营中竟然没有一个人为重赏而出卖阴谋。

　　然而西塞罗的运气实在太好了，将近一个月之后，西塞罗竟然等到了喀提林同伙出错。

　　或许是喀提林城内的同伙急于求成，扩大同盟，当时正好有一批前来元老院告状的高卢使者，他们控告高卢总督对高卢人的无情压榨，但毫无结果。

　　喀提林的同伙以为这样的人可以成为盟友，他们私下与这些使者联络，劝高卢人与喀提林同步造反。

　　但他们没想到的是，这些高卢人虽然怨恨罗马总督，但并未想到要造反，或者说，这种怨恨远未达到要造反起义的地步，这也是他们前来元老院求助的原因。

　　因此，当喀提林的同伙劝他们造反时，他们感到恐惧，他们不想卷入罗马内部的是是非非。于是他们将喀提林同伙与他们密谈的内容向西塞罗作了通报。

　　西塞罗得到这个信息喜不自禁，这恐怕是他人生中最重要、最值得庆贺的信息了。

　　有了这条信息，西塞罗之前所有的谎言都将由此洗白，他将成为拯救罗马的第一功臣。西塞罗立即要求高卢使者务必搞到喀提林同伙的文字证据。

　　根据西塞罗的要求，高卢使者对喀提林的同伙谎称他们必须见到喀提林本人，并且应以文字记录为准，否则口说无凭。

　　喀提林那些同伙感到确实有些道理，他们派一个名叫沃图尔奇乌斯的人为向导，并让他随身带一些罗马城内的相关情报。但他们一行人刚一出城即被逮捕，沃图尔奇乌斯身上的信件成了喀提林谋反的最有力证据。喀提林在城内的同伙也随之悉数被捕。

　　如何处理这些反叛者？

　　西塞罗的主张是证据确凿，格杀勿论，大多数元老感到也有道理。但凯撒却认为这种不经审判即处死罪犯的做法将开创一个极其可怕的先例,他建议将罪犯的全部财产充公,并永久关押这些罪犯。

或许凯撒感到自己莫名奇妙地被卷入此案,如果就这样草草了事地将罪犯处决了,此次事件的很多真相也就永无大白之日了。

但在西塞罗的坚持下,凯撒的建议被否决了。几名喀提林同伙立即被斩首。而西塞罗则公开宣称他拯救了罗马,他的功劳远比在海外打仗的庞培还要大。

同时,喀提林也被定性为叛国分子,元老院立即组建了两支大军,共计三万人前去讨伐。

而喀提林的武装只有区区三千人,但在交战的过程中,三千人无一后退,全部被刀砍死。据蒙森介绍:"三千人排成行列,直挺挺地站在他们的作战阵地上,军官和将军在一切无望时奋勇向敌人冲去,于是求死而得死。"

喀提林死了,西塞罗则成了拯救罗马的国父。

三头怪物

旷日持久的喀提林阴谋案终于在平民的欢呼声中结束了。

对于喀提林一案,凯撒心中五味杂陈。毕竟,他曾希望通过喀提林,探索一条问鼎罗马的道路。显然,这样的探索完全失败了,而且败得很惨。

此次权力博弈,西塞罗成了最大的赢家,他不仅逼死了喀提林,同时也将元老院玩弄于股掌之间。

元老院虽然人数众多,实力看似雄厚,实则如同木偶,听任西塞罗的愚弄与摆布。

对于喀提林之死,凯撒的最大感触是,在罗马这个丛林世界里,实力决定一切,没有实力、没有军权就等于没有一切。苏拉凭什么能控制罗马?还不是凭着他的实力。而喀提林为什么只能接受死亡的命运?因为他的手中只有三千不畏死的将士。如果他有三万、甚至十万不畏死的将士,这个结局显然将会彻底颠覆。

凯撒越来越能理解庞培为何如此崇拜军权的真正原因了。他要尽快得到军权，好在根据罗马的规定，在法务官任期结束后，即可出任总督一职。

同样，喀提林之死也埋下了凯撒一旦得到权力就不愿轻易交权的伏笔。

公元前61年，凯撒被任命为西班牙总督。

或许元老院认为，西班牙是块不祥之地，是一块战争连绵不断的地方，没有多少可捞的油水。但他们意想不到的是，正是那块特别的土地，才是凯撒所渴望的。

在那里，有仗可打，有兵有练，而这一切恰恰是他所最为需要的。相反那些富裕、和平的行省，凯撒反倒没有多大的兴趣。

然而，出乎凯撒意料的是，当他那些债主一听说他要远赴西班牙任职，或许他们感到西班牙是块榨不出油水的地方，凯撒去那里赴任就表明凯撒向他们借的钱永无归还之日了。他们立即来到凯撒那里，要求凯撒在赴任前结清所有债务。这不是在要债，这是在逼命。

凯撒怎么可能结得清他所有的债务，他所借的债远远超过了喀提林，早已是天文数字了，据说高达一千三百塔伦。

好在克拉苏在凯撒走投无路时，再次慷慨相助，他帮助凯撒还掉了大部分的债务，余下的债务则作了担保。

克拉苏送走了朋友，他开始感到孤单，过去凯撒在的时候，他碰到问题至少还有人可以商量，虽然凯撒的岁数比他小了整整十六岁，但他由衷地感到凯撒这个年轻人不错，不仅思维活跃，而且处理问题大气，这也是他愿意为凯撒解决债务麻烦的根本原因。

然而现在凯撒走了，留下的是一帮极爱与他作对的元老。

克拉苏始终无法理解,元老院中的大多数元老或多或少都受过他的恩惠,在他们遇到困难时,他都无条件地借钱给他们,并且不取分文利息。他这样的做法无非是希望这些元老能在关键时候支持他一下。

然而在元老院内,元老们基本是以党派形式抱团的,党派利益高于一切。他们受惠于克拉苏,只要不涉及党派利益,如果克拉苏碰到什么麻烦,他们肯定会鼎力相助。如当西塞罗提出讨论克拉苏与阴谋是否有关联时,元老们都没让该问题成为元老院讨论的议题,这就是明证。

但当克拉苏碰到一些可能涉及党派利益问题需要他们的支持时,他们就要装聋作哑,甚至和他作对,这也是克拉苏的困惑所在。

在党派政治方面,其实克拉苏与庞培相差无几,永远是个难以成熟的新手。

克拉苏与庞培最大的不同是,庞培一直在指挥打仗,而克拉苏从军时间明显要少得多,他更多的时间是与资本打交道。也正因如此,他的朋友中有相当一部分是包税商。

大约在公元前60年代末期,罗马的很多行省连年自然灾害,包税商们本来想通过包税大捞一笔,没想到根本收不到税,他们向罗马申请的包税额度却是固定的。

因此,这些包税商纷纷亏本。他们请求克拉苏帮忙,设法使元老院同意修改包税额度。但元老院根本不予理睬。这样一来,搞得克拉苏很没面子。他感到元老院的这帮元老很不仗义。

克拉苏的处世之道从来是非政治的,他一直用资本来解决一切问题。现在他突然发现,资本的力量并不能完全左右元老院,他支持喀提林竞选执政官,结果自己险些被定为试图推翻共和国的阴谋家。他越来越看不懂罗马的政治,也越来越感到涉足罗马政治圈的危险。

但他又感到,比起庞培,他还算是幸运的。

公元前62年,庞培结束了本都王国的战争之后,他率领的大军在进入意大利本土之前就解散了。

其实,对于是否解散他所率领的所有军团,庞培在内心深处也纠结了很久。如果他不解散军团,而是指挥部队直接进入罗马,这意味着他对罗马共和国开战。当然,这样开战的结果是毫无悬念的。就目前罗马元老院的实力,谁也阻挡不了他前进的步伐。

他的情报人员早已告诉他,现在整个罗马都处于惶恐不安之中,所有人都怕他走上独裁的道路。但他从来没想到过要推翻共和国,实行他的个人独裁,他所要的只是元老院充分认可他的功绩,并给他应有的礼遇。

庞培从二十多岁起就指挥打仗,不谙元老院政治,而前几次他想得到的礼遇,每次都是强行争取而来的。

对此,庞培的强烈感受是,他背后的军队是他强行争取一切的资本。像他这样的人物,一旦放弃了军队,也就等于放弃了他的资本。

而当他失去与元老院讨价还价的资本后,元老院是否还会给他正常的礼遇,他对此心中完全没底。

但无论庞培内心怎样纠结,他毕竟不再年轻,青年时代的那种锋芒毕露已逐步从他身上退去,他最终还是选择了放弃军队,他想以正常方式向元老院提出自己的诉求。或许他以为,以他现有的威望,不借助军队也足以震慑元老院了。

庞培像苏拉一样放弃了权力,但庞培放弃权力与苏拉放弃权力的根本区别在于,庞培的放弃是建立在对政治的不理解以及对元老院的不了解之上,而苏拉的放弃则是建立在对整体形势的全面把握之上。

庞培在返回罗马的过程中,他一度感到自己的选择是正确的,沿途市民对他的拥护与爱戴完全超出了他的想象。

然而,这样的感觉并未持续多久。

回到罗马后,庞培像上次返回时一样,又向元老院提出三点诉求,一是举行凯旋仪式;二是为老兵解决土地问题;三是确认庞培的东方政策。

在庞培看来,这三点诉求毫无过分之处,都属于元老院份内之事。可是,庞培没想到,他的诉求除第一点凯旋仪式外,其他两点都遭到了元老院的否决。

　　对于庞培而言,如果仅仅举行一个凯旋仪式,而无法解决退伍老兵的养老问题,以及无法确认他在东方战争中推行的政策,他将名誉扫地。从某种意义上讲,庞培三点中的后两点远比他的第一点更重要,第一点诉求,涉及到的仅仅是他的个人荣誉,而第二点则是涉及到全体参战士兵的利益。

　　自从马略的军制改革后,领军将领的利益与士兵的利益已捆绑得越来越紧,在战争中,士兵为将军的名誉而搏命,而战后,将军则必须想方设法让每一个士兵无偿得到一块土地。这已成了一种不成文的潜规则。如果哪个将军违反了这样的规则,他做将军的历史恐怕就到此终止了。元老院拒绝为庞培的老兵分配土地,这等于是终止庞培的将军生涯。

　　至于第三点,对于庞培来说,它的重要性一点也不比第二点差。

　　在共和国早期,执政官在外打仗,执政官与他的对手签订协议,绝对是神圣有效的。只是到了中后期,元老院越来越多干预此类协议,元老院认为协议是有利的,则不会多说什么,但如若感到有些不利的因素,则立即找借口推翻,元老们决不关心执政官是在怎样的背景下才签订这样的条约的。

　　现在庞培所面临的就是,他对东方国家以及对士兵的所有承诺分文不值,他再也无法面对那些与他同生共死的老兵们。

　　但此时,他手中已无一兵一卒,根本没有任何资本可以和元老院抗衡。

　　现实就是这样残酷,当他手中有十个军团时,元老院是软弱的,而现在,他只是元老院中一个普通的元老,即使元老院对他的话完全不予理会,他恐怕也没什么办法。

　　庞培想回归正途,与元老院合作,以合法的方式解决他的诉求。然而得到的却是这样的结果,这实在是他始料未及的。

　　可庞培的不幸还远不止于此。在生活中他也同样极不如意,他的妻子穆齐娅与凯撒等人有染,庞培回罗马后立即一纸休书将她休了。

小加图

这个举措却深深地伤害了他的政治盟友梅特鲁斯，也彻底得罪了他妻子所属的梅特鲁斯家族。

在罗马，上层政治人物的婚姻不仅仅是两个人之间的情感问题，它也是两个家族的政治联姻。一旦婚姻破裂，这样的政治联姻也往往随之破裂。

庞培与梅特鲁斯家族就是这样的关系。庞培休了穆齐娅，同时也就断绝了与梅特鲁斯家族的关系。

不过庞培自有他的打算，他的策略是失之桑榆，得之东隅，他想通过与小加图联姻，从而建立更强大的政治联盟。

小加图是老加图的曾孙，尽管他的岁数并不大，表面上小加图在元老院的地位不算高，最高职务也就是当过保民官。

但事实上，小加图在元老院的影响力与号召力却非同一般，或许这与他的曾祖父老加图有关，他与老加图在很多方面也确实极其相像，如偏犟、俭朴等。

庞培的计划是，他和他的儿子同时娶小加图的两个侄女。他想当然地认为，以他凯旋将军的身份，罗马首富的地位，娶小加图的侄女是给小加图面子，小加图理应乐见其成。

但庞培太自以为是了。

庞培完全没想到，他的想法仅仅适用于小加图的两个侄女，她们得此信息后，兴奋得手舞足蹈，但这样的兴奋还没过夜，就被小加图一盆冷水泼灭了，他指责她们头发长，见识短。

小加图毫不含糊地回绝了庞培的请求。

庞培犹如被人当头一棒,完全失去了方向。

而就在庞培焦头烂额的时候,原本对庞培恭敬有加的西塞罗也突然变得十分狂妄,他不仅到处大讲特讲自己如何拯救了共和国,而且公开宣称他镇压喀提林的功劳远比庞培在海外作战的功绩大。

我们完全不知道经过这一连串打击之后,庞培的真实心态是怎样的,后悔恐怕是难免的。

元老院看似很厉害,能将不懂政治的克拉苏以及庞培玩得团团转,但元老院忽视了一个最实质性的问题,当下的元老院并无与军事将领抗衡的真正实力。他们所做的这一切,看似精明能干,愚弄了潜在的政治对手,实际上是在将对手推向极端。

这种表面精明、实则愚蠢的做法,终究要坏了元老院的大事。

小加图就是这样的人,他自认为自己眼光独到,一眼就能看穿庞培政治上的无能甚至愚蠢。

因此,他不仅一口拒绝庞培向他示好,而且尽一切可能贬低庞培的荣誉,并组织各方面力量阻击庞培的一切计划,他以为唯有这样做才能拯救共和国。同样,他认为凯撒是个具有颠覆共和国野心的阴谋家,必须防患于未然。为此,他想方设法对凯撒的晋升之路设置障碍。

在这世界上,很多时候,理论与实践是相背离的,有的理论,如仅从理论层面去思考,它确实滴水不漏,一旦进入实践环节,则百无一用。

公元前60年,凯撒在西班牙的任期结束了。

在西班牙的一年任期里,凯撒的收获还是相当大的,他彻底征服了当地的卢西塔尼亚人。

在塞多留战争结束后,西班牙早已是满目疮痍,掳掠和抢夺已成了当地人的一种生活方式。

凯撒一到西班牙,立即扩大作战部队,不久之后,他不仅彻底征服了当地的武装力量,而且还成功地维持了当地的社会秩序。

凯撒在西班牙的成功,足以赢得一次凯旋仪式。

但凯撒又向元老院提出,他希望获得参选公元前 59 年度执政官的资格。

按元老院规定,凡参加凯旋仪式的将军,在举行凯旋仪式之前不得进入罗马城,而报名参选的地址又是在罗马城内,时间则在仪式之前。显然,凯撒如要参选执政官,就得放弃凯旋仪式,如不愿放弃凯旋仪式,则只能放弃参选执政官。

熊掌与鱼不可兼得。

对于一个罗马贵族来说,凯旋仪式不仅是个人成功的象征,更是能够赢得的最高荣耀之一。一般而言,一个贵族在一生中能获得一次这样的荣耀已是极其了不起了。

凯撒自然不会轻易放弃这样的荣耀。他希望元老院能够对他网开一面,同意他不亲自前往罗马城内报名。

当然,对于凯撒的请求,最终决定权在元老院,只要通过元老院的表决,凯撒还是有希望的。

但小加图毫无放过凯撒的想法,他不仅仅是口头上反对。他知道,这样的反对未必有用。元老院的游戏规则是少数服从多数。他的策略是让元老院无法进行正常的表决。

罗马元老院的工作是极其刻板的,不仅每个月的开会时间固定,而且每次开会的时间也同样固定不变,不管会议多么重要,会议的议程是否完成,只要会议规定时间一到,会议即刻终止,至于剩余的议程,则留到下一次继续。

小加图充分利用了元老院会议的这种特性,在讨论是否允许凯撒不按常规即可参选一事时,他抢先发了言。

小加图的发言,不是为了表达一些什么,仅仅是为了占有时间,据说,他的发言结束时,会议也该结束了。而按规定,下次会议时间是在报名参选执政官的截止期之后。

显然,小加图成功地阻击了凯撒的参选计划。

但出乎小加图意料的是,凯撒毫不犹豫地放弃了凯旋仪式直接进城了。

在凯撒看来,如果凯旋仪式与参选执政官能兼顾,这自然是理想的结果,如果二者只能居其一,他绝不可能为体面与荣誉而放弃实在的执政官一职。

凯撒最大的特点就是务实。

对于小加图这种不管不顾,对抗一切的作法,西塞罗似乎看到了其中的危险。对此,他曾绝望地评论:

"加图以最高尚的精神和毋庸置疑的诚实,对国家造成了伤害,他提出的建议更适合柏拉图的理想国,而不是罗慕路斯的罪恶渊薮。"

西塞罗确实看到了问题的实质。

如果小加图所在的时代,是一个体制和机制都十分健全的时代,小加图玩这一套政治戏法一点都没问题。但小加图所处的时代是一个完全扭曲、暗流涌动的时代。他这些自以为是的做法只能加速共和国的分崩离析。

凯撒宁愿放弃凯旋仪式也要参选执政官本身就相当能说明问题。

按常理,凯撒即便无法参选公元前 59 年度的执政官,一年之后,同样可以参选公元前 58 年度的执政官。而凯旋仪式一旦不举行,就再也不能举行了。

从表面看,凯撒似乎是在与小加图斗气,有点莫名奇妙。但凯撒不是庞培,他知道罗马政坛的险恶。尽管一年时间不长,但三百六十五天足够让他的政敌收集证据。

凯撒在出任西班牙总督之前负债累累,而罗马当时的情况是,绝大多数贵族出任行省总督的目的就是为了捞钱,只不过元老院或明或暗的包庇,才使那些总督安然无恙。相反,元老院一旦认真对待,大多数的总督卸任后都可被判刑入狱。

共和国的法律明确规定,不可审判在任的执政官或总督,小加图在等待凯撒卸任,他要置凯撒于死地。

对这样的权力游戏,凯撒自然明白,他不可能为了一个凯旋仪式而等死。这样的权力游戏,凯撒已看得太多,他决不想成为第二个喀提林,也不想成为第二个庞培,他要做的就是紧紧抓住罗马权力游戏的主动权。

从另一个角度讲,小加图的行为是极其不明智的,他过早地暴露了自己的动机,他已用行动告诉了凯撒,在罗马元老院,凯撒是个不受欢迎的人物,他已洞悉凯撒野心勃勃的内心世界,他将采用一切办法将凯撒淘汰出局。

凯撒是个聪明人,他的政治嗅觉远比庞培和克拉苏灵敏,他知道,尽管他断然放弃了凯旋仪式,从而获得了参选资格,但取得参选资格与成功当选毕竟是两码事,以小加图为首的元老院反对派绝不会善罢干休。

喀提林就是前车之鉴。

凯撒立即做了两件事,一件是公开的,另一件则是秘密的。

公开的事是他将他唯一的女儿朱丽亚嫁给了年纪比他还大五岁的庞培,他成了庞培的岳父大人,庞培成了凯撒的后台。

而秘密的事是,在他成为庞培的岳父大人之后,他立即劝庞培和克拉苏和好。凯撒的要求是,这样的和好决不能是表面文章,台上握手,台下踢脚。

他告诉他们俩,如果他们继续不和,元老院将轻而易举地置他们于死地,现实的情况也正是如此。

无论是庞培还是克拉苏,对于目前尴尬的处境,其实都是心知肚明,只是苦无良策。或许他们俩在内心深处也曾有过类似想法,但他们中的任何一个都不可能向自己的对手示弱。而有了凯撒这个中介和事佬,并给了这样一个体面下来的台阶,他们当然乐意与对方和解。

　　他们三人很快就达成了秘密协议。

　　协议规定:三人的个人目标成为他们的共同目标。他们首要目标就是让凯撒成功当选执政官,其次是帮助庞培解决退伍老兵的土地分配问题以及东方法案问题,第三则是帮助克拉苏解决包税问题。

　　如仅从表面看,三人合作,显然是各取其利。

　　但事实上,凯撒是最大的获利者,无论是庞培还是克拉苏,他们俩在罗马的地位难分伯仲,都要远高于凯撒,凯撒的实力与他们根本无法相提并论,如果没有这样的三人合作,即便凯撒放弃凯旋仪式,恐怕也很难突破小加图为他设制的封锁线。

　　公元前59年,凯撒成功当选执政官。

第3章/合作与分裂

三巨头能战胜元老院，却无法战胜内心的贪婪。

通过秘密合作，凯撒得到了他想要的权力，但为了得到更大的权力，他放纵他的部下伤害庞培。

庞培的自卫是营救凯撒的对手西塞罗，西塞罗制造阴谋，却又伤于自己的阴谋。

得到营救后的西塞罗想拆散三头政治，却促成了三巨头的再次合作。

西塞罗心灰意冷，他想求太平，却又让三头政治彻底毁灭。

三巨头合作共赢

凯撒成功地突破了小加图为他量身定制的封锁线。

最初，元老院的元老们并未发现什么异常，小加图也只能责怪自己能力有限，未能像当年阻击喀提林一样，让凯撒的梦想永远无法成真。不过，之后没过多少时间，所有人都发现情况远非想象的那样简单。凯撒之所以能赢，是因其和庞培以及克拉苏有了幕后交易，他们已开始联手对付元老院。

元老院开始感到恐惧。

此三人联手，事实上等于是罗马的三股势力联手。凯撒以平民领袖自居，庞培所代表的无疑是退伍老兵，而克拉苏则明显是代表有钱的骑士阶层。

这三股势力一旦合流，任何权威都将丧失殆尽，元老院也将就此形同虚设,到了此时,罗马共和国也就成了一个毫无内涵的名词。

这个严重的后果,或许庞培与克拉苏也未必清楚,他们毫无颠覆共和国的意愿,他们只是为了泄私愤而情不自禁。

但主谋凯撒则不同,他完全清楚自己在干什么。

凯撒喜欢引用希腊悲剧诗人欧里庇得斯的诗:

> 如果必须违犯法律,那么,
>
> 统治仅仅是缘由;
>
> 如若不是,请谨遵法律。

这几句诗文,充分暴露了凯撒内心深处的真实心态。

为了实现统治,无所谓合法与非法,一切皆可为。

据说西塞罗是最早猜疑凯撒在从政方面有所图谋的人,一个本身擅长阴谋的人,往往对他人的阴谋特别敏感。

西塞罗称,凯撒用和蔼可亲的态度来掩饰别有用心的企图,从他平日的所作所为,可以看出他有独揽大权的野心和抱负。

凯撒虽已成功说服了庞培与克拉苏这两个老冤家携手合作,并且也利用他们的实力赢得了大选。

可凯撒心知肚明,他们俩能为他做的都已做了,接下来的问题是,如何才能有效地解决庞培和克拉苏的难题。

这是他们三人合作的基础。

从某种意义上讲,他俩的难题事实上远比助选要难。他们帮他助选时,唯一要做的就是全面调动他们的人脉资源,他们只要做到尽心尽力即可。

但对于庞培与克拉苏的难题,人多力量大的概念是无法套用的,或者说是全然无用的,这也解释了这两个老冤家如此爽快地同意合作的真正原因。

然而,如果他俩的难题最终得不到解决,或者说久拖不决,那么他们的三人同盟必然会在倾刻之间瓦解。

不仅如此,凯撒在庞培和克拉苏心中的信誉也将随之消失殆尽,他们三人甚至可能由此变成政治对手。

以他目前的实力,他根本没有能力与他们俩中的任何一人抗衡。这样一来,他的政治生涯也大致结束了。

在劝庞培和克拉苏合作时,凯撒曾信誓旦旦,只有合作才能共赢,而互斗则两败俱伤。

庞培和克拉苏感到极为有理,一致同意全面合作。

此后,在执政官的竞选日,庞培动员了大量的退伍老兵前来助阵,他们不是来简单地凑人数,他们来的更主要目的是制造恐怖的氛围,恐吓那些凯撒的反对派。而克拉苏则动员那些曾受惠于他的骑士阶层全部上阵。

庞培和克拉苏动员来的人士再加上凯撒原有的平民拥护者,声势足够浩大,凯撒成功地突破了小加图及其他一些反对派的围攻,轻松地当上了公元前59年度的执政官。

而与他同时当选的则是小加图的女婿毕布鲁斯。

尽管自己的女婿顺利当选为执政官,但小加图没有一点胜利的喜悦,在他看来,哪怕是他的女婿与凯撒同时落选,也比现在的结果要好。现在的结果是一种最糟糕的结果,可以说是后患无穷。

小加图唯一感到欣慰的是,在大选之前,他已作了最坏的打算,他要求元老院通过一项事实上是针对凯撒的任命。这个任命是,新当选的两名执政官,在他们任期结束后,前往就任的两个行省是无所事事的行省,这两个行省的总督唯一可做的事是修路和种树。

这样安排的目的很清楚,绝不让凯撒再次带兵打仗。凯撒太擅长打仗了,如果再给他带兵的机会,他必将对罗马构成直接的威胁。

对于元老院的这种刻意安排,凯撒自然看得懂。

为了封杀他,元老院甚至不惜牺牲毕布鲁斯。

显然,元老院的那些元老们在对付凯撒的问题上,意见相当一致,决心也相当大。如果凯撒没能获得庞培和克拉苏的鼎力相助,他的命运与喀提林恐怕不会有多大的差异。

同样,凯撒也清楚,如果按元老院的安排,他的政治生命也就只能如此了,在结束了执政官任期后,再去当一年无所事事的总督,然后回到罗马,最后再听凭小加图将其告上法庭。

但现在,凯撒根本没有时间去思考这些问题,对于凯撒而言,迫在眉睫的是如何兑现他与庞培、克拉苏合作时的承诺。

凯撒的策略是,首先提出为两万退伍老兵分配土地的法案。这样做表面上是遵守承诺,但事实上,他还可借此机会,赢得老兵的好感,并获得他们的支持。

凯撒设计的土地法案很独特,该法案所涉及的土地位于加普亚地区,这些土地原本是国家用作公共出租的,无论地区方位,还是肥沃程度,这些土地可以说都是最好的,也可以说在罗马是绝无仅有的。

推出这样的方案,就国家利益而言,绝对是一种伤害。

退伍老兵需要土地保障,但这并不等于可以给任何区域的土地,这好比任何一个雇主都应付给雇工工资,但雇工要求的工资也应以合理为准。从本质上讲,如果雇工要求的工资超出合理范畴,就与雇主不支付给雇工工资的性质是同样的。

此外,凯撒的土地法根本没有可持续性。如果今后的退伍老兵以此为例,国家将根本无法应付。这种做法是典型的饮鸩止渴。

但这对凯撒来说,绝对是件好事。

该土地法案对于庞培的老兵来说,诱惑实在太大,一旦公布,两万老兵就是他的死忠。而且反对他的声浪越高,两万名老兵对他的感激就越多,毕竟法案是他提出的。而有意思的是,从表面看,他又是在解决庞培的难题,可谓一举两得。

凯撒对付元老们的策略很简单,在元老院讨论土地法案时,他首先表明,此次会议任何人的态度都要记录在案。此话的潜台词很明显,任何人都必须为自己的同意或不同意负责。

然后,凯撒问庞培对此法案是否存在疑问。

为退伍老兵争取土地,这本来就是庞培的要求,庞培自然不会反对,这也是所有元老意料中的事。但凯撒问的第二个人是克拉苏。

在元老院,克拉苏是庞培的死对头,这是众所周知的事。然而此次克拉苏的反应完全超出元老们的意料,克拉苏同样表示支持。

据说,事后克拉苏还一本正经地对外解释说,这是政治考量的结果。

两个罗马最具实力的人已有了明确的表态,这等于是在为该法案定调。很多元老已从中嗅到了异乎寻常的味道,那些原来极力反对的元老开始不置可否。

但小加图的个性就是绝不会屈从于任何的外来压力,他再次运用拖延战术来阻止对法案进行表决。他滔滔不绝,一讲又是几个小时。

小加图这样的策略,在过去,可说是屡试不爽。

但此次,凯撒实在忍无可忍。他知道,他任执政官的时间总共也就一年,按此套路,不要说之后还要设法通过的庞培的东方政策法案以及克拉苏所期待的修改包税法案,就是当前讨论的土地法案也会被拖得没有下文。如果事情往这个方向演变,他们三人的强强联合也会在瞬间崩溃。

凯撒勃然大怒,他当即令侍从官将小加图逮捕入狱。

然而,凯撒这种极端的做法对那些胆小的人或许有用,但对小加图,这不仅起不了任何作用,相反给了小加图作秀的机会。小加图立即作出一副大义凛然、英勇就义的样子,毫不畏惧地随侍从官而去。

此外,更令凯撒难堪的是,他不仅没有唬住小加图,元老中几个小加图的死党还一起站起来表示,请凯撒将他们也一起逮捕入狱。

凯撒哭笑不得，只得将小加图一放了之。

凯撒毕竟也清楚，他逮捕小加图的做法是毫无道理的。小加图的做法确实带有些无赖的味道。

然而，这只是政治场中的一种套路，并不违法，不要说法律没有规定元老院会议中每一个元老发言时间的限制，就连元老院的会议准则也没有这方面的标准。

如要对此深究，结论是显而易见的，不是小加图有罪，而是凯撒滥用职权。

或许，凯撒当时只是想吓唬小加图以及在场的那些持反对立场的元老，并以为总有人会出来反对，到了那时，他可再装出一副仁慈的样子，对小加图的行为加以赦免。如此一来，小加图的拖延战略也就彻底废了。

但会场上竟无一人对他的做法提出异议。

凯撒被逼进了角落里，所有的元老都在看他的笑话，庞培和克拉苏也在盘算，这样的三人合作究竟有多大的意义。

但凯撒毕竟不是个鲁莽之辈，说好听点是个战略大师，说难听点则是个阴谋家。他设计的方案往往是个连环套，当一个环节解决不了问题时，这一环节又自然而然地带出了另一个新的环节。

凯撒在市民广场公开宣称，既然元老院无法正常工作，他只能将法案交给人民大会审议了。

凯撒的意思很清楚，他将法案直接交给人民大会表决，不是他故意违规，跳过元老院，而是元老院不作为，他已仁至义尽。

与此同时，凯撒还警告市民，贵族派正在酝酿新的阴谋，他们很有可能在大会期间进行捣乱，阻止大会正常召开。

此后，凯撒又故意问在场的庞培，如果有人拿起剑来阻挠法案该怎么办？庞培直截了当地说：如果有人胆敢拔出刀来，他也将拔出刀来应对，并且到了那天，他的盾牌也不会留在家里。

几天之后，凯撒召开人民大会。

大会当天，会场的气氛极其怪异，一群群三大五粗的退伍老兵从各处蜂拥而来，他们中不少人腰间明显藏着利刃，很难说他们的目的是恐吓还是准备一场大的斗殴。

退伍老兵已好多年没有在广场出现了，他们以这种方式出现，在场所有人明显感受到了那种压抑的气氛。

这样的氛围很难不让人想起格拉古兄弟死前的那两次人民大会。一样的怪异，一样的紧张。

也就在大会正式召开前，凯撒的同僚执政官毕布鲁斯来了。毕布鲁斯是小加图的女婿，或许与小加图的另类性格有关，他所选择的女婿性格也与他极其相似。年纪虽轻，但偏犟一点也不亚于小加图。

毕布鲁斯的出场，背后显然有着小加图的身影。

毕布鲁斯此时出场，显然是有备而来，是准备折腾出一些大的动静来的。他直奔讲台。他一登上讲台，即直言不讳地告诉大家，作为同僚执政官，他反对今天在此召开会议，这样的会议，明显是对国家的一种伤害。

毕布鲁斯说，在来之前，他已请人对今天的会议作了占卜，占卜显示，今天开会不吉祥。如果凯撒不顾一切，仍要通过表决来强行通过这个法案，即便通过了，也是无效的。

毕布鲁斯又表示，为了正义，为了国家，他有责任也有义务阻止今天的会议。根据罗马法的规定，在两名执政官同时执政期间，如果一名执政官提出一项法案，而另一名同僚执政官反对，这个法案即为无效法案。设计这个制度的目的无非就是形成相互的牵制，防止独裁。这与保民官提出一项法案，不管几名保名官同意，只要有一名保民官反对，这个提案就是无效提案的原理是一样的。

毕布鲁斯声称："如果不能说服凯撒，并使他行为端正的话，我一定使他有杀害我的罪行和恶名。"他一面说一面将自己的脖子伸了出去，并做了个砍头的手势。

然而也就在此时，不知从哪里突然窜出一人，将手中的一桶大粪直接灌进了毕布鲁斯的脖领中。此后，又过来几个彪形大汉将毕布鲁斯抬头抬脚地弄出了会场。

而此时，毕布鲁斯的那些侍卫，一看情况不妙，试图过来帮忙，却被一些暴民团团围住，他们手中的法西斯也被打飞或折断了。

据说，在会议之前，凯撒曾明确下令，在会议过程中，如果遇到干扰会议进程的情况，可以动手，但决不可伤人，因此也就演绎出这样一场倒大粪闹剧。

对于这场闹剧，凯撒一直站在边上冷眼旁观，一切似乎都与他毫无关系，那些暴民的行为似乎只是因毕布鲁斯的过激语言，才造成了平民的情绪化行为。

当凯撒看到那些暴民的行为已达到他所期望的震慑目的时，他才令他的侍从官出来维持会场的秩序。会场很快就安静了下来。

那些持反对意见的元老早就被这突如其来的暴力吓坏了，在光天化日之下，连执政官毕布鲁斯都遭到如此的羞辱，其他人如若反对，其结果是难以想象的，没人再敢轻举妄动。

土地法案毫无悬念地通过了。

大会进行到此时，凯撒不再有任何的顾忌，也不再需要任何的伪装。他声称，实行土地法案是罗马人民的集体意志，人民的利益高于一切，作为执政官，最基本的职能就是捍卫人民的利益。他要求所有元老起誓，保证遵守土地法，凡阳奉阴违者格杀勿论。

元老们明白，他们已完全进入凯撒为他们设计好的圈套，根本无法挣脱，只能认命，服从宣誓。

凯撒大获全胜。

经过此次与元老院的交锋，凯撒不仅有了元老院不作为的借口，而且还有了恫吓反对派的有效手段。

此后不久，他毫不犹豫地又推出了其他两个法案，即庞培所要的东方政策法案以及克拉苏所希望的减少包税额度法案。

此次，有了前一次法案的铺垫，凯撒不再将这两个法案交与元老院讨论，而是直接交付人民大会表决。

在这次人民大会上，尽管要表决的法案比上一次还多一个，但有了上次的经验教训，元老院中除了小加图还表示一下抗议之外，其他的反对派竟无一人再敢强行出头抗争。

而凯撒的同僚执政官毕布鲁斯在上次人民大会之后，或许是因受到太大的侮辱，他在执政官一职余下的时间里，决不跨出家门一步，只是在家里撰写一些谴责凯撒与庞培及其支持者的文章，并命人将这些文章张挂在市民广场上。

这些文章不断地成为市民议论的热点，由此带来的结果是，非议三头政治的声音越来越多，甚至有位戏剧演员在表演中插入了这样一句台词："你的伟大建立在我们的悲惨之上。"这显然是在含沙射影地攻击伟大的庞培，而观众则报以最热烈的响应。

对于毕布鲁斯而言，这样做既是自我疗伤，也算是对三头政治的抗议。

但凯撒才不在乎这样的抗议，他感到，毕布鲁斯的文章确实带来很多的麻烦，但这总比两个执政官直接对抗要好得多。

三巨头通过合作，没用多少时间，即已将元老院打得一败涂地，尽管小加图还在努力奋斗，但这样的奋斗，形式大于内容，并无多大的现实意义。

元老院已形同虚设。

但凯撒并未见好就收，他还需要庞培和克拉苏帮他完成另一个重要心愿，也就是在执政官任期结束后的任职问题。

凯撒从上任之日起就未打算过要出任元老院刻意为他安排的总督职位。凯撒清楚，这样的总督职位，无论赴任还是不赴任，结果都是一样，从此往后难有作为，毕竟他在各方面的根基尚不深，也无法与庞培和克拉苏相提并论。

在私下,凯撒早就考虑用第二种方案作为替代,即到能有作为的行省去担任总督。然而,如在庞培和克拉苏的问题尚未得到圆满解决之前,过早谈及这些想法,必然会引发庞培和克拉苏的猜疑与不满。

但现在的情况已有所不同,庞培与克拉苏的问题都已解决。

凯撒再次请求庞培和克拉苏援助。

很快,三巨头的新计划又设计出来。他们让保民官出面提出凯撒的任职新方案,该方案让凯撒出任南高卢总督,任职期为五年,并统辖三个军团。

该法案的通过同样没有遇到太多的阻力,或许是因南高卢这块地方比较特殊。

南高卢是一块极其复杂的地方,罗马人大约在公元前 2 世纪就在南高卢站稳了脚跟,设立了行省。但那里一直较为混乱,部落国家众多,关系极其复杂。

对于任命凯撒为南高卢总督一事,庞培私下的想法是,让凯撒长期远离罗马,也省得惹麻烦。而凯撒的心态则是,无所谓乱与不乱,关键是能否让他控制一支强大的军队。只要能掌握军队,一切都好办。麻烦与机遇是可以互换的。

凯撒的鹰爪

公元前 59 年年底,凯撒为期一年的执政官任期正式结束。

元老院中那些贵族派总算可以松口气了,他们像送瘟神一样送走了凯撒,并祈祷凯撒从此一去不再复返。他们以为至少近阶段可以过上太平一些的日子了。

然而,他们过于天真了。他们根本没想到,凯撒在得到正式任命的消息后,曾得意地对他的幕僚说:"与我的对手们的意志相反,在他们的呻吟中,我如愿以偿,我现在可以随心所欲地对待他们了。"

凯撒所讲的随心所欲地对待他们,在当时,恐怕没有一个幕僚会清楚知道他所指的究竟是什么,他们或许还以为这仅仅只是一句泄私愤的气话。

但事实上,此话决不是凯撒的信口开河。凯撒在离开罗马之前,他已秘密安排克洛狄乌斯为其在罗马的代理人。

这个克洛狄乌斯就是那个曾煽动其妹夫部队兵变的卢库鲁斯的小舅子。

据说他长得极其英俊,他不仅在家里与其妹妹乱伦,而且在外面也到处寻花问柳,任性地勾引他人妻子,结果还闹出一个天大的丑闻。

公元前 62 年,罗马祭司团将一年一度的善良女神节的庆祝仪式放在凯撒家里,这样的安排或许因为凯撒是大祭司长。

善良女神是古罗马神谱中比较重要的一位女神,她主要是护佑妇女的贞洁以及生育,并保护罗马的国家与人民。

该节庆是女性节,因此活动规定,任何男性都不得进入节庆场所。该仪式完全由女性执行。执行这一节庆仪式的女性主要是罗马的一些贵妇人以及一些做辅助工作的女仆。

克洛狄乌斯不知什么时候与凯撒的妻子庞培娅勾搭上了,他感到此次善良女神节安排在凯撒的宅邸,实在是他与庞培娅幽会的天赐良机。克洛狄乌斯与庞培娅约定,在节庆过程中,他假扮为女竖琴师混入凯撒的住宅。

在节庆活动中,专业艺人很多,但大多是些奴隶,彼此之间也不熟悉,因此很容易冒充。那天夜里,庞培娅的贴身女仆将克洛狄乌斯带入宅邸后,让他待在一处等候,她自己去找女主人。

但克洛狄乌斯等了一会之后就不耐烦了,他开始东逛西窜。而此时,克洛狄乌斯又偏偏遇上了凯撒母亲奥雷丽亚的贴身女奴。那个女奴是个热心人,看到克洛狄乌斯一人在乱逛,于是邀请克洛狄乌斯加入到其他艺人的队伍中去。

克洛狄乌斯一慌张,张口拒绝,他的男子口音立即暴露了他的性别。那女奴大吃一惊,一面逃走,一面大声尖叫,家里混进了一个男子。

整个住宅一下子乱了。

凯撒的母亲奥雷丽亚得知家里闯入了男子之后,知道此事后果严重。

在她家举行的节庆仪式带有国家祭祀性质,男子违规闯入这样的仪式场所,这不仅意味着仪式的无效,也意味着一种不祥的征兆。

奥雷丽亚立即下令封锁住宅的所有出入口,仔细搜查宅邸的每一个角落。很快克洛狄乌斯就被搜了出来。奥雷丽亚一眼就认出了克洛狄乌斯。

罗马很大,但上层的贵族圈很小,特别是那些有名望的家族成员,相互之间都彼此熟识。

奥雷丽亚确认了是克洛狄乌斯之后,立即将其驱逐出门,并请所有参加仪式的贵妇人转告他们的丈夫,破坏此次仪式的元凶是克洛狄乌斯。

几天之后,凯撒即与庞培娅离了婚。

然而,凯撒与庞培娅离婚并不能将此次事件平息下去。相反,克洛狄乌斯的偷情与渎神,两件事情一经叠加,又进一步推动了罗马舆论的发酵。

元老院立即逮捕了克洛狄乌斯。

在罗马,渎神是严重罪名,如情节严重,则可判处死刑。克洛狄乌斯的渎神行为绝对称得上情节恶劣,罪名一旦确立,极有可能被判死刑。

克洛狄乌斯被捕后,本来就仇视罗马贵族的平民,无不幸灾乐祸,都等着看贵族的笑话。

但此案的审判结局超出了所有人的意料。

审理此案的法官原以为,此案的审理只是一种形式,只要证人一指证,审理也就结束了,该怎么判就怎么判,没什么大的变数。但当法官传唤此案的首要证人奥雷丽亚时,奥雷丽亚称当时光线太暗,完全看不清究竟是谁。法官再进一步传讯凯撒家的奴隶。那些奴隶的证词也与奥雷丽亚完全相同。法官在无奈之下,只能传唤凯撒。凯撒的回答更直接、更干脆:他不在现场,怎么可能知道谁是罪犯。

那法官可能有种被愚弄的感觉,就直截了当地责问:"既然如此,你为什么要和庞培娅离婚?"

凯撒回答说:"凯撒的妻子必须绝对清白,不能引起任何怀疑。"

那个法官当然明白凯撒这一家都在作伪证。

但如果没有凯撒家人的证词,即使所有人都清楚克洛狄乌斯有罪,他也无法作出有罪的判决。

但也就在法官打算将克洛狄乌斯判为无罪时,西塞罗主动站出来说,那天晚上,他亲眼目睹克洛狄乌斯在罗马城内。

在此案的审理过程中,克洛狄乌斯一直坚持说,那一天,他根本就不在罗马。既然自己坚持说不在罗马,而又有人看到他在罗马,显然,克洛狄乌斯在说谎。

西塞罗的证词让此案瞬间发生了颠覆性的变化。法官已有足够的理由判克洛狄乌斯有罪。

可此后,克洛狄乌斯家族动用了各方面的关系,克洛狄乌斯最后还是被判无罪。

此案的审理无意中造成了两个结果,一是凯撒有恩于克洛狄乌斯,凯撒可以说是他的再生父母;二是西塞罗险些杀死克洛狄乌斯,克洛狄乌斯对西塞罗的仇恨刻骨铭心。

克洛狄乌斯出狱后,念念不忘的就是这两件事情,即如何向凯撒表示感恩以及如何向西塞罗复仇。而克洛狄乌斯幸运的是,他要向西塞罗复仇的想法恰好与凯撒的意愿相吻合。

凯撒有无数条憎恨西塞罗的理由。西塞罗在指控喀提林阴谋时,曾不断暗示,凯撒和克拉苏是喀提林的幕后黑手。对于这些指责,凯撒倒也没太在意。相反,凯撒始终不希望与西塞罗对立,他一而再地向西塞罗释放善意,希望西塞罗能与他们三人合作,多一个能说会道的朋友总比多一个敌人好,但西塞罗断然拒绝。在西塞罗看来,道不同,不相为谋。

在土地法案通过后,凯撒再次建议西塞罗加入分配土地的二十人委员会,西塞罗还是拒绝。如果西塞罗仅仅是拒绝凯撒所抛的橄榄枝,这也罢了,物以类聚,人以群分,这是社会的常识。

但让凯撒忍无可忍的是,马其顿行省的前任总督安东尼因渎职问题被起诉,西塞罗在替其辩护时,却借机猛烈抨击凯撒。

凯撒感到,自己已成西塞罗随意侮辱的对象,西塞罗是要踩到自己头上来显示他的伟大。

凯撒下决心除掉西塞罗。

如何以最简单的方式除掉西塞罗？对凯撒来说,最理想的办法就是借刀杀人。

凯撒早就知道,克洛狄乌斯是个心胸狭窄、睚眦必报的人物,他的妹夫卢库鲁斯仅仅没让他破格升官,他就会采用最恶毒的方式来中伤自己的妹夫,这种邪恶性格的人物是世所罕见的。或许在得知克洛狄乌斯勾引自己的妻子之后,凯撒与他的母亲最后选择装傻,也与克洛狄乌斯这种偏激性格有关,凯撒感到,自己实在没必要去招惹这样的小人。

凯撒放过了克洛狄乌斯,但西塞罗却闯进来淌这浑水,凯撒不难想象,克洛狄乌斯对西塞罗的仇恨程度。

克洛狄乌斯出狱后即向凯撒表示效忠。

这对凯撒来说,实在是个意外的收获。在他离开罗马后,克洛狄乌斯既可做他的眼线,又可做他的打手,何乐而不为。

在与克洛狄乌斯的谈话中,对于西塞罗的问题,凯撒仅仅点到为止地讲了一下。

对于克洛狄乌斯这样的人,在凯撒看来,既要用,更要防,过分露骨的话,只会给自己带来意想不到的麻烦。

克洛狄乌斯是个绝对的小人,却也是个绝对聪明的人。

凯撒在讲到西塞罗时,似乎是不经意地讲到,在西塞罗执政期间,元老院未通过法庭审判,即将喀提林的几个同党直接处死,尽管当时是以元老院的名义,但主持这次会议的却是执政官西塞罗。

这绝对是条内部信息。

作为一个社会闲杂人员,克洛狄乌斯怎么都不可能了解到元老院的内部工作细节,但这却是一条可以上纲上线的重大信息,也是可以置西塞罗于死地的重要把柄。

克洛狄乌斯对凯撒的意图立即心领神会,也知道该从哪个方向入手报复西塞罗了。

但克洛狄乌斯马上又想到,如若要以西塞罗未经正常程序滥杀公民的名义处置西塞罗,他必须跨越两大障碍,第一个障碍是,必须让公民大会通过一个对此类滥杀公民定罪的法案,第二个障碍是,要想通过这样的法案,除非克洛狄乌斯本人是保民官,只有保民官才有权创制这样的法案。

但克洛狄乌斯不仅不是保民官,而且他根本不可能成为保民官,因为克洛狄乌斯是贵族。

按元老院规定,保民官一职只能由平民出身的人担任。一名贵族如想当保民官,唯一办法是过继给平民,从而将自己的身份改为平民。

可此事的实际操作又不像理论上所规定的那样简单,即便一名贵族本人愿意过继给平民,如果没有祭司团的同意,同样不行。而且,对于这样的申请,祭司团大都持否定态度。

克洛狄乌斯感到,他根本无法克服这两大障碍。即便他同意将自己的身份改作平民,他也不可能通过祭司团这一关。

对于克洛狄乌斯的犹豫和无奈，凯撒再次向他暗示，如果克洛狄乌斯下决心要改身份，他会帮他解决所有的困难。

有了凯撒的承诺，克洛狄乌斯自然无所畏惧，他通过某种方式找到一个愿意接受他为养子的平民。

几天之后，当祭司团接到克洛狄乌斯请求收养的申请时，让祭司们感到啼笑皆非的是，克洛狄乌斯找的那位所谓的平民养父，岁数居然比他本人还要小。

祭司团感到这其中的猫腻也实在太多了，他们几乎不加思索地否决了克洛狄乌斯的申请。

但按祭司团的规定，正式批文下发之前，如果大祭司长在罗马，还得经过大祭司长的核准。这样的核准在往常只是一种程式化的过程，大祭司长对他们的意见一般不会加以否定。

可此次，大祭司长凯撒偏偏又来个否定之否定，祭司们感到有些莫名奇妙，但这是大祭司长的权力，他们只得服从。

克洛狄乌斯如愿成了平民，他将自己的名字也改成了具有平民色彩的克洛狄乌斯。

此后不久，克洛狄乌斯成功当选保民官。

克洛狄乌斯一当上保民官，便立即放言，他上任后首先要做的就是对付西塞罗，他一定会将西塞罗绳之以法。

也就在此时，凯撒该去南高卢赴任了。

临行前，凯撒再次向西塞罗表达了他的善意，他希望西塞罗随他一起去南高卢，出任他率部队的一名军团长。只要西塞罗愿意跟他走，克洛狄乌斯就不能炮制针对西塞罗的法案，按罗马的法律规定，禁止对现役军官追责。

先将对方逼进死角，然后再对他施恩，网开一面，或许这是凯撒笼络人心的一种策略。

但西塞罗仍不领情，他感情上接受不了凯撒这种一面武装他的仇人，一面又装作好人对他施恩，于是他一口回绝了凯撒的邀请。

西塞罗当然清楚他回绝凯撒的邀请意味着什么。

或许，西塞罗认为，凭他在罗马的声誉，凭他曾经拯救过罗马共和国，克洛狄乌斯能把他怎样。

克洛狄乌斯是不能把西塞罗怎样，他不可能拿把刀去把西塞罗杀了。但他现在是保民官了，他可以通过公民大会来制裁西塞罗，置西塞罗于死地。

克洛狄乌斯很快就公开了他针对西塞罗的法律草案。这份名为"关于公民性命"的法律草案，从文字表面看似乎并没有什么针对性，也没有指名道姓。但只要是读过该文本的人都会知道，这是针对西塞罗的。

该草案规定，任何公民非法处死另一个公民者，将被禁止使用火和水，这是罗马法律的专用名词，其意思是凡涉案者将被驱逐出罗马，或者说这意味着流放。

一旦这个草案成为正式法律文本，西塞罗无论是政治生涯还是作为律师的职业生涯，全部到此结束。

西塞罗开始恐慌了，他感到，按此方式演变下去，他的结局将极其悲惨。他开始动员一切可以动员的力量来挽回，在他的指使下，一大批骑士聚集在卡皮尔托利山上的朱庇特神殿外示威，同时他们又恳请两位执政官行使他们的否决权。

但这些做法根本不起任何作用，尤其是他们去恳请两位执政官，实在是病急乱投医，走错了地方。

公元前 58 年度的两位执政官，他们都是三巨头所中意的人选，他们的上台可以说完全是依靠三巨头半合法、半非法的手段才得以竞选成功的。而两名执政官中的一位叫庇索的，更是凯撒的新岳父。

在公元前 59 年，凯撒为了拉拢庞培，将自己唯一的女儿朱丽亚嫁给比自己岁数还大六岁的庞培，男女这样大的年龄差距，在罗马当时的婚姻中也是罕见的。

朱丽亚本来再过几天就要与青年贵族凯皮欧结婚,为了安慰凯皮欧,庞培又将自己的女儿嫁给了凯皮欧。庞培的女儿原本也已订婚,为此,也只能解除婚约。而凯撒自己则与庇索的女儿结婚,并明确将支持庇索当选为公元前58年度的执政官作为回报。他们之间一连串同步的婚约,明显都带有政治意图。

他们的婚姻一公开,小加图就抨击说:这帮人用婚姻将政府的职位当成人尽可夫的娼妓,依靠女人相互包庇,他们掌握军权、瓜分行省,占据重要的位置,真让人感到是可忍孰不可忍。

这些骑士去恳求这样背景的执政官,岂非缘木求鱼。

西塞罗看到毫无结果,他又想到了庞培,在三巨头中,西塞罗与庞培的关系一直不错,庞培也曾向西塞罗发誓,他不会允许西塞罗受到伤害,即使让他付出生命,他也要保护西塞罗。

这或许也是西塞罗一直拒绝凯撒的重要原因。

现在,西塞罗感到,克洛狄乌斯的威胁越来越近,他想到了庞培对他的承诺。

然而,令西塞罗大失所望的是,当西塞罗向庞培恳求帮忙,甚至跪倒在他脚下时,庞培不仅不愿伸手去搀扶一下西塞罗,而且回答也是极其冷漠的,他声称,他不能干预国家的公事。

西塞罗四处碰壁,他不想在受到羞辱之后再被赶走,于是他不管法案最后是否正式通过,在公民大会表决之前,主动离开了罗马。

据说,他甚至想到了自杀。

3月,"关于公民性命"法案正式通过。但光凭这一法案是无法放逐西塞罗的,克洛狄乌斯又上交了另一个"关于放逐西塞罗"法案,该法案在4月召开的公民大会上同样顺利通过。

西塞罗本人虽已离开了罗马,但克洛狄乌斯仍将西塞罗的住宅彻底焚毁,而他所有的财产则被洗劫一空。

克洛狄乌斯既为自己,也为凯撒报了仇。

庞培的反制

克洛狄乌斯初战告捷,但他并未因此消停,不久,他又将三巨头的死对头小加图赶出了罗马。

当然,此次做法是极其隐蔽的,他安排小加图去督导吞并塞浦路斯的工作。此次罗马突然想要吞并塞浦路斯,关键在于要解决罗马城内日益显现的粮食危机。

罗马城内自从恢复向平民发放低价粮之后,意大利各地平民再次大量涌入罗马。到了公元前59年,凯撒炮制的土地法案,事实上相当于将罗马的国家粮仓做人情私分了。

而凯撒的鹰爪克洛狄乌斯当上了保民官后,为快速形成一股自己的势力,他再次利用公民大会,通过了"对罗马城内的全体公民免费供粮"法案。

短短几年功夫,罗马城的粮食供应从充沛一下子变成了短缺。

粮食法案通过后,克洛狄乌斯声誉日隆,但元老院的财政支出也随之大幅上升,甚至到了收不抵支的地步,罗马城内的粮食供应变得越来越困难,如何补上这个窟窿自然成了元老院的头等大事。

元老院看中了塞浦路斯。

塞浦路斯是一个富裕的王国,从理论上讲,督导吞并这个富裕国家的诱惑确实太大,的确需要派一名廉洁官员,如单纯就这一点来讲,派遣小加图这样的人物并无不妥。

但这并不是克洛狄乌斯的真实动机,克洛狄乌斯只是借题发挥,借机让小加图远离罗马城而已。

对此,小加图当然清楚,他同样也清楚保民官无权干涉外事方面的事务。如按早期对保民官的定义,保民官的职责范围不得超出罗马城墙以外一千步,所论之事也应局限于保护罗马城内底层平民的范畴。而外事是元老院的职责范围。

保民官讨论外事,是典型的越权。

然而,荣誉感让小加图彻底迷失了方向,他认为,赋予他这个工作,本身就是对他高尚品行的一种认可。

小加图毫不犹豫地接受了这样的安排,从而也变相认可了克洛狄乌斯以保民官名义篡权的行为。

有人总结说,贪婪有两种形式,一种是对财富的贪婪,另一种则是对荣誉的贪婪,为了得到个人荣誉而不计后果的行为,就是对荣誉的贪婪。这两种贪婪,本质上并无多大的差异,都会造成对社会整体的严重伤害。

克洛狄乌斯在短短几个月内即成功地报复了西塞罗,骗走了小加图以及让全体罗马城内的公民免费获取粮食。他所做的每一件事,可以说都是震动罗马政坛的大事。

但恰恰是这些成功让克洛狄乌斯变得忘乎所以。

此后,他开始不断地攻击庞培,不计后果地损坏庞培的形象。

或许他认为攻击庞培更符合当时的民意,而且也能给他带来更大的声誉。

该年度的执政官加比尼乌斯仅仅因为表示支持庞培的立场,克洛狄乌斯即指使他手下那些暴徒,将加比尼乌斯痛打了一顿。加比尼乌斯侍从官的法西斯束棒也被打飞或被折断。

对于克洛狄乌斯的极端无礼,庞培最初还是尽可能地克制自己,毕竟克洛狄乌斯是凯撒的人,而凯撒又是他的岳父,打狗还得看看主人。

但针对庞培的事还是一桩接着一桩地发生。

庞培感到,再这样下去,受影响的不仅仅是他在罗马的威信,还会动摇他在罗马的根基。如吞并塞浦路斯,明显是与他的东方政策相背离的,那些东方国家如果看到罗马毫无理由地吞并塞浦路斯,必然会对他的东方政策打上一个大大的问号。

罗马今天可以这样的方式吞并塞浦路斯,难道明天就不能以其他的名义来吞并另外一些国家?

兔死狐悲,这是社会的常态。

由此庞培开始怀疑,当初凯撒促成的三人政治的真正目的,自己是否被凯撒利用了?至少以目前而论,三人中凯撒是获利最大的一个。如单单获利大也就算了,可他放任他的爪牙来伤害自己,凯撒的真实意图究竟是什么?普天之下哪有这样的结盟?

庞培实在忍无可忍。

据说,庞培的一个谋士劝庞培忍痛割爱,立即与凯撒的女儿离婚,并与凯撒彻底断绝关系。

或许是庞培太喜欢年轻的朱丽娅了,他拒绝了这样的建议。

为了朱丽娅,庞培拒绝与凯撒撕破脸皮,但庞培也不准备继续被动挨打,他立即采取了相应的反制措施。

克洛狄乌斯上任后的第一刀砍向了西塞罗。庞培知道,这同样是凯撒的意思。

庞培决定以牙还牙,他的反击同样从解救西塞罗开始。

公元前 58 年 6 月 1 日,保民官尼尼乌斯向元老院提出一项要求召回西塞罗的动议。

这份动议,表面上是保民官尼尼乌斯提出的。但每个元老都清楚,尼尼乌斯是庞培的人,没有庞培的指示,尼尼乌斯是绝对不会这么做的。

因此,与其说召回西塞罗是尼尼乌斯的动议,还不如说是庞培的动议。

元老们一下子兴奋起来。

提出流放西塞罗的人是克洛狄乌斯,克洛狄乌斯背后的人是凯撒。现在要求召回的人是尼尼乌斯,而尼尼乌斯背后的人则是庞培。

再糊涂的人也看得出,三头政治出现了危机,三巨头联合大厦出现了裂缝。

当初,西塞罗被流放,这种秋后算账的做法让元老们极其心寒,毕竟当初处死喀提林的同伙是元老院的集体决定,克洛狄乌斯与凯撒利用公民大会处置西塞罗,在元老们看来,与其说这是流放西塞罗,还不如说是在对元老院敲山震虎。

元老们在三巨头的各种压力下,变得越来越谨小慎微。

现在三巨头之一的庞培希望召回西塞罗,他们当然愿意从命,如能成功召回西塞罗,就既是对西塞罗的平反,也同样是对他们自己的平反。

但元老们还是空喜欢了一场,克洛狄乌斯对元老院召回西塞罗的决议动用了否决权。

否决权是保民官由来已久的特权,无论元老院作出什么样的决定,保民官有权一票否决。

最初,元老院给予保民官这个特权,目的无非是为了防止执政官或者元老院乱作为。但任何政策都有其两面性,这样的特权确实可以起到防止执政官或元老院乱作为的作用,但对保民官本身乱作为失去了应有的制约。

对于克洛狄乌斯的强硬立场,元老院束手无策,庞培也没有办法,西塞罗只能继续流放。

或许是由于召回西塞罗一事的彻底失败,庞培对通过正常渠道解决问题的信心越来越小。

自庞培追随苏拉以来,最令庞培感到无奈和困惑的是,他的策略效应似乎永远是反的,每当他采用反体制的行为,例如他与克拉苏、凯撒三人结成非法同盟,结果总是要风得风,要雨得雨。而每次他想改邪归正,想通过正常渠道来解决问题,如公元前62年回国时,按规矩解散了军队以及此次通过正常的方式来解决问题,结果都是头破血流,这简直就是最大的反讽。

也许,庞培永远无法理解政治究竟是什么。此次,庞培决定以流氓手段对付流氓。

克洛狄乌斯身边养着一大批暴徒,他对付政敌的方式,简单地说就是要流氓。元老院人数虽然众多,在他眼里,除了西塞罗和小加图之外,其他人都不足畏惧。现在西塞罗被他流放了,而小加图则被他哄骗去了塞浦路斯,余下的元老们,只要他感到运用正常方式达不到他所要的目的,他就放手让这些暴徒大打出手,这些做法可以说是屡试不爽。

庞培指示听命于他的保民官米罗采用以毒攻毒的方式来对付克洛狄乌斯。

据记载,米罗的能力和残暴一点也不亚于克洛狄乌斯。他立即组成了一支相当规模的暴徒行动队,这一行动队的首要目标就是直接针对克洛狄乌斯的所有行动。他们为了提高打斗能力,甚至把一些角斗士也拉了进来。

这样一来,在罗马的大街上,大规模械斗成了家常便饭。而每次械斗,双方都必有死伤。

可庞培也清楚,街头斗殴能制造恐怖氛围,也能打击克洛狄乌斯的嚣张气焰,而真正的问题并不会因此得到解决。

庞培开始周游意大利,约见他那些有名望的门客,希望他们去罗马,支持召回西塞罗的法案。

此外,新当选下一年度,即公元前57年度的执政官塞斯提乌斯不知是否受了庞培的委托,他专门赶到高卢,希望凯撒也能同意召回西塞罗的法案。

据说,凯撒最初依然不同意,或许这只是故作一下姿态,事实上,凯撒对召回一事的私下判断是,西塞罗尽管能言善辩,但本质上却是一个胆小的人,经过此次流放的教训,他返回罗马后,将很难再发挥以往那样的作用,也不可能再在国家事务中占有过去那样的重要职位。

因此,经劝说后,凯撒立即调整了自己的立场。

凯撒的一贯策略是,要么做恶人,要么做好人,并且,要做好人,就做一个彻底的好人,这样做或许还能将西塞罗收编为自己的人,凯撒一直希望西塞罗能为自己所用,并成为自己对外宣传的工具。

于是,凯撒不仅同意召回,而且他也学庞培的样子,写信给他的门客,要求他们支持召回西塞罗的法案。

凯撒同意不再为难西塞罗了,甚至同意为召回西塞罗一事出力,召回西塞罗也就成了铁板钉钉的事了。

经过这些前期工作,召回西塞罗也是一件水到渠成的事了。但庞培仍然感到,如仅仅召回西塞罗还不足以形成一种强大的声势,他又在元老院的会议上提议授予西塞罗为"祖国救星"称号。

元老们自然是乐见其成。

公元前57年8月4日,召回西塞罗的法案被正式通过,9月4日,西塞罗回到罗马。在码头上,欢迎西塞罗的队伍声势浩大,西塞罗如同享受了一次凯旋仪式。

西塞罗又有一点飘飘然了。

西塞罗弄巧成拙

西塞罗被流放了一年零五个月之后,总算是荣归故里,他当然知道,如果没有庞培的鼎力相助,他根本不可能返回罗马,更不要说受到如此热烈的欢迎。

但西塞罗更不会忘记,在他被流放之前,他去求庞培时的那个场景。

西塞罗自然清楚,庞培的态度为什么会前后判若两人。

如果庞培与凯撒之间的关系没有出现裂缝，庞培怎么可能向他伸出援手呢？

西塞罗当然不会为此去记恨庞培，但他更加厌恶凯撒，他感到庞培的本质是老实的，而凯撒的本质则是狡诈、阴险并且内心充满了野心。

通过此事件，西塞罗得出了一个明确的结论，维护罗马共和国的唯一出路就是离间庞培与凯撒的关系。庞培与凯撒的关系越密切，共和国的麻烦就越大。

他决心拆散三巨头联合体，他要再次拯救罗马共和国。

西塞罗回到元老院后，他首先做的就是向元老院提议，让庞培组织和保证罗马城的粮食供应事务，也就是说授权庞培全权处理罗马城的当下粮食危机。

这是一个具有相当于执政官权力的职务，但这一职务又规定，他有组织海军以确保粮食海运的职权，这事实上又让庞培有了超越执政官的权力。

对此庞培相当满意。

此后，西塞罗又在各种演讲过程中，极力赞扬庞培，他称，以庞培的才能、睿智、荣誉，他无愧于全人类"第一公民的称号"。

西塞罗的基本策略是，拔高庞培而贬低凯撒，使他们两者的关系中形成一种较大的心理落差，从而难以平等沟通与协商。

然而，西塞罗在努力离间庞培与凯撒之间的关系时，偏偏又犯了一个常识性错误，这竟然使他前期的所有努力都付诸东流。

西塞罗始终认为，当年凯撒搞的那个土地法案，是今日罗马城粮食供应危机的主要根源，这些位于坎帕尼亚的肥沃土地，原本可以解决罗马城粮食供应中的相当一部分。但凯撒的土地法案犹如釜底抽薪，罗马城的粮食供应就此成了一个问题，而克洛狄乌斯的粮食免费供应法只是加剧和放大了这样的危机。

西塞罗感到必须推翻凯撒的土地法,罗马的粮食供应才有可能得到最基本的保证。

西塞罗甚至天真地以为,这也是在间接协助庞培解决罗马的粮食供应问题。

西塞罗所想的一切都是正确的,但这仅仅是理论上的正确,用今天的俗语来讲就是具有相当的政治正确,但他恰恰忘记了最重要的一个问题,凯撒所提这个法案的真正受益者是庞培,实际上也是庞培的授意行为,三巨头之所以会联合成为一体,与此法案有着重大的关系。

西塞罗要推翻所谓凯撒的法案,实际上就是要推翻庞培的法案。

西塞罗不是在与凯撒作对,而是在与庞培作对。他不是在拆散三巨头联盟,而是在提醒三巨头,不能忽视友谊,抱团才能取暖,分裂则会走向灭亡。

西塞罗是用行动来督促三巨头巩固联盟。

西塞罗试图推翻凯撒土地法的提案一经提出,果然立即引起了庞培的极度恐慌,如果该土地法案真的被推翻,他将无法向两万名退伍老兵交待。

庞培认为自己被西塞罗出卖了,他费尽心血召回的竟然是只白眼狼。

他再次想到了三头政治的优越性,他感到,还是凯撒的那一套更可靠。

而此时的凯撒,虽然在高卢作战,但他的一双眼睛始终盯着元老院,他清楚罗马发生的一切,他放手让克洛狄乌斯乱搞,原本的思路是,他未来的机会存在于半瘫痪状态的元老院以及混乱的社会秩序之中。

但当他发现庞培开始发起召回西塞罗运动时,他知道,这明里是针对克洛狄乌斯,实际上却是针对他的,庞培是在通过召回西塞罗来对他进行敲打,这是一个警告信号。

凯撒开始感到有些麻烦。

尽管这几年下来,他自身实力已大为增强,但仍不足以与庞培发生公开的对抗。更何况,他还是庞培的岳父,他也没想到过要与庞培直接对抗。

对凯撒来说,现在他最迫切需要的是缓和与庞培的关系。

当下一年度执政官前来请求他放过西塞罗时,尽管他故作姿态表示与己无关,但随后即同意召回西塞罗,并努力帮助召回,这固然有他的为人处世习惯,但更重要的是,他想借此向庞培传递这样一个信息,流放西塞罗,虽说他也赞成,但他决不是幕后策划者。

当然他也知道,事到如今,仅仅做出这样一种姿态是远远不够的。

公元前 56 年春,凯撒以祝贺罗马军团大捷为名,在伊特鲁里亚北部的卢卡城大办宴席,招待庞培、克拉苏以及其他罗马权贵一千多人,其中元老就多达二百余人。

但此宴会只是一个幌子,那么多的要人只是陪客,凯撒真正要请的只有两人,即庞培与克拉苏。凯撒的主要目的是化解他与庞培之间的矛盾,同时探讨如何进一步瓜分罗马的权力,划分各自的势力范围。

宴会之后,凯撒即将其他与会者抛在一边,他与庞培、克拉苏举行了秘密会议。

会议主要是研究如何巩固三头政治,以及协调三人今后的工作。

凯撒召集此次会议,可以说是正中庞培下怀。他感到罗马正在逐步失去控制,三人对罗马进行联手管理,或许是最好的出路。

他们三人探讨、协商的最后结果是,三人将共同努力,让凯撒在高卢的总督任期延长五年,并有权将自己的军团扩充至十个,而庞培与克拉苏同时竞选公元前 55 年的执政官,任期结束后,再按抽签结果,分别治理叙利亚和西班牙行省五年。

几个月后,庞培和克拉苏即在三方面势力的配合下,成功当选了公元前 55 年度的执政官,而庞培与克拉苏出任行省总督的抽签结果是,庞培出任西班牙总督,克拉苏出任叙利亚总督。

到了公元前 55 年,庞培和克拉苏出任执政官后,他们又进一步批准了凯撒在高卢任职延期五年的方案。

至此,三巨头在卢卡的会议决议完全实现,而元老院则成了罗马历史进程的旁观者。

三巨头在卢卡会议结束后,尽管西塞罗后知后觉,但他已感到情况有些不妙。庞培在赴卢卡之前,没有向西塞罗透露一丝一毫这方面的信息,这是情况出现异常的信号。

像这样的大事,按常规,庞培都会与他沟通,但此次却一反常态,这本身也说明了问题的严重性。

此外,庞培在走之前,已通过西塞罗的弟弟向他发出严厉警告:不要插手土地法案,他与凯撒千方百计地将西塞罗从流放地召回来,并不是让他来与他们俩作对的。

在警告中,庞培强调是他与凯撒联手把他救了回来,这并不是事实,但却足够说明问题的严重性,三巨头不仅没有分离迹象,反而是靠得更紧了。

西塞罗总算明白了,自己一方面在思考如何离间庞培与凯撒的关系,另一方面却又在稀里糊涂地抨击土地法案,他触及了庞培的红线,而不是凯撒的红线。

此次愚蠢的政治行为,切切实实地促成了庞培与凯撒的再次靠拢。

此后,西塞罗得知卢卡会议的相关情况后,他痛苦地自责自己一手促成了此次卢卡会议。

或许是流放的感觉让西塞罗感到恐怖,或许是想到庞培对他的警告,西塞罗最终决定放弃任何抗争,随遇而安。他再也不想去品味那种想自杀的感觉。

西塞罗在写给他最好的朋友阿提库斯的信中说:

> 我在细嚼慢咽必须吞下的苦果,改变信念对我来说似乎有点不

光彩。但是,该向正直、正确、光荣的政策说再见了。

　　我不赞成在情势已经发生变化的情况下,诚实之人的心态也不尽相同时,还死守着一个主张不放,我认为应该顺应时势。墨守成规从来都不是伟大政治家应该具备的美德,在海上航行之时,在风暴来临之前,尽力逃离就是明智之举,只能傻瓜才会冒着船只失事的危险,坚持最初的选择。

光讲这些来解释自己的行为,西塞罗似乎感到这样太无耻了,他又找了一些能更加自圆其说的理由,"在你的贵族派领导人身上有何等多的背信弃义行为呀,这简直令人难以置信……我感受到了这些行为,我了解这些行为;我被他们诱惑、抛弃和一脚踢开;我在政治上却打算与他们采取同样的路线。"

　　自此以后,西塞罗一改他的讲话风格,他开始变成一个两面人,他极力赞扬凯撒,甚至到了肉麻的地步。在公民大会上,西塞罗大讲特讲:

　　　　过去,我们仅仅是击退敌人的攻击而已,我们的将军们始终觉得,需要打一场战争,将这些人逐退……即便是马略——在可怕的灾祸之后,他那神圣的、举世无双的勇武保护了罗马人民,将潮水般涌入意大利的高卢人打退——也不曾讨伐高卢人的城镇与巢穴。我看到了凯撒思想迥然不同,因为他相信,仅仅与那些已经拿起武器敌对罗马人民的高卢人作战是不够的,必须征服整个高卢。于是他凭借惊人的幸运,在战争中粉碎了最强大、最凶狠的日尔曼部落,令其他民族魂飞魄散,遏制了他们,并将其置于罗马人民的主宰和统治之下。

而在私下,西塞罗又用一种自怜自艾的方式写信给他的朋友:

　　　　什么东西比我们的生活,特别是比我的生活,更耻辱呢?虽然你是天生的政治动物,但是对你而言,分享的只是奴隶制度而已,而奴隶制度对我们大家来说是共同的;如果我说谁应当像我一样谈论公共的事情,那人们一定以为我疯了;如果我说权宜之计要求什么,那我像是一个奴隶;如果我保持沉默,那我似乎难以自持,必然崩溃,我必须承担多大的痛苦啊? 我差不多都承受了,更加严重的是,如果别人对你都不领情,那我会更加痛苦。

此后,当元老院开庭讨论土地法案时,西塞罗根本就不去现场,他不想再触及任何与土地法案相关的事务,他感到这是一种明智的选择。

在元老院,西塞罗的示范作用是巨大的,相当一部分元老开始选择委曲求全。这也正是三巨头所希望的。

三巨头通过威胁、恐吓甚至恐怖等手段,赢得了全面的胜利。他们所设定的目标也在很短时间内都一一如愿了。

三头政治灰飞烟灭

三巨头同盟的基础纯粹是建立在各自利益之上的,因此,当他们各自的目标达到之时,也就是他们同盟的瓦解之日。

他们的第一次同盟是如此,第二次同盟也是如此。只不过第二次同盟的瓦解更明显,并有几件标志性的事件。

公元前 54 年,凯撒的女儿朱利娅在分娩时去世。凯撒和庞培都悲痛欲绝,但悲痛永远不可能替代情感,替代现实生活中存留的各种问题。

维系庞培与凯撒之间最重要的纽带,随着朱利娅的去世就此断裂。

但更令凯撒痛心的是,他与庞培之间的另一根重要纽带也在不久之后就断裂了。

公元前 55 年,克拉苏当上执政官之后,还没等到年底任期结束,他就迫不及待地赶往叙利亚行省当总督了。克拉苏一辈子就想在军事上能够崭露头角,与斯巴达克斯的那一仗,好不容易赢了,却又让庞培插了一脚,给人的感觉是如果没有庞培,他赢不了这样一仗。而此后,凯撒无论是在西班牙还是在高卢,每到一处都是捷报频传。

克拉苏感到自己活得很憋屈。

此次,克拉苏提前赴任叙利亚,就是想在那里大展身手。他一到叙利亚即迫不急待地指挥部队进攻帕提亚。或许是因克拉苏的进攻太过突然,帕提亚大败。克拉苏以为帕提亚的部队不过如此。

公元前 53 年,克拉苏又率七个罗马军团大举进攻帕提亚,却被包围,罗马军团全军覆没,克拉苏则被斩首。

消息传到罗马,元老院大为恐惧。这种恐惧并不是因为罗马损失了几万大军,而是因为失去了可以平衡三巨头同盟的克拉苏。

此前,元老院一直惧怕三巨头结盟,一旦三巨头结盟,元老院也就成了三巨头的办事机构,但三巨头的同时存在,毕竟还有一个相对稳定的态势,三人同盟毕竟只是一种利益共同体,他们无论自主或不自主的,都会起到一个相互牵制的作用。现在克拉苏死了,只剩下庞培和凯撒两人。

之前,他们俩中间还有朱丽娅可作为维系关系的纽带,可现在朱丽娅也死了。而凯撒也不再是十年前的凯撒。在高卢的那些岁月,已让他变得足够强大。他已无需再借助庞培的影响力来壮大自己。

元老们非常清楚,这两个人都是野心勃勃,谁也不会甘心屈居人下的。他们之间迟早会有一场火拼,这场火拼将在什么时候发生,并将以什么样的方式进行,谁都无法未卜先知。

对于元老们来说,现在的元老院根本无力左右罗马的局势。如就元老们内心真实的想法而言,无论是庞培还是凯撒,他们都不喜欢。

可相对于凯撒,庞培至少还懂得尊重元老,且不管庞培心里在想些什么,表面上,他对元老还总是和蔼可亲的。

自从克拉苏死后,大多数元老心中的天平已开始向庞培倾斜,即便像小加图这样极不喜欢庞培的人物,也开始准备帮助庞培,小加图对庞培的表态极为直白,他说:他并不喜欢庞培,但为了共和国,他会全力帮助庞培。

　　元老们是在两难之间择其易。其他一切听天由命，他们在等待破坏一切时刻的来临。这也是元老院的悲哀所在。

　　但这一切来得要远比元老们想象的更快。

　　从表面看，公元前53年的克拉苏之死对罗马似乎没什么特别的影响，原先凯撒所支持的克洛狄乌斯与原先庞培所支持的米罗，两人依然不断进行街头斗殴。

　　他们两人的恶斗似乎是庞培与凯撒争斗的预演，他们总是干扰各种选举。或许是他们的名声越来越差，他们两人背后的影子也开始与他们渐渐拉开了距离，尽可能地与他们切割关系，以免自己不清不白，但这没法洗脱庞培与凯撒分别在他们俩身上的烙印。

　　公元前52年，克洛狄乌斯与米罗在阿庇安大道上不期而遇。

　　恐怕谁也不会想到，此次偶遇，竟会影响罗马的历史进程。据记载，那

阿庇安大道，克洛狄乌斯被米罗刺杀之处

天,克洛狄乌斯骑马离开自己的别墅,在半路遇见了米罗,两人也就相互
瞪对方一眼,然后就各自上路了。

但此后,米罗的一个仆人,突然从后面赶上了克洛狄乌斯,并用短剑
从其背后直接将他刺穿。

克洛狄乌斯的仆人背着受伤的克洛狄乌斯逃进了附近的一家旅馆。
或许米罗感到克洛狄乌斯有可能并未被杀死,一旦他康复,将是个极大的
麻烦。

米罗带着他的仆人冲进那家旅馆,用乱刀将克洛狄乌斯砍死。

米罗迅速离开了,但克洛狄乌斯的尸体很快被送到了市民广场,并被
安放在讲坛上。

第二天清晨,几个保民官和市民又将尸体运到元老院的议事厅里。
显然,他们是想借此事羞辱元老院。

对此,元老们的对策是,他们对此事只装没看见。他们做出一副置身
事外的样子。那些平民坐在议事厅里,坐得时间越长,越感到无趣,他们原
本只是想借此机会羞辱元老们一番,或者再趁机敲诈一下,但现在他们倒
好像是被羞辱者。

他们越来越激动,越来越愤怒,一些人开始找来许多木材,把克洛狄
乌斯的尸体放在木堆上,然后又放了一把火。

克洛狄乌斯的尸体被烧了,元老院议事厅和周边一些建筑物同样也
都被烧了。

城市暴民的最大特点是情绪化,随之而来的是动手打砸抢,形势演变
到这样的地步,那就很难刹车了。

那几个保民官和那些暴民在火烧元老院议事厅之后,又以搜查米罗
以及米罗的仆人为名,随意闯入那些富裕人家,他们翻箱倒柜寻找值得抢
劫的东西,但凡感到有用的东西,即刻派人拉走。

仅仅几天功夫,罗马城内大乱,人人自危,家家惊慌,不少人还被莫名
奇妙地杀死了。

面对罗马城的全面失控,元老院召开了紧急会议。

元老们感到,面对目前这样的混乱状态,任何正常的手段都难以起到作用。非常时期,只有采用非常的手段,唯有请庞培出任独裁官镇压才能解决问题。

但小加图认为,给予独裁官这样的头衔,权力过大,还是授予唯一的执政官为好。其实,所谓唯一的执政官与独裁官并无多大的区别,不过至少可回避独裁两字。

最终,元老院授权庞培担任罗马唯一执政官两个月,令其彻底平定罗马城的内乱,这是罗马共和国史上的独创。

自公元前55年,庞培与克拉苏再一次共同出任执政官之后,克拉苏去了叙利亚,而庞培并未赴任西班牙,他只是让他的两个副将前往西班牙全权管理,而他自己依然留守罗马。毕竟在公元前57年,西塞罗提议让庞培负责罗马城粮食供应的时间也是五年。

因此,在庞培的身上,其实已有多项使命。此次任命,实际上是在他原有任命的基础上再加一项任命,庞培的权力之大是空前的。

庞培不是独裁者,也近乎独裁者。

庞培立即带着他的部队开进了罗马城内,那些原本无法无天的街头流氓在正规军面前全成了豆腐渣。很快,罗马城再次平静了下来。米罗和大批克洛狄乌斯的拥护者都成了审判对象。

尽管西塞罗和小加图都认为,米罗死杀克洛狄乌斯这样的败类并无过错,应该无罪释放,甚至在法庭上,西塞罗还亲自为米罗辩护,但米罗最终还是被判流放。

此时,庞培又宣称,罗马之所以会这样混乱,背后的真正原因是贪污与受贿。罗马的问题如果只是头痛医头、脚痛医脚是毫无作用的,必须从根本上加以治理。他推出了一项针对性法案,这一法案规定,任何人都有权控告自公元前70年至公元前52年间做过执政官的人。

庞培明显是在借题发挥,这实际是一项针对凯撒的法案。这也是庞培第一次以公开方式攻击凯撒。

凯撒是公元前59年出任执政官的,正属于庞培规定的时间段。

在公元前59年的执政官任期结束后,凯撒的财务官就曾受到过法庭的几次传唤,当时的保民官也曾就凯撒任职期间的不端行为提出过控告。只是因凯撒的朋友极力斡旋才得以幸免。此后,小加图也公开宣称,自己将为公元前59年的事起诉凯撒,甚至还为此发誓赌咒。

尽管庞培也知道,这道法令其实对凯撒并不起什么实质性的作用,凯撒是现任总督,罗马法规定,对现任总督是不能追责的,追责只能等卸任以后,但庞培颁布此法的更多用意是敲山震虎,他需要有一些心理平衡。

三巨头在卢卡第二次结盟之初,他们三人也确实同心协力,完成了既定的方案。

但在他们三人分别如愿以偿之后,庞培开始感到,三人中获利最大的是凯撒,特别是凯撒在高卢不断赢得胜利,而西塞罗又以一种最肉麻的方式没完没了地加以吹捧。

对于庞培来说,最初,由于朱丽娅还在,毕竟凯撒是他的岳父大人,如果朱丽娅还为他生个一男半女,他们之间的关系只会进一步加深而不是相反,即便有那么一些不舒服,也只能吞咽到肚子里去,否则,无论是向他深爱的妻子还是向未来的子女都无法交待。但朱丽娅死后,这方面的情感和顾忌完全没有了,所剩的只有不满和嫉妒。

而克拉苏之死更是把庞培与凯撒放到了一个直接对比的位置上。如将克拉苏与凯撒比较,庞培宁肯接受克拉苏的高位,也无法忍受凯撒的成功,毕竟他曾与克拉苏同为苏拉的部将,而且克拉苏还比他大十岁。

而凯撒在庞培的眼里只是一个小辈,他可以提携凯撒,让凯撒做执政官,这都没问题,但如果将凯撒与自己并立,即使将凯撒说成与庞培一样"伟大",也是对他的一种污辱,这是在动摇他那"罗马第一公民"的宝座,无论是谁动摇了他的这一地位,他都要和他翻脸。

西塞罗在极力吹捧时根本没料到,当初他想离间庞培与凯撒,结果却促成了庞培与凯撒的再一次联合。而当西塞罗彻底放弃了这种想法,只想求太平,只想对他俩一视同仁时,结果却在庞培的心中埋下了仇恨的种子。

庞培不是政治家,也不懂政治所需要的含蓄。他只能做、也只会做一些赤裸裸的举动来打压凯撒。

对于庞培的举动,凯撒自然明白。但他很无奈。朱丽娅死后,他曾想努力维系他与庞培过去曾有的那种关系,他将自己家族中最美丽的女子介绍给庞培,但都被庞培谢绝了,凯撒实在搞不清自己究竟在什么地方得罪了庞培。凯撒只能直面问题。

相对庞培而言,凯撒处于一个极为不利、被动挨打的位置,他的很多把柄都捏在庞培手里,庞培要整死他很容易,只需拿一些冠冕堂皇的理由,并以国家的名义、法律的名义或者人民的名义,任何一种名义都可以置他于死地,而他的反抗只有一条路——造反。

但凯撒决不会轻易选择造反,这不是缺乏胆量,而是凯撒感到,这根本就是一件毫无把握的事。尽管凯撒在征战西班牙以及高卢时一路凯歌,捷报频传,但他的对象毕竟只是蛮族或实力较弱的王国,而庞培也有同样的经历,并且已经获得了三次凯旋仪式。

此外,如果造反,庞培代表着合法,他现在所拥有的军力远远超过凯撒,而凯撒则代表非法,他的部队有限,在元老院中,他的仇敌远多于他的朋友,从各方面客观分析,天时地利人和都不在凯撒这一面,任何一个聪明的指挥官都不会主动去打一场毫无把握、甚至输的概率远高于赢的概率的战争。

也正因如此,凯撒的策略是尽一切可能、以合法的方式来换取他所要的利益,除非被逼到了墙角里,否则决不轻言诉诸武力。

第4章/战争与和平

三头政治毁灭的后果是凯撒与庞培的对抗,元老院的选择是捧庞培而贬凯撒。

凯撒有独裁野心,更有直面现实的理性,他力争和平。

庞培迷恋权力,在众人的拥护声中,逐渐丧失自我,自以为无所不能。

元老院则盲目乐观,以为有了庞培便战无不胜。

内战开始,元老院又不信任庞培了,一个没有自由意志的将领战败是在所难免的。

凯撒赢了,他认为苏拉得到权力再放弃是愚蠢的。但他不知,对于人性,苏拉远比他了解。

最终,凯撒死于最信任部将元老们的集体暗杀。

无奈的战争

凯撒似乎命中注定与和平无缘。

无论从哪个角度讲,凯撒都不希望与庞培进行一场生死大战,但他怎么都摆脱不了战争阴影。

公元前51年,元老院内部对凯撒的质疑声音越来越多,一些元老称,只有凯撒放弃兵权,共和国才是安全的。

对此,凯撒方面的回应是,要凯撒放弃兵权可以,但庞培也应同时放弃兵权。

当然这样的争论都是非正式的,并无多大的实质意义,这只是双方的舆论战而已,自然也不可能有什么结果。

到了公元前50年,元老院正式向凯撒提出,元老院将要远征帕提亚,为克拉苏复仇,需要从庞培和凯撒两人手中各抽调一个军团。

可事实上,这两个军团都是要从凯撒手中抽调的。在早些时候,庞培曾借给凯撒一个军团,而庞培同意调拨给元老院的就是这个外借军团。

凯撒没多说什么,他立即将两个军团借给了元老院。凯撒如此爽快的原因,无非是不想在如此敏感的时刻节外生枝,甚至被元老院抓住把柄。但此后,他又听说,这两个军团并未奔赴帕提亚战场。

元老院的这种做法,事实上等于在暗示凯撒,元老院在做战争的相关准备,现在所做的就是尽一切可能削弱凯撒的实力。

而到了公元前49年1月1日,该年度的执政官不知通过什么方式得到了凯撒的一封信,这封信被元老院公开宣读了。据说凯撒在信中重述了自己对共和国的伟大贡献,并表示只有在庞培也辞职的情况下,他才会放弃总督职位,并且还使用了威胁的语言,如果庞培不辞职,那只有兵戎相见了。这封来路不明的信件立即引起了众怒,西塞罗斥之为"凶悍而带有威胁的信件"。

元老院当即决定,凯撒必须在规定之日离职,否则将被视为人民公敌。

但元老们的决定马上被保民官安东尼否决了。保民官安东尼不仅是凯撒的亲信,还与凯撒有着亲戚关系,但这不是最重要的。

事实上,元老们的这个决定确实带有太多的硬伤,情绪化色彩远多于理性思考,姑且不论这封信是在什么背景下写的,以及是否是直接写给元老院的。即便确实是写给元老院的,元老院也不应将其作为决策的唯一标准。

其实,在元老院宣读此信之前的一段时间内,不少元老,包括小加图在内,都收到了凯撒的信件。这些信件内容还是相当温和的,也根本不带有任何的挑战意味。

在这些信中,凯撒提议,只要元老院允许他保留部分指挥权,并继续享有保民官在公元前 52 年授予他的特权,即允许凯撒不到罗马城也可参选执政官,他愿意交出外高卢以及除了两个军团之外的所有军队。

当时如果能够达成这样的协议,凯撒就根本不可能构成对罗马的威胁。但元老院感到凯撒的要求仍然太高,在与凯撒的朋友进一步协商后,凯撒的朋友同意再作退让,让凯撒只保留内高卢和一个军团。

如果达到这个目标,凯撒手中的军队已完全只具有象征意义了。

但此时,小加图却宣称:他不会同意任何私下里提出而不是在整个元老院面前提出的建议。事实上,这明显是一个借口,即便凯撒正式向元老院提出这样的建议,小加图等人同样也不会同意。

小加图等人分析认为,在兵力上,庞培占据着绝对的优势,凯撒没有讨价还价的资格,他唯一的出路就是服从元老院的安排,否则就将死无葬身之地,就像当年喀提林的下场一样。

他们感到,现在元老院唯一要做的就是将凯撒逼到墙角去,唯有这样,庞培和凯撒之间才会有一场终极大战。也唯有这样,他们才能借庞培的手将凯撒彻底清理出局。

他们要再造一个喀提林。

然而,凯撒不是喀提林,小加图也不是西塞罗,他也没有西塞罗那样好的运气,这样一来,罗马却失去了最后的和平机会。

此后,尽管凯撒方面与元老院还在互动沟通,但显然双方都已毫无真诚可言,甚至可以说,双方已开始进行战略欺骗。凯撒军团的一些士兵,他们名义上回罗马休假,事实上却在故意误导庞培的密探,他们谎称凯撒属下的几个军团军纪混乱,并且因长年在外作战,已极度厌战。

或许是因听信了此类传言,也或许是因庞培的狂妄自大,罗马元老院失去了一个又一个的好机会。

公元前 51 年,庞培曾得过一次大病。在他大病期间,整个罗马城就像受到了重创,各阶层都无比悲伤,并自发组织为庞培的健康祈祷。

因为所有人都清楚,在罗马,除了庞培以外,没有一个人是凯撒的对手。

庞培命系国运。

但过了一段时间之后,庞培的身体竟奇迹般地康复了。此后,整个意大利,无论大城市还是小城镇,全都连续举行庆典。当庞培回到罗马时,无数的人头戴花冠、手拿火炬前来欢迎他,这种感人的场面大到令人难以想象。

然而,罗马民众对庞培的爱戴,使庞培完全失去了自我,他开始趾高气昂、自信心极度膨胀,他甚至感到凯撒只不过是个小人物,将他那样的伟大人物与其相提并论简直是个笑话。

他公开宣称,他无须动用武力,更不必有任何额外的准备,比起培养凯撒,让他垮台要容易得多。

至于如何对付凯撒,他只消跺跺脚,意大利的泥土中就能崛起一支大军。

在罗马,战争的火药味越来越重。

而庞培所做的仅仅是将元老院的所有元老都请到他的家里,明确地向元老们表示,他支持元老院的一切决定,只要他们愿意,他随时随地愿意开赴前线。

元老院内充满了乐观的气氛,他们相信,只要开战,就能彻底解决共和国的隐患,凯撒留在共和国上空的阴影也将从此一扫而光。

凯撒的岳父庇索向元老院提出,希望在元老院作出最后决定之前,允许他和一名法务官一起前往高卢,与凯撒进行一次面对面的谈判,也可说是作最后一次努力。

但这个请求依然被小加图否决。

公元前 49 年 1 月 7 日，元老院发布最后决议，呼吁各级官员确保共和国的安全。该决议尽管并未直接点名凯撒，但所有人都知道，这次决议针对的就是凯撒。

战争已无法避免。

也就在元老院反复斟酌如何对凯撒采取措施时，凯撒也并未闲着，他一方面密切关注着元老院的一举一动，另一方面则积极备战。

但令凯撒苦恼的是，他的战略回旋余地很小。他知道他在密切关注元老院的同时，元老院也同样在关注着他。他根本不敢进行大规模的部队集结，或者将部队进行适当的调防，这一切都可能成为元老院发起战争的理由。

然而让凯撒略感宽心的是，庞培的战争准备比他做得更少。如果元老院再给庞培多一些时间，并让他立即组建大批的军团，如果庞培立即将他那些能征惯战的军团调入意大利，并对高卢地区进行设防，只要庞培和元老院再认真一些，再小心一些，凯撒几乎没有赢的可能。

但凯撒幸运的是，元老院完全相信了庞培自吹自擂的语言，以为有了庞培统率大军，消灭凯撒就是举手之劳。而庞培自己则是沉浸在昔日的荣耀之中，一味地等待元老院的指令，其他什么都不做。

庞培与凯撒的最大区别在于，庞培向往的是实权，而凯撒崇尚的是实力。

庞培认为权力能够决定一切，而凯撒则认为，在罗马，权力并不能决定一切，苏拉之所以能决定罗马的命运，不是因为他拥有实权，而是因为他拥有实力。苏拉的实权早已被元老院剥夺了，但最终的结果是苏拉的实力剥夺了元老院的实权。

实力才是决定一切的基础。

因此，凯撒宁愿呆在战火连天的高卢，也不愿到罗马来担任一些空头的高位。

凯撒所谓实力的概念,是指拥有一支忠诚于他的战无不胜的部队。

为了打造这样一支部队,凯撒年复一年地呆在高卢。他与士兵同甘共苦,但又绝不吝惜奖励每一个在战场上有卓越表现的士兵,他以最艰苦的方式来磨练士兵,日复一日的出操、对抗赛以及急行军的操练,使每个士兵都能适应最艰苦的战争条件,但他又以最大的温情来关爱每一个士兵。

他的部队是在最艰苦的战争条件下成长起来,并成为一支铁军的。

凯撒与庞培完全不同的理念最终导致了完全不同的结果。

当凯撒得知元老院颁布最终决议后,他知道元老院已向他关上了和平的大门,奋起一搏是他唯一的出路。

好在他在元老院作出最终决定之前已作了两手准备,如果能与元老院谈判成功,这自然最为理想。但如若谈判失败,那自我拯救的唯一方式就是兵戎相见。

凯撒感到,以他现有的兵力,他是无法进行持久战的,无论是道义、人心还是时间,都不在他这一方,他要战胜庞培,唯一的可能就是出奇制胜,在庞培的兵力还未布置到位时,立即将其击溃。

凯撒的战争动员是简单的,他告诉士兵们,元老院如何对他不公,他为了共和国在海外浴血奋战,最终的下场却是有罪,而为他申辩的保民官却被剥夺了神圣的权力,甚至生命都遭到了威胁。

凯撒讲完后,让保民官安东尼站到了士兵们的面前。

就在会议召开之前,安东尼刚从罗马逃到凯撒那里,并向凯撒报告了元老院的决定。安东尼由于仓促逃亡,且刚到达兵营,满面尘灰、衣衫褴褛。

士兵们都认识安东尼,看到安东尼的这种景象,他们大为震惊,立即高喊:他们愿为凯撒和保民官所受的侮辱复仇。

公元前 49 年 1 月 10 日，凯撒率领着人数不足五千人的第十三军团，这是他手中唯一的军团，以最快速度直接进入罗马。

战争结束后，很多文章将凯撒进入罗马这一过程写得欲言又止，仿佛凯撒和他的士兵在进军过程中，心情是复杂和沉重的，尤其是在卢比孔河面前。卢比孔河是意大利北部靠近高卢的一条小河。元老院规定，任何罗马军队在没有得到元老院授权的情况下，从高卢方向越过卢比孔河进入意大利，即为谋反。这实在是一种文学的想象，无论凯撒过不过河，他都已被定性为公敌，对于这一点，凯撒清楚，士兵们也同样清楚，没有那么多的多愁善感。

据说，当凯撒骑着马到达卢比孔河边时，他自言自语地说：骰子已掷出。这确实是一句很好的比喻，赌注已下，已无退路，这也是凯撒对自己的警示。

凯撒军团进入罗马是极其轻松的，元老院只在意大利边境上象征性地安排了几百名士兵，当凯撒军团进入时，这些士兵自然不会以卵击石，自寻死路。

而在罗马的庞培，突然闻讯凯撒已率军越界，他立即清醒过来。

按元老院和庞培的计划，1 月份是冬季，并不适宜战争，在此期间可以进行战争动员、招兵买马、作战训练等一系列战前准备。

凯撒在高卢任职结束的日期是公元前 49 年 3 月 1 日，如果凯撒自动卸任，则一切都作罢，如果凯撒强行留任，则立即作为人民公敌，并由庞培指挥大军直接开往高卢。这或许也是不直接点名凯撒，以留有余地的原因所在。

元老院和庞培反复考虑的是如何处置凯撒，唯独没去设想和探讨，如果凯撒先下手为强怎么办。

由于庞培根本摸不清凯撒带了多少部队进入罗马，他的第一反应是不能和凯撒硬碰硬。

庞培根据自己长期领兵作战的经验,他知道自己刚招募的那些新兵军团,根本不是凯撒军团的对手,哪怕自己的兵力数倍于凯撒也无济于事。同样也不能死守罗马城,他还清楚记得当初苏拉对付死守罗马城的办法,苏拉的命令很简单,将城围起来,不必攻打,城内人没了粮食自然就会投降。此外,他绝对相信,凯撒会以相同的方式来对付他,他清楚地记得,凯撒在他的高卢战记中就介绍过,他就是以这样的围困战术来战胜高卢人的。

庞培感到,唯一务实的办法就是以时间来换取空间,保存实力,尽一切可能撤离到他根基比较深厚的希腊行省去。

但这样的做法最大危害在于,庞培将迅速失去民心,这样的行动很难不被理解为怯战和临阵脱逃。

而最为沮丧的则是元老院中那些强硬派,他们原先把所有的赌注都押在庞培一人身上,现在庞培还没与凯撒交战就说没法打仗。

他们实在无法理解,于是气急败坏地责问庞培,当初他豪情万丈地宣称,跺跺脚,地底下就能冒出一支抵抗凯撒的大军,这样的大军在哪里?

但他们除了吵吵嚷嚷之外又能怎样?现实是残酷的,他们感到,除了跟随庞培一起撤离之外,他们想不出还有什么其他更好的办法。

不知是否因为受了庞培大话的影响,事情已经如此危急,这些元老就是不愿将权力完全交给庞培。

庞培作为司令官,却无权调动其他地区的军队,两名执政官都是庞培的顶头上司。此时的小加图似乎清醒了不少,他提议让庞培出任独裁官,但被元老们否决了。

这种否决,在罗马史上都是罕见的。罗马共和国建立后,之所以创立独裁官,因为他们明白,在战争的非常时期,战场上局势瞬息万变,有利的战机稍纵即逝,绝不能像和平时期那样搞群策群议,必须放手让指挥官独立思考与判断,并作出决策,否则将与胜利无缘。

但庞培碰到的正好就是这样一帮猪队友。

庞培很无奈,面对这样一帮既要马儿跑,又要马儿不吃草,脑子里除了权力,什么都不懂的元老们,庞培要取得胜利的机率已大幅减少。

到了这样的地步,或许庞培切切实实地感受到了苏拉的无奈。但他又能怎样?他只能将战争的希望寄托在凯撒的出错上。而在一场战争中,如一方将希望寄托在另一方出错的基础上,这样的结局多半是灾难性的。

凯撒的情况正好与庞培相反,他是绝对的一把手,他无需看别人的眼色行事。也正是因凯撒权力高度集中,独断专行,他才有可能实施他的闪电战,才能在最短的时间内,不费一兵一卒,即占领了整个意大利。

凯撒在进入意大利本土之后,尽管一切很顺利,他在高卢的部队也已全部集结完成,又招募了两个新兵军团,但凯撒心知肚明,这一切只能说有了一个良好的开局,并不意味着胜利属于他凯撒。此外,凯撒也清楚,他的胜利主要还是来自他的闪电战,来自庞培的猝不及防。

他的部队固然未伤一兵一卒,然而庞培的部队同样也没损兵折将,只不过他目前的局面看起来要比庞培好许多,但也仅此而已,什么问题也说明不了。

拳头缩回去再打出来,往往要比直接伸出去打更为有力,这是一个常识,一旦庞培完成了部队的集结,他与元老院一同归来,到了那时,以合法对非法,鹿死谁手还真不好说。

幸运的凯撒

自从庞培与凯撒直接发生冲突以来,西塞罗感到自己陷入了左右为难的困境。他早期反对凯撒,结果被流放,此后虽然在庞培的庇护下,返回了罗马,但又因土地法问题,差点得罪庞培。他永远也不会忘记庞培托他弟弟转告他的警告。

从此,他再也不敢非议三巨头的事务。他抱着多种花少挑刺的观念去看待一切社会事物,既为庞培唱颂歌,也为凯撒唱颂歌,至少在公开场合是这样,他感到这样做才是最安全的。安全第一,这成了西塞罗的行为准则。

但西塞罗怎么都没想到,他有意栽花花不发,无意插柳柳成荫。

他不想再破坏庞培与凯撒的关系,却又实实在在地让两人成了死对头。现在庞培与凯撒公开决裂了,西塞罗必须站队。

西塞罗是支持庞培还是支持凯撒,这本来不应该是个问题,是庞培把他从流放地救了出来,他不再指责凯撒并转而赞美凯撒,这也是因为庞培的关系。

但西塞罗现在的问题已远非早期那么简单,且不说一个人总是颠来倒去的有损形象,他最亲爱的弟弟昆图斯在凯撒的帐下任职,并且是个凯撒的崇拜者,而他的女婿多拉贝拉同样也是个狂热的凯撒分子。如若他再次与凯撒翻脸,也等同于向他的家人翻脸,但这些话又是难以启齿的。

元老院随庞培撤离罗马时,曾要求西塞罗以资深执政官的名义组建人员抵抗凯撒,所谓资深执政官,亦即曾经出任过执政官一职的元老。

但西塞罗是受命而不从命。西塞罗接受命令后,只是呆在自己的别墅里,看书、写作、与人聊天,其余什么都不做。

但西塞罗又怕这种明显的骑墙行为遭人耻笑,他在给自己朋友的信中解释说庞培逃跑的行为令他十分反感,"我认为,没有哪个国家的政治家和将军有过如此不光彩的行动。"

西塞罗向他的朋友发表了上述高论后就心安理得地做起了他的寓公。

但西塞罗毕竟不是普通人,凯撒早就注意到了西塞罗在别墅里做寓公的奇特情况。

自凯撒进入罗马城后,元老院中的元老分成了两拨,要么跟随庞培撤离,要么继续留在元老院中,而像西塞罗这样的元老实在是个孤例。

对于西塞罗,凯撒自始至终都想将其拉入自己的圈子,只不过西塞罗对凯撒一而再的示好几乎没有任何反应，而且一直把他当成主要的敌人。凯撒无可奈何，只能设法流放西塞罗。

西塞罗流放归来后，尽管吹捧凯撒的调门很高，但凯撒清楚，这未必是真心，这只能说明西塞罗变得圆滑了而已。

可这对凯撒来说已足够了，像西塞罗这样的人物，能够变成自己人，能为自己服务，这固然是理想状态，但如若做不到这一点，只要不变成敌人，同样也是成功的。

此次，凯撒发现西塞罗的新动向之后，他感到，这至少是个好兆头，西塞罗在犹豫，彷徨，骑墙，他手中的砝码尚未投下。

凯撒相当兴奋，他无法抑制去看望西塞罗的冲动，他太想再努力一下，如果能让西塞罗成为他阵营的人，至少表面上的合法性会增加很多。

在元老院，西塞罗的分量不是一般元老能相提并论的，作为律师，他的鼓动能力更是其他元老所望尘莫及的，作元老，他又是首席。反观凯撒阵营，他们大多都是一些年轻的无名之辈，凯撒太需要像西塞罗这样的实力派人士加入他的阵营。

凯撒立即赶往西塞罗的别墅。

凯撒的突然出现令西塞罗大吃一惊。

西塞罗在给他朋友的信中谈及了此次会谈的一些对话，当然，毋庸置疑，这些对话肯定是润过色，有美化自己的成份在内。但从这封信的字里行间看得出这并不是一次轻松的对话：

> 经过一番长谈，凯撒说："来吧，为和平而奋斗。"
>
> 我问道："是作为完全自由的人来吗？"
>
> 凯撒反问道："我是对你发号施令的人吗？"
>
> 我说："如果那样的话，我会在元老院发言，说服元老院不批准你去西班牙或率领一支军队去希腊。何况，我为庞培的命运而哀叹。"
>
> 凯撒很是无奈："我真的不希望你这样发言。"

我说:"我就知道你会这么想,但我不想去那里,因为我一旦去了那里,就控制不住自己的舌头,一定会表达自己的真实想法,以及更多。因此我就干脆不去罗马。"

谈话末尾,凯撒让我仔细考虑考虑,我们的谈话就以这种方式结束了。因此我想,凯撒对我很不满意,可是我对自己很满意,我很长时间都没有这样高兴了。

西塞罗在信中称他见了凯撒之后很高兴,或许这是真的,西塞罗很长时间窝窝囊囊地躲在自己的别墅里。尽管这很安全,但很憋气。他可以找很多理由不跟随庞培,他同样也可以冠冕堂皇地骗他的朋友,但他骗不了自己,骗不了自己的良心,毕竟庞培有恩于他。在关键时候,他却躲得远远的,更何况,这与当时的罗马文化严重不相符,在当时的罗马文化中,不还人情债是为人所不齿的。西塞罗决定出海跟随庞培,西塞罗为自己终于作出了正确决定而高兴。

而凯撒此次专访西塞罗,对话结束后,凯撒确实有点不高兴,并有种强烈的挫折感。

凯撒自从跨越卢比孔河之后,他的顺利远远超过了他的想象,在短短的两个月里,庞培逃离了意大利半岛,而他则成了意大利的主人。

凯撒进入罗马城,不像是占领而像是接管,就连元老院的金库都原封不动地锁在那里。此外,元老院中相当一部分元老并未跟随庞培一起逃往希腊。这也为凯撒的"接管"带来了一定的合法性。

进军罗马虽说只是一个意外,但这种意外的成功却是凯撒梦寐以求的。

此次凯撒专程看望西塞罗,他原希望在元老院的人脉方面也有新的突破,但显然,此次行程无功而返。

但凯撒回来后对他的幕僚称,此行程实在是他好运的继续,他是失之桑榆,收之东隅。

西塞罗在谈话中希望凯撒不要去攻打西班牙,这无意中暴露了庞培的一大破绽,庞培在西班牙的七个军团至少目前尚未动身去与庞培会师。

这对凯撒来说确实是条太重要的军事情报。之前,凯撒最困惑的就是这七个军团的动向。

在古罗马交通不便,信息闭塞,这也是古罗马热衷于建造标准大道以便于通往各重要地点的主要原因。但意大利半岛与西班牙之间根本无法以这样的大道相连接,半岛的北面被阿尔卑斯山脉切断,而海路则完全由庞培控制,凯撒很难精准地了解西班牙那里的实情。

他笑着对他的幕僚说,庞培很会跑,但他下一步要让庞培成为没有兵的将。

此次庞培仓皇出逃,这为元老院的大多数元老所诟病,西塞罗指责庞培的重要理由也是这一点。凯撒在公开场合,也作了类似的结论,但这只是舆论战的需要,也可以说是故意损坏庞培的声誉。

作为长期征战的将领,凯撒自然明白庞培为什么要逃跑,如果换一个位置,凯撒恐怕同样也要逃跑,任何理性的指挥员都不会去指挥一大帮乌合之众去与一批正规军对垒,也不会以一个城市的得失作为胜败标准。

凯撒当然清楚,庞培的逃跑是为了让他的实力逐步与自己的实力拉平。庞培这样逃跑反而让凯撒感到更可怕。

凯撒不难想象,庞培现在最需要的就是一支能征贯战并且忠诚于他的部队。

庞培退出意大利的重要原因之一就是他手中缺少这样的部队。战前,他招募的新兵,连最基本的训练都没经过,他不敢用。而从凯撒手中要回来的两个军团,从理论上讲,可以和凯撒的一个军团有得一拼,但庞培依然不敢贸然使用,原因在于,这两个军团已在凯撒手下相当长一段时间,他无法断定他们的忠诚度。

其实这两支部队确实是有问题的,在他们回来后,庞培曾问他们的将领,凯撒与他军团将士的关系,这些将领的回答是:一团糟,毫无士气可言。这些言过其实、明显带有误导的回答足以反映出了他们的真实心态。

庞培岂会蠢到相信这些鬼话的地步,但这也从侧面反映了这支部队的不可靠。

在战场上指挥一支不够忠诚的部队是极度危险的,甚至可能是致命的。

而西班牙的七个军团是他的亲信部队。按理说,他放弃意大利本土的同时,也应立即放弃西班牙,让这七个军团立即前往希腊与他会师,但庞培偏偏没下这样的命令。庞培为什么不下这样的命令,而是让这样一支重要的部队按兵不动,毫无意义地待在西班牙,谁也无法作出正确的解释,真实的历史往往有很多莫名其妙,但正因其莫名其妙,才是历史的真实。

这也是凯撒不敢贸然进军西班牙的原因所在。

现在凯撒得到了确切的消息,他岂能放弃这样一个战机。

凯撒像一头猛狮,突然发现了一个正无所事事的猎物,他立即以最快的速度,挥师北上西班牙,将庞培的七个军团一口气全部吞下,漂亮地完成了他的斩首行动。

回到罗马后,凯撒又高调地向他的官兵们宣称:之前他所围剿的是没有将军的军队,从现在开始,他将着手消灭他的对手,一位没有军队的将军。

在凯撒眼里,庞培新组建的军团,人数虽然众多,但在短期内绝对无法形成战斗力,这样的军队有与没有区别并不大,这是一个常识。

他必须在庞培的新军团形成战斗力之前将其歼灭。

公元前 48 年 1 月,凯撒进军马其顿——这是庞培的新据点。

庞培自从撤出意大利后,就以马其顿作为他的立足点。

庞培清楚自己的强项与弱点,他的强项是,他拥有全罗马的海军,有五百艘军舰,而凯撒没有海军。而他的弱项是,他拥有的陆军人数不少,但基本属于新兵,他到了马其顿以后,又招了一批当地人,但同样也是新兵。

因此,庞培的部队战斗力不足是显而易见的,庞培需要时间去打造这支崭新的部队,他也确实在抓紧一切时间训练这支部队。

按庞培的计划,只要他能成功封锁海面,他就能赢得训练士兵的时间。对庞培来说,训练的时间越充分,他赢得最终胜利的可能性越大。据说,在练兵场上,庞培与士兵们一起训练,亲自指导。

凯撒同样也清楚自己的长处与短处,他的长处是:他拥有一支能征惯战的部队,而他的短处是,他部队的人数有限,而且招募新兵极其困难,他头上那顶非法的帽子并不因他占领了罗马而有所改变。战事拖得越长,对他就越不利,他几次托人向庞培喊话,表示愿意和解,但庞培完全不予理睬。

此外,他对战俘尽一切可能采取怀柔政策,但这样做的效果同样并不明显。相反,那些原本还留在罗马的元老却开始陆续出逃,投奔庞培去了。这显然是没人看好凯撒,在元老们眼里,凯撒只是一时得逞而已,兔子的尾巴终究长不了。

凯撒只能下决定再赌一次,一年之前,他以出人意料的方式,并在出人意料的时间,突然进攻罗马,最终取得了出人意料的成功。

此次,凯撒几乎重演了上一年的故事,时间还是那个时间,方法还是那个方法。

在上古时代,在1月份那样的寒冷时节,根本不会有人去打仗,但凯撒偏偏就选择了这样的时节。

凯撒赌对了,对方的海军司令是凯撒的老搭档,也是冤家毕布鲁斯。

毕布鲁斯根本没想到凯撒会选这样的时间进行抢滩登陆。他的舰队全都在港湾内休息,在海面上,就连侦察小船他都没有派出。当他得知凯撒部队出现时,事实上凯撒部队已登陆完毕,他的舰队早已失去了最佳的攻击时间。毕布鲁斯追悔莫及,他太想报十年前的一桶大粪之仇。

其实,只要毕布鲁斯在海面上保持一定数量的侦察小船,凯撒的部队是很难通过他的防线的。如果凯撒的运输船一定要在海面上与毕布鲁斯的战舰交战,恐怕除了全军覆没,没有其他可能。

凯撒虽然毫发无损地登陆了,想进一步扩大战果却非易事,他首先面临的就是两大难题,一是他没有战略纵深,也就是说,没有战略迂回的空间。二是缺少粮食的补充。

可凯撒幸运的是,此时,庞培的部队不在附近,凯撒一连攻击了几个庞培的军需重地,夺得了相当多的粮食。

不过不管怎样,凯撒最大的愿望还是希望能与庞培有一次正面交锋,速战速决,一旦粮源被切断,他必败无疑。作为凯撒的对手,一个久经沙场的老将,庞培当然很容易猜到凯撒的这种心态。

在得知凯撒突破了他的第一道防线后,庞培立即告诫所有人,与凯撒的战斗不能急,主要方式应是切断凯撒的粮道,以静制动,以拖待变,相机出击。

由于第一仗已经失利,元老们对庞培的指令不敢再评头论足,庞培的命令得到了很好的贯彻。

庞培大军与凯撒部队接连交战了几次,规模不大,但庞培屡战屡胜,凯撒部队的伤亡人数高达数千。

面对如此的胜利,整个元老院沸腾了起来,一些元老已开始作凯撒兵败后的准备,甚至有人已想到凯撒兵败后,他的大祭司长职位的归属问题。更荒唐的是,一些人开始盘算如何瓜分凯撒党人在罗马的房产。

而与此同时,这些元老对庞培的战略布置越来越不耐烦,他们公开要求庞培马上与凯撒进行一场对决。

最初,庞培对这样一些议论不予置评,坚持按自己的既定方针处置。但这样的结果是,这批人完全被激怒了,他们公开指责庞培是为了最高权力而故意拖延战事。而压垮庞培的最后一根稻草则是对庞培一直毕恭毕敬的西塞罗。

在这个关键时刻,西塞罗不仅没有出来帮庞培解围,相反,在战争的关键时刻,他又莫名奇妙地公开宣称:内战其实就是庞培和凯撒争夺最高权力。庞培听到西塞罗的这番高论后很后悔,他怎么会有这样的朋友。

西塞罗的结论是对战争性质的定性,这样一来,庞培怎么做都是有罪的了。

庞培领导的大军,上层乱到这种地步,实际上庞培已很难控制大局。

庞培心里很明白,之前之所以能取得胜利,恰恰是因为不急于求成,时间在他那一边,他只需要简单的围堵,凯撒的部队已经断粮,开始吃树根,只要继续切断凯撒的粮食供应,时间拖得越长,凯撒越无法承受,凯撒大军必将在饥饿中崩溃。相反,他如若按元老们的要求与凯撒直接对抗,庞培的新兵根本不是凯撒那些老兵的对手,其结局其实也是毫无悬念的。

凯撒之所以敢于轻装直闯马其顿,他的依据恐怕也在于此。

然而,庞培现在的拖延围堵政策,已遭到元老院的严重质疑,他的拖延战略已被元老们贴上别有用心的标签。他已成了众矢之的,并且对他的抨击一天比一天厉害,庞培已成了有罪之人。

在第二次布匿战争期间,费边同样以拖延战略对付汉尼拔,但费边是幸运的,他被撤职而不是被逼去硬战,最终坎尼会战的大败证明了费边的正确。

但庞培知道,他不会再有费边这样幸运的结局。

庞培清楚,这样的状态如若继续下去,即便他的拖延战略最终赢了,也没人会认为这是拖延战略的胜利,依然会认为这样的胜利来得太晚,依然会追究他的责任。

或许庞培同样想到了当年塞多留在西班牙的命运,塞多留比庞培更善战,最终却被他的元老院害死。庞培仰天长叹,一切只能听天由命了。

庞培下令在法萨卢斯地区对凯撒部队全面出击。

据记载,公元前48年8月9日上午,凯撒正率军撤退,他惊讶地发现,庞培军队从山坡上下来了,进入了开阔的平原。而此时,凯撒的部分士兵已经组成了行军队形。凯撒立即命令部队停止前进。

凯撒兴奋地告诉士兵们:他终于等到了这一天,这样的机会很难再次出现。军官们同样兴奋万分,他们终于有了用武之地,他们很清楚此战的意义,他们将从此告别饥饿与恐惧。

官兵们各就各位,形成了一个一个方阵,阵内鸦雀无声,他们就像一个个演员,等待已久的一场大戏终于要正式开场了。

一场大战就这样开始了,或许庞培从一开始就没想过这样的战斗会有赢的可能。但不管怎样,战争刚开始,庞培还是抱着一丝侥幸心理站在高处观战,然而在骑兵冲锋失利后,庞培就默默地离开了战场。

或许他在心里说,这就是你们要的结局。

据普鲁塔克的记载:庞培进入自己的中军大帐后坐了下来,仍旧是哑口无言,直到最后发现有些敌军尾随逃走的人员进入营地,这时他只问了一句:"什么,已经进了营地?"

他再也不说什么,站起身来,换上一套适合目前身份的服装,就此不告而别。

宽容与阴谋

凯撒在法萨卢斯与庞培会战的胜利,实际上已奠定了凯撒成为最终胜利者的基础。凯撒感到自己实在太幸运了。

凯撒很清楚,渡海作战实在不是一个高明的策略,而是一场以生命为砝码的大赌局。但他别无选择,他不可能坐视庞培的实力在这种不战不和的状态中迅速强大起来。尽管他的第一场赌局已赢,他占领了整个意大利,也吃掉了庞培在西班牙的嫡系部队。

但就总体而论,他离真正的胜利还十分遥远,至今仍然没人认可他的合法性,他的一切行为都是自说自话。

凯撒心知肚明,他现在的状态就像一群强盗突然之间闯进了一幢大楼,并成功地控制了这幢大楼,外面的军警只是围着,没有任何动作,但这并不意味着这幢大楼就已归属于这批强盗了。这种内外平衡只是暂时的,主动权在外面的军警,而不是在内部的强盗。

凯撒不可能忍受这样的平衡,他只能以最极端的方式来打破这种平衡,但最极端的方式也往往意味着承担最大的风险。

速胜与速亡是对孪生兄弟,世人往往关注胜者的荣耀,却很少关注获胜者在获胜之前的心里煎熬。

当然,凯撒根本不可能想到,像庞培这样的将军,竟然也会采用这种自杀式的战术与他对垒。

他更不会想到,在关键时刻助他一臂之力的竟然是元老院的元老们,以及那个他始终想拉拢、想交好,却又交不成的西塞罗。

其实那场会战一开始,凯撒就清楚了,这是一场必胜的战争,但战争的结果还是让他感到震惊。他的士兵伤亡数不到二百人,而庞培军团被杀的人数有一万五千人,投降的人数更是高达二万四千人。这一数字是惊人的。这不是战争,而是在大屠杀。这场战争与坎尼会战太过相似。

面对遍地的鲜血与尸体,凯撒心里有种难以言说的滋味。

他不是当年的汉尼拔,面对的是异族敌人。这些死者,毕竟绝大部分都是他的同胞,多死这样一个同胞,在罗马,他就等于多一个仇家。他喃喃自语:“是他们想要这样的。”这似乎是在对那些死者表白,他并不想杀人,是元老院的元老们逼他这样干的,他所做的一切都是出于自卫。

战前,凯撒确实渴望这样的厮杀,他一直盼望这样的厮杀早一点到来,但在战后,他又害怕这样的厮杀,害怕面对这些年轻的死者,害怕看到他熟悉的那些面孔,尤其是害怕在死人堆里看到他的情妇塞维利娅的儿子布鲁图。

凯撒曾有无数个情妇。在罗马,凯撒是个远近闻名的花花公子,他曾有人尽可妻的"美名"。但他最在意、并为之付出真情的,只有塞维利娅一人。

塞维利娅是小加图同父异母的姐姐,由于小加图与凯撒之间誓不两立,他们两注定只能相爱而不能成婚。

塞维利娅的丈夫马尔库斯·布鲁图是名人之后,他的祖先是罗马共和国第一任执政官布鲁图,而马尔库斯本人曾是雷必达的副将,在公元前78年,雷必达谋反后,马尔库斯在与庞培的作战过程中被庞培所杀。

布鲁图是塞维利娅与马尔库斯唯一的儿子。由于布鲁图与庞培有着杀父之仇,布鲁图一直痛恨庞培,据说两人碰面也决不打一声招呼。他认为,与谋杀父亲的凶手说话,就是终身难以洗刷的污点。

但布鲁图又特别敬重他的舅舅小加图,并且也像小加图一样坚持共和理念。对于自己的母亲与凯撒之间的那种暧昧关系,布鲁图是既痛恨又无奈。可坊间又传闻布鲁图事实上是塞维利娅与凯撒的私生子,对此布鲁图更是怒气冲天,却又无处发泄。布鲁图痛恨凯撒,他不仅恨凯撒勾引他母亲,搞得他连出身都有些不明不白的,他更恨的是凯撒对共和体制的破坏。

庞培与凯撒决裂后,布鲁图毫不犹豫地加入到了庞培的阵营。

凯撒知道布鲁图恨自己,但凯撒自己也讲不清,他为什么一直特别喜欢布鲁图,这其中或许有塞维利娅的因素,但凯撒又感到,他对布鲁图的爱好像也不全是来自对塞维利娅的移情,这中间还真有一点父爱的味道。

他很希望布鲁图能作他的助手,他也曾通过塞维利娅向布鲁图表达了这层意思,但布鲁图不仅不领情,相反毅然决然地站到了他的杀父仇人庞培的那一边。

此次法萨卢斯会战,凯撒最怕的就是误伤布鲁图,他曾下过死令,任何人都不能在战场上将他杀害,如果他愿意投降,就保证他的安全将他带过来,如果他还是抗拒,则应让他有机会逃走而不要取他的性命。

但这是战争,在敌对双方的厮杀过程中,谁也无法精准地把握一切。

会战一结束,凯撒看到这么多的尸体,他十分害怕在尸体堆里突然发现布鲁图。如果这样的话,不要说他心理的那道坎没法过,他也没法向塞维利娅作出交待。他要求士兵们以最快的速度核对到底有多少贵族、多少元老死于此次会战。

然而,对死者的统计尚未完成,已有报告说布鲁图在俘虏的群体之中。凯撒大喜,立即亲自前去看望布鲁图。而更令凯撒喜出望外的是,在与布鲁图交谈之后,布鲁图终于答应转换门庭,做凯撒的属下。

对于布鲁图的归顺,在凯撒看来,这决不亚于一场战争的胜利,这是一个彻底击垮庞培派的极好的兆头。

此次会战,凯撒感到唯一可惜的是,庞培已在战后逃往埃及。

埃及是个东方大国,如果庞培到达埃及,以埃及为抗战基地,这对凯撒来说,必将成为一个重大隐患。

凯撒立即带了四千名士兵渡海,前往埃及。

凯撒到达埃及时,他得到的却是庞培的死讯。

伟大的庞培,他曾经的女婿就这样死了,凯撒不敢相信这是真的,但这又是千真万确的。

庞培自从离开了战场以后,曾与他的谋士反复商讨,究竟去哪个地方较为妥当。但比较各行省之后,他们感到,最好的地方应是埃及。

相较而言,埃及离意大利本土较近,走海路也就三天的时间。

此外,埃及的老国王托密勒十二世也曾与庞培有过同盟关系,而现在托密勒十二世国王年幼的儿子托密勒十三世和女儿克娄巴特拉七世正在争夺王位。这更是一个落脚的有利条件。

庞培与他的谋士分析了去埃及的众多利弊得失,却偏偏忽视了托密勒与克娄巴特拉争夺王位背后的真正原因。

在埃及托密勒王朝,或许国王们只为保证王室血统的纯正,从托密勒二世开始即开始实行姐弟或兄妹之间的婚姻,并规定具有婚姻关系的兄妹或姐弟共享王权。如此的王位传承法到了托密勒十二世时已成了一种法定形式。

托密勒十二世在去世前明确指定克娄巴特拉与她的弟弟结婚,并同时登基。

可登基时,托密勒只有十岁,还不能亲政,权力全都掌握在他的摄政大臣手中。克娄巴特拉登基那年已是十七岁了,她是个独立性极强的女子,上台后不久,她即为了是否应支持庞培而与她弟弟的摄政大臣发生了严重的冲突。

克娄巴特拉认为庞培支持过他的父亲,理应予以支持,而那些摄政大臣则对所有罗马人都没有好感。由于双方观点严重对立,摄政大臣们在军方的支持下,将克娄巴特拉驱逐出了埃及。

由于庞培和他的谋士们对埃及内斗的背景一无所知,并想当然地以为,他们有恩于托密勒十二世,他的子女尽管内斗,但不会对他反感,或许他们还会认为,姐弟俩的内斗说不定还有利于他在那里的生存。

庞培派信使向埃及国王传送了即将登陆的信息。不久之后,国王的回复就来了:欢迎来埃及。但庞培万万没料到的是,在这欢迎词背后却隐藏着杀机。

就在国王给出回复之前,年仅十三岁的小国王已与他的谋臣进行了一次短暂的商讨。他们已知道庞培兵败法萨卢斯。

对于收容庞培还是拒绝庞培进港,他们权衡的结果却是第三方案,既不收容也不拒绝,而是直接谋杀庞培。他们感到,杀死庞培才最符合埃及王室利益,既可讨好凯撒,又不必得罪庞培。死人是无所谓得罪不得罪的。

当庞培的船只快要进入埃及港口时,埃及人让庞培登上一艘前来迎接的小船。但小船驶离大船后不久,庞培的妻子与朋友们就在甲板上眼睁睁地看着庞培被几个埃及军官刺杀了,他的头也被直接砍了下来。

凯撒到达埃及后，托密勒立即派使臣向凯撒献上庞培的人头以及庞培的图章和戒指。

凯撒熟悉庞培的戒指和私人图章。庞培的私章是很有特点的，上面刻着一头用爪握剑的狮子。现在物是人非，凯撒情不自禁放声大哭，并拒绝再看装在盒内的庞培人头。

凯撒对托密勒的这种谋杀做法极其不满，尽管庞培是他的对手，可也曾是他的女婿，更是罗马的大将军。

一个罗马大将军最后竟是这样的结局，死于小人的谋杀，无头的尸体也被剥光衣服后，扔在了海滩上。

在凯撒看来，如果埃及小国王接纳庞培，甚至在庞培的领导下再与自己打一仗，或者找个理由拒绝庞培入港，以免卷入罗马内战的是是非非。无论小国王选择哪一种方案，他都能接受，他唯独接受不了小国王采用这种卑劣的手段来杀害庞培，谄媚自己。凯撒感到，他如接受这样的谄媚，也就等同于认可这样的做法。凯撒憎恨托密勒。凯撒决定改变行程，并给小国王一点教训。

当晚，凯撒即率领他的四千名官兵进驻埃及，并明确表示要对克娄巴特拉与托密勒姐弟俩的矛盾进行调解。

凯撒的这种说法听上去很婉转，但实际上却是对托密勒不利。克娄巴特拉的王位已有名无实，所谓的调解，无非就是对托密勒的打压。

托密勒与他的摄政大臣表面不说什么，但在暗地里却鼓动民众攻击凯撒的士兵，或许他们希望通过这种方式能将凯撒撵出埃及。

但他们没想到的是，克娄巴特拉也通过她在埃及的眼线，了解到了凯撒的动向。

她让她的仆从将她装在一个大的衣袋里，悄悄地送进了凯撒的房间。

凯撒最初登陆埃及，只是想借调解克娄巴特拉与托密勒姐弟关系之名来打击一下托密勒，并借机处死那些杀害庞培的凶手，出一出心中的那口恶气。

但当他看到风情万种的克娄巴特拉本人时，本来就喜欢拈花惹草的凯撒当即下决心帮助克娄巴特拉夺回权力。

然而，帮助克娄巴特拉夺权与颠覆埃及现政权不是同一概念。凯撒所带的部队很少，速成显然是不现实的。

不过，凯撒的心腹大患庞培已死，凯撒感到，其他一切都无所谓了，更何况，在温柔乡里多待一些时日也是一件挺惬意的事。

此后，凯撒竟用了十个月的时间才让克娄巴特拉真正当上了

克娄巴特拉被送进凯撒的房间

女王，包括摄政大臣在内的几名谋害庞培的阴谋者均被一一处死，至于托密勒，更是死于非命。

而后凯撒和他的部队依然毫无动静，就像要在埃及长期驻扎下去一样。

公元前 47 年，凯撒收到了越来越多有关庞培派的信息，在这些信息中，让凯撒感到有些担忧的是，庞培的岳父梅特鲁斯·西庇阿与小加图在阿非利加的势力越来越庞大。

自法萨卢斯会战结束后，凯撒为防止庞培东山再起，仅率领了部分官兵直扑埃及。而梅特鲁斯·西庇阿与小加图则率领庞培的残余部队逃到了阿非利加，由于没有部队追击，这支部队在阿非利加经过休整以后，开始逐步形成了战斗力，再加上不断的新兵补充，此支部队现已蔚为可观，已有十个军团的兵力，再加上努米底亚国王部队与其联手，两支部队合在一起，其实力已不容小觑。

　　凯撒并不担心西庇阿的军事实力。在凯撒眼里,整个罗马范围之内,除了庞培之外,绝无人能成为他的对手。

　　相反,他所担心的是那个文弱的书生小加图。

　　凯撒很早就明白这样一个道理,一个国家实际上受控于两种实力,一种是所谓的硬实力,即军事实力,没有军事实力就没有一切。第二种则是所谓的软实力,即舆论实力,舆论同样能颠覆一个社会,同样能杀人,任何人,如若得不到舆论的支持,他很难在这个社会上站住脚,但舆论又不一定是自发的,它极易被人操控。

　　凯撒极不喜欢西塞罗,但凯撒又一而再地拉拢西塞罗,这其中的关键就在于西塞罗太善于制造舆论。凯撒曾这样评价西塞罗对罗马的作用:"提振罗马人的精神要比扩大罗马帝国的边界更加伟大。"

　　尽管小加图并没有西塞罗那样制造舆论的本领,但他以自身的行为所形成的一种道德力量也同样令人生畏,同样能摧毁一切。只要小加图的势力存在,小加图必将代表罗马共和国的正统,而相形之下,凯撒哪怕实力再强大,也只能属于非法,属于僭越,凯撒所担心的恰恰就是这一点。

　　公元前47年12月,凯撒决心前往阿非利加,以期能彻底征服西庇阿和小加图。

　　在阿非利加,凯撒与西庇阿的战争就如同凯撒所设想的那样,战争虽说谈不上轻松,但也谈不上特别艰难。凯撒仅仅用了四个月的时间就击败了西庇阿部队和努米底亚的主力。

　　接下来,按凯撒的设想,他希望能迫使小加图投降,这是最理想的方案,如实在不行,也一定要将其活捉。

　　但现实是残酷的,一切都超出了凯撒的预期。

　　在凯撒与西庇阿大战期间,小加图负责驻守与战场有相当一段距离的乌提卡城。当小加图得知梅特鲁斯·西庇阿兵败身亡,并且凯撒正在急速赶往乌提卡城的途中时,小加图意识到,放在他面前的只有两条路,要么逃亡,要么投降。

小加图的部队根本不可能与凯撒相对抗。但小加图既不愿逃亡,更不愿投降。据记载:

当天晚饭之后,他回到自己房间,他注意到他的儿子和仆人拿走了他的剑,于是发出了抱怨,坚持要求他们把剑拿回来,但随后又去读柏拉图的《斐多篇》,这部书讨论的是灵魂不朽。小加图一生都努力研究哲学。最后,在毫无征兆的情况下,他放下书卷,拿起剑,刺向自己的腹部。伤势很重,但还不至于立刻丧命。听到响声后,他的儿子和奴隶们冲了进来,他们传来一名医生,清洗了小加图的伤口,并包扎起来。但小加图从来就不缺乏决心和勇气,其他人离开后,这个48岁的男子便撕开缝伤口的线,开始掏出自己的内脏,在其他人还没来得及控制住他之前,他已咽气了。

凯撒还没赶到乌提卡城,他已得知小加图以一种最为激烈的方式自杀了。这一天,凯撒的情绪坏到了极点,没有比这个消息更坏的消息了。

之前,他还在打着如意算盘,以怎样一种方式来释放小加图,既让他不感到屈辱,又感到自然。

对于凯撒来说,怎样释放小加图都行,哪怕再多给他一些礼遇也没问题,关键是只要不再反对他就行。

现在一切都成了空想。

据说,凯撒听说小加图自杀后,曾自言自语地说过这样一句极为沮丧的话:

"小加图,我对你的死感到非常遗憾,因为你不愿让我保全你性命的荣誉。"

小加图成了烈士,成了他人的楷模,也成了凯撒新麻烦的源头。

帷幕落下

小加图死了,死得如此惨烈。

消息传到罗马,大多数罗马市民都被这则消息震撼了。但在所有人中,受到这则消息影响最大的无疑是西塞罗和布鲁图。

西塞罗在听到这则消息后的第一反应是无地自容,他感到自己与小加图相比,简直就是个毫无立场的墙头草,是个令人不堪的小人。

法萨卢斯会战之后,不少元老开始各奔东西,各顾着自己逃命而去,可西塞罗却感到左右不是,极度尴尬。

当初西塞罗好不容易下定决心赶到希腊,他总以为此次判断不会再有误,凯撒输掉此次内战将只是一个时间的问题。

但庞培却和他开了一个特大的玩笑,在法萨卢斯会战中,庞培不仅一败涂地,而且就此告别了罗马的历史舞台。

西塞罗感到,如果在这个时刻,他也像一些元老那样逃之夭夭,他的政治生命也就到此结束,他将被众人彻底看扁。

可他又无法继续待下去。毕竟,他已断定庞培派输掉了这场战争。

就在西塞罗心神恍忽、犹豫不决之时,众人却将他推荐为指挥残余部队的总指挥。在剩余的人群里,西塞罗的官阶最高,资历最深,他不做总指挥谁来做? 西塞罗吓了一大跳,立即推辞不干。

庞培的儿子格奈乌斯看到西塞罗坚决不肯率领大家抵抗,顿时感到了异常。他气得直跺脚,骂西塞罗是叛徒,并当场拔刀要刺杀西塞罗。

此时,幸亏有在一旁的小加图极力阻止,西塞罗总算逃过一劫。

但这样一来,西塞罗返回罗马反而有了自圆其说的理由。

可西塞罗刚踏上意大利半岛,凯撒安排在意大利的总管安东尼立即通知他,在得到凯撒的具体指示之前,既不能赦免他,也不能允许他进入罗马。到了这一地步,西塞罗除按指令等待外,已别无选择。

就这样,西塞罗在意大利边境苦苦等待了几个月,到了公元前 47 年10 月,凯撒总算离开了埃及。

西塞罗打听到这一消息后,立即提前赶到了凯撒将路过的他林顿,并在那里恭候。

那一天,当凯撒出现在人群面前时,西塞罗已顾不了众人的感觉,他飞奔了上去,双手紧握凯撒的手,以最温柔的语言、最亲切的方式向凯撒问好。好在凯撒还是很给西塞罗面子,他当即赦免了西塞罗,并陪西塞罗单独走了好长的一段路。同时,凯撒还劝西塞罗不要再犹豫,立即回到罗马去。

西塞罗极为开心,但同时又感到自己好猥琐。

不过,西塞罗这样的开心日子并未持续多久,几个月之后,阿非利加就传来小加图自杀的消息,这对西塞罗来说,无异于晴天霹雳。

凯撒希望小加图能活下去,如若小加图能在罗马城内正常生活,这也就标志着罗马城恢复到了正常的运行节奏。

如果将凯撒的这种心理与西塞罗内心的想法相比较,其实,西塞罗比凯撒更希望小加图能够活下去。

如就地位而言,西塞罗确实比小加图要高,但论社会影响,西塞罗与小加图应该不相伯仲。

如果小加图不死,并像他一样识时务,接受了凯撒的宽大与包容,西塞罗的心态会好很多,他的生活质量也会高很多,他将从此摆脱心理上的愧疚感,这种感受连他自己也无法解释。西塞罗实在太希望小加图能继续活下去,但小加图死了,他不仅将其名字与葬身的城市永远连在一起,同时也衬托出了西塞罗的软弱与卑微。

无疑,西塞罗内心深处的愧疚又增加了许多。

西塞罗再也无法平静下来,或许是他那无法言说的愧疚感让他的胆子又变大了些,他立即写了一篇《加图颂》。他已不管凯撒可能会对此文有什么样的想法。也许西塞罗认为,只有这样,他的心理才能得到些许的平衡。

　　歌颂小加图,不管西塞罗在遣词造句上怎样小心谨慎,在凯撒看来,即是指桑骂槐,即是诅咒他的暴虐。

　　这是一个严重的事件。

　　凯撒虽然不好意思立即斥责西塞罗,毕竟他还需要西塞罗来作他的形象大使,但他却不可能让此事不了了之。

　　凯撒亲自操刀,写了一部两卷本的《反加图》以作答。

　　对于凯撒而言,如果小加图不死,他定会对小加图有所包容,有所礼遇,但既然小加图已死,他就不可能容许任何人利用小加图来挑战他的权力,否定他的权威,他无法容忍小加图阴魂不散。

　　他知道,如果放任这种议论或情绪,他的统治基础必将发生动摇,他必须彻底否定小加图。

　　然而,无论凯撒在小加图身上怎样着墨反宣传,小加图这种壮烈的死法已决定了一切,深深影响了一部分人的内心世界,只不过他们的表现方式不像西塞罗那样直白而已。

　　如果说西塞罗是以纪念小加图的形式来公开表达自己的忏悔,那么布鲁图的行为方式却是恰恰相反。

　　小加图死后,布鲁图作为他的外甥,作为他的崇拜者,他内心的痛楚是难以名状的。可他感到以他的能量去公开挑战凯撒,等于飞蛾扑火。他下决心尽可能利用凯撒对他的信任,然后再寻找最佳时机进行复仇。

　　此后,布鲁图在对待凯撒的举止上变得更加谦卑和小心。在凯撒出征阿非利加之前,布鲁图向凯撒提出,希望能到基层去锻炼锻炼。凯撒二话不说就让他立即赴任内高卢总督。

　　从表面行为看,凯撒对布鲁图的内心深处情感的变化似乎一无所知,然而事实上,凯撒同样也在观察布鲁图,他对布鲁图的心态是极其矛盾的,如从理性角度去思考问题,凯撒单凭直觉已嗅到了布鲁图身上的危险气息。在凯撒看来,尽管西塞罗写《加图颂》,确实让他的面子挂不住,但他知道,西塞罗也就这点能量了。相反,布鲁图的小心谨慎却让他备感警惕。

据说,有一次他的一位亲信提醒他,要小心安东尼和多拉贝拉图谋不轨。凯撒无意中说漏了他内心的真实想法。他说他对长发肥胖的人毫无畏惧,倒是那些苍白瘦削的家伙,让他无法放心。凯撒所指的苍白瘦削的人实际上就是在暗指布鲁图和另一个叫卡西乌斯的人。

不管如何,从感性上讲,凯撒不愿相信布鲁图会做出对他不利的事。也有几个人曾向凯撒举报,布鲁图是反叛组织成员,凯撒则又立即表示难以置信。他对那些告密者说:"布鲁图会等到我寿终正寝那天。"

凯撒的意思是,即使布鲁图要反他,也一定会等到他死后。布鲁图已是他内定的接班人,完全没必要为达成这样一个目标,做一个不知感恩图报的卑鄙小人。

或许凯撒不愿让自己沉浸在这样一种既矛盾又痛苦的心态之中,他拒绝去思考这一系列问题背后的答案。他的幕僚曾劝他安排一名贴身警卫以防不测,据说人员也已选好。

对此,凯撒一口回绝。他告诉他们,他宁愿一了百了,也不愿整天生活在死亡的阴影之下。他认为人民对他的好感就是他最好的警卫。这句话或许是他的真心独白。

凯撒从阿非利加回到罗马后,因小加图之死,心里一直很不快。他怎么也想不明白,小加图为什么如此恨他?

凯撒自问,他没有像马略或者苏拉那样,进罗马之后立即大开杀戒。相反,他尽一切可能地宽容对待他的对手,难道这一切都是假的?

他确实不希望独裁,但罗马共和国这种混乱的现状,元老们除了热衷于党派之间的权力倾轧、勾心斗角,几乎漠视任何的社会公共事务。在这样的大背景之下,不独裁,谁又有能耐进行正常的治理?

而最明显的就是,在他与庞培的对垒中,如果他不能独断专行,他能赢吗?相反,如果庞培的决策不受元老们的强烈干扰,他会输吗?

凯撒认为,所有问题的根源在于罗马人的意识越来越僵化,他们从不愿意换一个角度来思考现实中的大问题。就像当年苏拉已完全控制了罗马,有了独裁的权力,但苏拉将到手的权力又放弃了。凯撒根本不认为苏拉这样做是明智的。

凯撒曾与幕僚论及苏拉的这种做法,他对此完全不认同:"苏拉的隐退表明他根本不懂得政治上的基本常识。"

凯撒对政治下的定义是,政治不是一厢情愿,政治是一种强权意志的体现,而共和国只是一个空洞的名词。

如果苏拉不放弃独裁,并能寻找到一个理想的人物将其思想继续下去,苏拉所颁布的宪法又怎么可能在他尸骨未寒之际,就被他那些不成器的门生们弃之如敝履。

或许,正是因为凯撒的这一系列想法,让他在解除了战争威胁之后回到罗马,并立即传话给元老院,他将对罗马社会与政治进行全面的改革。

现在,元老院已很懂得如何配合,他们不再需要凯撒作任何暗示,当听说凯撒要改革,他们就立即给他送上了终身独裁官的职务。元老院的此举很明白,你想怎么改都行,你说了算。

即使是终身独裁,很多皇帝也未必能够完全独裁,皇帝还或多或少地受到大臣们的牵制。

从某种角度讲,终身独裁官比皇帝还要厉害,终身独裁官与皇帝的唯一区别是,终身独裁官的儿子不能名正言顺地接班。

成了独裁官,凯撒自然无须畏惧任何人再来和他捣乱。

在凯撒任独裁官之前,他一直以平民派自居,不少保民官成了他的得力助手。自然,他对保民官与元老院斗争的那一套早已烂熟于心。现在,他的位置一下子颠倒了过来,思考问题的方式自然也立即倒了过来。

现在凯撒才正真明白,苏拉为什么要用如此大的力气来对付保民官。

保民官同样成了凯撒的重点防范对象。凯撒改革的第一目标也是保民官。

　　但凯撒的手段很巧妙,他委任自己为首席保民官,并有权否决保民官的任何提案。因此,从形式上看,保民官的职能似乎没有任何变化,可事实上,保民官已成了一个空架子,再也无法掀起风浪了。

　　凯撒的第二个大动作是严格控制向底层平民无偿供应粮食的人数。向平民免费供粮是凯撒的爪牙克洛狄乌斯提出的,或许背后的主谋就是凯撒本人。

　　凯撒当然清楚,党争只是一种手段而不是目的。该法案颁布后,在罗马城内吃救济粮的平民越来越多,在凯撒任独裁官之前,人数已多达三十二万。

　　凯撒下令,严格控制吃救济粮的平民人数,并要求对每一个需领取救济粮的平民家庭作严格的核查。同时规定吃救济粮的人数上限为十五万。

　　凯撒的改革逐步推进,涉及面极广,几乎囊括了社会的政治、经济、文化等各个方面,针对性强,刀刀见血。

　　可这又难免不触动一些既得利益者的蛋糕。

　　在这世界上,各个时代都有形形色色的既得利益者,每当他们的蛋糕被一次又一次的改革触动时,他们从来不会说,他们反对改革是因为自己的蛋糕被触动了,而是说改革本身就存在问题,他们反对改革,他们是为民请命。

　　凯撒如此大的改革动作,自然引起了极大的反弹,当然没人会去讨论改革是否正确,所有的非议都集中在一个焦点上,即独裁的危害性,这永远是个政治正确的命题。

　　凯撒对各种问题都极其敏感,可偏偏对这个问题显得相当麻木,甚至还试图去触碰一下这一敏感问题的底线。

　　公元前45年年底,罗马按惯例在市民广场举行盛大的逐狼节庆典仪式。

　　凯撒穿着参加凯旋仪式的服装,正襟危坐在讲坛的黄金座椅上观看仪式。在仪式进行到中途时,执政官安东尼突然冲了进来,他走到凯撒的面前,向他献上一顶缀着月桂的王冠。人群中一些人发出了欢呼,但显然声音并不响,但当凯撒表示拒绝时,民众一致欢呼起来。

　　过了没多少时间,安东尼第二次献上王冠,情况仍然像此前一样,而当凯撒再次拒绝时,所有的民众欢声雷动。凯撒立即命人将那顶王冠送到朱庇特神殿。

　　对于庆典中的此次插曲,有人立即解读为,这绝不是安东尼的私自行为,这是凯撒的授意。如果说当时民众赞同的声音再响一些,凯撒就登基为王了。

　　此次事件,从表面看,也就这样无声无息地过去了。但事实上,它成了此后刺杀凯撒事件的导火线。

　　献王冠事件发生后不久,布鲁图立即发现,他在元老院中的座位上贴着许多这样的字条,"布鲁图,你在睡觉。""你不再是过去的布鲁图了",等等。

　　布鲁图感到反凯撒的时机就快成熟了,可他依然不敢轻举妄动,他完全不知道贴这些字条的究竟是些什么样的人,他也害怕凯撒对他进行有意识的测试。

　　自从他向凯撒投诚以后,他从来不敢向任何人透露一丝一毫真实的想法,他在观察,在等待时机。

　　但不管怎样,他感到此次事件已向所有反凯撒者提供了一个很好的契机。

　　布鲁图在琢磨这些字条的同时,有一双眼睛却始终盯着他,但这并不是凯撒的眼睛,也不是他手下人的眼睛,此人即是被凯撒怀疑图谋不轨的脸型削瘦的卡西乌斯。

　　卡西乌斯曾是庞培的部下,被凯撒俘虏后,凯撒像对其他的被俘将领一样,将他释放了。或许是出于感激,卡休斯在凯撒手下干得相当卖力。

而凯撒对他也不惜重赏,并快速提拔。但时间一久,卡西乌斯感到,他所得的一切都是他努力的结果,他应该还可得到更多一些的回报。

在凯撒回罗马后,卡西乌斯和布鲁图两人同时竞争法务官。虽然两人双双当选,但布鲁图被凯撒任命为首席法务官,对此,卡西乌斯极为恼火,他认为凯撒是在故意对他打压,由此他生出了报复的念头。

卡西乌斯经过一段时间的活动,他发现,以他的名望,很难形成一个报复小集团,而布鲁图则正好相反,他有显赫的家族名望以及与凯撒的特殊关系。

他的那些同谋认为,如果布鲁图出面领导,情况将完全不同,然而,让卡西乌斯感到毫无把握的是,布鲁图现在的态度究竟是什么?或许这些小字条就是卡西乌斯和他那些同谋的杰作。

几天之后,卡西乌斯似乎从布鲁图的脸部表情中找到了他想要的答案,在进一步上门试探之后,两人很快就达成了谋杀凯撒的共识,并将谋杀的时间定在3月15日。

这是凯撒在罗马最后一次参加元老院会议的日子。按凯撒的行程安排,这天以后,凯撒又将率兵赴帕提亚为克拉苏之死报仇。

战争这种事是难有定论的,凯撒此去之后,究竟什么时候才能返回,谁也无法未卜先知,更重要的是,再过一段时间,罗马民众对安东尼献王冠给凯撒一事也早就淡忘了,如若那时再进行谋杀,谁也无法预料,那个时候民众的反应又将是什么。

在与布鲁图商定一切之后,卡西乌斯终于亮出了他的底牌,一份阴谋小集团成员的名单,布鲁图不看则已,一看还真是被吓了一大跳,这张名单的成员竟然绝大多数都是凯撒派的人员,并且都是一些凯撒所重用的人。

他们为什么要这样干?他们是否可靠?一连串的问题马上在布鲁图的脑海里闪现。

看到布鲁图如此怀疑,卡西乌斯将他们的情况一一如实告诉了布鲁图。布鲁图听后,立即归纳出了一句话:这些人与卡西乌斯完全一样,凯撒没有满足他们的利益要求。

凯撒批判苏拉不懂政治,在得到权力之后又放弃了权力,致使共和国走到今天这种局面。

但他所不知的是,苏拉不是不懂政治,而是看透了政治,看透了人性。而恰恰是因看清了他那些贪婪部下的内心世界,他才彻底地放弃抗争。

而凯撒的不足也正是这一方面,尽管他已注意到了布鲁图,也注意到了卡西乌斯,但他依然无法相信布鲁图会这样干,他更没有注意到自己部下的心理世界,凯撒要永久地独裁,这意味着他的那些部下永远也不可能成为罗马的最高领袖,哪怕仅仅只是一年的时间。在他们眼里,所谓的共和就是他们有这样一年的机会。这就是他们的共和情结。为了这一年,哪怕凯撒对他们再好,他们也要杀了凯撒。

看着这张谋杀成员的名单,布鲁图感到很恐惧,他看到了人性的另一面。他实在害怕谋杀的那一天尚未到,他已被其中某个人出卖了,这是一批完全没有道德操守的家伙。

布鲁图马上提出,如果要确保此事成功,唯一的办法即是将这批人集中在一个场所,在 3 月 15 日之前,任何人不得外出。

就在卡西乌斯和布鲁图密谋之时,凯撒似乎也闻到了一些异常的味道。尤其是在 3 月 14 日晚上,据说,凯撒的妻子卡普尼娅做了一个恶梦,她梦见凯撒被杀。

第二天一早,她劝凯撒不要外出,她认为,即使这个梦未必一定表明凶兆,但为了让她安心起见,凯撒也应该呆在家里。凯撒决定改变日程安排,并准备通知元老院会议改日举行,而此时作为阴谋者之一的凯撒手下的重要将领迪基姆斯来到凯撒的住宅,据说是他说服了凯撒,元老院会议

历史的轮回,刺杀凯撒

照常进行。

没过多久,凯撒乘坐桥子来到元老院会议厅,此时,阴谋者早已恭候在那里了,据说人数大约有六十人,他们还没等凯撒坐下,立即围了上来,他们的样子是问候和请安,但其中一人一下子抓住了凯撒的托加袍,并用力将它拉了下来。

这是阴谋者集体动手的信号,这些阴谋者纷纷将隐藏在托加袍内的刀拔了出来,向凯撒猛刺。

凯撒最初还设法抵抗,但当他看到布鲁图也拿刀向他刺来时,他立即放弃了抵抗,听任布鲁图刺杀自己,他只是无力地说了最后一句话:

"还有你啊,我的孩子。"

参考书目

1. (古罗马)普鲁塔克:《希腊罗马名人传》(全三册),席代岳译,吉林
   出版集团有限公司 2011 年版

2. (古罗马)阿庇安:《罗马史》(上下册),谢德风译,商务印书馆 1995
   年版

3. (古罗马)李维:《自建城以来:第一至十卷选段》,王焕生译,中国
   政法大学出版社 2009 年版

4. (古罗马)李维:《自建城以来:第二十一至三十卷选段》,王焕生
   译,中国政法大学出版社 2015 年

5. (古罗马)撒路斯提乌斯:《喀提林阴谋　朱古达战争》,王以铸、崔
   妙因译,商务印书馆 2010 年版

6. (古希腊)波里比阿:《罗马帝国的崛起》,翁嘉声译,社会科学文献
   出版社 2013 年版

7. (法)孟德斯鸠:《罗马盛衰原因论》,婉玲译,商务印书馆 2009
   年版

8. (法)库朗热:《古代城邦——古希腊罗马祭祀、权利和政制研究》,
   谭立铸译,华东师范大学出版社 2006 年版

9. (德)特奥多尔·蒙森:《罗马史》(一至五卷),李稼年译,商务印书
   馆 2016 年版

10. (俄)科瓦略夫:《古代罗马史》,王以铸译,上海书店出版社 2007
    年版

11. (英)理查德·迈尔斯:《迦太基必须毁灭》,孟驰译,社会科学文献

出版社 2016 年版

12. (意)弗朗切斯科·德·马尔蒂诺:《罗马政制史》(第一卷),薛军译,北京大学出版社 2009 年版

13. (英)伊丽莎白·罗森:《西塞罗传》,王乃新、王悦、范秀琳译,商务印书馆 2015 年版

14. (英)阿德里安·戈兹沃西:《凯撒:巨人的一生》,陆大鹏译,社会科学文献出版社 2016 年版

15. (美)罗杰·布伦斯:《凯撒大帝》,王文娟译,中国工人出版社 2010 年版

16. (英)罗纳德·塞姆:《罗马革命》,吕厚量译,商务印书馆 2016 年版

17. (美)腾尼·弗兰克:《罗马帝国主义》,宫秀华译,上海三联书店 2012 年版

18. (美)腾尼·弗兰克:《罗马经济史》,王桂林、杨金龙译,上海三联书店 2013 年版

19. (德)克劳斯·布林格曼:《罗马共和国史——自建城至奥古斯都时代》,刘智译,华东师华大学 2014 年版

20. (美)丹尼尔·E. 弗莱明:《民主的古代先祖——玛里与早期集体治理》,杨敬清译,华东师华大学 2017 年版

21. (英)哈里斯:《古罗马生活》,卢佩媛、赵国柱、冯秀云译,希望出版社 2006 年版

22. (德)基弗:《古罗马风化史》,姜瑞璋译,辽宁教育出版社 2000 年版

23. (意)朱塞佩·格罗索:《罗马法史》,黄风译,中国政治大学出版社 1991 年版

24. (日)盐野七生:《罗马人的故事》(一至五册),谢茜译,中信出版社 2012 年版

25. (美)戴尔·布朗编:《伊特鲁里亚人——意大利一支热爱生活的

民族》,徐征、贾朝辉、王楠崇译,广西人民出版社 2002 年版

26. (美)伊迪丝·汉密尔顿:《罗马精神》,王昆译,华夏出版社 2014 年版

27. (美)威尔·杜兰:《世界文明史——希腊的生活》,幼狮文化公司译,东方出版社 1999 年版

28. (美)威尔·杜兰:《世界文明史——凯撒与基督》,幼狮文化公司译,东方出版社 1999 年版

29. (美)斯通普夫、菲泽:《西方哲学史——从苏格拉底到萨特及其后》(第八版),匡宏、邓晓芒等译,世界图书出版公司 2009 年

30. (英)莱斯莉·阿德金斯、罗伊·阿德金斯:《探寻古罗马文明》,张楠、王悦、范秀琳译,商务印书馆 2008 年版

31. 罗伯特·欧康纳:《汉尼拔与坎奈的幽灵》,翁嘉声译,远足文化出版事业有限公司 2013 年版

32. 加里·纳什等编著:《美国人民:创建一个国家和一种社会》(第八版),刘德斌等译,北京大学出版社 2018 年版

33. 世界著名法典汉译丛书编委会编:《十二铜表法》,法律出版社,2000 年版

34. 李雅书、杨共乐:《古代罗马史》,北京师范大学出版社 1994 年版

35. 杨共乐:《罗马史纲要》(修订版),商务印书馆 2015 年版

36. 宫秀华:《罗马:从共和走向帝制》,东北师范大学出版社 2002 年版

37. 于贵信:《古代罗马史》,吉林大学出版社 1988 年版

38. 栾爽:《西塞罗》,云南教育出版社 2011 版

39. 厉以宁:《罗马—拜占庭经济史》(上册),商务印书馆 2015 年版

40. 王建吉:《罗马共和国军事史》,辽宁人民出版社 1994 年版

41. 王焕生:《古罗马文学史》,中央编译出版社 2008 年版

42. 胡玉娟:《古罗马早期平民问题研究》,北京师范大学出版社 2002 年版

图书在版编目(CIP)数据

元老院的生与死：罗马共和国权力博弈启示录/陆纪鸿著.
—上海：上海三联书店，2019.3
ISBN 978－7－5426－6476－1

Ⅰ.①元…　Ⅱ.①陆…　Ⅲ.①罗马共和国－历史
Ⅳ.①K126

中国版本图书馆 CIP 数据核字(2018)第 206758 号

元老院的生与死

——罗马共和国权力博弈启示录

著　　者 / 陆纪鸿

特约编辑 / 张康诞

责任编辑 / 邱　红

装帧设计 / 周周设计局

监　　制 / 姚　军

责任校对 / 张大伟

出版发行 / 上海三联书店

　　　　　(200030)中国上海市漕溪北路 331 号 A 座 6 楼

邮购电话 / 021－22895540

印　　刷 / 上海展强印刷有限公司

版　　次 / 2019 年 3 月第 1 版

印　　次 / 2019 年 3 月第 1 次印刷

开　　本 / 787×1092　1/16

字　　数 / 480 千字

印　　张 / 36.25

书　　号 / ISBN 978－7－5426－6476－1/K·497

定　　价 / 128.00 元

敬启读者,如发现本书有印装质量问题,请与印刷厂联系 021－66510725